PIERRE MARCEL

LA

Peinture Française

au début

du dix-huitième siècle

1690-1721

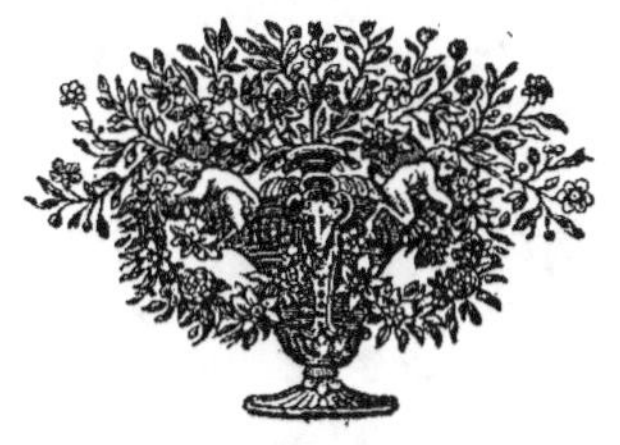

PARIS

ANCIENNE MAISON QUANTIN

LIBRAIRIES-IMPRIMERIES RÉUNIES

7, RUE SAINT-BENOIT, 7

PIERRE MARCEL

LA

Peinture Française

au début

du dix-huitième siècle

1690-1721

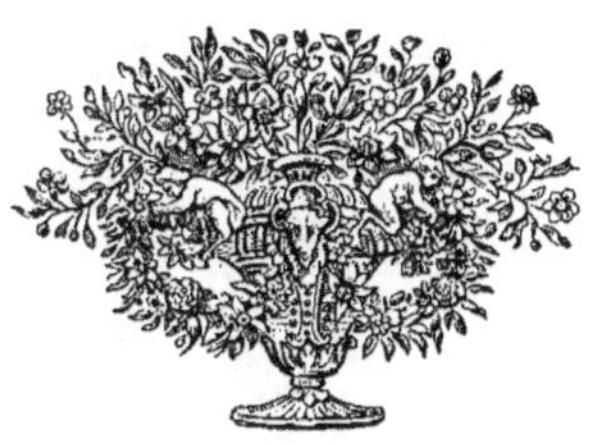

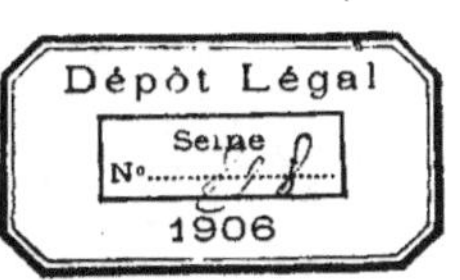

PARIS

ANCIENNE MAISON QUANTIN

LIBRAIRIES-IMPRIMERIES RÉUNIES

7, RUE SAINT-BENOIT, 7

A Monsieur HENRY LEMONNIER

Hommage respectueux.

PIERRE MARCEL.

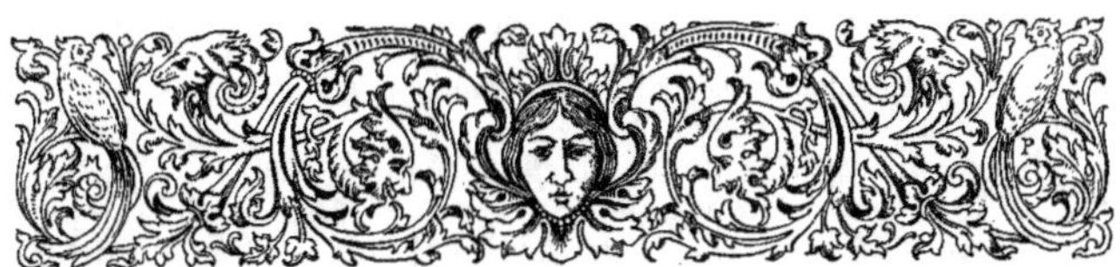

INTRODUCTION

Depuis la Renaissance, les peintres français, séduits par l'Italie et par la Flandre, sont tour à tour idéalistes et réalistes. Cette diversité d'inspiration, qui assure la magnifique prospérité de l'École pendant sept siècles, marque aussi les grandes étapes de son histoire.

Au XIXᵉ siècle, Ingres et Delacroix représentent dans le même temps les deux tendances. Ils trouvent l'un et l'autre des partisans, des disciples et une gloire égale. Sous l'Ancien Régime, l'un d'eux eût été condamné à l'isolement et à l'obscurité. Un artiste, favori du roi ou du surintendant — le Premier Peintre — distribue les commandes et les honneurs. Ses confrères tiennent autour de lui la place des courtisans auprès du roi. Il préfère l'art italien ou l'art flamand et tous les peintres adoptent son goût. Les idées nouvelles pénètrent si lentement dans l'École disciplinée que son évolution a souvent échappé aux historiens. A la fin du XVIIᵉ siècle, elle subit une transformation profonde qu'on se propose d'étudier ici[1].

1. Si cette évolution n'a jamais été étudiée dans ses détails, elle a été au moins notée, au XIXᵉ siècle, par quelques esprits clairvoyants. Dussieux, surtout, a mis en lumière, dans *Les artistes français à l'étranger* (3ᵉ édit., p. 72), le caractère des pein-

On trace encore volontiers deux cadres rigides à l'art français de la fin de la Renaissance à la réaction davidienne : le XVIIe et le XVIIIe siècles. Froide, guindée, majestueuse, la peinture du premier sacrifie tout à l'italianisme : Poussin, Le Brun la dominent ; celle du second est jolie, élégante, coloriste fervente, admiratrice passionnée de la Flandre : Watteau, Boucher, Fragonard sont ses maîtres. Ces deux arts sont très différents, presque contradictoires. L'arrivée du Régent aux affaires n'a pas suffi à transformer d'un coup l'École. Des artistes, d'ailleurs, Ant. Coypel, Rigaud, Largillière ne sont logiquement ni du XVIIe, ni du XVIIIe siècle. D'autre part, la tyrannie de l'académisme diminue dès 1690 ; le triomphe du coloris, de la peinture galante n'est pas complet avant les dernières années de la Régence, avant la mort de Watteau, pour prendre une date de l'histoire artistique. Entre Le Brun et Boucher il existe donc un temps de transition. Les années 1690 et 1721 sont les plus favorables pour en marquer les limites, mais on ne doit pas leur attribuer une valeur absolue. Il n'y a guère de dates précises en histoire de l'art ; l'effort est multiple et continu. Des tendances nouvelles se manifestent du vivant de Le Brun déjà ; après la mort de Watteau l'ancien Premier Peintre trouve encore des disciples.

L'école académique ne peut survivre à la mort de son chef : l'Italie ne lui donne plus de leçons ; la volonté de Le Brun la soutient seule et elle se disperse dès que cet appui lui manque. Au lieu de s'astreindre à travailler selon la raison, les peintres s'abandonnent à leur sensibilité. D'autre part, tandis que Louis XIV, vieux et dévot, vit avec Madame de Maintenon au milieu d'une cour attristée, un parti d'opposition se forme à Meudon et au Palais Royal : tous les jeunes gens se groupent autour du duc de Chartres et du grand dauphin. Les froides compositions des collaborateurs de Le Brun ne conviennent pas à leurs hôtels ; il leur faut des artistes d'opposition : ils les trouvent aisément puisque les

tres travaillant entre 1690 et 1721 : « De La Fosse et Jouvenet, dit-il, sont les intermédiaires par lesquels on passe de l'école de Le Brun à l'école du XVIIIe siècle. Mais, pendant ce temps, il s'était fait dans toute l'École française un mouvement dont nous constatons les premiers symptômes aussitôt après la mort de Le Brun. Architectes, peintres, sculpteurs et ornemanistes, tous s'affranchirent de toute influence étrangère et antique et visèrent à créer un art nouveau de la plus incontestable originalité. » Il n'y a rien à reprendre à cette page si l'on remplace seulement « influence étrangère » par « influence italienne ». La thèse de Dussieux, si clairement exprimée cependant, n'a été reprise qu'en 1898 par M. Rocheblave qui, dans l'*Histoire de la Littérature française* de Petit de Julleville (t. VI, p. 177 et suiv.), expose à son tour l'évolution de l'École au début du XVIIIe siècle avec beaucoup de force et de précision, mais sans en étudier les causes profondes ni les conséquences exactes.

jeunes peintres aiment maintenant la vie et la joie répandues à profusion dans l'art flamand.

Si le réalisme et le coloris mettent cependant trente ans à triompher, c'est que presque tous les successeurs de Le Brun ont passé par l'école académique instituée par Colbert pour enseigner des principes qu'il croyait définitifs et qu'il voulait éternels. Cette éducation les a marqués d'une empreinte qu'ils effacent difficilement. D'ailleurs, les commandes du duc d'Orléans, du grand dauphin et de leurs amis ne suffiraient pas à les faire vivre; ils peignent encore pour le roi jusqu'en 1715 et Louis XIV est resté fidèle à l'art de son Premier Peintre.

Trois générations travaillent de 1690 à 1721. Les contemporains de Le Brun, d'abord, achèvent de mourir : beaucoup restent obstinément attachés à l'Italie, mais plusieurs, séduits par les premières œuvres coloristes, s'abandonnent enfin au plaisir de peindre selon leur fantaisie. Leurs successeurs directs sont partagés entre de singulières audaces et des timidités invraisemblables ; cependant, dans l'ensemble, leur œuvre devient plus jolie, plus galante, plus réaliste et plus colorée : elle est inégale mais souvent séduisante, maladroite parfois mais originale. Le mépris qu'on lui a témoigné est injuste : elle a renouvelé l'École menacée par l'absolutisme de Le Brun. La troisième génération atteint l'âge d'homme vers 1721. Élevée dans l'admiration de Rubens, elle met à profit l'expérience d'Ant. Coypel et de ses contemporains : c'est elle qui produit les petits maîtres du xviiie siècle ; mais ses œuvres essentielles sont postérieures à la mort de Watteau.

Watteau n'est pas seulement un initiateur : il inspire les peintres du xviiie siècle, parce qu'il résume tous les efforts tentés depuis la mort de Le Brun. Quand il commence à travailler après avoir quitté Audran en 1709, Antoine Coypel a terminé le plafond de la grande Chancellerie d'Orléans et la première partie de l'histoire d'Énée au Palais Royal est achevée depuis cinq ans. La peinture religieuse, la mythologie, la peinture d'histoire contemporaine, la peinture de batailles, le paysage, le portrait sont en pleine évolution; Watteau s'essaye à tous les genres, et dans tous il trouve la formule que l'École entière cherchait en tâtonnant. Ses Fêtes galantes sont, avant tout, l'expression géniale de l'idéal nouveau.

La crise que traverse la peinture à la fin du xviie siècle est sensible dans les autres arts. En littérature, elle se traduit par la querelle des Anciens et des Modernes. Girardon s'efforce en vain de maintenir la sculpture dans la tradition de Le Brun ; ses contem-

porains abandonnent vite l'emphase italienne pour la vérité et pour
la simplicité : depuis 1700 Coysevox consacre surtout à la sculpture
iconique ses dons admirables de souplesse et de vie ; les deux premiers Coustou, Robert Le Lorrain et la pléiade d'artistes employés
à l'église des Invalides et à la chapelle de Versailles contribuent aussi
au renouvellement de l'École, mais souvent leur réalisme naissant se
complique, comme celui des peintres, d'une grâce un peu trop jolie,
d'une élégance trop raffinée ; il serait intéressant de comparer les
mythologies des Coustou à celles d'Antoine Coypel. Quant aux
architectes, ils transforment surtout la distribution et la décoration
intérieure : les successeurs de J.-H. Mansart (mort en 1708), Robert
de Cotte, Boffrand, Oppenord, remplacent le palais par l'hôtel ;
aux immenses galeries, aux salons de réception succèdent les boudoirs agréablement aménagés pour la conversation intime, habilement dégagés pour les rendez-vous galants. Les froides allégories
prodiguées dans les appartements d'apparat ne conviennent plus à
ces réduits et le règne des guirlandes de feuillages ou de fleurs, mêlées de grotesques, commence. Les poutres apparentes disparaissent
des plafonds. Quand on n'accroche pas aux murs des petits tableaux galants, on y alterne les panneaux de laque avec les panneaux
de glace. Plus une cheminée bientôt où des glaces ne remplacent
les vieux tableaux noircis.

Les documents d'archives et les documents iconographiques
relatifs aux peintres et à la peinture française entre 1690 et 1721 sont
très nombreux. La plus grande partie des premiers a été publiée.
Jal a reconstitué les généalogies des peintres et fixé les dates
de naissance et de mort d'après les actes de l'état civil. Les papiers
de l'ancienne Académie (conservés à l'École des Beaux-Arts) et ceux
de la surintendance des bâtiments (aux Archives Nationales) n'ont
trop souffert ni des révolutions ni de la négligence de leurs gar-
diens ; de précieux recueils en ont été extraits : les *Mémoires inédits
sur la vie et les ouvrages des membres de l'académie de peinture et de
sculpture* (publiés en 1854 par Dussieux, Soulié, Chennevières, Montaiglon, Paul Mantz), les *Procès-verbaux de l'académie de peinture et
de sculpture*, la *Correspondance des directeurs de l'académie de France
à Rome*, les *Comptes des bâtiments du roi* (publiés par M. J.-J.
Guiffrey), l'*Inventaire des tableaux du roi* dressé par Bailly (1709) et
l'*Inventaire des tableaux commandés et achetés par le roi de 1710 à 1792*
(publiés par M. F. Engerand). Les pièces moins importantes des
mêmes fonds, et les documents recueillis dans les collections parti-

culières ou les études de notaires ont été réunis, depuis 1851, dans les séries successives des *Archives de l'art français*.

Quant aux œuvres, leur collection est encore très complète malgré quelques pertes regrettables. Les toiles provenant du Cabinet du roi ou du Musée des Monuments français d'Alexandre Lenoir ont été affectées au Louvre, à Versailles et aux musées de province. Plusieurs séries, malheureusement, ont été dispersées fort mal à propos : les Mays de Notre-Dame, par exemple, confisqués pendant la Révolution, rendus à la cathédrale par la Restauration et cédés définitivement par les chanoines à l'État; les portraits d'artistes, et les morceaux de réception de l'ancienne Académie... L'enseignement de ces longues suites d'œuvres datées eût été précieux.

Les peintures décoratives et les tableaux d'histoire commandés par des particuliers n'ont pas été aussi heureusement conservés que ceux des églises et du Cabinet royal : les musées français, largement pourvus par l'État, ne les ont pas achetés ; les amateurs, effrayés par leur taille excessive et souvent par la banalité de leurs sujets, ne les ont pas volontiers accueillis. On en retrouve quelques-uns dans les musées étrangers ; d'autres ont disparu sans laisser de traces; d'autres encore ont été détruits avec les hôtels qu'ils décoraient. Dès le XVIII⁰ siècle on s'est préoccupé de sauver les plus importants, mais sans succès. Lors de la démolition du château de Choisy, Picault, le restaurateur célèbre, fut chargé de transporter sur toile les *Quatre Saisons* peintes à fresque par Ant. Coypel pour la Grande Mademoiselle : il réussit; les œuvres entoilées parurent au Salon de 1745; mais où sont-elles aujourd'hui[1]? La composition de Ch. de La Fosse pour la grande galerie de l'hôtel Crozat : *Minerve sortant tout armée du cerveau de Jupiter,* fut également entoilée, par parties, lors de la destruction de l'hôtel Crozat, devenu hôtel Choiseul : « On assure que ces parties pourraient se réunir avec plus de facilité qu'on les a détachées : c'est ce qui fait aujourd'hui la curiosité des amateurs », écrit Bachaumont[2]. Cette curiosité n'a pas sauvegardé l'œuvre.

Les musées et les églises des départements conservent des séries importantes d'œuvres mythologiques ou religieuses peintes par des artistes locaux. Plusieurs sont excellentes, toutes offrent un grand intérêt historique : elles précisent le rôle des artistes provinciaux dans l'évolution de l'École.

1. Bellier de la Chavignerie dans son *Dictionnaire de l'École française* 1882, t. 1ᵉʳ, p. 314, affirmait que de son temps elles étaient conservées dans les greniers du Louvre.
2. Bachaumont, *Mémoires secrets...*, t. XXIII, p. 295-296, 27 décembre 1786.

Les portraits, les petites peintures de genre ornaient surtout les demeures bourgeoises et les galeries privées. La plupart appartiennent encore à des amateurs; et les meilleurs sont à l'étranger. Une bonne partie de l'œuvre de Watteau a passé, dès le XVIIIᵉ siècle, en Angleterre et en Allemagne, et nous n'avons pas fait un effort pour la conserver. Sans la générosité de Louis La Caze, le Louvre ne posséderait qu'une toile du maître, l'*Embarquement pour Cythère,* encore est-il entré mécaniquement dans les collections nationales avec les morceaux de réception de l'ancienne Académie.

Les dessins de la fin du XVIIᵉ siècle montrent mieux que les peintures souvent, avec quelle liberté les contemporains d'Ant. Coypel interprétaient la figure humaine et ils marquent les progrès accomplis déjà depuis Le Brun. Ils sauvent aussi de l'oubli des projets intéressants, comme l'esquisse donnée par Mignard pour la coupole des Invalides, qui ne fut pas exécutée. Quelques-uns, enfin, constituent des œuvres complètes : les croquis de Watteau sont charmants; les petites batailles de Parrocel, à la plume, sont beaucoup plus simples et plus vivantes que ses grandes compositions; la fraîcheur des petits pastels de Vleughels est très savoureuse.

A ces éléments essentiels d'information il faut ajouter les gravures et les livres contemporains. Les gravures signent des tableaux anonymes et identifient les modèles des portraits. Les ouvrages didactiques, les *Discours pour servir aux conférences* d'Ant. Coypel par exemple, ou les *Œuvres complètes* de R. de Piles nous renseignent sur les querelles esthétiques et le développement des idées artistiques.

Nous indiquerons chemin faisant les ouvrages de seconde main. Ils ne sont pas très nombreux. Watteau seul a séduit les historiens; plusieurs livres excellents ont été écrits sur sa vie et sur son œuvre; tous les documents d'archives relatifs à sa biographie ont été publiés, ses tableaux essentiels ont été reproduits et analysés, cependant sa bibliographie n'est pas close : il incarne trop parfaitement une forme de la sensibilité humaine pour n'être pas riche encore de toute une littérature.

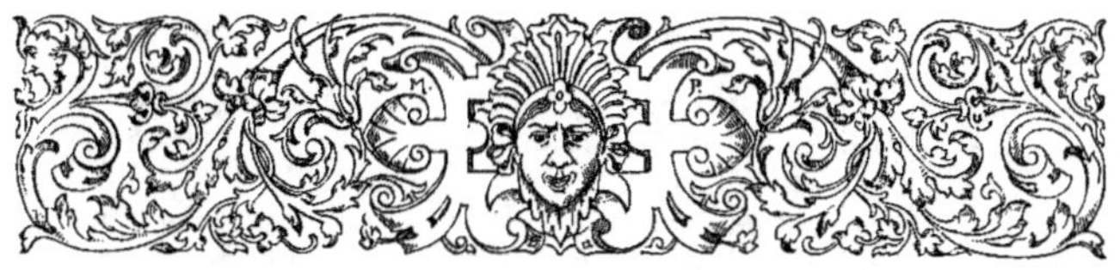

PREMIÈRE PARTIE

LES INFLUENCES

CHAPITRE PREMIER

L'HISTOIRE

uand Louis XIV écrit dans ses Mémoires pour son fils : « ...il est constant que dans l'État où vous devez régner après moi, vous ne trouverez point d'autorité qui ne se fasse honneur de tirer de vous son origine et son caractère... », il n'entend pas seulement l'autorité matérielle et directe, mais aussi morale, religieuse, philosophique, littéraire ou artistique. La ruine des libertés de la noblesse asservit les artistes au pouvoir : les grands vivent autour du roi, de ses largesses, et les peintres qu'ils employaient dans leurs châteaux seraient sans travail si le monarque n'y pourvoyait pas.

En 1690 Louis XIV n'est plus le souverain jeune et victorieux qui bâtit Versailles en vingt ans, dont l'imagination prodigieusement riche occupe l'activité d'un Le Brun; cependant sa passion pour les arts est toujours vive. Malgré les revers militaires, la détresse financière, les deuils de famille, il commande des œuvres et il en revoit lui-même les esquisses. Vers 1704 il s'éprend du talent de Desportes; le peintre croque les chiens au vif pendant les chasses, et c'est le roi qui choisit les dessins dont on fera des tableaux[1]. A la mort de Mansart (1708) Mme des Ursins écrit au duc de Grammont que le poste de surintendant des Bâtiments est très envié parce que le roi n'aime rien autant que les constructions et la décoration[2].

Toute sa vie, Louis XIV considère l'art en roi. Les artistes n'ont qu'une mission dans sa pensée : concourir à la grandeur du règne : « ...Ceux qui ont excellé dans la peinture — lit-on dans les lettres d'ennoblissement de Le Brun — ont toujours esté, dans

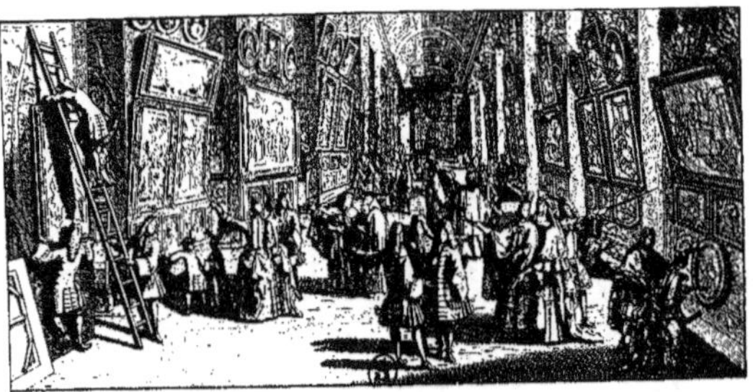

FIG. 1. — L'EXPOSITION DE PEINTURE DE 1699, D'APRÈS UNE GRAVURE CONTEMPORAINE.

tous les temps, très favorablement traitez dans la Cour des plus grands princes, où non seulement leurs ouvrages ont servi à l'embellissement de leurs palais, *mais encore de monuments à leur gloire, exprimant par un langage muet leurs plus belles et plus héroïques actions.* »

Les administrateurs et les artistes de Louis XIV comprennent et réalisent admirablement ses idées. En 1691, La Teulière, directeur de l'Académie de France à Rome, demande au surintendant Villacerf s'il doit faire copier au Vatican deux fresques qu'on ne possède pas encore : le *Couronnement de Charlemagne*, et le *Serment de Léon III ;* ces œuvres, dit-il, consacrent deux pages glorieuses

1. *Mémoires Inédits sur la vie et les ouvrages des membres de l'Académie royale de peinture et de sculpture.* Paris, 1854, in-8°, t. II, p. 104.
2. Cité dans *Saint-Simon*, édition Boislisle, t. XVI, p. 49, note 4.

des rapports entre les rois et les papes. Villacerf consulte Mignard qui répond : « On ne peut rien faire copier à Rome de plus important que ces deux tableaux du *Couronnement de Charlemagne* et du *Serment de Léon III*. Les plus grands biens que nos rois ont donnés à l'Église ont commencé par l'exarchat de Ravenne que l'ingratitude des Romains attribue à Constantin, cependant ce tableau peint au Vatican est une preuve contre eux... Le *Serment de Léon III* n'est pas moins important, parce qu'il fait voir que les rois de France étaient souverains dans Rome et que ce pape estant accusé par les seigneurs et barons romains fut obligé de se purger par serment public devant Charlemagne qu'il nomme son souverain seigneur[1] ».

Après 1690 même l'Académie de France à Rome devient surtout un instrument politique et diplomatique. Elle ne remplit plus le rôle qui lui avait été attribué jadis[2]. Le nombre normal des pensionnaires n'est plus atteint : il n'y a que deux peintres, Bocquet et Duvernet; Duvernet rentre en France en 1690, des sculpteurs le suivent et La Teulière se réjouit : « L'Académie sera délivrée de trois pensionnaires...[3] ». On ne copie plus les chefs-d'œuvre : les sculptures coûtent trop cher; l'argent manque pour payer le marbre et les praticiens. La mauvaise volonté du pape et des cardinaux ferme aux jeunes peintres les portes du Vatican et des palais. Il n'est plus question d'acquisitions. Quand, à la mort de Christine de Suède en 1689, La Teulière propose l'achat de sa collection; Louvois lui répond : « Le roi a dans les conjonctures présentes d'autres occasions de dépenser son argent[4] ». D'ailleurs l'expédition des antiques et des tableaux en France est devenue difficile. En 1686, déjà, les Romains[5] protestent contre les rafles des

1. *Correspondance des directeurs de l'Académie de France à Rome*, t. I, p. 224-225.
2. On trouve souvent dans la *Correspondance des directeurs* des preuves de l'importance politique que prit l'institution à la fin du règne de Louis XIV. Un jour, le pape voulut à son tour employer l'Académie au profit de sa politique et fit nommer le directeur, Poerson, vice-prince de l'Académie de Saint-Luc. L'élection se fit « tout d'une voye sans passer par la voye ordinaire du scrutin ». Poerson en fut très fier. Mais Louis XIV comprit la manœuvre du pape qui voulait, en provoquant cette élection, éviter la promotion de l'abbé de Polignac au cardinalat et il écrivit au cardinal de La Trémoille à Rome: « Votre Eminence me fait attendre avec impatience le courrier de la Promotion, et j'espère de la manière dont elle a parlé au pape qu'elle emportera la déclaration de celle de M. l'abbé de Polignac, pourveu que Sa Sainteté ne veuille pas tirer en ligne de compte ce qu'elle a fait pour M. Poerson, et dire qu'un vice-prince de l'Académie des Peintres vaut bien un cardinal national. »
3. *Corresp. des direct.*, t. I, p. 190-191. Lettre de La Teulière du 21 mars 1690.
4. Rousset. *Histoire de Louvois*, t. III, p. 554, in-8, 1863.
5. *Corresp. des direct.*, t. I, p. 153. Lettre de dom Germain à dom Claude Bretagne.

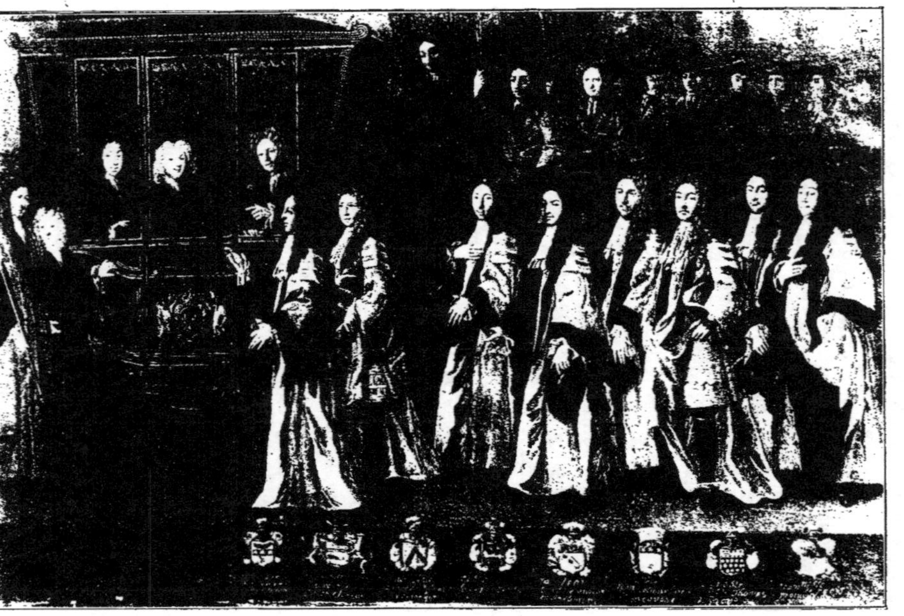

FIG. 2. — JEAN MICHEL. — PORTRAITS DES CAPITOULS DE TOULOUSE (1701.)
(Musée Saint-Raymond, Toulouse.)

agents de Louis XIV qui dépouillent l'Italie. Mais nous sommes
en mauvais termes avec le pape. Tous les princes de la chrétienté
viennent à Rome ; les adversaires du roi y entretiennent des ambassades. L'Académie est, en pays ennemi, un éclatant témoignage
de la prospérité du royaume et de la puissance de Louis XIV[1].
Le directeur est un ambassadeur au petit pied. Il écoute les
conversations, s'immisce dans les intrigues, interroge les cardinaux, flatte par des petits présents les amis de la France,
éblouit les indifférents ou les ennemis en leur faisant visiter son
palais dont le portier et les laquais ont revêtu la livrée de gala.
Quand il n'a pas de nouvelles à envoyer, il s'excuse presque : « Il
ne se passe rien dans ces quartiers qui soit digne de vous mander
écrit Houasse. S'il arrive quelque matière qui le mérite, je ne man-
querai pas de vous en entretenir[2] », et le surintendant écrit bien
plus souvent : « Continuez à me conter par le menu ce qui se passe
à Rome » que « Dites-moi comment travaillent vos pensionnaires ».

Madame de Maintenon ne protège et ne fait personnellement travailler aucun peintre. On distingue difficilement ses goûts artistiques
sous sa modestie affectée ou réelle. Les peintures de ses appartements
dans les palais royaux, que nous connaissons en partie, sont indif-
férentes[3] : la décoration des demeures royales est toute d'apparat ;

1. Quand, en 1694, l'Académie est menacée de disparaître, La Teulière, pou
plaider sa cause, ne rappelle pas les services qu'elle rend à l'art, mais son importance
politique. Le pape, qui désirait l'hôtel où elle était logée, envoie des émissaires la
visiter et admire « la grandeur du Roy et l'étendue de son génie de pouvoir, parmi
tant de grandes affaires, donner encore son attention à cultiver les arts dans des pays
si éloignés » (*Corresp. des direct.*, t. II, p. 24). La même année le 25 mai 1694, La
Teulière écrit : « Il est à considérer, Monsieur, que Rome est un théâtre exposé à
tout l'univers... Il est encore à considérer que le Roy a ici très peu de partisans... de
manière qu'on est plus disposé qu'ailleurs à porter un jugement peu favorable sur tout
ce qui regarde la France pour ce qui peut souffrir quelque mauvaise interprétation.
Le bruit ayant couru que le Roy voulait supprimer l'Académie, aussitôt le secrétaire
de l'ambassade d'Espagne est venu insidieusement savoir ce qu'il en était ». (*Corresp.
des direct.*, t. II, p. 27 et 28.) En 1715, Poerson avait fait préparer dans des caisses,
pour l'expédier en France, un envoi de sculptures et de tableaux : « C'est une chose
presque incroyable, écrit-il, de voir... la quantité de gens qui vont voir ce grand
nombre de caisses, ce qui leur donne l'occasion de parler de la gloire de notre grand
monarque, lequel, après avoir obligé ses ennemis à recevoir la paix, ne dédaigne pas
de penser au progrès des beaux arts d'une manière magnifique et dont on n'a pas
d'exemple. » (*Corresp. des direct.*, t. IV, p. 369.)
2. *Corresp. des direct.*, t. III, p. 20. Lettre de Houasse du 3 nov. 1699.
3. En 1700 par exemple, Louis de Boullogne exécute deux toiles : *Céphale et
Procris*, pour son cabinet de Meudon. Nicolas Colombel peint *Moïse sur les eaux*.
Alexandre Ubeleski touche en 1703 le prix d'un tableau pour le même cabinet.

le roi seul l'ordonne, et il lui imprime une marque uniforme de majesté[1]. La chapelle de Saint-Cyr est nue, sans tableaux. A plus forte raison, les autres parties de la maison ne sont-elles pas décorées. Mais, en 1681, les *Comptes* indiquent des commandes pour l'église paroissiale du village[2]. Madame de Maintenon y a-t-elle une part? Ni le choix des artistes, ni les sujets des œuvres n'en témoignent. Boullogne l'aîné exécute un *Saint Louis*, Antoine Coypel un *Martyre de Saint Julien* et un *Saint Louis agonisant,* Jouvenet une *Annonciation de la Vierge* et un *Saint Nicolas*, Noël Coypel un *Saint Denis*, Boullogne le jeune une *Sainte Famille* et un *Saint Antoine au désert*, Alexandre Ubeleski, enfin, un *Mariage de la Vierge*[3].

Si la Révolution n'avait pas dispersé les meubles et les objets d'art du château de Maintenon, peut-être eussent-ils fourni des indications plus précises. Deux peintures assez importantes sont encore en place à Maintenon : une *Sainte Famille*[4], où, sous la figure de la Vierge, de l'Enfant et de saint Jean, on reconnaît la marquise, le duc du Maine, le comte de Toulouse, et la célèbre *Sainte Françoise* de Mignard, qui travestit aussi Madame de Maintenon. Celle-ci admet ces personnifications peu liturgiques : elle pratique sans doute, en art, la morale indulgente des Jésuites.

Cependant elle transforme sur un point les goûts artistiques du roi. Pendant la première partie de son règne, Louis XIV commande volontiers des sujets légers; vers 1690, au contraire, il les proscrit. La Teulière écrit, le 5 février 1692 : « Il... est resté icy un |tableau du sieur Bedaut], et, sur ce que j'apprends de la Cour, je croy qu'il n'y serait pas propre, parce que les figures y sont nues, le sujet le demandant : c'est le *Temps qui découvre la Vérité*. Il n'y a rien d'obscène cependant[5] ». En 1698, c'est Villacerf qui écrit à La Teu-

---

1. A Marly, les tableaux qui décoraient l'appartement de la marquise appartenaient à la suite des peintures de batailles de Martin et Van der Meulen. Dans son appartement, on voyait *Aire et Duisbourg* par Martin l'aîné, dans son cabinet, *Gray et Fribourg* par Van der Meulen. Pour Versailles nous sommes très mal renseignés. Louis-Philippe, aidé de Vatoux et de Neveux, ayant détruit la décoration des appartements de la marquise (Voy. Dussieux, *Histoire de Versailles*, t. I, p. 274). Le seul document précis qui reste est, au Cabinet des Estampes, dans l'*Architecture* de Robert de Cotte (A 2.18) : un dessin représentant la cheminée de la chambre de Mme de Maintenon, ornée d'une glace surmontée d'un tableau.

2. *Comptes des bâtiments du roi sous le règne de Louis XIV publiés par J.-J. Guiffrey*, t. II, p. 1687.

3. Alexandre Ubeleski est employé au cabinet de la marquise à Meudon et à l'église de Saint-Cyr. Mme de Maintenon avait-elle quelque prédilection pour ce très médiocre artiste ?

4. Auteur inconnu.

5. *Corresp. des direct.*, t. I, p. 254.

lière : « Vous me ferez plaisir de ne pas faire copier par Saint-Yves
le tableau du Titien où il y ait beaucoup de nuditez, le Roy n'étant
pas de ce goût-là présentement[1] ». A partir de 1700, les *Comptes*

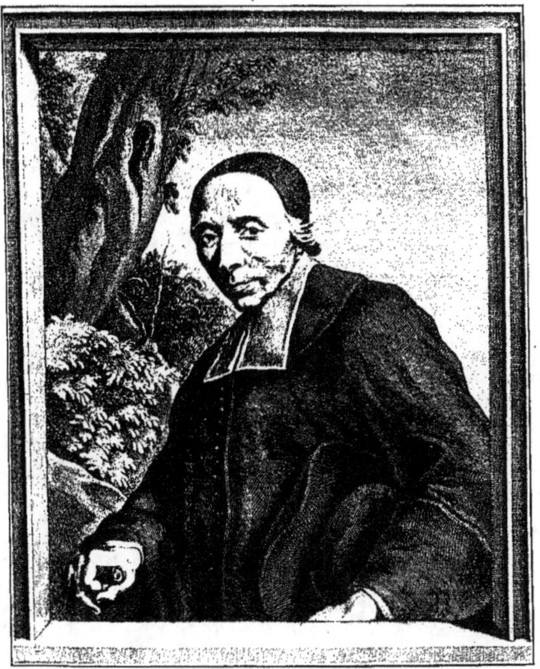

FIG. 3. — JEAN II RESTOUT. — PORTRAIT DE L'ABBÉ TOURNUS.

enregistrent souvent des indemnités « pour les morceaux peints
pour couvrir les nuditez des tapisseries des Gobelins ». Boullogne
le jeune, Noël Coypel, Corneille, Ubeleski, Poerson, sont tour à
tour occupés à cette besogne[2], et les rentrayeurs voilent sur les

1. *Corresp. des direct.*, t. II, p. 379.
2. Voy. *Comptes, passim.* En particulier t. IV, p. 733, 850-851.

3

tentures les nudités d'angelets que les peintres effacent des cartons.

Les conséquences des persécutions religieuses et de la révocation de l'édit de Nantes ne sont pas très sensibles dans l'histoire artistique. La plupart des peintres protestants contemporains sont médiocres[1]. Le 10 octobre 1681, Le Brun transmet à l'Académie l'ordre de les exclure[2]. La Compagnie obéit, mais à contre-cœur[3]. Les tableaux de réception qu'elle impose à quelques agréés : le *Rétablissement de la religion à Strasbourg* à Cl.-G. Hallé, le *Triomphe de l'Église* à Simon Guillebaut, l'*Extinction de l'Hérésie en France* à G.-L. Vernansal[4] ne prouvent pas qu'elle applaudisse aux proscriptions : sous peine de compromettre sa pension, son privilège, sa vie même, elle doit célébrer tous les actes du roi. La joie qu'elle témoigne à la conversion d'un réformé traduit mieux ses sentiments véritables. Le 27 octobre 1685, elle reçoit Samuel Bernard, conseiller professeur, « avec d'autant plus... de satisfaction qu'elle a eu plus de chagrin d'en estre privé pendant quelque temps, ayant autant d'estime qu'elle a pour son mérite[5] ». La même année, Belin de Fontenay, récemment converti, est agréé et admis immédiatement aux séances « sans conséquence, sinon à l'esgard des autres personnes de ladite religion P. R. qui seraient capables d'être reçues de l'Académie qu'elle favorisera de la même grâce[6] ». En 1649, le 25 avril, Jean Forest demande à rentrer, après avoir abjuré, et « cette proposition a été si agréable à l'Académie, que... elle luy a donné la place dans les assemblées qu'avait autrefois M. Van der Meulen[7] ».

Mais la plupart des protestants ne profitent pas de cette bienveillance. Le vieil Henri Testelin meurt en Hollande. Jacques Rousseau travaille successivement en Suisse, en Hollande et en Angleterre. Briand de Crèvecœur devient miniaturiste de la cour de Danemarck, et meurt en Norvège. Jacques d'Agar, au service du roi de Danemarck également, s'éteint en 1716 à Copenhague.

1. Il y avait à l'Académie neuf peintres protestants parmi lesquels Henri Testelin, un des douze Anciens, secrétaire de la Compagnie depuis trente ans; Ferdinand Elle et Samuel Bernard.

2. *Proc.-verb.*, t. II, p. 197.

3. *Ibid.*, t. II, p. 197. Séance du 10 oct. 1681.

4. A la réunion des Sociétés des Beaux-Arts des départements de 1903, M. Paul Lafond a lu une notice sur *Les portraits allégoriques de Louis XIV et les œuvres d'art relatives à la révocation de l'édit de Nantes*.

5. *Proc.-verb.* t. II, p. 311.

6. *Ibid.*, t. II, p. 313.

7. *Ibid.*, t. III, p. 259. Parmi les autres artistes qui se convertirent, on peut encore citer les deux Elle père et fils en 1686, et Philippe Meusnier en 1688.

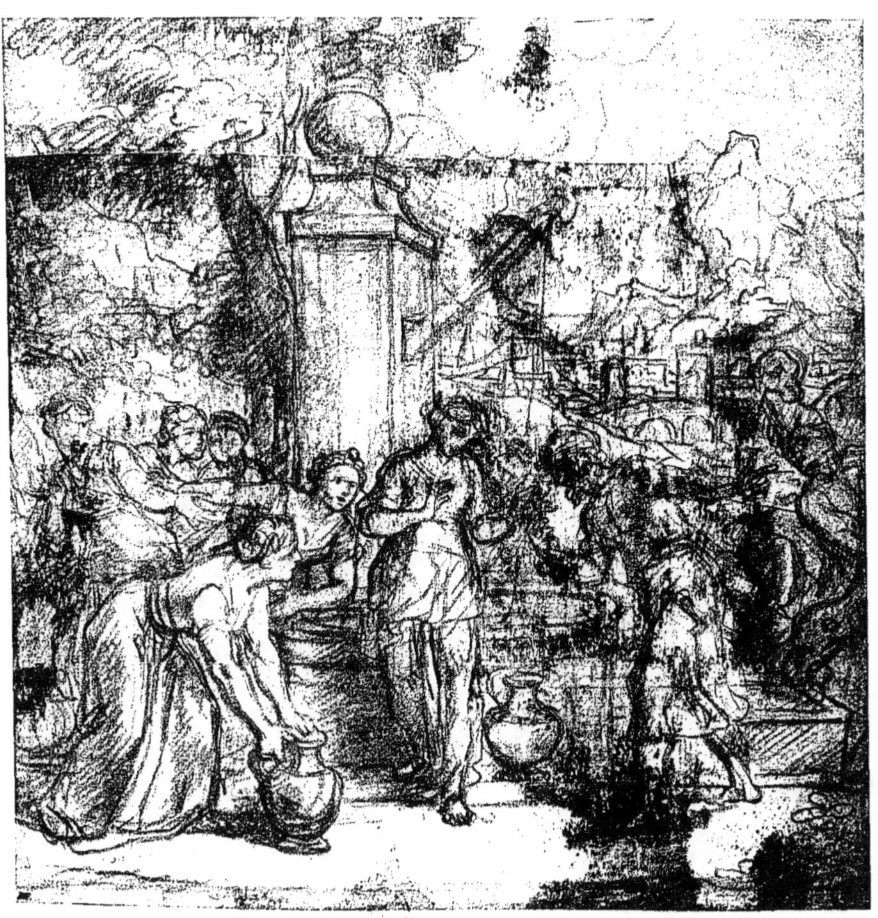

Rebecca et Éliézer
Dessin par Antoine Coypel pour le tableau du Musée du Louvre
(Musée du Louvre)

Le dessinateur en étoffes Baudoin est le premier dessinateur sur soieries d'Angleterre. Londres sert aussi d'asile à Nicolas Heude et à Daniel Marot[1].

Jusqu'à la mort de Louis XIV, ni l'Académie ni la Maîtrise n'accueillent de protestants ; mais la sévérité diminue au commencement de la Régence. « Le Régent semble vouloir avoir beaucoup d'indulgence sur le fait de la Religion », dit Jean Buvat[2] ; il prie même l'Académie d'admettre le miniaturiste du roi d'Angleterre, le protestant Charles Boït ; mais la Compagnie rappelle qu'elle a reçu des ordres sévères[3]. Elle n'est pas devenue intolérante, mais elle a décidé récemment de ne plus admettre les peintres de spécialités : miniaturistes, émailleurs...; elle invoque la religion pour écarter un miniaturiste et cède très vite, du reste, à l'insistance du Régent[4].

La ruine des finances entrave l'activité de Louis XIV. Dès les dernières années du siècle, l'œuvre de Colbert est détruite. Les revenus nets du Trésor, qui s'élevaient à 97,000,000 ", tombent à 88,319,000 " en 1689. Le budget de la guerre, de 74,370,000 " en 1688, passe à 116,900,000 " en 1690 ; il atteindra 141,672,000 " en 1692. Pendant la guerre de la succession d'Espagne, il est une seule fois inférieur à 130,000,000 ". Avant 1699 le crédit n'est qu'ébranlé, après il est ruiné. L'excès des charges publiques, le passage des gens de guerre, l'abus des privilèges, la multiplicité des affaires extraordinaires, l'absence de liberté commerciale, l'injuste répartition des tailles ont épuisé le pays. Dès 1689-1690 le roi envoie fondre à la Monnaie toute l'orfèvrerie d'art de Versailles, les flambeaux ouvragés, les chenets d'argent, les calices ciselés, les coffrets en filigranes, les nefs d'or, les vases fleurdelysés, les vidrecomes repoussés, les vaisselles estampillées aux initiales royales[5]. La même année il diminue le budget des Bâtiments. De plus de 7 millions en 1688, il le réduit à 3 millions en 1689, à 1 million 1/2 l'année suivante[6] : il ne crée plus,

1. L'Angleterre avait imposé aux peintres catholiques en 1676 l'exil que subirent les artistes protestants en France, lors de la révocation. Largillière, qui travaillait à ce moment à Londres, dut partir, les catholiques ayant reçu l'ordre de quitter la ville dans les vingt-quatre heures.

2. Jean Buvat, *Gazette de la Régence*, publiée par le comte de Barthélemy, p. 1.

3. *Proc.-verb.*, t. IV, p. 240. Séance du 30 janvier 1717, et p. 242. *Lettre de Mgr le duc d'Antin écrite à l'Académie.*

4. *Proc.-verb.*, t. IV, p. 242.

5. Les procès-verbaux de la fonte se trouvent aux Archives Nationales, K121 n° 13.

6. Guiffrey, *Comptes*, t. III. Préface, page 11 et suiv.

il entretient. De 1681 à 1688 la dépense totale des Bâtiments avait
atteint 57 millions 1/2 ; elle tombe à 23 millions de 1706 à 1715.
Le budget spécial des peintres est de 58,000[†] en 1690, 52,700[†] en
1695, 63,800[†] en 1700, 101,500[†] en 1705, 151,886[†] en 1710, 58,300[†]
en 1715 : c'est le paiement des peintures de l'église des Invalides,
et de la chapelle de Versailles qui charge un peu les années voisines de 1705 et de 1710. Les allocations à l'Académie de peinture et
à l'Académie de France à Rome sont comprises dans ces totaux
déjà si maigres.

La vie des Académies surtout est compromise par les écono-
mies nécessaires. En 1690 l'Académie de Paris touche 6,000[†] du
roi. En 1693 Villacerf lui accorde une augmentation de 2,000[†] ;
mais, dès le mois d'avril 1694, le roi ordonne sa suppression[1]. La
Compagnie délègue Girardon au surintendant pour demander
des explications. Les académiciens pourront continuer à tenir
leurs séances, répond Villacerf, mais l'École doit disparaître : le roi
ne peut plus lui fournir de pension. Les professeurs s'offrent alors
généreusement à donner un enseignement gratuit; les officiers abandonnent leur traitement; on promet de n'exiger aucune rétribu-
tion des étudiants. Le roi revient sur sa décision, mais il n'accorde
plus, par an, que les 2,000[†] strictement nécessaires aux frais de
chauffage, d'éclairage, de modèle[2]. Pendant quelques années la
vie de la Compagnie est précaire : ses misérables subsides ne lui
sont pas même payés régulièrement. Quand Mansart arrive aux
affaires, il porte à 4,000[†] sa pension[3], qui demeure à ce chiffre jusqu'à la fin du règne. C'est encore bien peu pour vivre : en 1701 il
faut rétablir le présent pécuniaire et le paiement des étudiants. Le
roi exige de nouveau la gratuité des leçons en 1706[4], mais il laisse
subsister le présent : cette ressource est tellement indispensable que
la Compagnie décide le 22 février 1710 de n'admettre aucun aspirant
qui ne serait pas en mesure de payer son entrée[5].

Pour l'Académie de Rome, les difficultés matérielles deviennent
presque insurmontables. L'Académie de Paris n'a presque pas de
charges, pas de loyer, pas de frais de représentations; son personnel est restreint : l'Académie de Rome est à la merci du Trésor.
Elle ne rapporte rien et coûte cher : elle occupe un hôtel en loca-

1. *Proc.-verb.*, t. III, p. 139 et suiv. Séance du 24 avril 1694.
2. *Ibid.*, t. III, p. 141 et suiv. Séance du 15 mai 1694.
3. *Ibid.*, t. III, p. 262. Séance du 16 mai 1699.
4. *Ibid.*, t. IV, p. 32. Séance du 28 août 1706.
5. *Ibid.*, t. IV, p. 100. Séance du 22 février 1710.

tion, emploie un concierge, deux domestiques, un cuisinier, un mitron, une femme de chambre; le directeur est bien rétribué et roule carrosse; les pensionnaires touchent des quartiers pour leur entretien; il faut acheter du linge, des meubles, payer des modèles aux peintres, des praticiens aux sculpteurs; de plus, entre Paris et Rome l'argent perd 10, 12 et quelquefois 20 p. 100 sur le change.

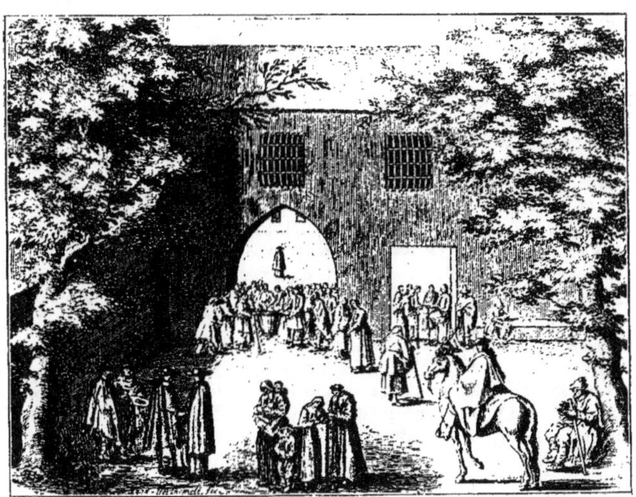

FIG. 4. — MADELEINE BOULLOGNE. — LA DISTRIBUTION DES AUMÔNES A PORT-ROYAL-DES-CHAMPS[1].

Aussi la vie de la maison est un roman de misère. Dès 1690 La Teulière fournit de sa poche les fonds sur lesquels vit la communauté et il se lamente : « Il y a bien trois ans que je suis toujours en avance »[2]. Pas de mois où les directeurs ne réclament des subsides et le surintendant, au lieu d'en envoyer, recommande l'économie : « Je suis obligé de vous faire savoir, écrit Villacerf le 25 janvier 1694, que les Bâtiments sont en état, présentement, à ne pas faire de dépense; c'est pourquoi je vous prie de ménager sur toutes

1. Les miniatures originales appartiennent à **M. A. Gazier**.
2. *Corresp. des direct.*, t. I, p. 196. Lettre du 25 novembre 1690.

choses »[1]. Quand l'Académie de Paris est près de disparaître en 1694, l'Académie de Rome est également menacée. Villacerf promet qu'il fera l'impossible pour la sauver, mais il faut encore diminuer les frais, réduire la pension des élèves à 160 ⁺ᵗ, supprimer le professeur de mathématique et d'anatomie, n'employer le modèle que trois fois par semaine et ne lui donner que 300 ⁺ᵗ. Le suisse et les deux valets coûtent 1,056 ⁺ᵗ; il faut supprimer un des valets, rogner sur les toiles et les pinceaux, tâcher d'économiser sur la nourriture des pensionnaires qui coûte 350 ⁺ᵗ. Qu'on renvoie aussi les inutiles : Lignière, par exemple, n'est qu'un peintre d'ornements; le roi n'a que faire d'ornemanistes pour l'instant.

Malgré tous ces retranchements, le déficit et la misère continuent[2]. La Teulière prête de l'argent jusqu'à son départ. A peine arrivé, Houasse en emprunte. Quand Poerson le remplace, en décembre 1704, il écrit : « En arrivant icy je n'ay trouvé ny lit, ny meubles, en sorte que j'ai esté obligé de louer des lits aux Juifs pour les Pensionnaires et pour moy. Ajouté à cela que M. Houasse m'a dit qu'il y avoit près de deux mois qu'il manquoit d'argent... ». Les draps sont tous déchirés, et il n'y en a pas assez pour mettre à la lessive. Les couvertures ne peuvent plus servir : on se couvre de ses hardes. Il y a 11 cuillers et 9 fourchettes dans toute la maison; la batterie de cuisine est dans un état inquiétant : depuis trente ans on n'a rien acheté.

Sous Poerson les choses vont de mal en pis. Pendant quelque temps, même, le palais est vide de pensionnaires, et, pour sauver les apparences, le directeur fait manger des jeunes gens étrangers à la table commune. Il se décourage enfin, s'effraye d'être sans argent, presque sans protection, en pays ennemi et propose lui-même à Mansart la suppression de l'Académie. Mais l'arrivée du duc d'Antin aux affaires lui rend confiance. D'Antin s'efforce d'assurer à la maison une existence honorable : il lui sauve certainement la vie, mais

1. Voir encore les lettres du 22 mars, du 29 mars, du 12 avril, du 1ᵉʳ juin 1694, du 4 janvier, du 1ᵉʳ novembre 1695, du 31 juillet 1696, du 5 mars, du 7 mai 1697, du 16 février 1698, du 1ᵉʳ avril 1698, du 1ᵉʳ avril 1699, du 12 mai 1699, du 6 octobre 1699, du 3 novembre 1699, du 5 juillet 1701, du 18 mai 1706, du 8 juin 1706, du 15 juin 1706, du 23 juin 1706, du 17 juin 1708, du 9 mars 1709, etc.

2. Voici les sommes affectées à l'Académie de France à Rome de 1690 à 1715 : 1690, 21,120 ⁺ᵗ; — 1691, 14,745 ⁺ᵗ; — 1692, 17,790 ⁺ᵗ; — 1693, 12,745 ⁺ᵗ; — 1694, 18,709 ⁺ᵗ; — 1695, 8,990 ⁺ᵗ; — 1696, 12,030 ⁺ᵗ; — 1697, 13,800 ⁺ᵗ; — 1698, 13,780 ⁺ᵗ; — 1699, 19,450 ⁺ᵗ; — 1700, 15,125 ⁺ᵗ; — 1701, 12,100 ⁺ᵗ; — 1702, 19,717 ⁺ᵗ; — 1703, 6,200 ⁺ᵗ; — 1704, 15,850 ⁺ᵗ; — 1705, 16,110 ⁺ᵗ; — 1706, 27,936 ⁺ᵗ; — 1707, 9,652 ⁺ᵗ; — 1708, 16,453 ⁺ᵗ; — 1709, 13,048 ⁺ᵗ; — 1710, 15,600 ⁺ᵗ; — 1711, 15,600 ⁺ᵗ; — 1712, 20,492 ⁺ᵗ; — 1713, 15,600 ⁺ᵗ; — 1714, 19,863 ⁺ᵗ; — 1715, 15,600 ⁺ᵗ.

les fonds dont il dispose ne sont pas suffisants pour la mettre à l'abri du besoin et pour lui éviter les expédients. On lit encore dans une lettre de Poerson du 5 octobre 1720 : « Il n'y a plus de change, et j'ai été obligé d'acheter adroitement à crédit des drogues que j'ay revendu à grosse perte pour avoir un peu d'argent et me soutenir, ne pouvant trouver d'argent à emprunter à quelque prix que ce puisse être[1] ».

La guerre, presque ininterrompue, aggrave encore le trouble apporté par le désordre des finances dans la distribution des commandes et des pensions. Sous un roi tel que Louis XIV la guerre heureuse pouvait peut-être stimuler l'activité artistique; mais, depuis 1690, les armes françaises sont le plus souvent battues. Pendant les premières années de la guerre de la ligue d'Augsbourg, les peintres célèbrent encore quelques succès : les successeurs de Van der Meulen, Sauveur le Comte, Martin l'aîné accompagnent les armées en Flandre, et représentent la *Prise de Mons*, la *Prise de Namur*. Mais bientôt la défaite est continue. La guerre de la succession d'Espagne amène les gros désastres. On saisit la désastreuse influence des guerres sur la production artistique nationale en feuilletant, au Cabinet des Estampes, la collection Hennin, dont les gravures populaires illustrent les plus petits incidents de notre histoire. Jusqu'en 1700 les gravures françaises y dominent, représentant des victoires françaises, puis elles disparaissent sous une profusion d'images allemandes et hollandaises célébrant nos défaites. Et la crise atteint plus encore les œuvres d'art que l'imagerie populaire : on consacre aisément une estampe à de petites escarmouches heureuses qui ne valent pas un tableau.

De tous les artistes les peintres sont cependant les moins atteints : leurs pensions sont maintenues jusqu'à la fin du règne. Dès 1691, au contraire, celles des savants et des hommes de lettres sont réduites; elles disparaissent en 1692 avec les allocations à l'Académie des Sciences et à l'Académie française. Quant aux sculpteurs, ils vivent presque uniquement sur les fonds des Bâtiments; (le nombre des amateurs assez riches pour payer des groupes et des bas-reliefs est très restreint) et ils vivent de plus en plus mal. En 1695, Lepautre, pensionnaire de l'Académie de Rome, veut rentrer à Paris pour

1. *Corresp. des direct.*, V, p. 391.

gagner plus largement sa vie; mais Villacerf le décourage : « J'ai assez d'amitié pour le s^r Lepaultre, écrit-il à La Teulière, pour luy conseiller moy-mesme de venir à Paris s'il y avoit du travail pour

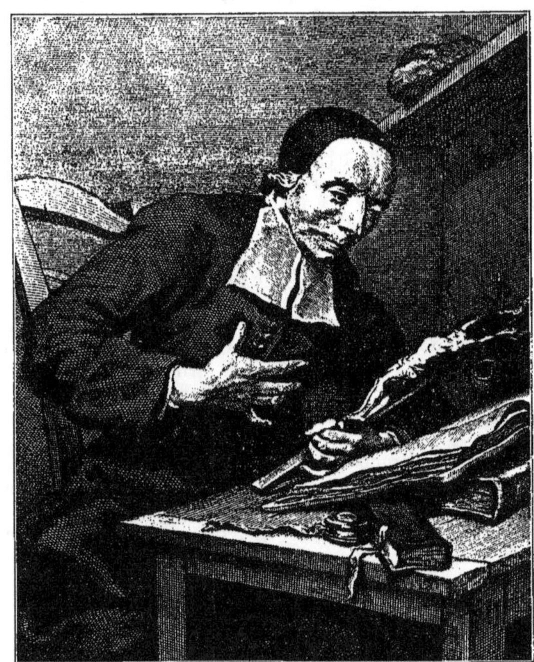

FIG. 5. — JEAN II RESTOUT. — PORTRAIT DE L'ABBÉ TOURNUS.

l'occuper et s'il pouvoit y gagner sa vie. Mais on n'y fait rien présentement et tous les sculpteurs y sont inutiles[1] ».

Les peintres d'ailleurs trouvent à la Cour d'autres protecteurs que le roi. Deux partis sont assez puissants pour exercer une

1. *Corresp. des direct.*, t. I, p. 124. Lettre du 20 mars 1695.

influence sur eux : l'un est groupé autour du duc de Chartres, futur duc d'Orléans et Régent ; l'autre autour du duc de Bourgogne, fils du grand dauphin, petit-fils de Louis XIV. Mais les familiers du duc de Bourgogne n'ont pas le temps d'imposer leur goût : ils préféraient certainement Poussin à Rubens. Fénelon, le précepteur et le confident du prince, porte au Maître des Andelys une admiration exclusive : il lui consacre deux des trois Dialogues qu'il compose sur l'art, et il n'admet pas, même à ses côtés, les peintres de la Renaissance italienne ; dans le *Jugement de différents tableaux*, il proclame la supériorité du Poussin sur un coloriste comme Titien.

Dès sa disgrâce, au contraire, le duc d'Orléans attaque vivement l'art favori de Louis XIV. Pour dépenser son activité, il se jette dans la peinture, comme dit Saint-Simon. Il demande des leçons à Ant. Coypel ; Jacques Arlaud, Klingstaedt lui enseignent la miniature ; la Rosalba lui montre le pastel pendant son séjour à Paris[1]. L'étiquette, la sévérité pharisienne de la Cour lui pèsent : il lui faut un art plus indulgent, plus léger, plus sensuel que celui du roi. Les artistes le suivent volontiers, car ils sentent vivement, eux aussi, le besoin de s'émanciper. D'ailleurs, ils trouvent au Palais Royal une protection attentive qui les séduit. Le duc les traite en égaux ; souvent il vient surprendre Girardon dans son atelier[2], monte sur l'échafaud de la coupole des Invalides pour voir La Fosse peindre

1. Il n'existe plus aucun tableau du duc d'Orléans. Avant la Révolution, le château de la Muette possédait les *Quatre Saisons* de sa main. Il peignit la duchesse de Berry, sa fille, avant son mariage et, selon Mme de Caylus, « sans beaucoup de draperies, ce qui fut trop envenimé ». Il orna aussi un petit Cabinet, au Palais-Royal, de scènes tirées de l'*Histoire de Médée*. « Lorsqu'il n'avait rien à faire, écrit la Palatine, mon fils a fait orner un petit Cabinet de Madame d'Orléans avec des sujets d'un petit roman pastoral, qu'on appelle *Daphnis et Chloé* ». Ces peintures périrent sans doute lors de la destruction du château. Elles paraissent dans les Inventaires dressés en 1723, 1752, 1785. En 1723, elles sont estimées 3,920 ++ (160 ++ les plus petites et 800 ++ les plus grandes). En 1785, elles sont estimées 150 ++ en bloc. Il nous en reste les gravures par B. Audran publiées en 1718, avec la traduction par Amyot du roman de Longus, sous ce titre : *Les Amours pastorales de Daphnis et Chloé*, avec les figures peintes par le duc d'Orléans Régent, gravées par B. Audran, in-12. Il existe un très bel exemplaire de cet ouvrage au Cabinet des Estampes de la Bibliothèque nationale, sous la cote Ta 41. Desportes collabora avec le Régent pour *Daphnis et Chloé* : il peignit les animaux des compositions (*Mém. Inéd.*, t. II, p. 106). On lit dans Mariette, *Abecedario*, t. I. p. 32, note 1, que l'invention des tableaux de Bagnolet devait être du Régent, mais qu'Ant. Coypel avait sans doute retouché les dessins : d'Argenville dans le *Voyage pittoresque des environs de Paris*, 1755, p. 253, note la collaboration d'Ant. Coypel. — Sur les leçons données par Ant. Coypel au Régent, Voy. Ant. Coypel, *Discours prononcés dans les conférences*. Préface.

2. *Mém. Inéd.*, t. I, p. 302.

à fresque[1], rend visite à Gérard Edelinck aux Gobelins[2]; fouille familièrement dans les cartons de Desportes[3], ouvre à tous, enfin, sa galerie si riche en Vénitiens et en Flamands, même avant l'acquisition des tableaux de la reine Christine[4].

L'art favori de Louis XIV ne subsiste bientôt plus qu'en façade. Les mêmes peintres travaillent pour le duc et pour le roi et ils changent de manière selon leur client avec une remarquable souplesse. Après avoir peint les dames de la Cour en galant déshabillé au Palais Royal, Antoine Coypel décore la chapelle de Versailles et donne à l'Académie des Inscriptions d'ennuyeux dessins de médailles. Dans le temps où il travaille aux Invalides et à Versailles, Ch. de La Fosse peint Aristote chevauché par Campaspe et de petites scènes antiques où la grâce des femmes demi-nues le séduit plus que l'interprétation des mythes. Le sévère Jouvenet lui-même prend plaisir, vers la fin de sa vie, aux scènes mythologiques et il les traite avec un souci d'élégance et de jeunesse inattendu sous son pinceau.

« On n'a jamais vu si peu de tristesse à la mort d'un roi », écrit Jean Buvat en 1715[5] : la fin de Louis XIV est une délivrance même pour les artistes. Seul, d'Antin, qui dirige l'administration des Bâtiments, se lamente : « Vous avez apris, Monsieur, par les Couriers, écrit-il à Poerson, la grande perte que le Royaume vient de faire... Les Arts et les sciences sont bien à plaindre dans une longue Minorité... »[6]. D'Antin se trompe : la jeunesse de Louis XV importe peu ; l'action du Régent, au contraire, peut s'exercer avec plus de liberté, et l'École entière devient plus aimable, plus légère, plus galante. L'art guindé du règne passé n'apparaît plus que dans les circonstances officielles : le Premier Peintre seul y est encore astreint, et de moins en moins rigoureusement.

Le triomphe, puis la chute du Système sont les seuls événements économiques et politiques de la Régence dont les artistes subissent le contre-coup. Les grands, ruinés, commandent beaucoup moins de décorations et de portraits, mais des fortunes nouvelles surgissent. Tous les nouveaux riches, parvenus sans passé, s'approprient hâtivement les traditions de la vieille noblesse. Ils font construire

1. *Mém. Inéd.*, t. II, p. 4.
2. *Ibid.*, t. II, p. 55.
3. *Ibid.*, t. II, p. 106.
4. Voy. Champier et Sandoz, *Le Palais Royal*, t. I, p. 298-304.
5. Jean Buvat, *Mémoires pour servir à l'histoire de la Régence*, page 13.
6. *Corresp. des direct.*, t. IV, p. 426. Lettre du 8 sept. 1715.

des hôtels, peindre des plafonds, décorer des murs. Ils s'appliquent
à imiter le Régent, son entourage immédiat et répandent ainsi le
goût des sujets galants qui n'avait pas encore atteint le public.

Law doit désirer le succès d'un art dissolvant. Pour faire triompher
définitivement le Système, au moins pour prolonger sa vie, il est
bon qu'un idéal de jouissance remplace l'idéal de travail. Aussi Lair

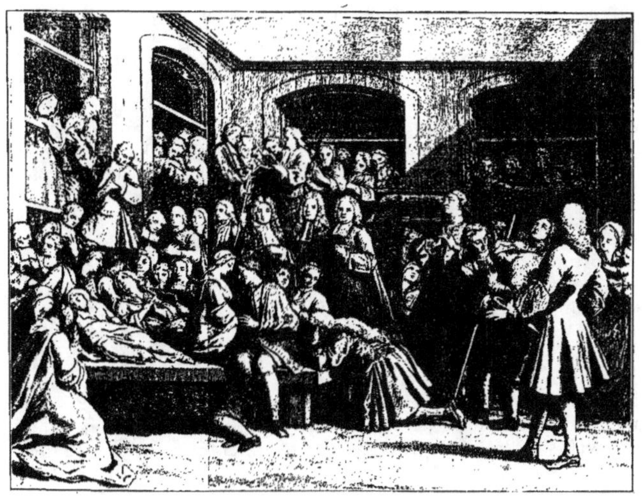

JEAN II RESTOUT. — LES MIRACLES ET LES CONVERSIONS AU TOMBEAU DU DIACRE PARIS.

(Planche de *La Vérité des miracles opérés par l'intercession de M. Pâris*, par Carré de Montgeron.)

emploie-t-il des peintres à glorifier les opérations financières.
Pellegrini, par exemple, le beau-frère de la Rosalba, représente les
Avantages de la Banque dans une galerie de l'hôtel de Nevers. L'œuvre,
qui a disparu[1], devait être énorme, singulière et confuse : on y
voyait la Seine embrassant le Mississipi, le Génie qui « conduit
par la main le Commerce suivi de la Richesse, de la Sûreté et du

---

1. Elle fut supprimée lors de l'établissement de la Bibliothèque du roi à l'hôtel de
Nevers, pour ne pas faire disparate, les autres pièces n'étant pas décorées. Voy. Mariette *Abecedario*, t. IV, p. 92.

Crédit » ; on y voyait la Munificence, la Magnanimité « dont le sceptre et l'épée sont portés par deux enfants aux pieds desquels est une corne d'abondance de laquelle il sort des trésors qui se répandent sur la France » ; on y voyait aussi la Félicité « avec des ailes », la Justice assise sur des nuées, ordonnant au Châtiment de chasser la Médisance, l'Ignorance et l'Envie ; la Bourse « représentée par un portique autour duquel on voit diverses nations avec leurs différents habillements, qui négocient ensemble » ;... on y voyait bien d'autres choses encore[1]. Des estampes répandues à profusion dans le peuple représentent le bonheur des colons à la Louisiane ; plusieurs, d'une liberté excessive, montrent l'émigrant « jouissant de plaisirs sans obstacles et de richesses sans travail au milieu des nudités de l'âge d'or, des présents d'une terre vierge et des licences de la vie sauvage[2] ».

La débâcle qui survient bientôt est cruelle aux peintres ; elle les ruine presque tous. Louis Galloche et sa femme y perdent toute leur fortune : 80,000[lt][3]. Au beau temps de l'agiotage, Jean-Marc Nattier a échangé à Law ses dessins de la galerie de Rubens contre 18,000[lt] de billets qui ne valent plus rien six mois après[4]. Jean-Baptiste Van Loo rentre en France à temps pour convertir en actions de la Banque 40,000[lt] qu'il a gagnées en Italie et les perdre[5]. Largillière[6], Ant. Coypel[7] sont également atteints. Plus heureux, Rigaud s'en tire ; malgré la rigueur du visa, on fait pour lui « ce qu'on n'avait fait pour personne ; on lui conserve le même revenu qu'il avait sur l'hôtel de ville, avec cette différence que ses rentes

1. La description complète en a été publiée dans l'*Abecedario*, article Pellegrini. On la trouve encore dans la *Vie des Premiers Peintres du Roi*, de Lépicié, t. II, p. 122-127.

2. Lemontey, *Histoire de la Régence*, 1832, t. I, chapitre IX, p. 305.

3. *Mém. Inéd.*, t. II, p. 296. Sa femme lui avait apporté 40,000 francs de dot et il avait acquis une somme égale par succession.

4. *Mém. Inéd.*, t. II, p. 355. On ne sait ce que sont devenus ces dessins. Le fils de Law les emporta et on n'en entendit plus parler. Ils ont été gravés. Les planches sont à la chalcographie du Louvre. Catalogue de 1881, p. 50 et 51.

5. D'Argenville, *Abrégé de la Vie des plus fameux peintres*, 1762, t. IV, p. 301. Van Loo avait été appelé à Paris par le prince de Carignan qui, brouillé avec Victor-Amédée II de Savoie, avait quitté Turin.

6. « Le Système endommagea fort sa fortune. » Mariette, *Abecedario*, t. III, p. 62.

7. Cette phrase de Ch.-Ant. Coypel racontant les dernières années d'Ant. Coypel dans la *Vie des Premiers Peintres du Roi*, t. II, p. 36 : « Des malheurs presque inévitables avaient excessivement diminué son bien... » signifie certainement que l'artiste fut atteint par le Système.

perpétuelles furent converties en viagères »[1]. Mais Claude Gillot, le maître de Watteau, laisse dans la tourmente toute la petite fortune qu'il a laborieusement acquise[2]. Il se venge, à la pointe du burin, par deux planches satiriques : *l'Agioteur élevé par la Fortune au plus haut degré de la richesse et de l'abondance* et *la Fortune qui détruit d'un seul de ses rayons la fortune de l'agioteur*.

1. D'Argenville, 1762, t. IV, p. 315-316.
2. A. Valabrègue, *Claude Gillot*, 1883, p. 48.

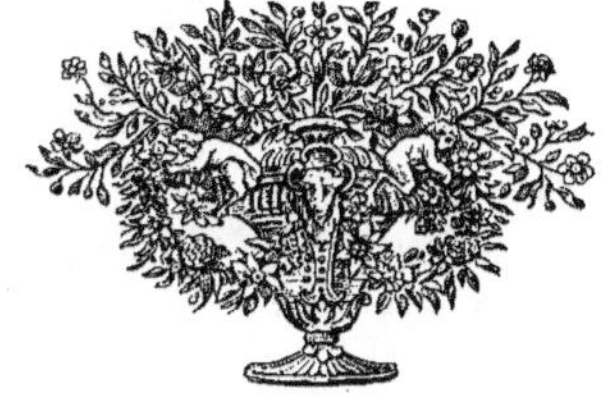

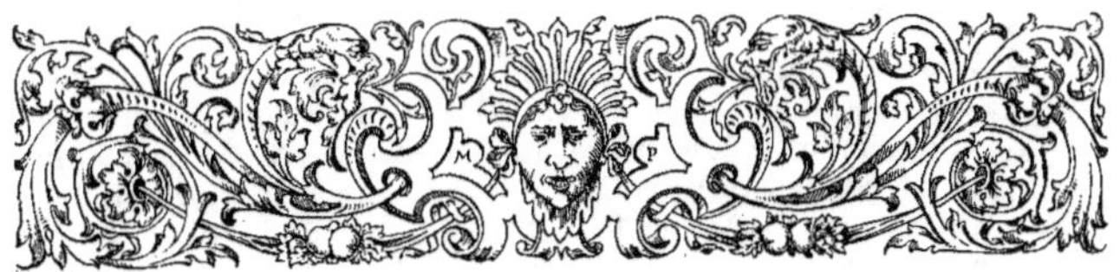

CHAPITRE II

L'ADMINISTRATION

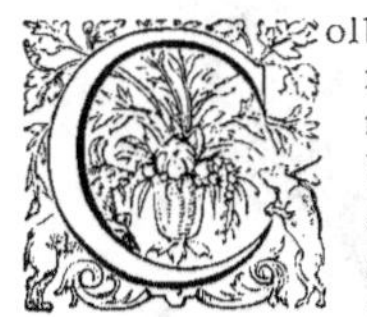olbert donne au poste de surintendant et ordonnateur des Bâtiments une telle importance que, malgré la médiocrité de la plupart de ses chefs, l'administration joue un rôle capital dans l'histoire artistique jusqu'à la Révolution. Cinq grandes créations ou réorganisations résument l'œuvre de Colbert : en 1663 il accorde à l'Académie le règlement qui assure sa suprématie définitive sur la maîtrise; en 1666 il fonde l'Académie de France à Rome; en 1667 il crée la Manufacture royale des Meubles de la Couronne (Gobelins); en 1676 il promulgue les lettres patentes qui autorisent et organisent les Académies de province; pendant tout le temps qu'il est au pouvoir, enfin, il enrichit le Cabinet du roi dont il veut faire un lieu d'études pour les artistes. Qu'est devenue cette œuvre au début du xviii° siècle?

L'Académie vit encore sur le règlement de 1663 : ni son organistion matérielle, ni son esprit n'ont changé. Malgré les périls que lui a fait courir la misère, l'Académie de France à Rome n'est pas morte et bientôt elle retrouvera tout son éclat. L'appauvrissement du royaume a menacé l'existence des Gobelins; la Manufacture de meubles a même disparu, mais les peintres n'en souffrent pas, car Le Brun seul lui fournissait des modèles; la vie des ateliers de tapisserie est ralentie; tout le personnel est licencié de 1694 à 1699[1]; on n'exécute pas de cartons nouveaux avant la commande de l'*Ancien* et du *Nouveau Testament* à Antoine Coypel et à Jouvenet en 1711. Mais l'existence, même précaire, de l'institution est précieuse pour les artistes. Colbert destine les Gobelins autant à former de bons peintres que d'habiles tapissiers; il en

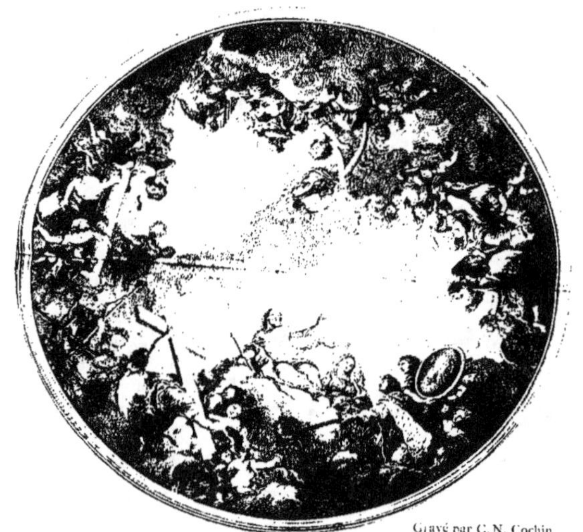

Gravé par C. N. Cochin.

FIG. 7. — CHARLES DE LA FOSSE. — SAINT-LOUIS DÉPOSANT SA COURONNE ET SON ÉPÉE ENTRE LES MAINS DU CHRIST.
(Coupole de l'Église des Invalides.)

confie la direction au Premier Peintre, et l'article IV des statuts de fondation débute ainsi : « Le surintendant de nos bâtiments et le directeur, sous luy, tiendront la manufacture remplye de bons peintres[2] ... ». A la fin de 1690, ou au début de 1691, une école nou-

---

1. Les entrepreneurs conservèrent le droit de continuer à travailler à leurs risques et périls. Une vingtaine d'ouvriers de la manufacture s'engagèrent dans l'armée, d'autres rentrèrent en Flandre, d'autres travaillèrent à Beauvais.

2. Lacordaire, *Notice sur l'origine des... manufactures... réunies aux Gobelins*, 1852, in-12, p. 21.

velle à l'usage des jeunes artistes est ouverte aux Gobelins[1]. Quant
au Cabinet du roi, il n'augmente guère, mais il ne diminue pas après
la mort du ministre. Les acquisitions ordonnées par Louvois à l'étranger, de 1683 à 1690, sont de médiocre importance[2]. Dans son *Inventaire
des tableaux du Roi* (1709-1710), Bailly catalogue 2376 toiles[3], à peu près
le même nombre qu'en 1680. Mais Colbert avait laissé les tableaux
à Paris pour le plus grand profit des peintres[4]; à la fin du siècle
on les transporte à Versailles et dans les autres résidences royales.
En 1704 il en reste à peine 90 au Louvre et quelques-uns à l'hôtel de
Grammont[5]. Bientôt même on retire les dernières toiles du Louvre,
sous prétexte de donner aux peintres une place pour organiser leurs
expositions. Les académies de province seules ont disparu. Elles
n'ont pas été officiellement supprimées : mais elles n'étaient pas
viables et Colbert avait déjà pu prévoir leur échec. Il les considérait
comme un nouvel instrument de centralisation; par essence, au
contraire, elles tendaient à l'autonomie : immédiatement en conflit
avec l'Académie de Paris, elles succombent dans la lutte.

En somme, l'œuvre de Colbert subsiste presque entière en 1721,
malgré le passage aux Bâtiments de Louvois, dont le plus ardent
désir a sans doute été de la ruiner, malgré la mort de Louis XIV,
malgré le désordre des finances. Quatre surintendants ne l'ont
pas ébranlée : l'expédition des affaires courantes absorbe, il est
vrai, toute leur activité.

Louvois occupe encore la charge de surintendant en 1690, mais
il s'en désintéresse complètement. Il avoue lui-même son incom-
pétence : « Comme je ne suis point curieux, écrit-il à La Teulière,
c'est-à-dire que je ne me connais point en peintures ni en statues, je
ne vous demande point de statues chères par leur antiquité, et j'aime
mieux une belle copie d'un marbre bien poli qu'un antique qui ait le
nez ou le bras cassé. Je vous prie de ménager ma bourse sur les
statues, en ne les prenant pas extrêmement mauvaises, de ne pas aussi
chercher une extrême beauté qui les renchérit considérablement[6] ».

1. *Comptes*, t. III, p. 581, le 31 décembre 1691.
2. Rousset, *Histoire de Louvois*, t. III, p. 357-359.
3. Engerand, *Inventaire des tableaux du Roi*, par Bailly, 1899, in-8, *Introduction*, p. ix et x.
4. Voy. *Mercure galant*, 1681.
5. Engerand, *Inventaire des tableaux du Roi*, par Bailly, 1899, in-8: *Introduction*, p. vi. Un inventaire de Houasse, établi en 1704 (Archives nationales O¹ 1966),
indique le détail des œuvres qui se trouvaient alors au Louvre.
6. Rousset, *Hist. de Louvois*, t. III, p. 360.

Son ignorance s'aggrave de maladresse. Il introduit dans l'administration des Bâtiments les procédés autoritaires et la discipline brutale du ministre de la guerre. Un artiste lui déplaît; il parle aussitôt de prison. Il menace d'enfermer le sculpteur Fossier qui demande des fonds pour continuer son travail[1]. Les pensionnaires de Rome auxquels le directeur, à court d'argent, ne paye pas leurs quartiers se mutinent; il leur promet le cachot au retour[2]. S'il porte quelque intérêt à l'Académie de Rome, c'est que La Teulière, le directeur qu'il y envoie, est de sa clientèle. Il nomme d'ailleurs La Teulière en violation des statuts : le directeur doit être choisi parmi les peintres; la Teulière est un humaniste.

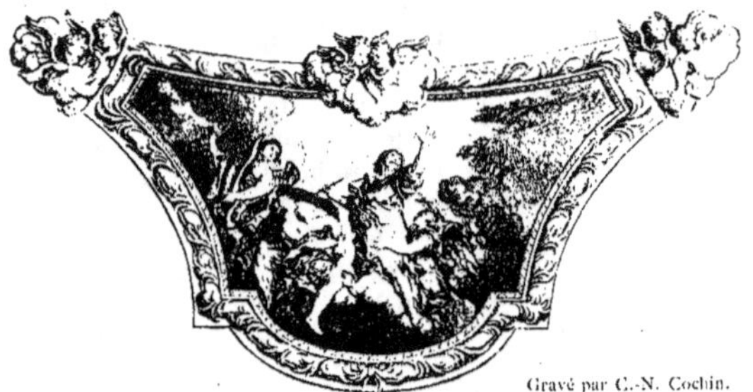

FIG. 8. — CHARLES DE LA FOSSE. — SAINT-JEAN APÔTRE ET ÉVANGÉLISTE.
(Décoration des panaches de la coupole de l'église des Invalides.)

L'Académie de peinture au contraire ne trouve auprès de lui ni l'amical soutien, ni l'autorité bienveillante auxquels elle est accoutumée. Il paraît trois fois à peine aux séances pendant ses huit années de surintendance. En 1690 il viole sans scrupule les règlements pour imposer Mignard à la Compagnie. Statutairement, celle-ci nomme elle-même tous ses officiers, et le 13 février 1690 elle décide de pourvoir normalement les postes de directeur et de chancelier vacants par la mort de Le Brun[3]. Mais le 5 mars, La Chapelle, commis de Louvois, dicte en séance les volontés du maître que les Procès-verbaux enregistrent en ces termes : « En suite mond. sr de La Chapelle a dit que le Roy ayant accordé à Monsieur Mignard...la qualité

1. Rousset, *Hist. de Louvois*, t. III, p. 380.
2. *Corresp. des direct.*, t. I, p. 177-178.
3. *Proc.-verb.*, t. III, p. 27.

de son Premier Peintre, et tous les titres, honneurs, prérogatives et places que possédoit cy-devant Monsieur Le Brun, et, en particulier, par rapport à l'Académie, la place d'Académicien, la charge de Recteur et les dignités de Chancelier et Directeur de la Compagnie, Monseigneur de Louvois, nostre Protecteur, l'avoit chargé de venir déclarer cette ordre à l'Académie et que son intention estoit qu'il fût exécuté[1] ». La Compagnie est jouée : son protecteur, l'homme qu'elle a choisi pour défendre ses privilèges, la trahit au profit de celui qui, pendant tant d'années, s'est efforcé de la ruiner. Mais l'ordre est formel et il faut s'incliner. Seul le procès-verbal de la séance traduit la mauvaise humeur des académiciens : « Après cette déclaration (de M. de La Chapelle), la Compagnie d'une commune voix a dit tout hault qu'il n'estoit point besoin de délibérer dans une occasion comme celle-cy, ny de procéder à la pluralité des suffrages par les fèves ou autrement, s'agissant de tesmoigner sa respectueuse obéissance aux volontez du Roy et sa soumission aux ordres de Monseigneur nostre Protecteur[2] ».

Colbert de Villacerf remplace Louvois à sa mort. C'est un parent des Colbert et des Le Tellier qui, selon le mot de Saint-Simon, a « répudié les Colberts pour les Telliers » dont il a « pris les livrées et suivi la fortune[3] ». Le Tellier l'emploie comme premier commis, et Mazarin, dont il tient les registres des finances, lui fait acheter, en 1653, la charge de premier maître d'hôtel de la future reine. Par la protection de son cousin Colbert il obtient, en 1686, le poste d'inspecteur général des Bâtiments avec 16,000 ₶ d'appointements et des frais de courses[4]. Il est vieux déjà de près de soixante ans et peu préparé à ses nouvelles fonctions. Cependant l'indifférence de Louvois en matière de bâtiments lui impose rapidement un rôle important. Son aménité bienveillante lui concilie la sympathie de l'Académie qui lui décerne, le 16 décembre 1690, le titre de vice-protecteur, vacant depuis la mort du marquis de Seignelay[5], et qui se réjouit quand, en 1691, il est nommé surintendant par commission[6].

---

1. *Proc.-verb.*, t. III, p. 30-31.
2. *Ibid.*, t. III, p. 31. La Compagnie eut à subir la même violence de la part de Mansart qui, le 1er septembre, ordonna que Ph. Meusnier fût admis d'emblée et nommé conseiller sans vote. Elle ne témoigna pas d'une meilleure humeur cette fois-là. Voy. *Proc.-verb.*, t. III, p. 373.
3. Saint-Simon, t. III, p. 27-28.
4. Archives nationales, O^1 1055, p. 405.
5. *Proc.-verb.*, t. III, p. 51-52.
6. *Ibid.*, t. III, p. 67 et 68.

La charge, en passant entre ses mains, perd quelques-unes de ses attributions : Pontchartrain retient les manufactures non royales ; le roi réserve pour lui-même et le secrétaire d'État de sa Maison la Bibliothèque royale, le Cabinet des Médailles, l'Imprimerie et le Balancier du Louvre, la direction des ouvrages d'argenterie et des meubles, la haute main sur les Académies des Inscriptions et des Sciences. Le surintendant conserve tous les travaux des Bâtiments, parcs, jardins, acqueducs, canaux, la construction de l'église des Invalides, de l'Observatoire, de la place Vendôme ; il passe les marchés, dirige les artisans logés au Louvre, les peintres, les sculpteurs, les dessinateurs, les Gobelins, la Savonnerie, les Académies de peinture et sculpture, d'architecture, de Rome, le Jardin des Plantes, la Pépinière du Roule, le jardin d'oignons à fleurs de Toulon[1]... Le champ ouvert à son activité est encore vaste, mais Villacerf n'en tire rien.

C'est un aimable amateur, un brave homme qui a l'oreille du roi, mais un administrateur terne et timoré. Dans sa correspondance de huit années avec La Teulière il ne s'occupe guère que de livres, d'estampes, de bibelots : il s'intéresse aux ouvrages qui paraissent à Rome, mais ne s'inquiète ni des pensionnaires ni des études. A Paris il entretient des rapports cordiaux avec l'Académie, mais il ne la dirige pas comme Colbert. Son initiative dans les commandes est nulle ; son indolence encourage tous les abus, et ses subordonnés mettent sa faiblesse à profit pour piller les fonds des Bâtiments. « Un nommé Mesmyn[2], son principal commis, en qui il se fioit de tout, abusa longtemps de sa confiance. Les plaintes des ouvriers et des fournisseurs, longtemps retenues par l'amitié et par la crainte, éclatèrent enfin... Villacerf, dont la probité était hors de tout soupçon, et qui s'en pouvoit rendre le témoignage à lui-même, parla fort haut ; mais quand ce fut à l'examen, Mesmyn s'enfuit et il se trouva force friponneries. Villacerf en conçut un si grand déplaisir qu'il se défit des bâtiments... »[3] Il mourut quelques mois après, le 8 octobre 1699.

Le roi nomme Mansart pour le remplacer. Saint-Simon est trop sévère pour Mansart[4] : il nie son talent d'architecte qui n'est pas discutable ; mais il n'exagère pas ses autres défauts. L'homme est avide et jouisseur : sans compter les commissions, il touche 80,000 livres

1. Saint-Simon, t. VI, appendice, p. 526-527.
2. On disait ce Mesmyn son fils naturel.
3. Saint-Simon, t. VI, p. 93-95.
4. *Ibid.*, t. XVI, p. 37 et suiv.

par an. En 1700, — il ne peut envoyer 20,000 livres à l'Académie de Rome, cette année là, — il se fait attribuer 100,000 livres de gratification[1], il obtient du roi deux places à bâtir d'une surface de 700 toises rue Neuve-des-Petits-Champs[2], et gagne encore en spéculant sur les terrains de la place Louis-le-Grand[3]. Il apporte aux affaires une brutalité à laquelle Villacerf n'a pas accoutumé et toutes ses rancunes privées. En 1699 il destitue le pauvre vieux La Teulière par une lettre brutale, presque méchante[4]. Les peintures de Poerson dans la chapelle Saint-Jérôme aux Invalides lui déplaisent : il les fait badigeonner sans même avertir l'artiste qui pense tomber malade de chagrin. Joseph Parrocel, auquel il refuse de payer une dette, obtient sentence contre lui, et le fait arrêter un jour dans son carrosse ; il riposte en reléguant dans un grenier le *Passage du Rhin* — au Louvre aujourd'hui —, et la toile eût été perdue si le roi lui-même ne l'avait fait poser à Versailles, dans la salle du Grand Conseil. Pour se venger d'une estampe de Michel Dorigny où l'on voyait François Mansart, son oncle, monté sur un mulet, un singe en croupe, sur le chemin de Montfaucon (satire d'un impôt sur les arts proposé par l'architecte), il fait échouer son fils, Louis Dorigny, à l'Académie en 1704 et le contraint à quitter Paris[5].

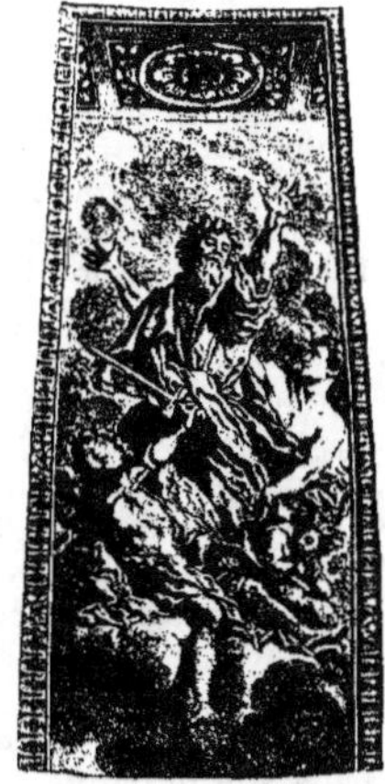

Gravé par C.-N. Cochin.

FIG. 9. — JEAN JOUVENET. — SAINT-PAUL APÔTRE.

(Décoration de la voûte inférieure de l'Église des Invalides.)

Aucun administrateur ne témoigne plus d'indifférence à l'Académie de Rome. Il y laisse envoyer Poerson comme directeur, sans souci de ses aptitudes, pour s'en débarrasser, et oublie de pourvoir aux besoins de la maison. D'Antin écrira un jour à Poerson : « Je juge... de l'inquiétude où vous deviez être du temps de Monsieur Mansard puisque vous me paroissez trop en peine de votre paye-

1. Saint-Simon, t. VII, p. 160.
2. *Ibid.*, notes de Boislisle, t. XVI, p. 43.
3. Les *Nouvelles Archives de l'art français*, année 1891, p. 91, ont résumé des contrats passés par lui à ce sujet.
4. *Corresp. des direct.*, t. II, p. 447-448 ; *Lettre* du 4 mars 1699.
5. D'Argenville, t. IV, p. 293, édition de 1762.

ment, avec un homme comme moy qui y donne toute son attention[1] ». Il viole les statuts de l'Académie de Paris avec la même désinvolture que Louvois. Charles de La Fosse est son peintre favori :
au contraire il déteste Noël Coypel dont la renommée a grandi sans
son appui et dont la gloire inquiète son orgueil. En 1695, à la mort
de Mignard, Coypel, sur l'ordre du roi, a été nommé directeur
de l'Académie[2], Mansart n'a pas de repos qu'il ne lui ait infligé un
affront public, qu'il ne l'ait destitué de sa charge au profit de La
Fosse. Comme il sait fort bien qu'en juillet 1699 Coypel abandon-
nera spontanément ses fonctions, il ordonne à la Compagnie
d'avancer de trois mois ses élections annuelles, et, « par une recommandation peu différente d'un ordre », il la prie « de faire,
pour cette fois, tomber le choix sur M. de La Fosse ». On vit « clairement qu'il ne s'agissait en tout cela que de déplacer M. Coypel
et de placer M. de La Fosse. Mais chacun se demandait comment
on pouvait faire un crime à l'un du même pas qu'on faisait faire à
l'autre[3] ».

Malgré son âpreté, son désordre, son indifférence ou sa partia-
lité, Mansart eût été, dans des temps moins durs, un meilleur surintendant que Villacerf. Les artistes auraient trouvé du travail sous
sa direction. Dans un but intéressé — mais peu importe — il aurait
donné aux Bâtiments une grande activité. De 1699 à 1708, il
élabore projets sur projets, propose d'ajouter douze pavillons à
Marly, deux à Versailles, et de construire une fontaine monu-
mentale. Il veut aussi couvrir et terminer le vieux Louvre, commencer une salle de théâtre[4], etc. Mais la guerre, la ruine para-
lysent son initiative, et il ne reste de son passage aux affaires que
le souvenir d'un agioteur sans vergogne.

Les compétiteurs à sa succession sont nombreux. On propose
Voysin, « porté à tout par Mme de Maintenon », Chamillart « qui
n'y pensa jamais pour le consoler, disait-on, des finances », Pele-
tier, « comme un emploi qui se marieroit si bien avec le sien des
fortifications », Desmaretz « qui, avec le même avantage, aurait encore celui d'épargner au Roi les contrastes des payements », le
premier écuyer La Vrillière, d'Antin[5], enfin : on offre jusqu'à trois
millions de la charge. Mais « le Roi la voulut diminuer et la changer

---

1. *Corresp. des direct.*, t. IV, p. 213 ; *Lettre* du 11 mai 1713.
2. *Proc.-verb.*, t. III, p. 167-168, séance du 13 août 1695.
3. *Manuscrits de l'École des Beaux-Arts*, n. 166 : Directeurs de l'Académie.
4. Saint-Simon, t. VI, p. 97. Note 1.
5. *Ibid.*, tome XVI, p. 51.

de nature pendant la vacance. Il se déclara lui-même le surintendant et l'ordonnateur de ses bâtiments[1] ». Le duc d'Antin, prodigue et joueur, un peu voleur même, selon Saint-Simon, obtient
seulement le titre de directeur des Bâtiments[2]. Le roi, dit encore
Saint-Simon, dégrada la charge d'un valet pour la donner à un
seigneur.

D'Antin ignore tout des Bâtiments[3]. Mais son intelligence
aurait pu, s'il l'avait voulu, suppléer[4], dans une certaine mesure, à la
compétence. A peine au pouvoir, il témoigne à l'Académie de Rome
une sollicitude que la maison ne connaît plus depuis Colbert et il
la sauve. Le 17 juin 1708, il écrit à Poerson : « Je vous avoue que je
désire fort que [l'Académie]... soit dans l'état qu'il convient et je
n'oublieray rien de ce qui dépend de moi pour vous en fournir les
moïens »[5]. En même temps, il demande à l'abbé de Polignac —
alors à Rome — des renseignements sur l'utilité et sur l'état de l'institution[6]. Il exclue sans pitié les pensionnaires inutiles et contrôle
sévèrement le recrutement des nouveaux élèves. L'irrégularité et l'in-
suffisance des envois d'argent diminuent. A. de Montaiglon a eu raison
d'écrire : « Après Colbert qui l'a fondée (l'Académie), [d'Antin]...
est le seul qui l'ait aimée et suivie et qui s'y soit honnêtement et
intelligemment intéressé... »[7]. Mais il ne s'occupe guère d'autre
chose ; il ne s'abaisse pas jusqu'à régler les affaires courantes :
« Les fonctions de ma charge, écrit-il, ne sont pas assez importantes pour en suivre le détail »[8]. Quand il est nommé surintendant, à la mort de Louis XIV, il n'emploie sa nouvelle autorité

1. Saint-Simon, t. XVI, p. 5o.
2. D'Antin indique lui-même (*Mémoires*, p. 70, publiés en 1821-1822, sous le
titre de *Discours de sa vie et de ses pensées* par le duc d'Antin, dans les *Mélanges
publiés par la Société des Bibliophiles français*), la différence entre le surintendant
et le directeur général : le surintendant signe tout ; le directeur, au contraire, con-
tresigne simplement les ordonnances signées par le roi.
3. Il écrit lui-même (*Mémoires*, p. 69) : « Je connaissais les agréments de cette
charge et quels accès elle donnoit auprès du Roy. Je savais encore ceux qu'elle
pouvoit donner à un homme de condition qui en feroit un bon usage et se conduiroit
sagement. Je la demanday au Roy sur le pied de m'être toujours mêlé de jardinage,
même avec Sa Majesté, et d'avoir un peu de goût pour les maisons. »
4. « Personne au monde, dit Saint-Simon, n'avait plus d'esprit ni de toute
sorte d'esprit, et avec un art tout grossier et tout naturel, plus d'art, de tour, de
persuasion, de finesse, de souplesse : il était et il disait tout ce qu'il voulait et comme
il voulait. »
5. *Corresp. des direct.*, t. III, p. 214 ; *Lettre* du 17 juin 1708.
6. *Ibid.*, t. III, p. 215.
7. *Ibid.*, t. III, p. 213.
8. *Mémoires*, p. 72.

qu'à faire transporter à Paris, dans son hôtel particulier, 131 tableaux du Cabinet royal [1].

Sans détruire l'œuvre de Colbert, il eût été nécessaire cependant de l'accommoder aux circonstances. Il aurait fallu, par exemple, réduire les frais d'administration. Le surintendant touche 50 à 52,000 livres d'appointements, plus 8,000 livres comme équivalent du droit d'entrée sur les tapisseries étrangères, plus le logement et le chauffage : Saint-Simon n'exagère pas en évaluant ses revenus à 150,000 livres [2]. D'après un état de 1706, le personnel de la surintendance — 145 fonctionnaires — reçoit 345,000 livres [3]. Ces charges, insignifiantes quand elles n'absorbaient qu'une part minime des ressources, deviennent écrasantes après 1690. De plus, si une centralisation rigoureuse s'expliquait, s'imposait presque après l'anarchie de l'administration des Bâtiments sous Henri IV et sous Louis XIII [4], elle aurait eu besoin d'un tempérament en 1720. Mais personne ne sait le lui donner; personne même, jusqu'à la Révolution, n'en soupçonne la nécessité : bien mieux, les meilleurs esprits du XVIIIe siècle, La Font de Saint-Yenne par exemple, prêcheront le retour à la rigueur colbérienne [5].

---

1. Engerand, *Inventaire des tableaux du Roi*, par Bailly, 1899, in-8, *Introduction*, p. xix.

2. Saint-Simon, t. II, p. 527. Appendice VII.

3. On en trouvera le détail dans l'*État de la France* ou dans J.-J. Guiffrey, *Comptes des Bâtiments du Roi*, t. II, p. xxvii.

4. On se souvient que ce désordre força Poussin à quitter Paris en 1642.

5. Voy. La Font de Saint-Yenne, *L'Ombre du grand Colbert, passim*.

CHAPITRE III

LES INFLUENCES ARTISTIQUES NATIONALES

n apparence, l'autorité de Le Brun sur l'École est encore entière en 1721. Après sa mort, l'Académie prend souci de la mémoire du Premier Peintre avec une vigilance jalouse. En 1691, un élève, Christophe l'aîné, ayant « eu la témérité d'achever et de retoucher un tableau peint par feu Monsieur Le Brun, représentant *Bacchus et Ariadne* », la Compagnie, pour le punir de son insolence, « l'exclut pour toujours de l'entrée de l'Académie » et décide que son jugement sera « affiché dans l'École pour servir d'exemple[1] ». On honore le défunt comme un demi-dieu. Antoine Coypel lui-même fait son panégyrique et demande qu'en témoignage de vénération son éloge par Fermel'huis soit relu en séance[2]. Au milieu du XVIIIe siècle on accepte

1. *Proc.-verb.*, séance du 6 août 1691, t. III, p. 67.
2. *Discours prononcés dans les conférences de l'Académie*, 1721, p. 82. De 1690 à 1721 on relit plusieurs fois à l'Académie des discours de lui ou sur lui; le 2 mai, le 4 juillet, le 1er août 1693, le *Discours de Guillet de Saint-Georges sur ses ouvrages*, le 5 février 1701, son *Discours sur le dessin et le contour;* les 6 novembre et 4 décembre 1706, son *Traité des Passions;* le 4 mai 1709, sa conférence sur l'*Extase de saint Paul* du Poussin; le 3 mai 1709, celle sur la *Coupole de la chapelle de Sceaux;* le 5 octobre 1709, celle sur les *Principes de la peinture;* le 1er mars et le 5 avril 1710, celle sur la *Chute de la Manne* du Poussin; le 20 novembre 1714, celle sur

encore sans restriction les louanges excessives ou maladroites que ses contemporains lui ont prodiguées. Perrault par exemple l'a comparé un jour à Véronèse [1] : dès lors les deux noms vont toujours ensemble. L'abbé du Bos les accouple, en 1719, dans les *Réflexions critiques* [2], ainsi que Bachaumont en 1751 dans l'*Essai sur la peinture* [3], sans souci de l'invraisemblance du rapprochement.

En réalité, l'influence réelle de Le Brun est nulle depuis longtemps. Dès que l'artiste ne dispose plus souverainement des commandes, dès qu'il est en but à la haine de Louvois, la foule de ses amis et de ses courtisans se disperse. Quelques-uns, pour se venger d'avoir subi sa domination, se retournent assez vilainement contre lui. Le Nôtre, son vieux camarade d'atelier chez Le Sueur, son ancien collaborateur, devient le confident de Mignard et de Louvois [4]. Van der Meulen, dont il a fait son neveu et auquel il a conquis la faveur du roi, fait aussi défection. Quand Le Brun porte chez

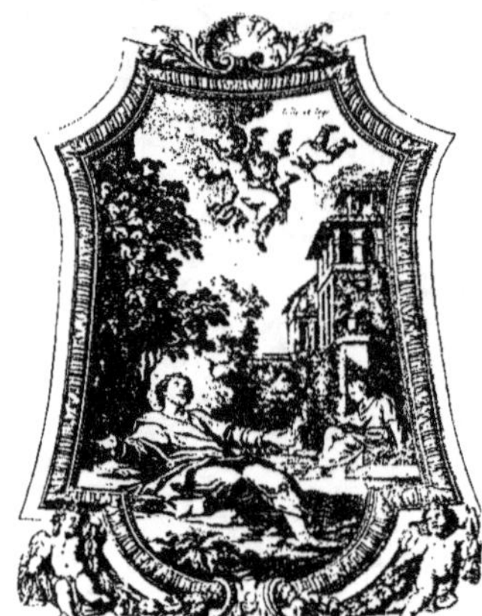

Gravé par C.-N. Cochin.

FIG. 10. — LOUIS DE BOULLOGNE. — SAINT-AUGUSTIN CONVERTI.

(Décoration de la chapelle Saint-Augustin à l'église des Invalides.)

Louvois, pour le flatter, le *Mariage de Moïse* qu'il vient d'achever, le ministre le reçoit mal et lui décoche des critiques plaisantes que Van der Meulen [5] a soufflées. Louis XIV avait été mauvais prophète

le *Dessin;* le 1er juin 1715, celle sur l'*Enlèvement de saint Paul* du Poussin ; le 5 mars 1718, celle sur la *Coupole de la chapelle de Sceaux ;* le 2 avril 1718, celle sur le *Portement de croix;* les 1er février, 5 avril, 3 mai 1721, la *Conférence sur sa vie* par Fermel'huis.

1. Il avait fait cette comparaison parce que, dans l'antichambre du grand appartement de Versailles, la *Famille de Darius* de Le Brun faisait face aux *Pèlerins d'Emmaüs* de Véronèse.

2. Du Bos, *Réflexions critiques sur la peinture et la poésie,* 1719.

3. Bachaumont, *Essai sur la peinture, la sculpture et l'architecture,* p. 15.

4. Voy. *Mém. inéd.,* t. I, p. 57.

5. *Ibid.,* t. I, p. 71-72. Il faudrait aussi noter la défection de Michel II Corneille, qui quitte pour Mignard l'atelier de Le Brun. Mais son abandon, à lui, n'est entaché d'aucune arrière-pensée d'intérêt, d'aucune ingratitude. Il s'était épris de la belle Catherine Mignard. Voy. Mariette, *Abecedario,* t. II, p. 8.

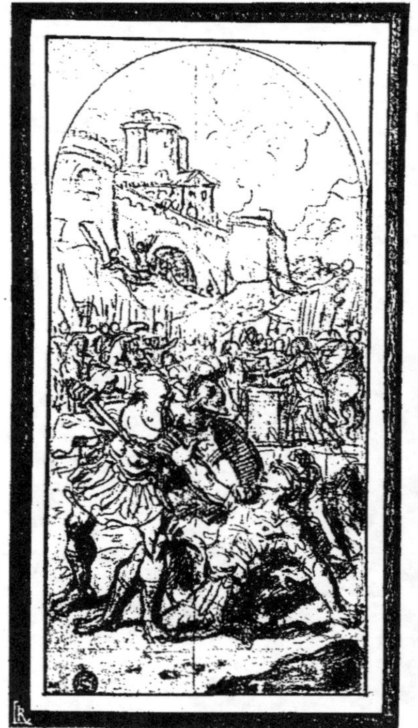

Mort de Turnus

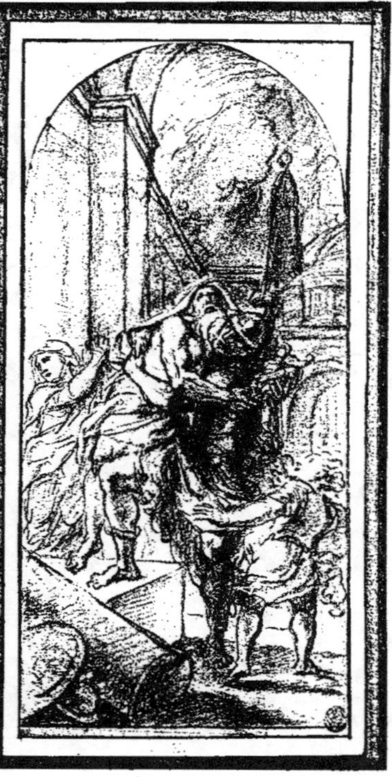

Énée sauvant son père Anchise

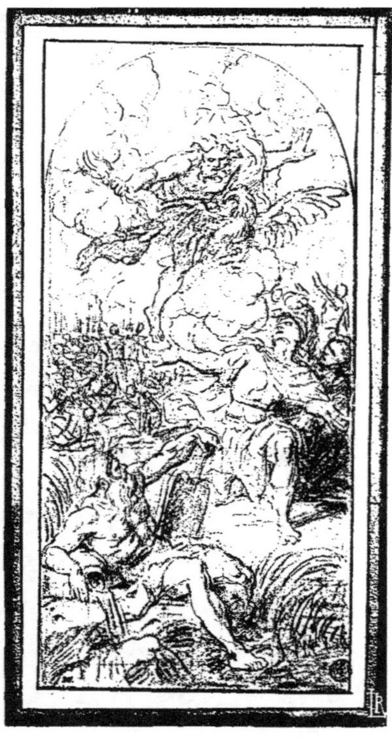

Jupiter apparaissant à Énée

Dessins par Antoine Coypel pour la Grande Galerie du Palais-Royal

(Musée du Louvre)

en disant au Premier Peintre, peu de temps avant sa mort, « que quelque parfaits que fussent ses tableaux, il estoit fâché qu'il luy en deust coûter la vie pour en augmenter le prix »[1]. Malgré les témoignages de vénération qu'on lui prodigue, Le Brun, dès 1691, n'est plus un modèle que pour de vieux amis obstinément fidèles et pour de rares disciples parmi tous ceux qu'il a formés. Le plus grand nombre de ses collaborateurs directs même, de La Fosse, Jouvenet, Noël Coypel, par exemple, se libèrent sans plus attendre : nous en trouverons la preuve dès la décoration des Invalides.

Ceci s'explique. Seules des volontés impérieuses ont introduit de force l'art du favori de Louis XIV dans notre art. Cette peinture est trop exclusivement réservée à l'exaltation d'un régime, même d'un homme, pour ne pas subir leur fortune. Supprimez-la de notre histoire artistique, le rythme selon lequel l'École française se développe n'est pas troublé. On passe aisément de Poussin à Watteau, et, en 1690, l'action de Poussin est certainement plus puissante que celle de Le Brun. Le Maître des Andelys symbolise alors tous les chefs-d'œuvre français nés de l'inspiration italienne. Dans la querelle des Dessinateurs et des Coloristes, même après 1690, les adversaires ne mettent jamais Le Brun en cause : c'est Poussin seul qu'ils combattent ou qu'ils défendent. Aux séances académiques on relit sans cesse les conférences que Le Brun, les deux Champaigne, Nocret, Loyr ont écrit sur ses œuvres[2]; Antoine Coypel prononce sur sa *Rebecca* un discours, malheureusement perdu[3]. Les sujets qu'il aimait sont encore en honneur : toute une partie de l'art du XVIIIe siècle est en germe dans les *Bacchanales*. L'œuvre de Watteau même n'est pas si différent de celui du Poussin qu'il le paraît d'abord : les qualités essentielles qui nous charment dans l'un et dans l'autre sont de même ordre; la clarté et la sincérité les dominent tous deux, accompagnées seulement de plus de logique rigoureuse dans l'un, de plus d'élégante fantaisie dans l'autre.

Le Brun et ses collaborateurs — c'est une justice à leur rendre — n'essayent jamais de rabaisser à leur profit la gloire de Poussin. Ils mettent, au contraire, à garder la mémoire du peintre des Andelys une piété et une passion admirables. Le Brun n'oublie pas qu'il a suivi les leçons du maître à Rome; il le répète à l'Académie, et, malgré son admiration pour les Carrache, il leur préfère publiquement

1. *Mercure*, février 1690, p. 267.
2. Voy. *Proc.-verb.*, t. III, IV, V, *passim*.
3. *Ibid.*, séance du 7 novembre 1693, t. III, p. 127-128.

Poussin[1]. Abandonnés à eux-mêmes, les artistes de Louis XIV eussent été sans doute de fidèles disciples de Poussin; mais comme la logique simple et la pondération ne conviennent pas au faste du roi, ils sont contraints de violenter leur tempérament et leurs goûts pour plaire au souverain qui les emploie[2].

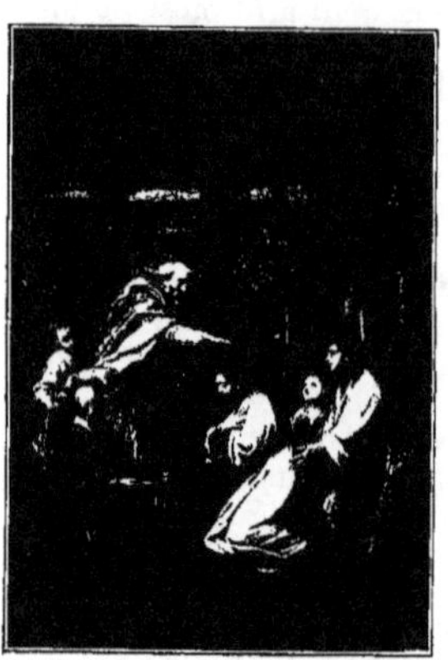

FIG. 11. — LOUIS DE BOULLOGNE. — BAPTÊME DE SAINT AUGUSTIN.

(Esquisse pour la décoration de la chapelle Saint-Augustin à l'Église des Invalides. — Musée de Dijon.)

Sous la forme où elle se manifeste à la fin du XVIIe siècle, l'action de Poussin est d'ailleurs mauvaise : elle se résume en une pédagogie arbitraire et étroite. Toute-puissante, elle eût vite réduit l'activité artistique à l'observation d'un certain nombre de formules et entravé le libre épanouissement des talents. Le rubénisme, qui naît alors, est l'éclatante protestation d'une école encore jeune qui ne veut pas mourir sous une discipline inflexible. Mais Poussin n'est pas responsable du sens qu'on donne à ses idées[3]; il n'avait jamais voulu imposer à l'art des lois immuables, des règles absolues. Ce projet ne pouvait naître que dans le cerveau de Colbert, affolé d'ordre et de régularité.

A la mort de Le Brun en 1690, Mignard est désigné, semble-t-il, pour recueillir son autorité morale comme sa succession matérielle; mais il n'impose à l'École ni ses idées ni ses goûts. Il est trop

---

1. Sur l'admiration de Le Brun pour Poussin, Voy. Jouin, *Conférences de l'Académie*, Paris, 1883, in-8, *passim;* Jouin, *Le peintre Charles Le Brun*, 1889, grand in-4, p. 200 à 203; *Journal du voyage du Cavalier Bernin en France*, par M. de Chantelou, publié par L. Lalanne, 1885, in-8, p. 227.

2. On ne connaît que quatre tableaux de Le Brun directement inspirés de Poussin. Jouin, *Ch. Le Brun*, p. 52 et suiv.

3. « En réalité, on l'honore d'autant plus qu'on le méconnaît davantage. Il y a une religion de Poussin..., mais cette religion se perd dans toutes les subtilités de la théologie la plus scholastique... Au XVIIIe siècle on parle toujours de Poussin dans les séances de l'Académie; on affecte de se guider d'après ses doctrines; on lui rend plus d'honneurs qu'on ne lui demande de leçons, ou bien on profite on ne peut plus mal de celles qu'on lui demande. » (H. Lemonnier, *L'Art du temps de Richelieu et de Mazarin*, p. 333-334.)

vieux, a-t-on dit. Il a 80 ans, c'est vrai, mais, depuis 1683, depuis la
nomination de Louvois à la surintendance, il est tout-puissant et
jamais il n'a pris une seule initiative. D'ailleurs, en 1690, sa vigueur
est encore entière. En 1691, Louvois le consulte au sujet de la décoration de l'église des Invalides et il donne des esquisses qu'il prétend exécuter lui-même. Nous avons quatre de ses tableaux peints
entre 1690 et 1695, la *Sainte Cécile* de 1691, *la Foi* et *l'Espérance* de
1692, enfin le *Saint Luc peignant la Vierge* daté de 1695[1], qui
témoignent d'une belle activité.

La vérité c'est qu'il n'éprouve jamais le besoin d'exercer une autorité directe. Il n'aspire aux places et aux honneurs que par vanité ; il se plaît surtout en compagnie des grands seigneurs et des
hommes de lettres. Pendant sa longue carrière à Paris il forme à peine quatre élèves : Lau-

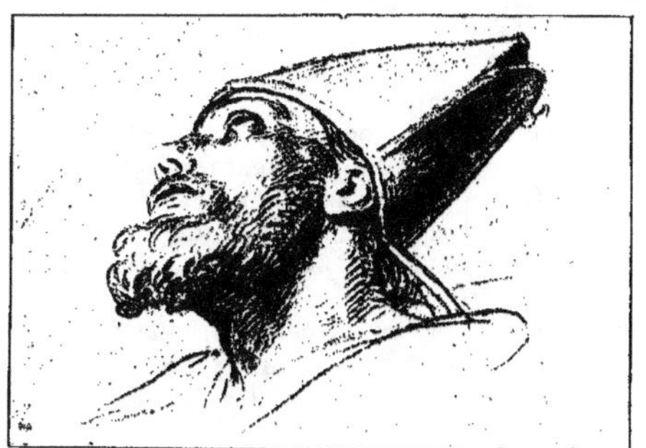

FIG. 12. — LOUIS DE BOULLOGNE. — ÉTUDE DE LA TÊTE DE SAINT
AUGUSTIN DANS « L'APOTHÉOSE DE SAINT AUGUSTIN ».
(Coupole de la chapelle Saint-Augustin à l'Église des Invalides. —
Musée du Louvre.)

rent Fauchier, Pierre Mignard son neveu, Nicolas Fouché et un
certain Carré, peintre flamand[2]; il n'a qu'un ami sincère parmi
les artistes, Dufresnoy. Il n'use pas même de l'autorité effective
que lui confère la direction des Gobelins. Lacordaire rapporte,
selon une tradition qui demanderait d'ailleurs à être vérifiée,
qu'il ne vint jamais à la manufacture. Ses apparitions à l'Académie
même sont rares : peut-être, malgré son triomphe, garde-t-il quelque
rancune à la Compagnie qui a soutenu Le Brun contre lui. Les
académiciens, de leur côté, lui témoignent du respect parce qu'on
respecte le Premier Peintre, mais sans plus : ils se souviennent des

1. Ces quatre tableaux étaient au Louvre autrefois. Les trois premiers y sont
encore ; le quatrième n'est plus porté au catalogue.
2. Abbé de Monville, *Vie de Pierre Mignard*, 1730, in-8, p. 187-188.

vieilles luttes et de l'humiliation qu'ils ont subie en 1690. Quand il meurt en 1695, les *Procès-verbaux* signalent à peine son décès et les officiers n'ordonnent pas de service funèbre pour le repos de son âme.

Mignard inspire cependant dans une certaine mesure les portraitistes et les peintres de mythologies galantes parce qu'il s'inspire lui-même de Rubens et des Flamands. Malgré son séjour en Italie, malgré son surnom de Romain, il est un des premiers à prévoir la renaissance du coloris. Ses œuvres ont souvent une fraîcheur, une légèreté de tons très rares encore chez ses contemporains. Il n'est d'ailleurs presque jamais possible de préciser la mesure de l'influence qu'il exerce.

Pas un peintre à sa mort n'est capable de guider l'École et l'unité que Le Brun et Colbert avaient imposée pendant trente ans à l'art disparaît. Des tentatives originales et contradictoires se succèdent. Antoine Coypel résume parfaitement les origines et les tendances de sa génération, mais il ne la dirige pas comme on pourrait le croire. Il charme surtout par des qualités étrangères à l'art : élégant et bel esprit, lettré, poète, il est l'ami du Régent; la politesse de ses manières est exquise... Comme tous ses contemporains, il se préoccupe beaucoup moins de Le Brun et de Mignard que de Carrache et de Poussin.

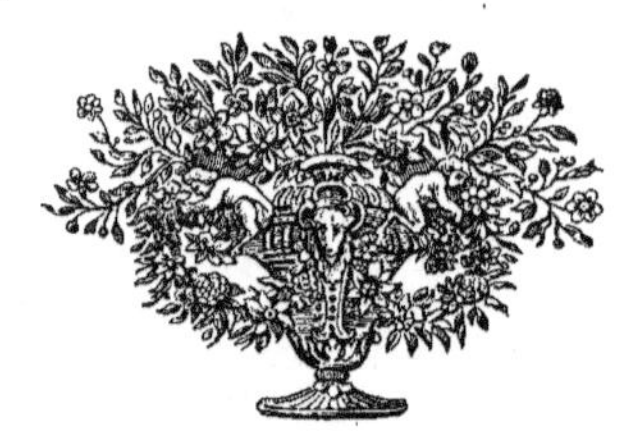

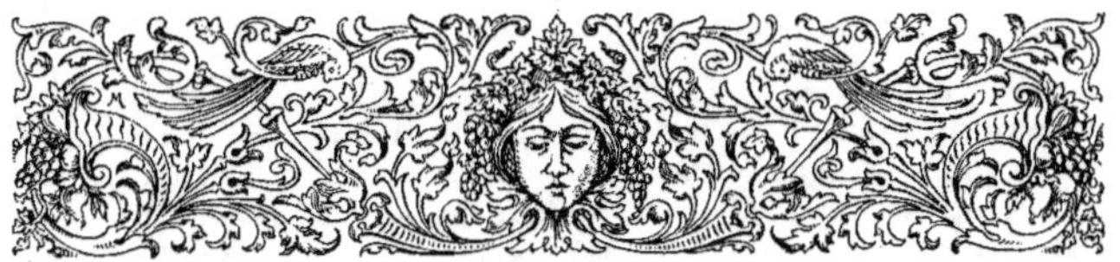

CHAPITRE IV

LES INFLUENCES ÉTRANGÈRES.

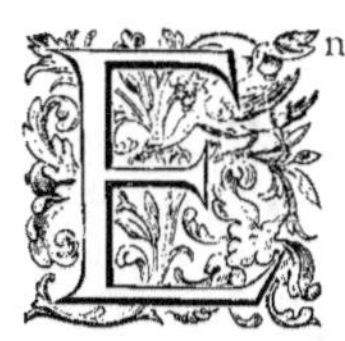n 1690, l'Académie enseigne encore uniquement l'imitation des vieux maîtres italiens sur laquelle tout le XVIIe siècle a vécu. Pourtant l'italianisme est déjà mortellement atteint: en 1721 il sera mort; on ne trouvera plus à cette date, comme le dit Chennevières, qu'un Colombel, peintre de Normandie, pour copier les Carrache. La rigueur même avec laquelle Le Brun a imposé la pédagogie bolonaise rend une réaction inévitable. De plus, la tradition italienne est de moins en moins vivante. En 1690, Annibal Carrache est mort depuis quatre-vingt-un ans. Parmi ses successeurs, le Guide (mort en 1640), et l'Albane (mort en 1660), comptent seuls encore pour les peintres français, et, s'ils plaisent, c'est qu'ils ont peint ces nudités grasses, ces amours joufflus, ces angelots malins qu'aiment les hommes de la Régence. Par une étrange coïncidence leur premier maître est un Flamand d'Anvers, Denis Calvaert, italianisé sans doute par un long séjour à Bologne, mais dont les origines septentrionales sont encore sensibles dans le *Noli me tangere*, dans le *Christ à la colonne* de la pinacothèque de Bologne et surtout dans la *Danaé* de la pinacothèque de Lucques.

Quant à l'Italie contemporaine, nos peintres n'en tirent aucun profit : les vieilles écoles glorieuses agonisent. Florence perd en 1724 son dernier peintre : Benedetto Luti, dont le dessin mou et rond ne rappelle guère la ligne ferme et souple des ancêtres. L'école bolonaise s'éteint avec Carlo Cignani, honnête, laborieux et lent, éternel imitateur de tous les morts célèbres, avec Lorenzo Pasinelli et les deux Bibienna, décorateurs pompeux et vides. Naples produit encore le Calabrese (1513-1699), Luca Giordiano (1632-1705), Francesco Solimena (1657-1747), mais la peinture napolitaine ne pénètre pas en France et les Français qui voyagent en Italie visitent rarement Naples ; d'ailleurs, même au temps des Ribera et des Salvator Rosa, nos peintres n'ont pas emprunté grand'chose aux Napolitains. A Gênes des familles de copieux décorateurs entassent fresques sur fresques aux murs des palais, aux voûtes des églises : les Giovanni Andrea Carlone, les Domenico, les Paolo Girolamo Piola, les Domenico Parodi ; mais ils ont tous connu Rubens et Van Dyck ou copié leurs œuvres : ce sont presque des Flamands.

Une lueur semble encore briller à Rome. Carlo Maratta y règne, paré d'un singulier éclat. Clément IX, Clément X, Innocent XI, Alexandre VIII, Innocent XII le chargent tour à tour de travaux et le couvrent d'honneurs. Il régente l'art italien comme Le Brun l'art français : ce n'est qu'un artiste secondaire cependant ; ses tableaux religieux sont fades, ses personnages héroïques, boursouflés. Louis XIV lui commande un *Apollon et Daphné*, reçoit avec honneur sa *Nativité* et sa *Prédiction de Saint Jean-Baptiste* envoyés par le cardinal Galterio en 1701 et lui décerne le titre de « peintre du roi » ; mais quelle place peut-il tenir chez nous entre Le Brun qui représente mieux la majesté et Mignard qui traduit mieux la grâce. Les contemporains eux-mêmes jugent sévèrement l'art romain : « Il est certain, écrit La Teulière... que l'on s'est gasté le goust en ce pays par la liberté que l'on s'y est donné d'abandonner... les manières de Raphaël, de Michel-Ange, de Carache et de leurs Escolles... pour suivre présomptueusement un caprice mal réglé sous prétexte, disent-ils, de donner plus de jeu et plus de feu à leurs ouvrages[1] ». Plus tard, Poerson reprend le même thème : « La peinture est tombée ici dans un si grand mauvais goût que cela est pitoyable... La réputation de Rome n'est soutenue que par les fameux ouvrages de ceux qui sont morts[2] ».

Telle est la décadence des écoles d'Italie que, de 1690 à 1721,

---

1. *Corresp. des direct.*, *Lettre* du 29 juillet 1692, t. I, p. 304.
2. *Ibid.*, *Lettre* du 20 octobre 1708, t. III, p. 240.

l'Académie de Paris reçoit à peine deux Italiens d'importance, Sébastien Ricci en 1718 et la Rosalba en 1721. Encore sont-ils Vénitiens l'un et l'autre et nous verrons que l'école vénitienne n'est en réalité pas très italienne. Ant. Pellegrini et Paolo Matteï sont, avec Ricci et la Rosalba, les seuls peintres italiens de quelque valeur qui travaillent en France au début du XVIIIe siècle.

Loin d'inspirer nos peintres, l'Italie leur demande à son tour des leçons et des œuvres. Les souverains des petits États favorisent l'immigration des peintres français. Petits et grands, amis ou ennemis, tous se modèlent sur Louis XIV et recherchent les artistes qu'il aime. Lorsqu'ils viennent à Paris, ils se font peindre par de Troy, Largillière ou Rigaud ; à leur cour ils reçoivent nos peintres avec honneur. Quand Jacques-Philippe Ferrand, l'émailleur, vint à Gênes, le doge envoya deux gardes à son hôtellerie pour l'inviter à se rendre au palais. Il l'attendit sur le grand escalier, vêtu de son costume de cérémonie, entouré de sa cour, et « lui tendit la main, disant qu'il avoit désiré pouvoir... aller le chercher luy-même, mais qu'il ne luy étoit

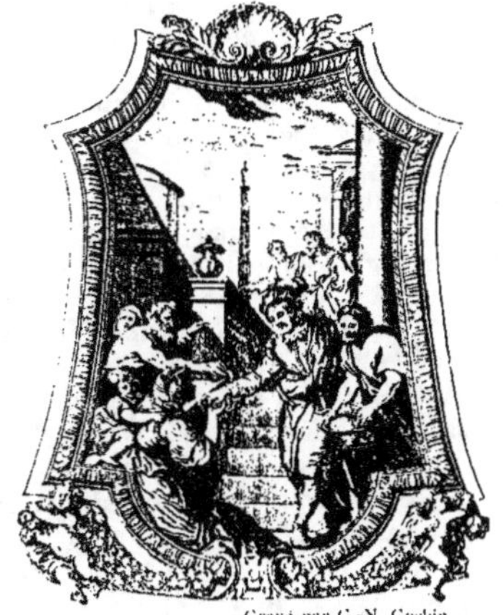

Gravé par C.-N. Cochin.

FIG. 13. — MICHEL CORNEILLE. — SAINT GRÉGOIRE DONNE TOUS SES BIENS AUX PAUVRES.
(Décoration de la chapelle Saint-Grégoire à l'Église des Invalides.)

pas permis de sortir du palais ducal pendant le temps qu'il étoit Doge... après quoi le Sérénissime l'engagea d'accepter son palais particulier pour le temps qu'il seroit à Gênes, et lui donna un domestique pour le servir et un cuisinier pour le traiter à la françoise [1]. » Gaspard Rigaud [2], J.-B. Van Loo font également

1. *Notice sur la vie et les ouvrages de J.-Ph. Ferrand*, dans les *Arch. de l'Art franç.* t. IV, p. 74-75.
2. Soprani et Ratti, *Delle Vite de Pittori...*, Gênes, 1768, in-4, t. II, p. 327. Ratti se trompe en donnant à Gaspard Rigaud le prénom de François et en le disant parisien. Comme son frère, Gaspard est né à Perpignan, et le procès-verbal de la séance de l'Académie du 30 juillet 1701, jour où il fut agréé (il ne fut jamais reçu), le nomme Gaspard.

de fructueux et d'honorables séjours à Gênes. Van Loo même y revient deux fois, et il faut sans doute dater de son second voyage (1708) les portraits que Mariette[1] attribue au premier (1699-1700), car Van Loo n'a que 15 ou 16 ans en 1699-1700. Victor-Amédée de Savoie s'adresse à de Cotte pour agrandir et embellir ses châteaux, au dessinateur Duparc pour dessiner les jardins de la Vénerie. Il fait grand accueil à Ferrand (1688 et 1694)[2], le loge deux ans dans son palais, lui commande son portrait et le visite presque chaque jour dans son atelier. Il occupe également Van Loo qu'il essaye en vain de retenir à Turin. Comme la Toscane déchue ne lui fournit plus que des artisans misérables, Cosme III de Médicis se tourne vers la France. Il demande leurs portraits à Le Brun, Rigaud, Largillière, Vivien[3] et tente à son tour de retenir J.-P. Ferrand : le voyage de cet artiste à travers l'Italie est une marche triomphale dont l'éclat nous surprend, car son œuvre ne le justifie pas. Pierre de Sparvier, le peintre français qui s'établit définitivement à Florence, est peu digne, malheureusement de représenter notre École dans la cité vénérable ; élève du Bolonais Gennari, producteur médiocre et fécond, il peint indifféremment pour Cosme III la mythologie, le portrait, l'histoire, la religion, les fleurs et la décoration[4].

A Rome, nos peintres l'emportent sur tous — le Maratta excepté. La Teulière travestit par flatterie la vérité quand il écrit, en mai 1693 : « Au pied de la lettre, il n'y a personne icy que le Roy ou ses Sujets qui acheptent depuis longtemps des ouvrages de marbre ou des tableaux de quelque prix[5] ». La Ville se remplit au contraire d'œuvres et de décorations françaises. Après la proclamation (1700) du cardinal Albano (Clément XI), l'activité augmente encore : « On l'appelait le Mécène de son siècle, dit un historien... Ceux qui excellent dans les Beaux-Arts eurent part à ses libéralités[6] » ; Clément XI aime surtout les artistes français ; il s'efforce, par exemple, de retenir à son service le peintre Pierre Dulin : « Dans l'audience particulière qu'il eut du pape, Sa Sainteté lui fit des offres les plus obligeantes pour l'engager à rester à Rome, desquelles s'étant défendu avec noblesse, elle lui fit présent de son portrait monté en bague garni de deux rubis et de quelques

---

1. *Abecedario*, t. V, p. 381.
2. *Notice sur la vie... de Ferrand, loc. cit.*
3. Ces portraits sont encore aux Offices, dans la Galerie des portraits d'artistes par eux-mêmes.
4. Dussieux, *Artistes français à l'étranger*, 3ᵉ édition, p. 423.
5. *Corresp. des direct.*, t. I, p. 387.
6. Reboulet, *Histoire de Clément XI*, 1752, p. 26-27.

diamants, de plusieurs médailles et reliques [1]... » Le médiocre Poerson est comblé d'honneurs, accablé de commandes : le pontife lui demande son portrait; don Carlo Albano lui paye le sien d'un fragment de la vraie croix enchâssé dans une croix d'or enrichie de diamants et d'émeraudes; il est nommé vice-prince, puis, à la mort du Maratta, prince de l'académie de Saint-Luc; comme il n'y a pas de vacance à l'académie des Beaux-Esprits, l'académie Arcadia, on augmente le nombre des membres pour l'admettre [2]. D'autres Français encore appartiennent à l'académie de Saint-Luc : Charles Errard, Nicolas Colombel, Nicolas La Fage, Claude Mellan, peintres ou graveurs. Des pensionnaires du roi concourent pour les prix décernés tous les ans, en grande pompe, au Capitole, et souvent ils triomphent : Ant. Rivalz est couronné en 1706, Villeneuve en 1708, Guy-Louis Vernansal en 1711 [3]. Don Horatio Albano persuade au pape en 1710 de confier une manufacture de tapisseries à Simonnet, ancien ouvrier des Gobelins. Simonnet est installé à l'hôpital Saint-Michel et reçoit « 25 écus d'or par mois, bien logé, nourri, blanchi, enfin toutes les choses nécessaires [4] ». Sur les autels, aux murs des chapelles, aux voûtes des églises nos artistes posent des tableaux, peignent des fresques. A Sainte-Marie des Miracles il y a une *Vierge à l'Enfant* d'Henri Gascar, deux *Madelaines* de Guy-Louis Vernansal, à la Minerva un *Saint Raymond* de Nicolas Magny [5], aux Dominiquins un *Saint Thomas offrant à la Vierge la Somme théologique* (1700) et à Santa-Maria della Scala une *Flagellation* de J.-B. Van Loo. Et ce ne sont là ni tous les noms ni toutes les œuvres; le catalogue des tableaux français peints et conservés à Rome n'a pas encore été dressé.

Les petites villes même occupent nos peintres. Pise garde deux ans Jean-François de Troy [6]. Mignard s'est arrêté jadis à Modène où l'on rencontre, entre 1690 et 1721, les graveurs Blondel et Paillot, les peintres Barrera et Jean de la Forest [7]. Tous ceux que Venise

1. *Mém. inéd.*, t. II, p. 254.
2. *Corresp. des direct.*, Directorat de Poerson, *passim*. La plupart de ces détails ont été mis en valeur déjà dans le *Watteau* de Virgile Josz.
3. « Avec une distinction très avantageuse ayant eu toutes les voix à l'exception d'une. » (*Corresp. des direct.*, t. IV, p. 34.)
4. *Corresp. des direct.*, t. III, p. 377-378, et t. IV, p. 4.
5. Cet artiste, né en Artois, vivait à Rome à la fin du xviie siècle.
6. Il y peint quelques portraits où perce déjà son art élégant et inégal : le portrait de Jean Grassulini, le gentilhomme qui le protège et l'entretient, par exemple, et celui du vieux juge, mari de sa maître-se. A l'église Saint-Félix il peignit un *Saint Louis*.
7. Dussieux, *Artistes français à l'étranger*, 3e édition, p. 439-440.

attire s'arrêtent quelque temps à Padoue : Jean Raoux y laisse, dans la cathédrale, une *Visitation* et une *Annonciation*; Guy-Louis Vernansal y règne comme Louis Dorigny domine à Vérone. Les rôles sont donc renversés; l'Italie maintenant est tributaire de notre art; mais personne en France ne l'avoue. Si jalouse de ses privilèges et de son indépendance, l'Académie a considéré comme un honneur en 1676 de s'unir à l'académie Saint-Luc de Rome ; elle reçoit toujours les artistes d'outre-monts avec respect, et presque tous nos jeunes peintres font le pèlerinage d'Italie. Les maîtres de la Renaissance semblent encore les maîtres suprêmes : les partisans les plus acharnés des Flamands ne les attaquent jamais; ils molestent seulement Poussin et les antiques. Dans les *Discours prononcés dans les Conférences...* Ant. Coypel, lui-même, un des plus fervents apôtres du rubénisme, exalte Raphaël et les Carrache comme l'aurait fait un contemporain de Le Brun.

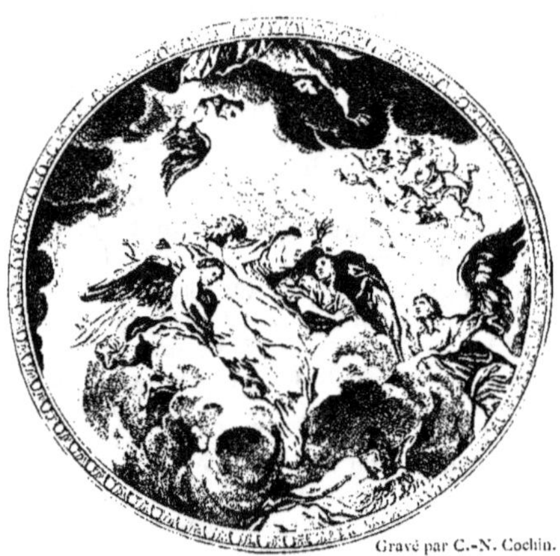

Gravé par C.-N. Cochin.

FIG. 14. — BON BOULLOGNE. — SAINT GRÉGOIRE ÉLEVÉ AU CIEL.
(Compo'e de la chapelle Saint-Grégoire à l'Église des Invalides.)

Même si la peinture italienne était restée florissante, même si Le Brun n'avait pas rendu sa tutelle insupportable, le réalisme flamand se serait imposé à nos artistes à la fin du XVIIᵉ siècle.

Le caractère essentiel de nos Maîtres primitifs et des peintres de Gand et de Bruges, au XVᵉ siècle, avait été un naturalisme savoureux et puissant. Les Flamands y persistent au XVIᵉ siècle, après un temps d'hésitation; mais nous le renions, fervents soudain de l'idéalisme auquel nous convie l'Italie. Les artistes du Nord n'en viennent pas moins s'installer chez nous; ils trouvent du travail en France malgré

notre enthousiasme exclusif pour Raphaël : à Lyon, au xvie siècle [1],
ils sont plus de vingt ; on en rencontre à Lille, à Valenciennes, à
Douai, à Tours, à Angers, à Beaune, à Dijon, à Aix. Partout ils laissent des œuvres colorées et vivantes qui préparent l'avenir. Pendant la première moitié du xviie siècle leur invasion continue.
Pourbus le jeune est admis à l'honneur de portraicturer deux rois et
deux reines. Ghislin Vroylinck travaille dans le Nord, Louis
Finsonius dans le Midi. Les plus grands nous visitent : en 1620-1622,
Rubens inscrit au Luxembourg l'*Histoire de Marie de Médicis* et il
envoie à Louis XIII plusieurs de ses élèves. Van Dyck passe à
Paris en 1626 et en 1641, avec le secret espoir, peut-être, qu'on lui
confiera la grande galerie du Louvre à décorer. Tous ces maîtres
trouvent bon accueil auprès du roi et des nobles, ils sont choyés par
les artistes ; cependant ils n'exercent encore aucune action sensible.
Rubens lui-même ne provoque pas de discussion, ne soulève
pas de polémique ; personne ne songe à l'opposer aux artistes
bolonais.

La magnificence de Louis XIV, après sa majorité, favorise encore
l'immigration flamande. Certains de trouver des commandes, les
meilleurs artistes s'installent définitivement à Paris. Ils forment une
colonie nombreuse qui se réunit pour boire au cabaret de la Chasse,
rue du Sépulchre. De 1648 à 1690 l'Académie en accueille vingt-huit,
dont plusieurs de premier ordre : les sculpteurs Desjardins et Van
Opstal, le graveur en médailles Rœttiers, le graveur en taille-douce
Gérard Edelinck, les peintres Philippe de Champaigne, Van der
Meulen, Ferdinand Elle, Van Schuppen, de Platte-Montaigne. Sans
doute ces hommes font tous acte de soumission envers Le Brun,
ils se vouent, en apparence, à la discipline italienne ; mais, en réalité,
leur culte du réalisme et de la couleur reste entier. Personne ne se
méfie d'eux : Le Brun lui-même choie Philippe de Champaigne et
Van der Meulen sans jamais voir le danger qu'ils font courir à ses
doctrines.

Les provinces aussi sont envahies par les Flamands. Ceux-ci s'établissent à demeure dans les villes, prennent rang dans les corpora-
tions et font souche. Leurs œuvres se perdent souvent encore
dans l'anonymat ; les archives de province ne nous livrent leurs
noms qu'avec parcimonie : petit à petit, cependant, ils sortent de
l'ombre. A Reims, par exemple, vivent les Dubois issus d'Am-

---

1. Natalis Rondot, *Les artistes et les maîtres de métiers étrangers ayant travaillé à Lyon*. (*Gazette des Beaux-Arts*, 1883, t. II, p. 157.)

broise Dubois d'Anvers qui travaillait à Fontainebleau à la fin du
XVIe siècle [1]. A Amiens s'installe Guillaume Herregosse d'Anvers,
reçu maître peintre en 1663 et qui meurt en 1711 après avoir décoré
toutes les églises du pays : la chapelle de l'Hôtel de Ville, l'église
Saint-Luc, le couvent des Cordeliers, la Cathédrale, de ses *Nativités*,
de ses *Paradis* et de ses *Descente du Saint-Esprit* [2]. A Arras on rencontre un certain Bergaigne qui passe pour avoir fréquenté l'atelier de Rubens dans sa jeunesse [3].

C'est cette infiltration lente, obstinée, continue qui impose
enfin le goût flamand à nos peintres, car la Flandre contemporaine,
épuisée par la guerre, ruinée par la fermeture de l'Escaut, est
presque aussi stérile que l'Italie. L'Académie depuis 1690 ne reçoit,
comme peintres flamands, que les descendants des maîtres établis
depuis longtemps en France : un Millet ou un Van Schuppen. En
Flandre même, c'est à peine si on nomme un Robert Van Opstal
(1657-1717), un Robert Van Audenaerde (1663 - 1743), un Honoré
Janssens (1644-1736), un Henri Goovaerts (1669-1720), un Marc Van
Duvenede (1674-1733), pauvres peintres qui seraient tout à fait inconnus s'ils n'avaient fondé une académie à Bruges. Une académie! Voilà donc la Flandre en détresse qui adopte à son tour
notre pédagogie.

Si lentement, si parfaitement préparée, la substitution du réalisme flamand à l'idéalisme italien dans la peinture française ne soulève pas de résistance dans la pratique. Jamais les derniers partisans
des Carrache ne reprochent l'audace de leurs tableaux aux premiers
disciples de Rubens. Personne ne critique les œuvres parfois agres-
sivement flamandes de La Fosse, d'Antoine Coypel, de Desportes.
Ceux qui n'osent passer directement de Bologne à Anvers s'arrêtent
seulement en chemin, à Venise.

La peinture vénitienne, en effet, est coloriste au même titre que
la peinture flamande. Italienne, elle a de tout temps eu droit de cité
chez nous et n'inquiète pas la pédagogie académique que les mots
seuls effrayent. C'est vers Venise que se tournent d'abord les novateurs. Quand de Piles publie son premier plaidoyer en faveur de la

---

1. Ambr. Dubois avait eu deux fils, Jean et Louis, peintres; Jean eut à son tour
deux fils appelés aussi Jean et Louis, peintres également. Le Dubois qui travailla
sous Le Brun aux Gobelins, de 1663 à 1690, était vraisemblablement de la même
famille. Voy. *Catalogue du Musée de Reims*, avec une *Introduction* de Ch. Loriquet,
1881, in-12, p. 125.

2. Voy. Robert Guerlin, *Notes sur le peintre Guillaume Herregosse*. (*Réunions
des Sociétés des Beaux-Arts des départements*, 1896, p. 558 et suiv.)

3. P. Marmottan, *Les peintres de la ville d'Arras*. Paris, 1889, p. 49.

couleur, dès 1668, dans ses Remarques à *l'Art de peinture de Dufres-noy*[1], il n'invoque pas encore les Flamands, mais les Vénitiens. Il ne cessera jamais de les prôner d'ailleurs. En 1699 il écrit encore : « Personne ne... dispute l'excellence du coloris [au Titien] et il a toujours été en cela la boussole des véritables peintres »[2]. Charles de La Fosse passe trois ans à Venise dans sa jeunesse[3], et Jean Raoux, Nicolas Vleughels, Louis Dorigny, Antoine Pesne, le miniaturiste Jean Stève, ce maître peu connu de la Rosalba[4], y séjournent tour à tour. Watteau, dit Caylus, dessine aussi volontiers les Titien et les Jacopo Bassano de Crozat que ses Rubens et ses Van Dyck[5]; Antoine Coypel enfin vante plusieurs fois dans ses *Discours* le charme et la variété du coloris de Titien[6].

Si dans la pratique les peintres français abandonnent aisément Carrache pour Rubens, il n'en va pas de même dans la théorie. Les hommes du XVIIe siècle sont d'implacables discuteurs. Après la fondation de l'Académie, quand la suprématie des Bolonais est encore incontestée, quand ils n'ont personne à attaquer et à défendre, ils consolident la pédagogie officielle à coups de confé-

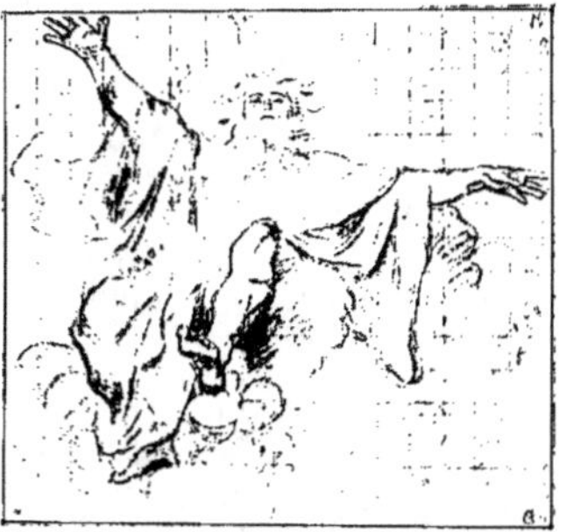

FIG. 15. — ANTOINE COYPEL. — LE PÈRE ÉTERNEL.
(Étude pour la décoration de la voûte de la chapelle de Versailles. — Musée du Louvre. Dessins.)

rences; aussi quarante ans d'efforts continus suffiront à peine à la renverser. Une lutte sans merci s'engage bientôt à coups de volumes, de discours, de libelles entre les partisans de la peinture flamande et ceux de la peinture italienne. Les adversaires se jettent à la tête les noms de rubénistes et de poussinistes; mais le vrai débat est plus large : il ne s'agit pas seulement de savoir si Rubens l'emporte sur Poussin, mais si la couleur est la partie principale

---

1. Voy. par exemple, p. 269, le grand éloge du Titien, et, p. 279, l'énumération des mérites de Rubens, Titien, Véronèse, Tintoret.

2. *Abrégé de la vie des peintres*, 2e édition, p. 260.

3. *Mém. inéd.*, t. II, p. 2.

4. Voy. A. Sensier, *Journal de la Rosalba*, 1865, p. 170. Il était fort en vogue vers 1690 à Venise, et connu sous le nom de Monsieur Jean.

5. Éd. de Goncourt, *L'Art du XVIIIe siècle*, première série, p. 36.

6. Par exemple, p. 14, 15, 42, 84, 87, 99, 125 et suiv.

de la peinture, ou le dessin, s'il faut étudier à Anvers ou à Bologne[1].

On ne connaît ni les débuts de la querelle ni le temps exact de sa naissance. A peine du vivant de Poussin et de Rubens, peut-on noter un sonnet de Scudéry à Rubens et une épître burlesque de Scarron dédiée à Poussin. C'est avec Félibien et de Piles que le débat prend toute son ampleur. Félibien, appuyé sur Chantelou et sur le plus grand nombre des amateurs, représente les poussinistes, l'idéalisme, le dessin; Roger de Piles, soutenu par Michel de Marolles et tous les jeunes artistes, bataille pour Rubens, le réalisme, la couleur. Ce ne sont pas seulement deux tempéraments, ce sont deux générations qui se combattent en ces hommes.

Né en 1609, Félibien est encore le contemporain de Poussin qu'il a connu à Rome; mort en 1695, il est aussi celui de Le Brun et de Colbert. Sa carrière est essentiellement administrative. En 1667 il reçoit le titre d'historiographe des Bâtiments, arts et manufactures du roi et il entre à l'Académie de peinture. En 1668 il fait partie de l'Académie des inscriptions qui n'existe encore qu'à l'état embryonnaire. Il est nommé secrétaire de l'Académie d'architecture en 1671 et garde des antiques en 1673. Colbert et Le Brun lui confient toujours la composition des notices, des conférences officielles sur l'art, les descriptions des fêtes royales. Il est l'interprète désigné des partisans de Poussin : la passion du Maître pour l'antiquité classique l'anime; il représente si parfaitement l'esprit des « dessinateurs » qu'au XIXᵉ siècle encore Ingres trouvera profit à lire ses œuvres et en copiera des fragments dans ses *Cahiers*[2].

Roger de Piles (né en 1635) est d'une génération postérieure. C'est un esprit indépendant, très ouvert, essentiellement critique. Il a beaucoup voyagé, beaucoup vu et beaucoup compris. Précepteur du fils d'Amelot, Amelot de Gournay, il l'accompagne en Italie, en Portugal et en Suède. Louvois le nomme en Hollande, pour traiter secrètement avec le parti de la paix; découvert et arrêté, il emploie ses loisirs de prisonnier à écrire la *Vie des peintres*. En 1699, il entre à l'Académie : c'est l'unique sanction officielle de toute son œuvre de critique[3]. Un abîme le sépare de Félibien; il

1. Une étude assez incomplète de la querelle, faute de documents, mais très juste en ce qui concerne de Piles et Félibien, a été publiée par Ph. de Chennevières dans le tome III des *Recherches sur la vie et les ouvrages de quelques Peintres provinciaux de l'ancienne France*, p. 213 et suiv.

2. Voy. le *Cahier* nº 9 de J.-A.-D. Ingres, analysé dans les *Réunions des Sociétés des Beaux-Arts des départements*, 1896, p. 541 et suiv., par M. J. Momméja.

3. *Proc.-verb.*, t. III, p. 259.

connaît l'activité artistique de la Flandre, des Pays-Bas, de l'Espagne; Félibien n'a visité que l'Italie. Il plaide pour un art nouveau, à l'aide d'arguments faux parfois, souvent excessifs, mais que la pratique remettra vite au point[1]; Félibien défend simplement l'esthétique consacrée, avec un grand talent et une conviction profonde, mais sans lui donner une raison nouvelle de durer. L'un représente l'avenir; l'autre est le champion du passé. Ils ont un point commun cependant: ils ont tous deux tenté d'être peintres au début de leur carrière, et tous deux ils ont abandonné ce dessein : cette ambition et cette inaptitude à la satisfaire marquent des critiques d'art de vocation.

De Piles engage la bataille en 1668, par la publication des *Annotations à l'Art de peinture* de Dufresnoy, son précurseur. Il prêche déjà la religion du coloris, mais sa foi n'est pas encore bien assurée. Il prône Titien plus que Rubens, et l'Académie d'abord ne prend pas ombrage de ses idées. Elle ne s'en inquiète qu'un peu plus tard. Une note de Guillet de Saint-Georges, expliquant l'irrégularité des conférences de 1668 à 1682, dit que « quelques particuliers que les académiciens avoient introduits par civilité dans leur assemblée, y semèrent des maximes absurdes, tirées de

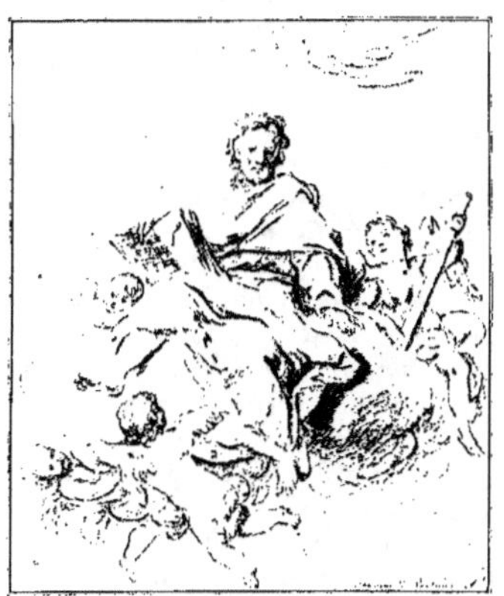

FIG. 16. — LOUIS DE BOULLOGNE. — SAINT JACQUES LE MINEUR.

(Étude pour la décoration des caissons aux tribunes de la chapelle de Versailles. — Musée du Louvre. Dessins.)

l'école de Lombardie, qui soutient, contre l'école de Rome, que, pour former un excellent peintre, il faut plutôt qu'il s'attache à l'économie des couleurs qu'à l'exactitude du dessin ». Ces incidents se produisirent « pendant une maladie de M. Le Brun, ennemi déclaré de cette erreur », et on crut « arrêter... [les] abus, ou, s'il faut ainsi dire... [les] attentats, en discontinuant les conférences jusqu'à [sa

---

1. Dans l'œuvre de R. de Piles, il faut mettre à part un ouvrage ridicule, la *Balance des Peintres*, où il attribue aux artistes des notes selon lesquelles il établit un classement. La *Balance des Peintres* a été traitée comme elle le méritait par Clément de Ris dans la *Gazette des Beaux-Arts*, 2ᵉ période, t. XVI, p. 569.

guérison...¹ ». La maladie du Premier Peintre est de 1671 : il ne vient pas à l'Académie du 2 mai au 24 décembre².

Les *Procès-verbaux* signalent à peine cette affaire. Testelin, qui les rédige alors, est un piètre écrivain; ses comptes rendus sont toujours superficiels et incomplets. Il donne une seule indication, à la date du 24 décembre 1671 : « Le mesme jour, M. Champagne, neveu, a demandé à l'Académie de relire la Conférance de Monsieur son oncle où a esté parlé de la couleur, et repasser en mesme temps sur ce qui en a esté dit par M. Blanchar, sur quoy a esté résolu que cela fera l'entretien de la Conféransse prochaine »³. Il n'a pas dit un mot des conférences de Blanchard et de Ph. Champaigne qui provoquent l'intervention de J.-B. de Champaigne; il ne note pas les suites de l'incident : aussi a-t-on dû longtemps s'en tenir au texte vague de Guillet. Mais toutes les pièces du débat ont été retrouvées récemment aux archives de l'École des Beaux-Arts et publiées *in-extenso*⁴. Le 12 juin 1671, Philippe de Champaigne lit une *Conférence sur un tableau du Titien représentant la Vierge, l'Enfant Jésus et Saint Jean-Baptiste*, où il défend énergiquement la cause du dessin. Blanchard riposte le 7 novembre par un *Discours sur le mérite de la couleur*. Cette réplique est agressive au point qu'on supprime, dans sa rédaction, deux paragraphes injurieux pour des collègues. Le 24 décembre, J.-B. de Champaigne lit en séance la note dont le procès-verbal de Testelin nous a conservé le souvenir : il prend violemment Blanchard à parti et, le 9 janvier 1672, après une nouvelle audition des conférences de Philippe de Champaigne et de Blanchard, il défend âprement les conclusions de son oncle dans un travail: *Contre le discours fait par M. Blanchard sur le mérite de la couleur*. Le Brun, rétabli maintenant, est l'arbitre désigné de la querelle; J.-B. de Champaigne a d'ailleurs invoqué son intervention le 24 décembre. Il prend la parole le 19 janvier et tranche le différend — en faveur du dessin naturellement, — dans les *Sentiments sur le discours du mérite de la couleur par M. Blanchar*.

Quelque autoritaire et péremptoire qu'il soit, l'arrêt du Premier Peintre ne clôt pas la polémique, qui devient seulement moins violente. Blanchard exalte encore le coloris à l'Académie en 1672;

---

1. *Mém. inéd.*, t. I, p. 246, note I.
2. Sa signature ne figure pas aux *Procès-verbaux* entre ces deux dates.
3. *Proc.-verb.*, t. I, p. 369-370.
4. André Fontaine, *Conférences inédites de l'Académie royale de peinture et de sculpture*, 1904, in-8°, première partie.

le 26 novembre, il fait « l'ouverture des conférences sur la disposition des couleurs et leurs propriétés »[1]. De Piles, dont la pensée s'est affermie, intervient en 1673 : il exprime ses préférences avec exagération dans le *Dialogue du coloris*. C'est une longue apothéose de Rubens dont « les tableaux... sont plus beaux que la nature même, laquelle semble n'être que la copie des ouvrages de ce grand homme ». Le dessin n'est qu'un auxiliaire du coloris : seul, « il est quelque chose d'imparfait à l'égard de la peinture, car... [il]... n'est que le fondement du coloris, et ne subsiste avant lui que pour en recevoir toute sa perfection ». Poussin a sans doute fort étudié le dessin ; il n'a jamais rien compris au coloris.

Le *Dialogue* paraît sans nom d'auteur; aussi l'a-t-on fort longtemps attribué à Noël Coypel. L'erreur a été accréditée par le peintre Carême, gendre de Coypel[2]. Carême trouve dans les papiers de son beau-père un manuscrit du *Dialogue*, et demande à Philippe de Prétot de le publier dans les *Nouveaux amusements du cœur et de l'esprit* : « Comme citoyen, dit-il, je serais coupable de garder pour moi seul un pareil trésor, combien plus le serais-je comme gendre de ce grand homme si j'ensevelissais dans l'oubli un ouvrage digne de sa réputation ». Prétot insère le *Dialogue* au tome VIII de son recueil; personne alors ne se souvient des éditions anonymes de l'ouvrage publiées à la fin du XVII° siècle. Paul Lacroix, qui les connaît, et qui connaît aussi les éditions complètes de R. de Piles où le *Dialogue* est imprimé, attribue cependant celui-ci à Coypel, sur la foi de Carême[3]. En réalité, l'œuvre ne peut pas être de l'artiste, coloriste sans doute, mais avec modération[4]. Ce n'est certainement pas un académicien qui l'a écrite; car elle commence ainsi : « Pamphile et Damon, sortant il y a quelques jours de l'Académie de peinture... s'avisèrent de me venir voir » : un académicien eût assisté lui-même à la séance. L'édition anonyme de 1673 est précédée d'un privilège du 26 octobre, par lequel « il est permis au sieur D. P. de faire imprimer, vendre et distribuer... un livre intitulé : *Dialogue sur le coloris* »; ces initiales sont évidemment celles de R. de Piles. De plus, l'édition de 1677 est brochée à la suite des *Conversations sur*

---

1. *Proc.-verb.*, t. I, p. 402.
2. Claude-François Carême, dessinateur amateur plutôt qu'artiste, père de Philippe Carême.
3. *Rev. univ. des Arts*, t. XV, p. 319 et suiv.
4. Voy. sa *Dissertation sur les parties essentielles de la peinture*, réimprimée dans la *Rev. univ. des Arts*, t. XVIII, p. 188.

la connaissance de la peinture du critique[1], qui, en pleine activité, en pleine production, n'avait pas besoin d'adopter l'œuvre d'un autre.

Nouvel effort des coloristes en 1677. De Piles publie ses *Conversations* où il attaque de nouveau Poussin. Il voudrait que l'artiste « se fust humanisé davantage »; « il n'est pas nécessaire d'estre toujours parmi les dieux ni dans la Grèce »; Poussin n'a vu que « l'antique et il a donné dans la pierre ». Quant à Rubens, « s'il ne s'est pas servi partout des plus belles proportions ce n'a pas esté par ignorance, mais par discrétion, les réservant pour les Divinitez »; c'est en tous cas le plus grand coloriste de tous les temps, partant

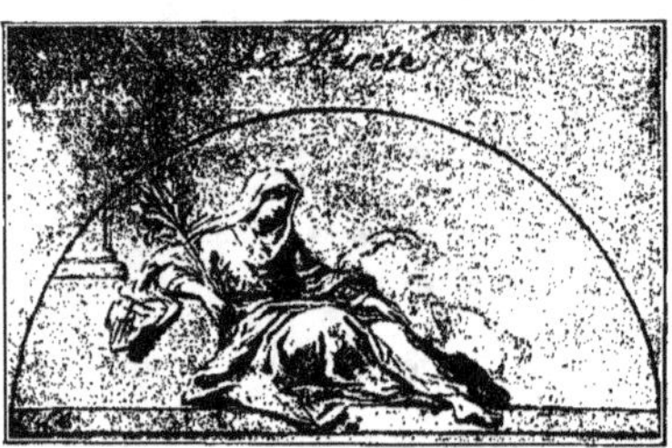

FIG. 17. — LOUIS DE BOULLOGNE. — LA PURETÉ.
(Étude pour la décoration de la chapelle de la Vierge, dans la chapelle de Versailles. — Musée du Louvre. Dessins.)

le plus grand génie. L'Académie s'inquiète, et le 6 mars, de Sève le jeune répond à de Piles dans une conférence « sur un ouvrage intitulé *Conversations sur la Couleur* », où il défend les droits du dessin[2].

A cette époque le débat n'est plus circonscrit entre les académiciens et quelques critiques. Les amateurs[3], les polémistes de profession y prennent part et le ton des ripostes devient très violent. On se bat à coups de pamphlets et de satires. Il nous reste plusieurs libelles composés par les adversaires : le *Banquet des Curieux*, qui défend Rubens, la *Réponse au Banquet des Curieux* qui l'attaque, le *Songe d'Ariste sur les différentes opinions concernant la peinture*[4]. Nous connaissons l'existence de quelques autres pièces du même genre qui ne nous sont pas parvenues : la *Ridicule lettre d'un ignorant contre Rubens*, citée dans la

1. Le *Dialogue* porte dans cette édition le privilège de 1673. Je n'ai pas trouvé l'édition de 1673 isolée, mais toujours jointe aux *Conversations* de 1677. N'aurait-elle pas été mise au jour avant? En tous cas, c'est à tort que Paul Lacroix retarde la publication jusqu'à 1699.

2. A. Fontaine, *op. cit.*, p. 45. Le *Procès-verbal* du 6 mars 1677 ne mentionne pas cette conférence.

3. On peut voir l'importance que le débat prenait pour les amateurs dans l'étude de M. Louis Hourticq, *Un amateur... sous Louis XIV, Louis-Henri de Loménie, comte de Brienne*, dans la *Gazette des Beaux-Arts*, 1905 premier semestre, p. 335 et suiv.

4. Réédités et étudiés en détail dans la *Rev. univ. des arts*, t. IV, p. 47 et 232.

Lettre d'un Français à un gentilhomme flamand qui précède le *Banquet*, « l'éloge que Thamire fit faire » dont parle la *Réponse au Banquet*,

cette lettre insolente
Où, d'un attentat criminel,
On a placé Rubens plus haut que Raphaël.

D'autres ont sans doute disparu, titre et texte. La plupart n'étaient pas publiées régulièrement : un libraire n'en eût pas écoulé l'édition. On les tirait à petit nombre sur de petites presses, comme le *Songe d'Ariste*, ou bien elles couraient manuscrites sous le manteau.

Cependant la lutte continue entre de Piles et l'Académie. Le 3 août 1680, la Compagnie ordonne une nouvelle lecture des conférences de Ph. et J.-B. de Champaigne, de Blanchard et de Le Brun par lesquelles elle a inauguré le débat en 1671-1672[1]. De Piles riposte l'année suivante; sa *Dissertation sur les ouvrages des plus fameux peintres* est une nouvelle apologie de Rubens qu'il place cette fois « au-dessus de Titien, comme le Titien est au-dessus de Paul Véronèse ». Le 4 décembre 1683, La Chapelle commente à l'Académie la conférence de Ph. de Champaigne qu'on relit une fois de plus, puis on reprend celle de Blanchard[2]. Le débat est toujours très vif. La *Gazette de Hollande* s'en fait l'écho en janvier 1684 : « Il n'est pas vray ce que des particuliers ont fait mettre dans la *Gazette* du samedy 1er janvier, qu'on avoit décidé dans l'Académie des Peintres que le dessein étoit la principale partie de la peinture, mais il est vray que Monsieur de Louvois avoit dit après qu'on luy eut rendu compte de tout ce qu'on faisoit pour l'instruction de la jeunesse qu'il faloit pour faire un bon peintre, savoir bien dessiner et bien peindre. C'est ce qui a donné l'occasion à deux particuliers dont l'un est peintre et très peu entendu dans la partie du coloris et l'autre un homme de lettres qui n'a nul principe et nulle expérience dans cet art de faire mettre cette erreur dans la *Gazette*[3] ».

Félibien n'a rien dit encore. Fort de l'appui de Le Brun, de Colbert et de l'Académie, confiant dans la puissance de la tradition, il méprise peut-être d'abord les phrases passionnées de ses adversaires.

1. *Proc.-verb.*, t. II, p. 170.
2. *Ibid.*, t. II, p. 258 et 260.
3. Reproduit par Chennevières dans les *Recherches sur quelques.... peintres provinciaux de l'ancienne France*, t. III, p. 233.

La deuxième partie de ses *Entretiens* paraît en 1672, la troisième en 1679 sans qu'il réplique aux coloristes. Ce n'est que dans la quatrième partie, publiée en 1685, qu'il riposte enfin. Peut-être la mort de Colbert, la disgrâce de Le Brun, le triomphe de Mignard lui ont-ils subitement révélé le danger. Il malmène alors sans pitié Rubens : ce n'est qu'un artiste détestable, avec sa manie d'allégoriser sans goût et sans choix tous les sujets, sacrés et profanes. N'a-t-il pas poussé l'inconvenance jusqu'à introduire des personnages païens dans des scènes religieuses. Et dans l'*Histoire de Marie de Médicis,* — sujet moderne, — que viennent faire ces tritons et ces néréides ? « Il a beaucoup manqué dans ce qui regarde la beauté des corps et souvent même dans la partie du dessein. Les contours se trouvent souvent altérez par sa manière peu étudiée. La plupart de ses ouvrages semblent estre tous formez sur une même idée. Ses vêtements ne sont point faits avec un beau choix, les plis n'en sont ni bien jetez, ni bien entendus, ni bien corrects. Cette grande liberté qu'il avoit à peindre fait voir en plusieurs de ses tableaux plus de pratique de pinceau que de correction dans les choses où la nature doit être exactement représentée, non seulement dans son dessein, mais aussi dans son coloris, où les teintes des carnations paroissent souvent si fortes et si séparées les unes des autres qu'elles semblent des taches ». Au contraire, Poussin est le génie par excellence. Il « a joint la beauté du pinceau et la vérité des carnations en conservant dans les contours la correction du dessin... il a répandu sur tous les corps des lumières fortes ou faibles, avec des reflets conformes aux lieux et aux actions qu'il a figurez sans s'éloigner de la nature ».

Après cette riposte énergique Félibien se tait. Croit-il que sa parole officielle a triomphé des novateurs? Ou bien, vieilli, désabusé, abandonne-t-il la lutte, son devoir accompli, assez clairvoyant pour en prévoir l'inévitable issue? En tout cas, à sa mort, en 1695, il ne peut plus garder d'illusions : la partie est perdue. Les vieux poussinistes disparaissent sans trouver de successeurs[1] : Chan-

---

1. Il existe une preuve irréfutable de l'abandon où tombe à ce moment Poussin : la valeur marchande de ses tableaux baisse considérablement. Dans l'inventaire qui accompagne son testament (*Nouv. Arch. de l'art franç.*, année 1877, p. 42 et 43), Claudine Bouzonnet Stella, qui avait beaucoup de toiles du Poussin et les estimait 15,000 l., 8,000 l., 5,000 l., 4,000 l., prix considérable pour le temps, écrit aux parents auxquels elle les laisse : « Et à l'esgard de leur prisé desdits tableaux, marquée à un chacun, il ne faut pas les donner à moin si on peut, et surtous ceux du Poussin. Il les faut rouler dans leurs canons de fer-blanc et les emporter. *Leur valleur reviendra toujours.* »

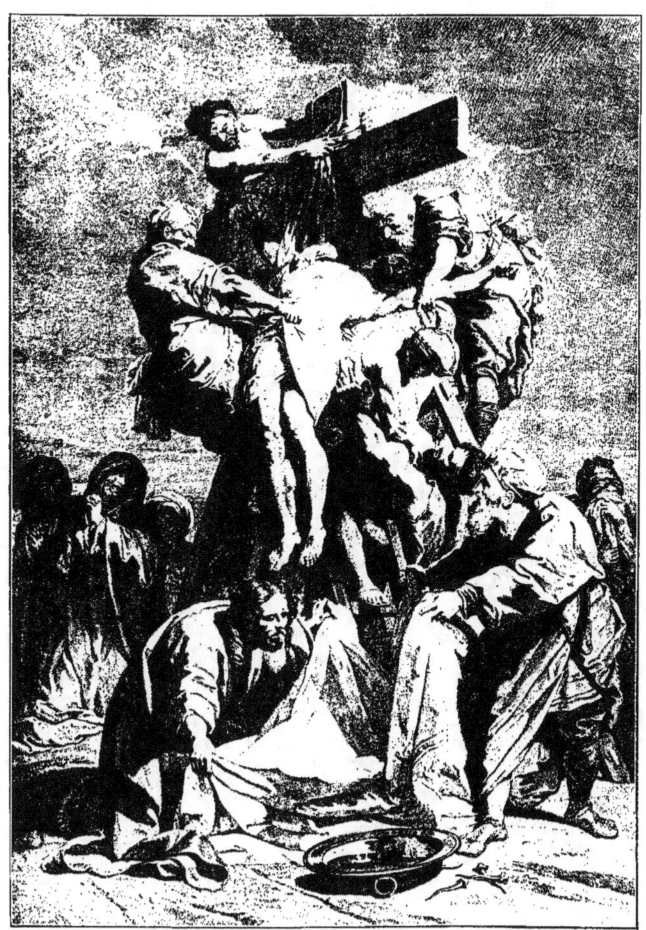

telou, leur dernier inspirateur, vient de s'éteindre en 1694. Les discours de Blanchard et de Champaigne font encore plusieurs fois
les frais des conférences; ainsi Guillet de Saint-Georges les relit
en 1697, mais c'est Antoine Coypel qui les commente cette fois et
il prend certainement parti pour Blanchard contre Champaigne[1].
Deux nouvelles lectures en 1711 et en 1715[2] tombent au milieu de
l'indifférence générale. Le succès va maintenant à des peintres comme
La Fosse, « ami particulier de M. de Piles[3] », et Antoine Coypel,
familier aussi du critique[4]. Mansart, nommé surintendant en 1699,
est rubéniste : il impose à l'Académie la direction de Ch. de La
Fosse[5] auquel il adjoint, en manière de coadjuteur, de Piles lui-
même, nommé conseiller honoraire[6] : le dernier rempart des poussinistes est aux mains de leurs adversaires. De Piles triomphe;
mais il triomphe avec modestie. Il consacre dès lors son activité à
des questions d'intérêt général et n'écrit plus de livres de combat :
on ne trouverait pas une phrase de polémique dans son *Cours de
peinture par principes* publié en 1701.

Le long débat des rubénistes et des poussinistes n'est, en réalité,
qu'une forme de la querelle des Anciens et des Modernes. Les partisans de Rubens sont, en art, les représentants de l'idée cartésienne
du progrès; les poussinistes défendent l'antiquité au même titre
que Boileau. A chaque instant, dans les conférences, dans les traités,
dans les pamphlets même, le débat s'élargit, néglige Poussin, oublie

1. *Proc.-verb.*, 2 mars, 13 et 26 avril 1697, t. III, p. 207, 210, 212. En 1693,
Ant. Coypel a peut-être écrit déjà un discours sur la question. Le 5 septembre, le
30 octobre et le 7 novembre on donne une série de trois conférences. Guillet relit
les *Réflexions de La Chapelle sur la conférence de Ph. de Champagne*, puis le discours
de Champagne sur *Rébecca et Eliézer* du Poussin; enfin une discussion de ce discours par Ant. Coypel. (Voy. *Proc.-verb.*, t. III, p. 123, 127, 128.)
2. *Ibid.*, t. IV, p. 126, 130, 133, 197, 201.
3. *Mém. inéd.*, t. II, p. 6. De La Fosse travailla beaucoup pour le duc de Richelieu, protecteur de R. de Piles.
4. Ant. Coypel, *Discours prononcés dans les conférences*, 1721, in-4.
Préface.
5. *Manuscrits de l'École des Beaux-Arts*, n° 16 : « Documents sur les recteurs,
directeurs, etc. », p. 60 à 65.
6. « M. de Piles y figura (au directorat de La Fosse) comme assistant ou quelque
chose de plus, depuis que M. Mansart eut déclaré en pleine assemblée (le 6 juillet
1699) que dans les choses que l'Académie regardait comme intéressantes, il lui serait
agréable qu'elle s'adressât à M. de Piles qui, conjointement avec le directeur et les
officiers en exercice, lui en rendraient compte et qu'elle apprendrait pareillement ses
intentions par le même M. de Piles. » (*Manuscrit n° 16 de l'École des Beaux-Arts*,
p. 66-67.)

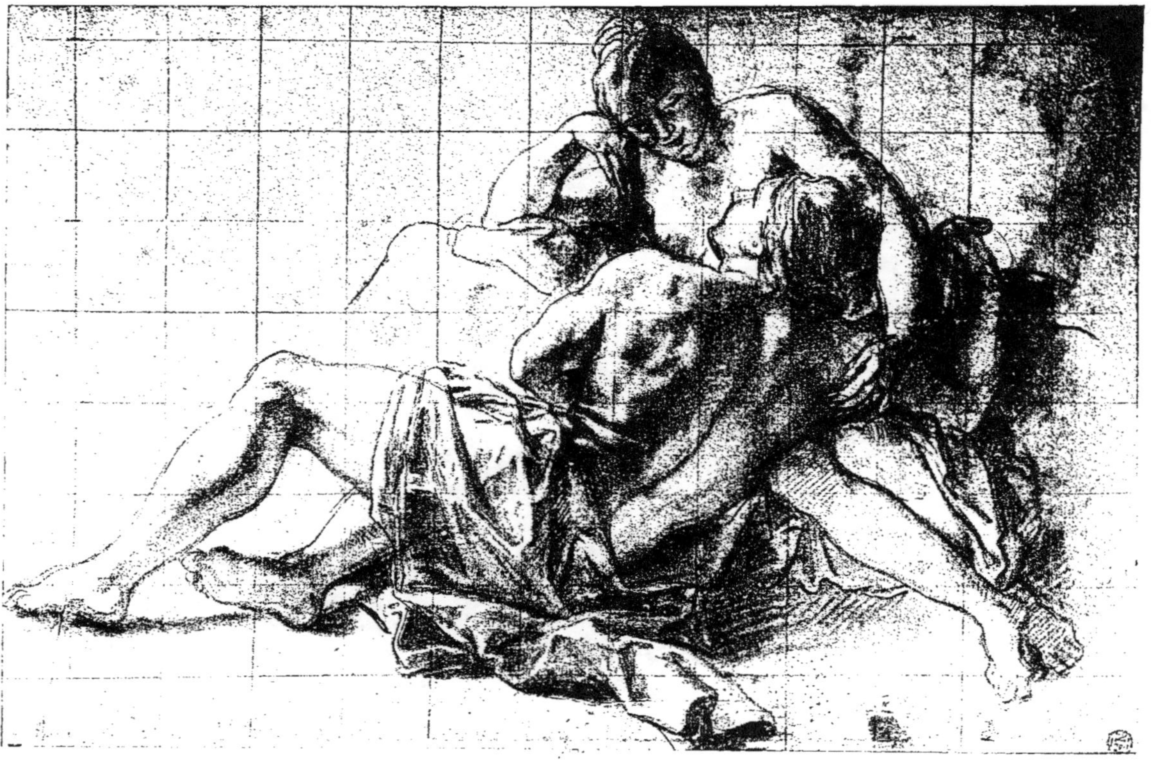

Étude pour *La Descente d'Énée aux Enfers*

Dessin par Antoine Coypel pour la Grande Galerie du Palais-Royal

(Musée du Louvre)

Rubens pour traiter uniquement des Anciens et des Modernes. L'auteur du *Songe d'Ariste* fait dire à Raphaël :

> Avez-vous bien pu lire
> ..... Cette indigne Satire
> . . . .
> Qui prétend renverser les plus belles maximes
> Corrompre le bon goust et faire en peu de mots
> Dans le plus beau des Arts ce qu'autres fois les Gots,
> Touchant l'Architecture, ont tasché d'introduire,
> Par un désir brutal d'étouffer, de détruire
> Les ouvrages fameux des Grecs et des Romains,
> Pour y substituer les travaux de leurs mains !
> Après qu'ils ont produit ces effets si funestes,
> Faut-il que l'on insulte à ces prétieux restes
> Que nous avons de vous et que vos successeurs,
> Soumis à l'examen de ces lâches censeurs,
> Pour vous avoir suivis et marché sur vos pistes,
> Soient traitez d'ignorans et de méchants copistes[1] ?

Et que reproche avant tout de Piles à Poussin ? D'être toujours « parmi les Dieux et dans la Grèce », de ne connaître, de n'imiter que l'antique. Si Desmarets de Saint-Sorlin a publié son *Clovis* dès 1657, c'est en 1669 avec *Marie-Magdeleine*, et en 1670 avec le *Traité pour juger les poètes grecs, latins, français* qu'il commence effectivement la lutte : c'est en 1668 que de Piles lance son premier manifeste. Peut-être même de Piles et Saint-Sorlin combinent-ils leur effort : en tous cas, ils se connaissaient ; ils s'étaient rencontrés chez le duc de Richelieu, ami de l'un dont il avait fait son intendant, et grand protecteur de l'autre[2].

Mais les peintres ne peuvent adopter les formes que les littérateurs donnent au débat. Comment discuteraient-ils sur Homère ? Ils sont ignorants et ne connaissent de l'antiquité que les statues et les ruines ; de plus la question de poétique leur est indifférente. Les littérateurs, au contraire, ne se désintéressent pas de la querelle des rubénistes et des poussinistes. Perrault consacre aux

---

1. *Rev. univ. des Arts*, t. IV, p. 237-238.

2. Poussiniste acharné d'abord, le duc perd sa collection dans une partie de paume jouée contre le roi ; sur les conseils de R. de Piles, il achète alors quatorze Rubens. De Piles les a décrits sous ce titre : *Cabinet de Mgr le duc de Richelieu*. On ne connaît plus qu'un exemplaire de cet ouvrage : il est à la Bibliothèque Nationale. Le duc ayant remanié sa collection, de Piles en recommença le catalogue dans l'ouvrage intitulé : *Dissertation sur les ouvrages des plus fameux peintres*, dédiée à Mgr le duc de Richelieu, 1681.

arts la deuxième partie du tome Ier de son *Parallèle des Anciens et des Modernes*[1]; il y développe les idées exprimées dans son *Poème du siècle de Louis XIV* : l'humanité est en progrès; les arts progressent avec l'humanité. L'art du xviie siècle est donc supérieur à l'art antique et même à l'art de la Renaissance. Sans refuser tout mérite aux anciens, ne leur attribuons pas toute perfection.

Paul Lacroix écrit, en tête d'une édition de la deuxième partie du *Parallèle* : « Voilà donc la seule pièce qui ait paru dans la querelle des Anciens et des Modernes au point de vue des Beaux-Arts[2] ». Ce n'est pas exact. Le deuxième livre de l'*Histoire poétique de la guerre entre les Anciens et les Modernes*, par de Callière (1688), réfute déjà le *Poème sur le siècle de Louis XIV* de Perrault, et nous avons vu que Fénelon, lui-même, dans ses *Dialogues des Morts*, prend le parti des antiques au point de n'admettre pas même la Renaissance italienne[3].

Les artistes auraient dû, semble-t-il, intervenir au moins dans le débat sur le merveilleux païen attaqué par Perrault (*Préface de Saint-Paulin*), et défendu par Boileau (*Art poétique*) : ils y restent étrangers. Sans doute Félibien reproche à Rubens l'abus des allégories mythologiques, mais il ne trouve pas d'écho : la mythologie est encore unanimement acceptée comme un des éléments essentiels de l'activité artistique. Saint-Sorlin lui-même, qui la proscrit sévèrement de la littérature, la tolère dans la peinture et dans la sculpture. Il accorde aux dieux leur place « dans les superbes jardins pour servir de décoration aux fontaines »; il admet « en tableaux et en statues les divinités païennes comme objets de divertissement ».

La querelle des dessinateurs et des coloristes ne renaît pas avec celle des Anciens et des Modernes en 1714; la *Scène de Tréteaux* de Claude Gillot[4], parodiant l'histoire du cheval de Troie, n'est qu'une boutade d'un ami de La Motte : l'entrée de R. de Piles à l'Académie a définitivement clos le débat. Peut-être les hostilités auraient-elles duré plus longtemps si l'idéalisme et le réalisme seuls avaient été en cause ; mais il fallait assurer au plus tôt l'indépendance des artistes menacée par une administration étroite et par un grand peintre autoritaire. En 1718, les polémiques passionnées de la fin du

---

1. Perrault, *Parallèle des Anciens et des Modernes*, 1688, t. I, p. 158

2. *Revue universelle des Arts*, t. XVII, p. 256.

3. Voy. Fénelon, édition Lebel, 1823, in-8, t. XIX, *Dialogues des morts*. Poussin est l'interlocuteur de deux dialogues, le n° LII *Parrhasius et Poussin*, p. 331, et LIII, *Léonard de Vinci et Poussin*, p. 340.

4. Au musée de Langres.

xvii² siècle semblent déjà fort vieilles : la conférence de Pierre de Sève, qu'on relit alors, traite, disent les *Procès-verbaux*, « d'une ancienne contestation du mérite du dessin et de la couleur[1]. » Dans ses *Discours prononcés dans les conférences*, en 1712 et 1713, Ant.

Coypel rappelle les années héroïques avec une affectation d'indifférence méprisante : « Je me souviens encore du temps où les écoles de peinture retentissaient de ces pompeuses disputes dans lesquelles les uns cherchaient à détruire les charmes du coloris en faveur du dessin et les autres, passionnés par le coloris, marquaient tant de mépris pour les solides beautés du dessin... et l'on voyait distribuer des satires qui, en attaquant le savoir des uns, déchiraient même jusqu'à leurs personnes. Dans cette guerre pittoresque, les uns arboraient l'étendard de Rubens, les autres celui de Poussin. Tandis que les

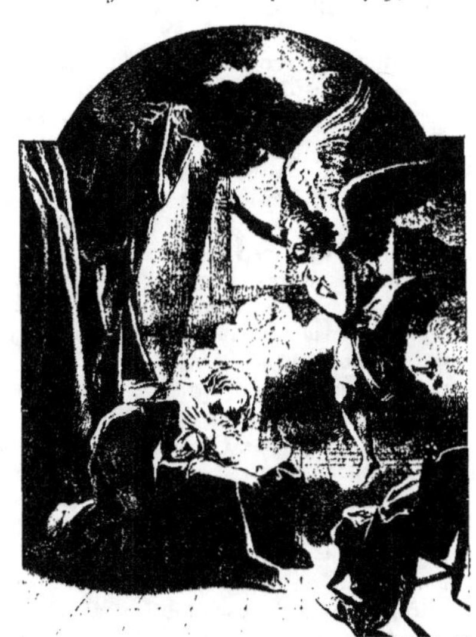

Gravé par P. Drevet.

FIG. 19. — ANTOINE COYPEL. — L'ANNONCIATION.
(Décoration de la chapelle de Meudon.)

partisans de Rubens accablaient le Poussin d'injures, les adorateurs de Poussin traitaient Rubens avec indignité[2]. » Coypel oublie vraiment trop volontiers que le triomphe des rubénistes lui a valu la première place dans l'École. Il n'était pas utile de renier l'œuvre accomplie; il suffisait d'oublier les violences de la bataille[3].

1. A propos de cette nouvelle lecture, les *Procès-verbaux* commettent une erreur. Ils attribuent la conférence à de Sève l'aîné (*Proc.-verb.*, t. IV, p. 173). Il n'y a pas de discours de Gilbert de Sève l'aîné sur la question : il s'agit certainement du travail de Pierre de Sève le jeune.

2. Ant. Coypel, *Discours prononcés dans les conférences*, 1722, in-4, p. 87 et 88.

3. L'homme qui, le premier, écrit sur le mérite des Flamands une phrase de vraie critique, sans exagération ni passion, c'est d'Argenville, en 1727, dans sa *Lettre*

Puisque la préoccupation exclusive de Rome et de Bologne n'absorbe plus nos peintres, et qu'ils ont enfin conquis la liberté, on s'attendrait à les voir chercher des inspirations en Espagne et aux Pays-Bas aussi bien qu'en Flandre. En Espagne surtout. Les relations constantes entre la France et la Péninsule auraient dû, semble-t-il, favoriser les échanges artistiques ; ceux-ci sont au contraire absolument nuls. Bien accueillis dans toute l'Europe au xviiᵉ siècle, nos peintres ne trouvent pas à s'établir au delà des Pyrénées[1] où l'école nationale suffit aux amateurs; les maîtres espagnols ne viennent pas non plus, comme les Italiens ou comme les Flamands, travailler à la cour de Louis XIV[2]. Bien que deux reines de France au xviiᵉ siècle aient été des princesses d'Espagne, le roi n'a pas une œuvre espagnole dans son Cabinet. De tous les amateurs, Monsieur seul possède un Velasquez : *Moïse sur les eaux*. De Piles, qui a traversé la Péninsule avant d'écrire la *Vie des Peintres*, ne consacre pas une page aux peintres espagnols, et Ant. Coypel, qui affecte une si grande impartialité à citer dans ses *Discours* tous les artistes importants, ne les donne jamais en exemple. De plus, en 1690, Velasquez, Alonzo Cano, Murillo, Careño de Miranda sont morts; Claude Coello va mourir en 1694; l'École, en pleine décadence, est dirigée par un Luca Giordiano : quelles leçons en tirer? Il y a bien un peintre de Tarragone en France, Michel-Jacques Serres; mais c'est un assez pauvre artiste qui n'a jamais vu les chefs-d'œuvre de la grande époque. Il a quitté son pays dès l'enfance avec son premier maître, un moine catalan qui l'a conduit à Rome; puis il s'est établi en Provence. Le réalisme assez remarquable de ses deux tableaux consacrés à la *Peste de Marseille*[3] procède de Puget et de son école plus que des grands naturalistes de son pays natal.

. Après l'avènement de Philippe V, l'Espagne accueille enfin les artistes français. Le roi les appelle pour se donner, dans son exil, l'illusion des splendeurs de Versailles. Il nomme Premier Peintre

---

sur le choix et l'arrangement d'un cabinet curieux : « On peut dire en général que les vrais peintres sont les Flamands et que s'ils avaient la partie du dessein aussi accomplie que celle du coloris, ils seraient les premiers peintres de l'univers. » (*Mercure de France*, juin 1727.)

    1. Voy. dans Dussieux, *Les Artistes français à l'étranger*, 3ᵉ édit., le petit nombre de peintres français établis en Espagne ou travaillant pour l'Espagne au xviiᵉ siècle.

    2. Ils vont plus volontiers en Italie quand ils s'expatrient, mais ils s'expatrient rarement.

    3. Au musée de Marseille.

Michel-Ange Houasse[1]. Jean Ranc, parti pour quelques mois[2] seulement, s'installe définitivement à Madrid et y meurt en 1734. La princesse des Ursins fait venir, sur la recommandation du marquis d'Aubigny, Henri de Favanne, qui passe dix ans à l'Escurial et à Madrid[3]. Ces hommes introduisent dans la Péninsule l'art de Le Brun, déjà démodé en France d'ailleurs[4], mais ils restent insensibles aux séductions de la grande école espagnole. A Paris, en

1. Bien des erreurs ont été commises à propos des voyages de peintres français en Espagne au début du xviiie siècle. René-Antoine Houasse, si l'on en croit les historiens, aurait travaillé à Madrid. Papillon de la Ferté affirme qu'il y séjourna du vivant de Le Brun et revint en 1692. Mais Papillon est contredit par Bermudez, pour qui R.-A. Houasse vint en Espagne au début du règne de Philippe V. Nagler confirme Bermudez en assurant que le peintre fut nommé recteur à son retour d'Espagne. Cette nomination est de 1701. Dussieux indique la contradiction des biographes sans essayer de la résoudre. Mais un récent historien de l'art espagnol combine tous ces textes sans trop de réflexion et il en tire que « Philippe V, la paix une fois conquise », ne trouvant pas d'artiste en Espagne, s'adresse à Le Brun qui lui envoie Houasse (P. Lefort, *La peinture espagnole*, p. 257). Or, Le Brun meurt en 1690 et Philippe V monte sur le trône en 1700. En réalité, Houasse père n'a jamais été en Espagne. Il n'a pu y aller en 1692 comme le veut Papillon : dès le 26 janvier de cette année, il est nommé trésorier de l'Académie et il assiste à la séance du 5 janvier; son nom figure au Procès-verbal, de même qu'il figure aux procès-verbaux de toutes les séances de 1688, 1689, 1690, 1691. Il n'a pu y aller non plus de 1692 à 1699, dates entre lesquelles il exerce régulièrement ses fonctions de trésorier. En 1699, Mansart le nomme directeur de l'Académie de France à Rome. Il occupe ce poste jusqu'en 1704 et c'est à Rome qu'il apprend son élection au rectorat. En 1705, il revient directement à Paris sans passer par l'Espagne et reprend ses fonctions de trésorier qu'il n'abandonne qu'un an avant sa mort, le 25 mai 1709, « estant dans un état valétudinaire ». Ce n'est pas à ce moment qu'il est parti.

Une phrase de Piganiol semble indiquer que L. de Boullogne visita aussi l'Espagne : « Toutes ces peintures, dit-il, sont dignes de la réputation qu'il a eue et qui l'avait fait choisir par Philippe de France, roi d'Espagne, pour être son premier peintre. » (Piganiol, *Descript. de Versailles*, éd. de 1751, t. I, p. 70.) Les *Procès-verbaux* paraissent confirmer le fait. « Aujourd'hui, lit-on le 31 décembre 1704, M. de Boullogne l'aisné a pris congé de la compagnie pour un voyage qu'il doit faire en Espagne au premier jour. » (*Proc.-verb.*, t. III, p. 408.) Cependant Boullogne n'est jamais parti. Les Procès-verbaux de 1705-1706 et années suivantes portent régulièrement sa signature. C'est l'époque où il obtient la décoration de la chapelle Saint-Augustin aux Invalides et ce travail sans doute le retient à Paris.

2. Voy. *Mercure de France*, septembre 1722.

3. Sur le voyage de Favanne en Espagne, Voy. *Mémoire pour servir à la vie de M. de Favanne*, 1753, in-12, réimprimé avec le nom de l'auteur, Cousin de la Contamine, dans la *Revue universelle des arts*, t. XIV, p. 245 et suiv. Voy. aussi, *Mém. inéd.*, t. II, p. 238 et suiv.

4. Longtemps cet art resta en honneur de l'autre côté des Pyrénées. Un marché passé en 1736 entre Fernand Trequino, ambassadeur du roi, et François Le Moyne demande au peintre pour Sainte-Ildefonse un *Porus devant Alexandre*. Voy. *Nouv. Arch. de l'Art franç.*, 1877, p. 212-213. Quel artiste eût alors spontanément songé, en France, à chercher ce sujet défraîchi parmi les défroques de Le Brun. Ce n'est qu'après le départ de Raphaël Mengs que Barthélemy Ollivier devient l'apôtre de Watteau à la cour d'Espagne.

plein xviiie siècle encore, les amateurs n'ouvriront qu'à peine leurs galeries aux grands naturalistes et aux grands mystiques. Clément de Ris a pu écrire ses *Grands amateurs d'autrefois* sans citer d'autre espagnol que Murillo, dont la grâce un peu mièvre, un peu trop mièvre, séduit seule le siècle galant[1]. Si d'Argenville, dans la *Vie des Peintres*, étudie Velasquez et Ribera, il ne soupçonne pas qu'ils représentent un art original : il les classe parmi les peintres d'Italie, dans une subdivision de l'école napolitaine. Ce n'est qu'au temps du romantisme qu'on rendra justice en France à la peinture espagnole.

On s'expliquerait mieux que les successeurs de Le Brun n'aient

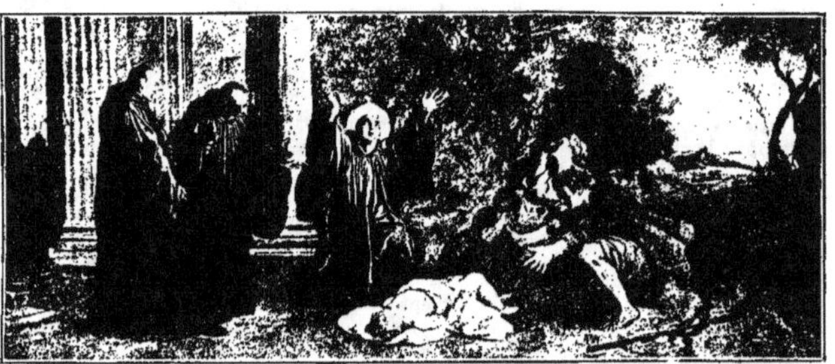

FIG. 20. — LOUIS DE SILVESTRE. — SAINT BENOIT RESSUSCITANT L'ENFANT MORT.
(Musée du Louvre)

rien demandé à l'art des Pays-Bas : la Hollande est protestante et Louis XIV la combat ; ses peintres semblent trop sobres, trop discrets pour la société française de l'ancien régime : ils sont cependant plus recherchés que les Espagnols, à la fin du xviie siècle. A vrai dire, les Français de ce temps n'admettent pas encore une école hollandaise : de Piles, par exemple, ne reconnaît pas l'existence aux Pays-Bas d'une réunion de maîtres d'origine identique travaillant selon une même méthode, avec un idéal commun ; il étudie bien les Hollandais, mais il les classe parmi les Flamands ou parmi les Allemands. Il y a trop peu de temps qu'on regarde les œuvres étrangères non italiennes et la critique est trop rudimentaire encore

1. A la vente de Mme de Verrue, deux Murillo sont vendus 2,999 ₶ 19 s. (Charles Blanc, *Trésor de la Curiosité*, t. I, p. 16.) A la vente de Julienne, les *Noces de Cana* de Murillo montent à 6,000 ₶. (Clément de Ris, *Les Amateurs d'autrefois*, p. 308.)

pour qu'on puisse distinguer d'un Téniers, les petits maîtres des Pays-Bas qui lui ressemblent seulement par le goût des scènes de genre. Toutes les œuvres qui ne peuvent être flamandes dans la production hollandaise sont attribuées à l'Allemagne parce que les contemporains croient toujours à la vitalité de la vieille école allemande. Personne ne s'aperçoit que l'art allemand est mort sous les coups de l'italianisme, au milieu des pillages, des bouleversements de la guerre de Trente Ans, et que tous les peintres de l'Allemagne contemporaine vont se former aux Pays-Bas[1].

Rembrandt est un Flamand aux yeux des artistes français, mais

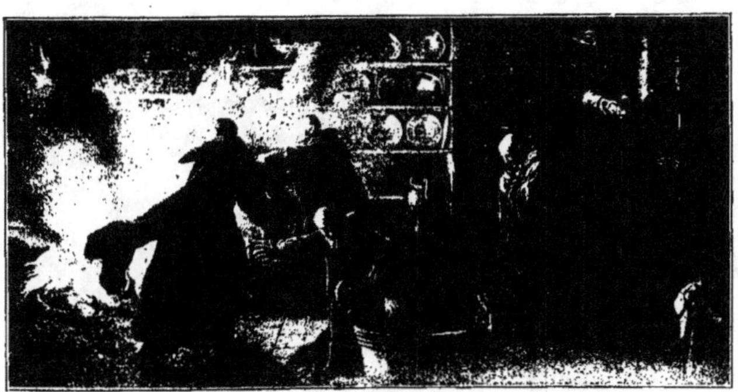

FIG. 21. — LOUIS DE SILVESTRE. — L'INCENDIE IMAGINAIRE (ÉPISODE DE LA VIE DE SAINT BENOIT).
(Musée de Bruxelles.)

tous les défenseurs de Rubens ne lui témoignent pas une égale admiration[2]. Beaucoup l'ignorent, et ceux qui le connaissent le comprennent rarement. Son réalisme sans concession, l'absence

1. Tous les artistes français qui visiteront l'Allemagne rapporteront de leur voyage une éducation hollandaise. Poerson est un des rares contemporains qui aient eu conscience de la décadence complète de l'art allemand : « Le sieur Edelinck, écrit-il, qui a eu la disgrâce d'être longtems en Allemagne, qui est une mauvaise école pour les sciences... » (*Corresp. des direct.*, t. III. p. 338). « Le sieur Edelinck continue aussi à dessiner, chose dont il avait grand besoin, car en Allemagne... où il a passé plusieurs années, c'est une science inconnue que le dessein, qui est cependant la base de cette profession (la gravure). » (*Ibid.*, t. III. p. 385.)

2. Le roi en 1709 n'avait qu'un Rembrandt dans son cabinet « représentant son portrait ayant une manière de toile blanche sur la tête qui lui sert de bonnet. » (Voy. Engerand, *Inventaire... de Bailly*, p. 267-268.)

de tout attirail décoratif et conventionnel dans son œuvre les choque. De Piles lui reconnaît un beau génie, un esprit solide, une verve fertile, mais « parce qu'avec le lait il avait sucé le goût de son pays... qu'il avait été élevé dans une vue continuelle d'un naturel pesant..., ses productions se tournèrent du côté de son habitude, malgré les bonnes semences qui étaient dans son esprit... Il en a quelquefois relevé la bassesse, mais... il retombait facilement dans le mauvais goût auquel il était accoutumé[1] ». Antoine Coypel est moins sévère : « Les ouvrages de Rembrandt, dit-il, qui paroissent les plus touchez et même les plus brusquez, sont d'une recherche infinie et sont peints avec autant de suavité et de rondeur que ceux du Corrège où l'on n'aperçoit aucune touche[2] ». Quant à Rigaud, il porte au maître un culte assez fervent; en 1703 il possède déjà sept de ses œuvres et il s'en inspire dans ce portrait d'homme[3] du Musée de Cologne, au clair obscur si nouveau[4], dans la *Présentation au Temple* du Musée du Louvre, œuvre unique, peut-être, au catalogue de la première moitié du xviiiᵉ siècle par son ordonnance pittoresque, par son éclairage volontaire qui s'accroche aux plis d'une étoffe, caresse une figure, baigne dans un rayon la Vierge et l'Enfant et laisse dans la nuit, au contraire, la foule des comparses, saint Joseph, les prêtres, les serviteurs du temple[5]. D'autres peintres encore tirent profit de Rembrandt : Alexis Grimou le copie sans cesse dans sa jeunesse[6]; au Salon de 1704, Louis de Boullogne expose une tête « dans le goût de Rembrandt[7]; » la même année, Michel-Jacques Serres présente à l'Académie, comme morceau de réception, une *Tête de Bacchante* désignée de la même manière[8]; dans la *Jardinière* de J.-B. Santerre (au Musée d'Orléans), enfin, Eudoxe Marcille a reconnu la copie d'une toile du Maître conservée à l'Ermitage[9].

1. De Piles, *Abrégé de la Vie des peintres*, p. 383.
2. Coypel, *Discours....*, p. 42.
3. Voy. *Nouv. Arch. de l'Art franç*, année 1891, p. 61-62, l'état dressé par le peintre lui-même lors de son projet de mariage, avec estimation de la valeur. Rigaud copiait aussi très volontiers Rembrandt. D'après le même document, p. 64, à l'article intitulé : « Coppies de ma main des tableaux des grands maîtres », on trouve : *Portrait de Rembrandt et de sa fille en ovale*: 200ᵗᵗ; *Une tête de paysanne d'après Rembrandt* : 150ᵗᵗ.
4. *Verzeichnis der Gemälde des städtischen Museums Wallraf-Richartz zu Cöln*, 1902, p. 134, n° 583.
5. C'est, il est vrai, la dernière œuvre de Rigaud; elle est datée de 1743.
6. Nougaret, *Anecdotes des Beaux-Arts*, t. II, p. 229.
7. Guiffrey, *Livret du Salon de 1704*.
8. *Mém. inéd.*, t. II, p. 247.
9. Eudoxe Marcille, *Catalogue du musée d'Orléans*, n° 368.

Au lieu de s'imposer comme Rubens, Rembrandt s'insinue lentement dans notre art[1], et il ne triomphera que laborieusement des préjugés. En plein xviiie siècle, Mariette — et ce n'est pas à l'honneur de son esprit critique — le juge encore à la mesure de l'italianisme classique : « Il s'en faut de beaucoup, dit-il avec dédain, que ce maître ait connu la justesse des proportions ni la noblesse des expressions. Il ne s'attachait qu'à l'effet du clair-obscur[2]. » On ne peut donc l'opposer à Rubens en France vers 1720. Celui-ci règne alors sans partage sur notre art comme les Carrache cinquante ans plus tôt.

1. En plein xviie siècle on reproduisait déjà ses gravures sans lui en faire honneur et sans citer son nom. Il est vrai qu'on les transformait et qu'on les affadissait singulièrement. M. S. Scheikevitch a publié dans la *Gazette des Beaux-Arts*, 1904, t. I, p. 417, sous le titre : *Rembrandt et l'iconographie française au xviie siècle*, un très curieux article sur le cas que les François Langlois, les Balthazar Moncornet, les Bonnart faisaient du maître.

2. Mariette, *Abecedario*, t. IV, p. 349.

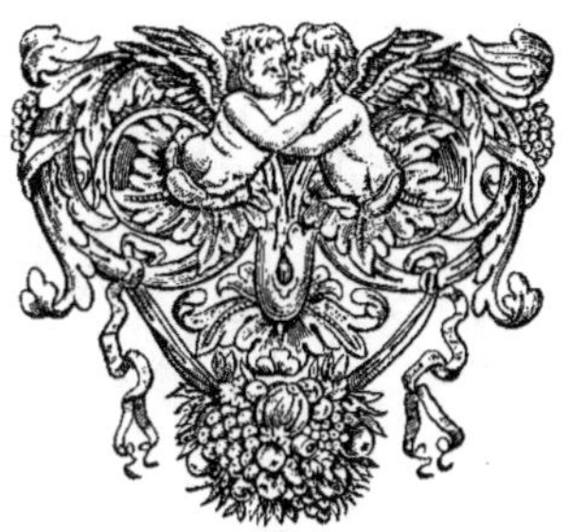

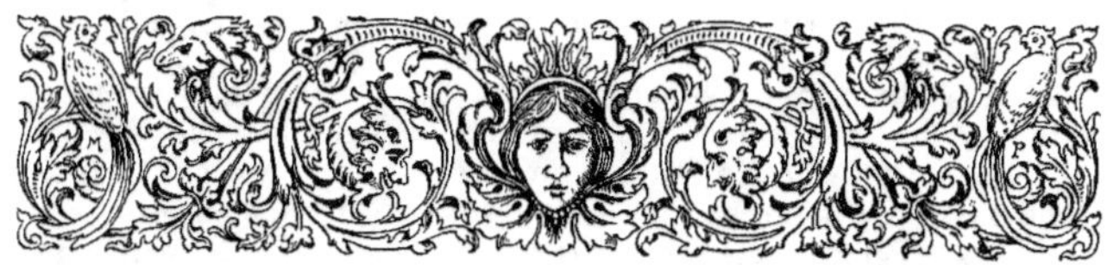

DEUXIÈME PARTIE

LES HOMMES ET LES INSTITUTIONS

CHAPITRE V

LES FAMILLES D'ARTISTES

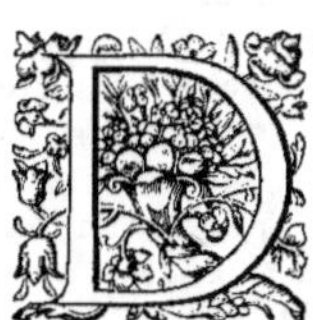

De Piles recommande le célibat aux artistes : « On ne voit jamais, dit-il, de fruits d'une beauté fort grande, ni d'un goût fort exquis lorsqu'ils viennent d'un arbre entouré de broussailles et d'épines. Le mariage nous attire des affaires, il nous fait naître des procès et nous charge de mille soins domestiques qui sont autant d'épines qui environnent le peintre et qui l'empêchent de produire des ouvrages dans la perfection dont il serait capable »[1]. Mais, sur ce point, de Piles prêche dans le désert; il invoque en vain l'exemple des peintres de l'antiquité et de la Renaissance : on compterait les artistes célibataires de son temps. Les familles où plusieurs générations de peintres se succèdent sont, au contraire, très nombreuses.

[1]. *Commentaires à l'Art de peinture de Dufresnoy*, édition de 1767, p. 243. Du Fresnoy lui-même avait écrit que la peinture se plaît à la liberté du célibat.

La dynastie des Jouvenet, par exemple, est une des plus touffues : elle traverse deux siècles. On la suit depuis Jean Jouvenet le Vieux, qui vient d'Italie et s'établit à Lyon en 1580, puis à Rouen. Le fils de Jean le Vieux, Laurent le Vieux, travaille à Rouen en 1616, et son petit-fils, Noël le Vieux, qui meurt en 1675, laisse trois fils, artistes tous trois : Jean le Jeune, Noël le Jeune, Laurent le Jeune. Du mariage de Jean le Jeune avec Catherine Deleuse naissent quinze enfants, dont cinq au moins, peut-être six, sont artistes : Jean Jouvenet le Grand, sur qui repose la gloire de la famille, François Jouvenet (1664-1749), que l'Académie accueille comme portraitiste en 1701, Nicolas Ier, maître peintre à Rouen, qui meurt en 1693, Noël II, maître aussi dans sa ville natale, et qui travaille à Padoue, en 1684, pour le duc de Brunschwick, et sans doute pour le duc de Hanovre, Marie-Madelaine Jouvenet, élève de son père, et peut-être aussi ce Jacques Jouvenet qui obtient le deuxième prix à l'Académie en 1673, et meurt l'année suivante[1].

Des alliances avec d'autres familles augmentent encore la tribu des Jouvenet. Catherine, fille de Jean le Jeune, épouse Guillaume Levieil, de l'antique lignée des peintres verriers, qui, seuls en France, conserveront au XVIIIe siècle la tradition du vitrail. Le mariage de Marie-Madelaine Jouvenet avec Jean Ier Restout unit deux grandes dynasties. Les Restout datent, eux aussi, du XVIe siècle[2]. Marguerin, le chef de la famille, habitait Caen. Son fils Marc (1616-1684) s'établit à Rouen où il étudie sous Noël Jouvenet. De ses dix enfants sept au moins sont peintres : Jacques, Eustache, Pierre, Charles, Thomas, Mlle Restout, et le plus connu, Jean Ier. De Jean Ier et Marie-Madelaine Jouvenet naît un fils, Jean II (1692-1768), père lui-même de Jean Bernard, artiste très médiocre, connu surtout pour avoir été mêlé au mouvement révolutionnaire. Jean II Restout, fils de Jean Ier et de Marie-Madelaine Jouvenet, apparente encore les deux familles aux Hallé par son mariage, en 1729, avec Marie-Anne Hallé, fille de Claude Guy. Le premier Hallé connu est

---

1. Un arbre généalogique de la famille Jouvenet a été publié par Houel : *Jouvenet et sa maison natale*, Rouen, 1836, in-8. Il est à peu près exact, sauf en ce qui concerne la descendance de Jean Jouvenet le Grand. Houel n'attribue au peintre que deux filles alors que Jal a trouvé trace de quatorze enfants. Cinq fils et cinq filles sont absolument inconnus ; au contraire, M. Th. Lhuillier, dans la *Réunion des Sociétés des Beaux-Arts des Départements*, 1889, p. 447 et suiv. : *Note relative à Jouvenet et ses filles*, est arrivé à suivre d'assez près l'existence de quatre autres filles.

2. Sur les Restout : Chennevières, *Recherches sur ...quelques peintres provinciaux de l'Ancienne France*, t. III, p. 247 et suiv.; Mariette, *Abecedario*, t. IV, p. 381 et suiv.

Daniel, père de Claude Guy, juré apprenti de la maîtrise de Rouen
le 4 novembre 1631[1]; de son mariage avec Catherine Coquelet, en
1650, sont nés quatorze enfants, dont Claude Guy et Jean-Baptiste,
peintres tous deux. Le fils de Claude Guy, Noël, peintre aussi,
est le dernier artiste connu de la famille : son fils est médecin
de Napoléon Ier, et aucun des enfants de Jean-Baptiste ne laisse
de souvenir dans l'histoire[2].

A côté des Jouvenet, voici
les Coypel unis à plus de
familles d'artistes encore[3]. Il y
a quatre peintres du nom : Noël
(1628-1707), ses fils, Antoine
(1661-1722), et Noël-Nicolas
(1690-1734), Charles-Antoine
(1694-1752), fils d'Antoine. Le
second fils d'Antoine, Coypel
de Saint-Philippe ne suivit pas
la carrière traditionnelle de la
famille : son père lui acheta
une charge de valet de chambre
du roi[4]. Noël épouse en premières noces Madelaine Hérault, un des douze enfants
d'Antoine Hérault, maître
peintre : le peintre Charles
Hérault est son beau-frère; sa
belle-sœur, Antoinette Hérault, épouse le graveur Guillaume Château; des huit en-

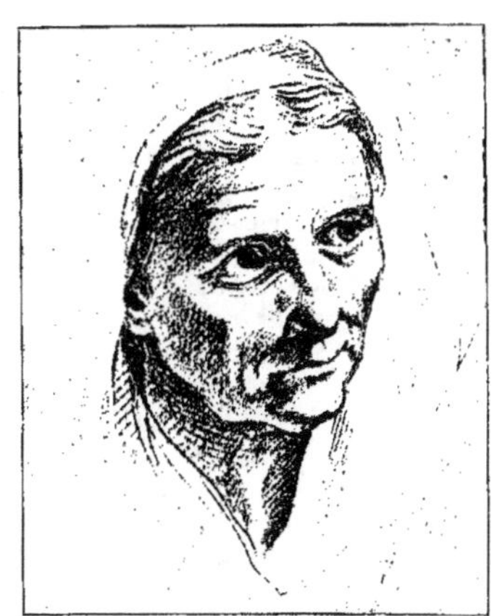

FIG. 22. — LOUIS DE BOULLOGNE. — ÉTUDE DE TÊTE
POUR UNE PRÉSENTATION AU TEMPLE.

(Musée du Louvre. Dessins.)

fants de Charles Hérault, trois garçons sont peintres et quatre filles
épousent Louis de Silvestre, Pierre Dulin, François Hutin, peintres,
et Charles Rœttiers, graveur en médailles, qui deviennent ainsi
neveux de Coypel. Veuf en 1682, Noël épouse en 1685, Anne-Françoise
Périn, apparentée à la famille des Boullogne, dont les cinq artistes
(Louis de Boullogne, 1609-1674, et ses quatre enfants, Bon, 1649-1717,

1. Sur les Hallé, voy. Jal, *Dictionnaire*.
2. Pour compléter la famille artistique des Jouvenet, il faut encore noter son
union avec les peintres du nom de Rabon, par le mariage de Marie Jouvenet, fille de
Noël le Jeune, avec Pierre Rabon.
3. Sur les alliances des Coypel, voy. *Nouv. Arch. de l'Art franç.*, 1874, p. 233
et suiv., et 1877, p. 219 et suiv.
4. *Ibid.*, 1877, p. 225.

Louis, 1654-1733, Geneviève, 1645-1708, et Madelaine, 1646-1710), sont
alliés ainsi aux Coypel. Une des filles de Noël Coypel et d'Anne-
Françoise Périn devient femme du sculpteur François Dumont et le
seul de ses huit enfants[1] qui arrive à l'âge d'homme, François, est
sculpteur. Une autre fille de Noël Coypel épouse le dessinateur
Carême.

On compte au moins douze artistes du nom de Parrocel[2] et dix
du nom Van Loo[3]. Les Houasse sont trois : René-Antoine (1645-1710),
dont une fille épouse Nicolas Coustou[4], Michel-Ange (1680-1730),
et François, qui obtient le second prix à l'Académie en 1695[5], la
petite pension d'étudiant de 1696 à 1706, mais dont on perd la trace
après l'école. Les Nattier sont trois : Marc le père (1642-1705), dont
la femme Marie Courtois, miniaturiste de talent, est paralysée
à 22 ans ; Jean-Baptiste, qui, compromis dans l'infamant procès de
Deschauffour, s'ouvre la gorge à la Bastille en 1726, et son frère
Jean-Marc (1685-1766), le peintre des filles de Louis XV qui aura
pour gendres Tocqué et Challes. Des trois artistes du nom d'Allegrain, deux se consacrent au paysage : Étienne (1644-1736), et Gabriel,
son fils (1679-1748) ; le troisième, Christophe-Gabriel, le sculpteur, fils
de Gabriel, épouse la sœur de Pigalle. Les deux fils de J.-B. Monnoyer peignent la fleur comme lui, et sa fille devient femme de
Belin de Fontenay, fleuriste également, fils de peintre et père à son
tour d'un peintre fleuriste. Les Rigaud sont deux frères : Hyacinthe

---

1. L'extraordinaire fécondité des mariages d'artistes est un fait remarquable.
De La Fosse est un des quatorze enfants d'un orfèvre et François Tortebat, le dix-
huitième enfant de Jean Tortebat, gendre de Vouet. Nous avons vu que Laurent
Jouvenet eut quinze enfants, Jean le Grand quatorze, Marc Restout dix ; Ubeleski
huit, Sébastien Le Clerc treize, Nicolas de Platte-Montagne douze, etc. Voy. Jal,
Dictionnaire, p. 563.

2. Sur les Parrocel, voy. Étienne Parrocel, *Monographie des Parrocel*, Marseille, 1861 ; Pierre Parrocel, *Les Parrocel* (*Réun. des Soc. des Beaux-Arts des
Dép.*, 1894, p. 203, et 1895, p. 729) ; Abbé Requin, *Les Parrocel à Avignon* (*Ibid.*,
1895, p. 737) ; *Les derniers des Parrocel* (*Arch. de l'Art franç.*, t. VI, p. 56) ; Mariette, *Abecedario*, t. IV, p. 81 et suiv.

3. Voy. *Liste chronologique des peintres du nom de Van Loo de* 1585 *à* 1785 ;
Nouv. Arch. de l'Art franç., 1890, p. 257, et Mariette, *Abecedario*, t. V, p. 380
et suiv.

4. Une deuxième fille de R.-A. Houasse épouse le sculpteur Pierre Legros à
Rome (Voy. *Nouv. Arch. de l'Art franç.*, 1876, p. 354-358, *Recherches... sur Pierre
Legros* et *Corresp. des direct.*, t. III, p. 119). En règle générale, on peut remarquer
que les familles de sculpteurs produisent plus souvent des peintres que les familles
de peintres ne produisent des sculpteurs. Nous verrons plus loin que cela tient
surtout à la situation sociale supérieure des peintres.

5. *Proc.-verb.*, t. III, p. 171. Les *Procès-verbaux* le qualifient de Houasse le
neveu.

et Gaspard[1]. Hyacinthe, élève à Montpellier d'Antoine Ranc le père, devient, par alliance, oncle de Jean Ranc le fils, qui, parrain en 1697 de Marguerite, fille de Gaspard Rigaud, épouse à quarante ans, en 1715, sa filleule, qui n'a que dix-huit ans[2]. Michel Corneille (1601-1664) s'unit à une nièce de Simon Vouet, dont il a deux fils, Michel, appelé parfois Michel-Ange, et Jean-Baptiste, marié

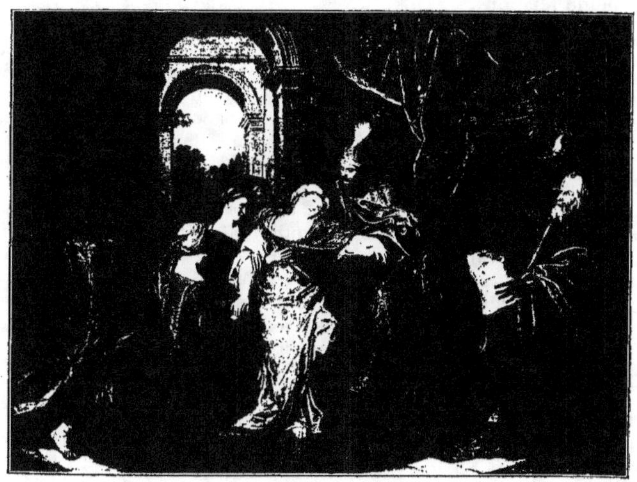

FIG. 23. — ANTOINE COYPEL. — ÉVANOUISSEMENT D'ESTHER.
(Musée du Louvre.)

à Madelaine Mariette, fille du marchand de tailles-douces, Jean Mariette, et tante de l'auteur de l'*Abecedario*.

Les familles s'enchevêtrent comme des lianes et des bizarreries généalogiques les rendent parfois presque incompréhensibles. Jean-Baptiste Van Loo, par exemple, épouse, en 1708, une demoiselle Le Brun, miniaturiste, dont le père se remarie avec la sœur de son gendre et devient ainsi le beau-frère de sa fille, tandis que sa femme

1. Voy. Crouchandeu, *Catalogue raisonné des objets d'art et d'archéologie du musée de Perpignan, avec une notice sur Rigaud*, 1885, in-8.
2. Voy. *Nouv. Arch. de l'Art franç.*, 1887, p. 140-141.

est la belle-mère de son propre frère. Le patient travail de Jal a
heureusement débrouillé les écheveaux qui semblaient inextri-
cables. Quelques détails seuls sont encore incertains : ainsi les
Cochin du XVIII° siècle étaient certainement parents des graveurs
Nicolas (1610-1686) et Noël Cochin (1667-1695) de Troyes — Charles-
Nicolas Cochin l'affirmait, mais il ignorait déjà à quel degré et par
quelle filiation [1].

Si les dynasties de peintres sont nombreuses, c'est que l'atelier,
entreprise de peinture, de restauration et de copie à la fois, passe
encore normalement du père au fils. Quoique la maîtrise soit définitivement vaincue, les traditions qu'elle a jadis imposées sont
encore suivies. L'Académie, d'ailleurs, encourage elle-même les
fils d'artistes à suivre la carrière paternelle : dès l'école elle
accorde des privilèges aux enfants de ses membres : ces jeunes
gens choisissent leur place à l'atelier avant les autres étudiants [2] ;
agréés, ils prennent séance sans attendre, comme les étrangers,
l'achèvement du morceau de réception ; ils sont enfin exonérés du
présent pécuniaire [3].

Seuls quelques artistes célèbres, bien en cour, ambitieux,
rêvent pour leurs héritiers un établissement stable, une place dans
l'administration, un poste près du roi pour leurs fils, un mariage
bourgeois, noble même pour leur fille : Mignard refuse à Michel
Corneille la main de la belle Catherine, pour la donner au
comte de Feuquières [4]. Walpole affirme que le fils de Largillière
fut conseiller au Châtelet et commissaire à Neuf-Brisach [5]. Antoine
Coypel achète une charge de valet de chambre du roi à son second
fils Philippe, et s'il faut voir dans les vers qui commencent *l'Épistre
à mon fils sur la Peinture* autre chose qu'une fiction poétique,

---

1. Papillon de la Ferté lui ayant demandé des renseignements sur cette parenté,
il répondit : « Je suis bien peu instruit sur ce qui regarde Noël Cochin... Tout ce
que je sais, c'est qu'il était parent de mon grand-père, je ne sais à quel degré. On
trouvera des éclaircissements chez M. Mariette, à qui mon frère a dit tout ce qu'il
en savait ». Mariette n'a laissé aucune note à ce sujet.

2. Séance du 30 mars 1697 : *Ordre pour prendre place dans l'École* (*Proc.-verb.*,
t. III, p. 209).

3. Voy. par exemple, le 28 mars et le 3 octobre 1699, pour Jean Tortebat
(*Proc.-verb.*, t. III, p. 255 et 280). Le 4 avril 1699, l'Académie décide de donner aux
gendres des académiciens les mêmes privilèges qu'à leurs fils (*Ibid*, p. 256).

4. Saint-Simon, t. III, p. 33 et suiv.

5. Walpole, *Anecdotes of painting*, cité par Paul Mantz (*Gazette des Beaux-
Arts*, 1893, t. II, p. 89 et suiv. : *Nicolas Largillière*). D'après Walpole et le
Nouveau Dictionnaire historique, cités encore par Mantz, le fils de Largillière aurait
aussi écrit quelques pièces pour l'Opéra-Comique et le Théâtre de la Foire.

il s'efforce aussi de détourner Charles-Antoine de la peinture :

> Enfin, vous le voulez ; ma résistance est vaine.
> Un ascendant plus fort malgré moy vous entraîne,
> Et de l'Art du Dessein votre cœur trop épris
> Veut dans l'Académie en disputer le prix [1].

Quant à Jean-François de Troy, son père « le destinoit à des emplois et défendoit à ses élèves qu'on le laissât peindre, et le maltraitoit lorsqu'il le trouvoit peignant ou dessinant [2] ». Mais ces exceptions n'infirment pas la règle : si les Académiciens n'avaient pas voulu encourager leurs enfants, leur auraient-ils consenti des faveurs?

[1]. *Discours...*, etc., 1721, in-4. *Epistre à mon fils sur la peinture.*
[2]. *Mém. inéd.*, t. II, p. 279.

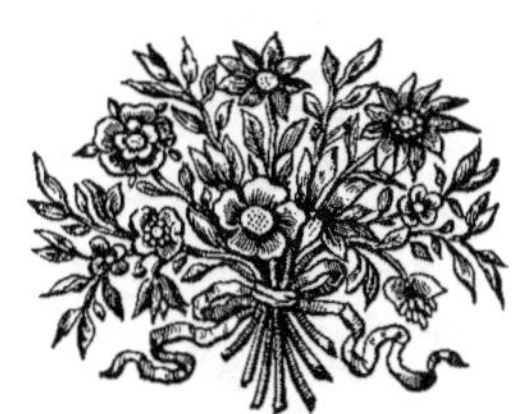

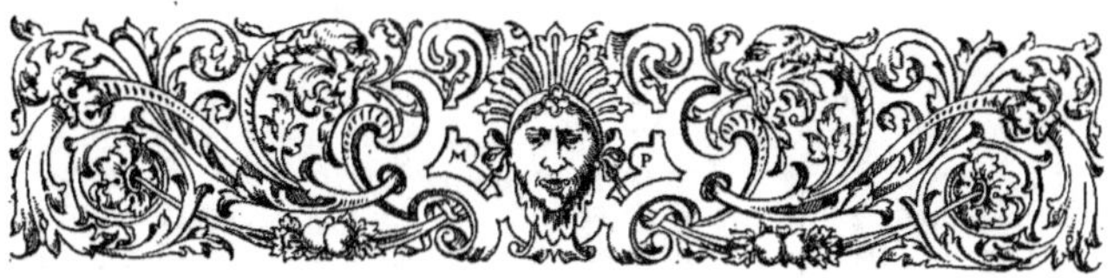

CHAPITRE VI

LES TEMPÉRAMENTS ET LES CARACTÈRES

n a cru longtemps que tous les peintres, jusqu'à la
Révolution, avaient pris modèle sur Le Brun : aussi n'a-t-on guère étudié que leur carrière offi-
cielle ; leur biographie n'est composée, le plus souvent encore, que d'une énumération de dates
et de promotions académiques. En réalité Le Brun n'est un exemple que pour très peu d'artistes.
Ceux mêmes qui atteignent aux mêmes honneurs que lui n'ont pas tous son ambition. Ant. Coypel et Louis de Boullogne occupent les charges les plus élevées de l'Académie, ils sont Premiers Peintres et anoblis tous deux, mais Ant. Coypel seul s'inspire de Le Brun.

Il est fils d'un père bien en cour, protégé de Le Brun, aimé de Colbert, ambitieux d'honneurs, comblé par la fortune, et qui lui transmet une position acquise, un grand goût à l'augmenter, et toutes les qualités pour y parvenir[1]. Il a treize ans quand il obtient son premier prix à l'École, dix-neuf ans en 1680, quand il reçoit la commande du May de Notre-Dame, vingt ans à peine quand il

1. La meilleure source à consulter sur Ant. Coypel est sa vie racontée par son fils, Charles-Antoine, dans la *Vie des Premiers Peintres du Roi* de Lépicié, t. II, p. 1 et suiv. Voy. aussi, Mariette, *Abecedario*, t. II, p. 28 ; Jal, d'Argenville, éd. de 1762, t. IV, p. 339 et suiv., etc.

entre à l'Académie : il ne manquera plus, dès lors, de travaux importants. Il est occupé d'abord par les Chartreux et par les religieuses
de l'Assomption. La grande Mademoiselle lui confie ensuite la
décoration du salon construit à Choisy au bord de l'eau. Il plaît à sa
protectrice, fréquente à sa cour et devient son lecteur favori. C'est

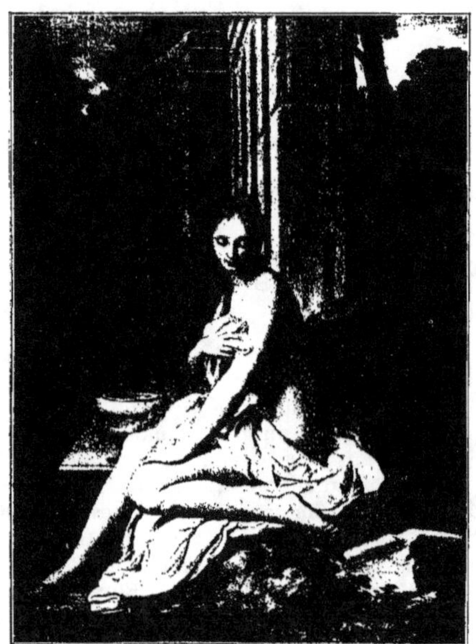

FIG. 24. — JEAN-BAPTISTE SANTERRE. — SUZANNE AU BAIN.
(Musée du Louvre.)

le temps où le duc de Chartres, qui l'a pris aussi en amitié, le donne
comme premier peintre à son père, le duc d'Orléans. Comme ce poste
où il languit plusieurs années sans trop d'ouvrage, avec une pension
de 600 livres à peine, ne suffit pas à son ambition, Coypel forme le
projet — au moins en répand-il le bruit — d'abandonner la France
ingrate pour passer en Angleterre. L'inimitié de Mansart lui sert
de prétexte : en haine de son père, le surintendant le tient à l'écart

des honneurs et des commandes... Mais quelques caresses du duc
de Chartres le décident à rester. Il est alors chargé de dessiner les
médailles du règne, et il entre à l'Académie des Inscriptions et Belles-
Lettres. Le Dauphin, qui le protège comme son cousin, l'emploie à
Meudon en 1700. Lorsqu'on songe à peindre la chapelle du château,
Mansart veut demander des esquisses à plusieurs peintres : « Faites
faire toutes les esquisses que vous voudrez, dit Monseigneur, je sais
bien que je choisirai celles de M. Coypel. » En 1701 Monsieur
meurt et, dès 1702, le nouveau duc d'Orléans confie à son favori la
grande Galerie du Palais-Royal à décorer. Coypel y peint l'histoire
d'Énée et attribue habilement tout le mérite de l'œuvre à la collaboration du prince : un carrosse, deux chevaux « magnifiques » et
500 livres de pension pour les entretenir récompensent sa flatterie.
A peine remis d'une maladie dont le père d'Helvétius le tire à grand
peine en 1707, il travaille de nouveau pour le duc au plafond d'un
hôtel voisin du Palais-Royal. Il n'a pas terminé qu'il est chargé,
en 1709, de décorer la voûte de la chapelle de Versailles. Grand
seigneur, parfait courtisan, ami du futur Régent, d'Antin, le successeur de Mansart, apprécie vite ses qualités brillantes. En 1701,
il le nomme directeur des tableaux et dessins du roi, et le
peintre, bien en Cour, protégé par le directeur des bâtiments et
par le prince le plus artiste du temps, atteint rapidement aux honneurs suprêmes. En 1714, l'Académie, dont il a occupé successivement tous les grades, le nomme directeur. Au début de la Régence,
le duc d'Orléans rétablit en sa faveur la charge de Premier Peintre du
roi, supprimée par mesure d'économie à la mort de Mignard. En 1717,
il est anobli, et, jusqu'à sa mort, il vit dans l'intimité du Régent
qui, en témoignage d'affection, fait porter à son chevet, lors de sa
dernière maladie, les plus beaux tableaux de la reine Christine
qui viennent d'arriver à Paris.

« Les gens médiocres dans les Beaux-Arts se croient suffisam-
ment récompensés par celui qui satisfait leur intérêt : ceux qui cherchent à s'y distinguer exigent un salaire plus noble ; ils veulent des
caresses, plus ils en reçoivent, plus ils s'appliquent à les mériter[1]... »
Charles-Antoine Coypel applique à juste titre cette remarque à
son père : les honneurs, les flatteries le stimulent mieux que l'argent ; d'ailleurs, au moins jusqu'à la débâcle du Système, il est riche.
Le Brun éprouvait déjà le même besoin de protection attentive, de
faveur continue ; mis en disgrâce par Louvois, il écrivait au maréchal

1. *Vie des Premiers Peintres...*, t. II, p. 21.

de Créqui : « Je suis accoutumé depuis longtemps à des traitements favorables. C'est ce qui anime et qui soutient les hommes de génie[1]. »

La carrière de Louis de Boullogne est très différente de celle de Coypel[2] quoiqu'elle le conduise aux mêmes honneurs. Fils de peintre aussi, mais d'un peintre moins célèbre que N. Coypel, Louis de Boullogne, protégé par Colbert dans sa jeunesse, ne peut pas plus qu'Antoine Coypel prétendre aux faveurs de Louvois. Mais, tandis que l'un se rattache immédiatement à la cour par la grande Mademoiselle et le duc de Chartres, l'autre travaille laborieusement, presque obscurément pendant des années, pour des églises, des couvents et des particuliers. Sa modestie n'inquiète pas Mansart qui lui confie la décoration de la chapelle Saint-Augustin aux Invalides, et sa fortune commence enfin. Il est occupé à la chapelle de Versailles en 1709. En 1715, l'Académie le nomme adjoint à recteur. Sa promotion aux différents grades de la Compagnie a été laborieuse : il n'a obtenu le premier prix qu'à dix-neuf ans ; c'est à vingt-sept ans seulement qu'il a été reçu académicien ; il est resté vingt et un ans professeur[3]. Mais, en 1717, il est recteur, et, à la mort de Coypel, en 1722, après toute une vie de labeur continu, obstiné, il est seul capable de recueillir la succession qui s'ouvre. Il hérite sur-le-champ du directorat académique, de la charge de dessinateur des médailles ; en 1725 enfin il est nommé Premier Peintre et anobli. Ses qualités de courtisan et d'homme du monde sont nulles. Les biographes louent surtout sa droiture et sa persévérance. « Monsieur de Boullogne, dans toutes les places qui l'ont conduit successivement à la première de cette Académie, a rempli les différens devoirs qu'elles exigent avec une dignité, une exactitude, un zèle pour le progrès des Arts que nous ne pouvons trop nous rappeler... Son assiduité dans son mois d'exercice (de professeur) rendoit la jeunesse assidue ; nous le craignions parce que nous l'aimions ; nous faisions usage avec ardeur du tems fixé pour l'étude parce qu'il n'en perdoit pas un instant ; enfin nous faisions notre devoir avec régularité parce que lui-même il remplissoit parfaitement le sien[4]. »

1. Lettre du 25 juin 1686. Voy. H. Jouin, *Charles Le Brun*, p. 422-423.
2. Voy. surtout la *Vie de Louis de Boullogne* par Watelet, dans la *Vie des Premiers Peintres du Roi*, t. II, p. 42 et suiv., et la *Réponse* de Charles-Antoine Coypel, p. 75 et suiv. ; ainsi que d'Argenville, 1762, t. IV, p. 263-270.
3. Ant. Coypel, académicien à vingt ans en 1681, est adjoint à professeur à vingt-trois ans en 1684, professeur en 1698 ; il quitte ce grade dès 1707, ses dix ans à peine accomplies.
4. Ch.-Ant. Coypel, *Réponse à l'Éloge prononcé par Watelet. Vie des Premiers Peintres...*, t. II, p. 76-77.

Les tempéraments des artistes n'étaient pas tous nivelés par la discipline administrative ; la chasse aux commandes et aux grades ne tuait pas l'originalité des peintres à la fin du xviiᵉ siècle. Ainsi, la pureté des mœurs et l'élévation du caractère dominèrent la vie de Jouvenet. «Il était bon, humain, généreux, inaccessible à l'ambition et à l'envie[1].» La rigide lignée de peintres provinciaux dont il descendait lui transmit une piété sévère, une religion étroite[2]. Il décora plus volontiers les couvents et les églises que les palais, et lorsqu'il travaillait pour des moines il s'installait souvent chez eux et composait ses œuvres dans la paix des monastères.

S'il trouva bon accueil à la cour, c'est qu'il peignit au temps où le roi vieilli, malheureux, dominé par Mᵐᵉ de Maintenon, s'abandonnait à la religion. Mais il n'eût jamais consenti à se plier aux caprices des grands, à peindre des sujets galants pour obtenir des commandes. Sous le règne de Louis XV, il eût été délaissé comme le fut son neveu Jean Restout, élevé dans ses principes[3]. Le galant Santerre fut séduit, au contraire, par l'élégant libertinage des mœurs du temps. Il s'entoura d'une académie de jeunes filles où il

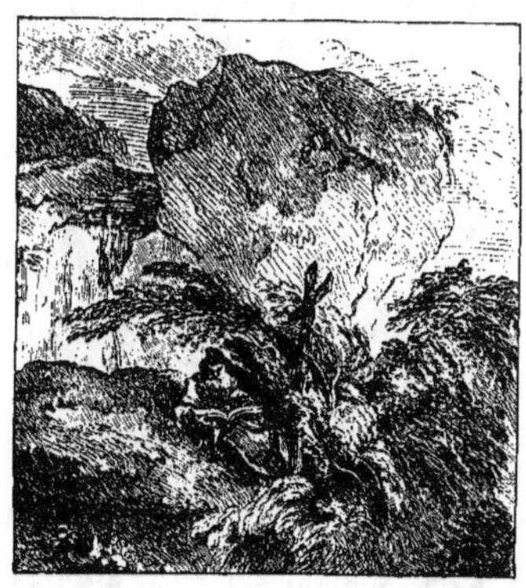

FIG. 25. — ANTOINE WATTEAU. — LE SOLITAIRE.

choisit ses modèles et qu'il transforma, dit la chronique, en un harem. Il peignait volontiers des nudités qu'il oubliait souvent de rendre mythologiques, en dépit des préjugés encore puissants. Ce fut un original accompli : il se consacra d'abord au portrait, mais, fatigué bientôt des critiques qu'on lui adressait, il décida de ne plus garantir

1. Leroy, *Histoire de Jouvenet*, Paris, 1860, in-8, p. 49-50.
2. La classification de ses œuvres qui nous restent est caractéristique. Une revue de Vervins, *la Thiérache*, en a fait ainsi le décompte en 1882 : vingt-trois toiles pour des couvents, quinze pour des églises, dix pour des châteaux, neuf pour des salons, trois pour des établissements publics. Depuis ce temps, plusieurs œuvres ont été retrouvées, exécutées presque toutes pour des couvents.
3. *Éloge de M. Restout*, par Du Boulay, 1768, réimprimé dans Chennevières, *Recherches sur... quelques peintres provinciaux de l'ancienne France*, t. III, p. 308 et suiv.

la ressemblance. On vint chez lui cependant, car il était à la mode. C'est alors qu'il exécuta ses demi-figures ingénieuses, symboles et portraits à la fois. Comme Santerre, Jean Forest était d'esprit un peu fantasque. Ses confrères recherchaient les commandes royales ; il refusa au contraire deux toiles au surintendant des Bâtiments. Toute sa vie il garda son franc-parler et professa, dit-on, des doctrines démocratiques. Tandis que les peintres suivaient la mode, portaient perruque bouclée, pourpoint de soie, manches de dentelles, épée au flanc, il s'habilla toujours d'une houppelande et se coiffa d'un bonnet de fourrure : Largillière, son gendre, l'a représenté dans cet équipage. C'était d'ailleurs un esprit délicat, un fin lettré qui tenait salon ; de Piles estimait son talent et aimait sa causerie.

Santerre et Forest se ressemblent fort. D'Argenville les appelle tous deux des peintres philosophes. Mécontents des couleurs en usage, ils s'appliquèrent l'un et l'autre à les améliorer. Santerre observait « jusqu'aux enseignes de boutiques ; il y remarquait les couleurs que le temps et le grand air détruisent et celles qu'ils laissent dans leur force[1] ». Il réduisit enfin sa palette à cinq tons et ne vernit ses tableaux que dix ans après leur achèvement. Forest, de son côté, se perdit dans d'étranges combinaisons chimiques. Ces expériences maladroites ont grandement nui aux œuvres des deux artistes : celles de Forest, surtout, ont complètement noirci. Santerre et Forest enfin produisirent aussi peu l'un que l'autre. Le premier travaillait péniblement, obstinément, des mois entiers le même sujet. Le second, toujours mécontent de ses tableaux, les brûlait ou les recommençait : Largillière le visita un jour qu'il peignait une tempête, et, comme il admirait fort la toile, Forest la lui offrit ; puis, pour ne pas oublier de la lui faire tenir, il écrivit son nom au verso, mais il ne la lui envoya jamais : après sa mort, Largillière la chercha dans son atelier ; il retrouva bien le châssis portant l'inscrip·tion, mais une esquisse informe remplaçait la tempête.

Beaucoup de peintres médiocres fréquentaient le cabaret plus volontiers que l'atelier et se préoccupaient très peu des faveurs royales et des honneurs académiques. Leur vie ne vaut pas le plus souvent d'être contée, mais il faut noter leur existence car ils hâtèrent la transformation de la peinture d'apparat en peinture réaliste et libertine. Le moins obscur d'entre eux fut Alexis Grimou[2]. Grâce à ses dons naturels, son talent ne sombra pas complètement dans la

---

1. *Mercure de France*, décembre 1717, p. 190.
2. Sur Grimou, voy. Charles Blanc, *École française*, t. III. Appendice et Fuessli. *Geschichte der besten Künstler in der Schweiz*, t. III.

débauche. Il peignit des portraits de petites gens en habit de travail. Avant lui, personne en France n'avait osé emprunter les études de buveurs au réalisme de la Flandre. La légende a enrichi sa vie d'anecdotes[1] dont plusieurs ont une valeur symbolique. Comme il visitait un jour Rigaud, vêtu de mauvaises loques, raconte un biographe, le grand portraitiste lui dit : « Monsieur Grimou, nous serions heureux de jouir souvent de votre présence, mais nous vous supplions de vous vêtir un peu plus convenablement. » Grimou revint richement habillé : on le fêta. La fois suivante son costume fut plus magnifique encore : on l'admira. Il reprit enfin ses habits râpés, et comme Rigaud s'irritait de la plaisanterie : « Monsieur, lui dit Grimou, je croyais que vous me recherchiez pour mes talents et non pour la richesse de mes habits. Je vois que je me suis trompé ; adieu. » Et il sortit pour ne plus revenir. N'est-ce pas la déclaration de guerre du portrait simple, du portrait réaliste, au portrait d'apparat ?

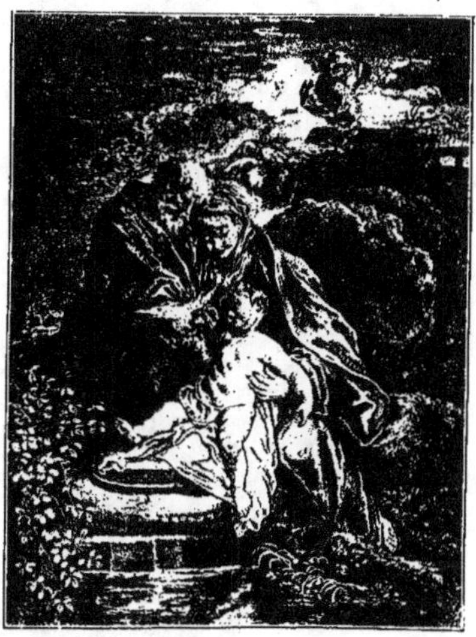

FIG. 26. — ANTOINE WATTEAU. — SAINTE FAMILLE.

Le tempérament batailleur d'Arnould de Vuez décida de sa carrière. De talent moyen, Vuez eût trouvé du travail à Paris ; mais à Rome, dans sa jeunesse, il tua plusieurs adversaires en duel. Réfugié à Paris, il mit à mal un officier dans une querelle et s'enfuit à Constantinople avec l'ambassadeur de France. A son retour, Louvois, pour s'en débarrasser, l'envoya peindre un tableau d'église à Lille, où il s'installa définitivement et passa une vie assagie à décorer de toiles pieuses les églises et les couvents de la région[2]. Antoine Rivalz, dont la carrière eût été brillante à Paris,

---

1. Grimou a même été mis à la scène en un vaudeville, par Maxime de Redon.
2. Sur Arnould de Vuez, voy. Quarré-Reybouron, *Arnould de Vuez* dans *Réun. des Soc. des Beaux-Arts des dép.*, 1903, p. 497 et suiv.

fut également contraint de s'exiler en province pour quelques mauvaises affaires « où l'avaient entraîné sa bravoure et sa jeunesse ».

On trouve des peintres jusque dans les couvents où travaillèrent le frère Luc[1], premier maître d'Arnould de Vuez, le père André, élève de Jouvenet, le frère Lucas de La Haye qui enseigna Robert Tournières, Eustache et Pierre Restout, religieux prémontré et bénédictin ; on en rencontre à la Bastille où Michel Bouchoix, « peintre et dessinateur de l'Académie royale » (?), passe la fin de l'année 1704, « accusé de travailler à la recherche de la pierre philosophale... et attraper, par ce moyen, quantité de personnes assez crédules pour ajouter foi à ces sortes de fourberies en leur faisant espérer de grandes richesses par la réussite de ses secrets[2] ».

Du temps de Le Brun les tempéraments des artistes étaient évidemment aussi variés, mais le Premier Peintre leur imposait une contrainte qui les neutralisait. Dès sa mort ils reprennent leur liberté, et se développent de nouveau normalement : voilà ce qu'il importe surtout de retenir.

1. Voy. Chennevières, *Recherches sur... quelques peintres provinciaux de l'ancienne France*, t. III, Appendice, p. 3o5.
2. *Nouv. Arch. de l'Art franç.*, 1882, p. 270-272 : *Noms d'artistes détenus à la Bastille.*

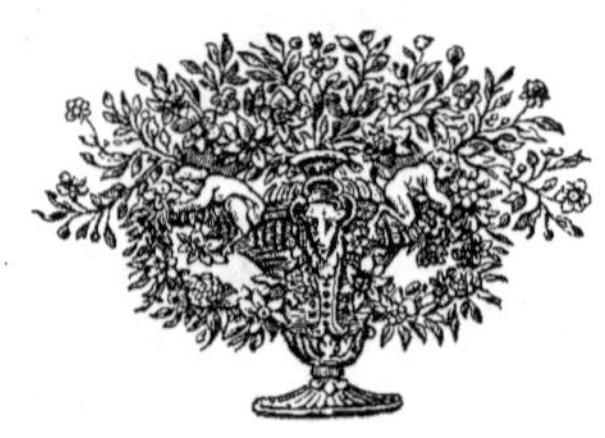

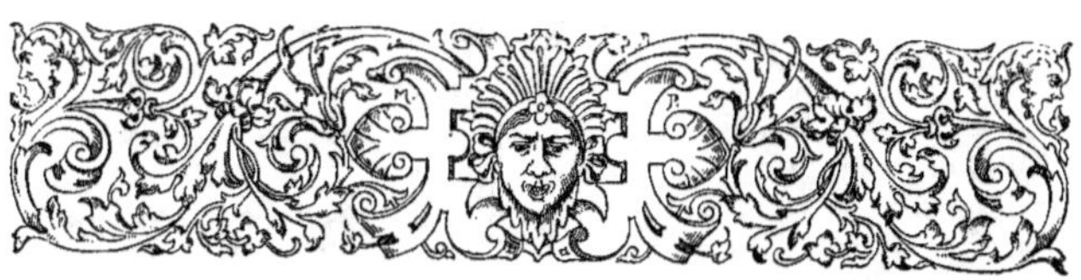

CHAPITRE VII

L'ÉDUCATION ARTISTIQUE

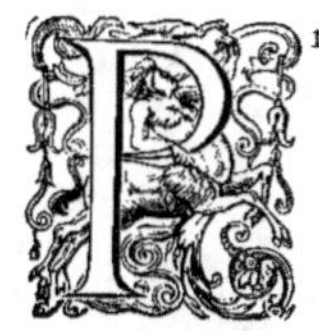resque tous les artistes apprennent leur métier à l'École académique ; mais comme tous les jeunes gens qui s'y présentent n'offrent pas de garanties suffisantes d'intelligence et de talent, la Compagnie leur impose, depuis 1676, quelques années de stage chez un maître[1]. Ce stage, les fils d'artistes l'accomplissent naturellement dans l'atelier paternel. On voit dès lors l'importance des familles de peintres : elles sont longtemps le plus ferme appui de la tradition, elles opposent une immense force d'inertie au progrès et ralentissent l'évolution de l'École. Par contre, des familles de coloristes se forment au début du XVIIIe siècle; la défense d'idées communes rapproche, unit des hommes. Ainsi Charles de La Fosse est le chef d'un groupement rubéniste important : il n'a pas d'enfants, mais une de ses sœurs — il a douze frères et sœurs — épouse le paysagiste Jean Forest, l'intime ami de Roger de Piles[2]; une fille, née de cette union, est mariée à Largillière qui devient ainsi le neveu de La Fosse ; une autre nièce de La Fosse — la fille d'un de ses frères — épouse Thomas

1. *Proc.-verb.*, 31 mars 1676, t. II, p. 75.
2. De Piles fréquente chez lui et, à sa mort, lui laisse ses dessins de maîtres hollandais. (D'Argenville, 1762, t. IV, p. 187-188.)

Pesne, et leur fils Antoine, qui sera premier peintre du roi de Prusse, prend chez son père et chez son oncle l'amour de la couleur avant d'aller étudier les grands Vénitiens[1].

Presque tous les peintres de quelque valeur enseignent. Ils trouvent un profit matériel à ouvrir un atelier[2] : non seulement l'étudiant paye son maître, mais il lui sert encore d'apprenti et de collaborateur : il peint ses copies, travaille à ses restaurations, prépare ses grandes décorations. De tous les maîtres du temps, le plus recherché est Bon Boullogne[3] : Robert Tournières, Antoine Rivalz, Jean Raoux, Joseph Christophe, Claude Verdot, Nicolas Bertin, P.-J. Cazes, J.-B. Santerre suivent ses leçons. Médiocre artiste, c'est un remarquable praticien : il connaît de la peinture tout ce qui s'apprend et se passionne pour l'enseignement : « Il allait lui-même, écrit d'Argenville, éveiller ses disciples qui demeuraient dans sa maison, leur disant, pour leur reprocher qu'ils ne se levaient pas assez matin, que, selon son calcul, ils ne jouissaient que de la moitié de la vie[4]. »

Les prérogatives de l'Académie limitent l'enseignement des professeurs. L'article 1er des statuts de 1663 stipule « qu'aucunes assemblées de peinture et de sculpture *pour poser le modèle* ne seront establies... que par l'ordre et le consentement de ladite Académie ». Et la Compagnie veille jalousement à l'observation de cette mesure dictée par le souvenir des assauts qu'elle a subis jadis. Une délibération de 1674 autorise seulement les académiciens à « estudier le naturel chez eux en s'asemblen tel nombre qu'il leur plaira, pourveu qu'ilz ne resoivent que les élèves de celuy au logis duquel lad. assemblée se fera et qu'ilz en ayent obtenue l'agréement de l'Académie[5] ». L'enseignement supérieur est donc interdit aux peintres : ceux-ci

----

1. Dussieux, *Artistes français à l'étranger*, 3e édition, p. 200, d'après d'Argens. P. Seidel : *Antoine Pesne, Gazette des Beaux-Arts*, 1891, t. I, p. 318.

2. Les maîtres qui refusent ce profit sont très rares : Ant. Coypel est le seul de son temps qui, à notre connaissance, ait enseigné gratuitement. Ch.-Ant. Coypel écrit dans la *Vie des Premiers Peintres...* de Lépicié, t. II, p. 39 : « Non seulement il ne concevoit pas que, dans une situation aisée, un Peintre pût accepter aucun présent des jeunes élèves, mais sitôt que les siens étoient en état de lui rendre quelques services, il se croyoit obligé de les reconnoître par ses dons. »

3. Quoique Watelet rapporte dans la *Vie des Premiers Peintres...* de Lépicié, t. II, p. 50, que les deux frères Boullogne, Louis et Bon, qui avaient toujours vécu ensemble, se séparèrent, au moment du mariage de l'un d'eux, ils tirèrent au sort tous leurs biens qui étaient en commun et leurs élèves qu'ils enseignaient ensemble, les élèves connus de Louis de Boullogne sont beaucoup moins nombreux que ceux de Bon.

4. D'Argenville, éd. de 1762, t. IV, p. 247.

5. *Proc.-verb.*, t. II, p. 33.

donnent seulement les premiers principes du dessin, font travailler
d'après la bosse, enseignent les lois essentielles du coloris et ini-
tient aux détails techniques du métier. Corneille le père, dit d'Argenville, « mit en peu de temps son fils en état de copier avec art
les dessins des grands maîtres d'Italie[1] ». Voilà le point extrême
où conduit l'enseignement non académique : il forme des peintres,
mais non des artistes, puisque l'étude de la nature lui est interdit.

Comme l'Académie s'est réservé le privilège du modèle, l'étudiant zélé ou ambitieux est contraint de suivre ses leçons. Il
trouve d'ailleurs des avantages pratiques à passer par l'École : il
court la chance d'obtenir une pension du roi ; ses succès aux concours commencent sa réputation et lui facilitent plus tard l'accès
de la Compagnie ; s'il remporte le grand prix, il est envoyé à Rome,
et le voyage d'Italie semble encore le couronnement nécessaire
d'une bonne éducation artistique ; enfin, il peut peindre sans être
inscrit à la maîtrise, grâce au « billet de protection » que lui dé-
livrent les officiers en exercice. Mais n'entre pas qui veut à l'École.
Le certificat d'application et de moralité exigé depuis 1676 n'est
pas même un titre suffisant. Les candidats subissent un examen
d'admission : ils doivent dessiner correctement une académie[2].

Depuis que l'enseignement académique a été réglé par Colbert
et par Le Brun, personne encore n'a osé le modifier. Il comporte
l'étude du corps humain d'après le modèle, des cours de géométrie,
de perspective, d'anatomie et ces conférences où Colbert a cru
naïvement que les règles définitives de l'art allaient être formulées.

Tous les jours, de trois heures à cinq heures en hiver, de six
heures à huit heures en été, l'atelier est ouvert aux étudiants[3]. C'est
une salle de l'Académie[4] dont les murs sont décorés de vieilles

1. D'Argenville, éd. de 1762, t. IV, p. 198.
2. *Proc.-verb.*, 31 décembre 1689, t. III, p. 21. Malgré cette épreuve, les non-
valeurs sont souvent en majorité à l'atelier et les professeurs s'en plaignent. Voy.
Proc.-verb., passim; par exemple, t. IV, p. 192.
3. Guérin, dans la *Description de l'Académie*, 1715, in-12, p. 258, dit qu'on
dessinait six mois à la lumière du jour et six mois « à la lumière d'une lampe à
plusieurs lamperons, pendue de manière à pouvoir éclairer avantageusement le
modèle ».
4. On sait que jusqu'en 1692 l'Académie est logée au Palais Brion, dépendance
du Palais Royal (*Proc.-verb.*, t. III, p. 83). Cette année-là, le roi l'installe au Louvre.
En 1702, ses appartements étant bondés des tableaux de réception, Mansart lui
accorde « le salon joignant la grande salle et la salle qui est ensuite... pour y exposer
les tableaux et sculptures de la Compagnie » (*Proc.-verb.*, t. III, p. 353). C'est dans
cet état qu'étaient les appartements quand Guérin les décrivit en 1715.

études des professeurs ; car le maître ne corrige pas seulement les
fautes des élèves, il dessine lui-même le modèle en attitude. La bibliothèque de l'École des Beaux-Arts conserve un grand nombre des
académies exécutées aux XVIIe et XVIIIe siècles par les professeurs[1] :
cette collection est très intéressante car elle détermine nettement
les préoccupations de la pédagogie officielle. Presque jamais le
modèle n'est posé dans une attitude simple : il figure Hercule
appuyé sur sa massue, Laocoon étouffé par des serpents, un Fleuve
à longue barbe étendu près de son urne..., enfin tous les personnages classiques qu'impose encore la tradition.

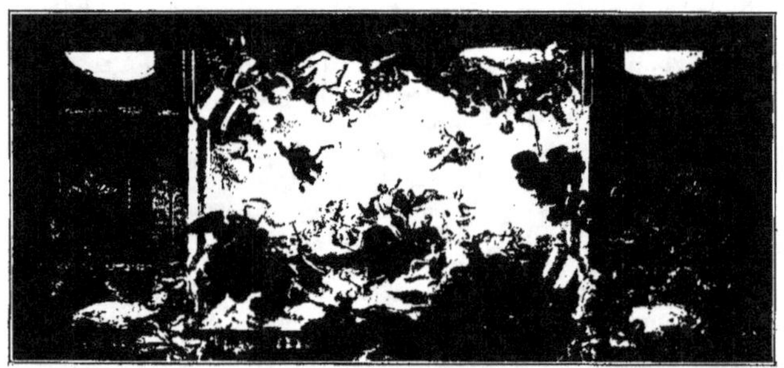

FIG. 27. — ANTOINE COYPEL. — L'OLYMPE.
(Esquisse pour la décoration du plafond de la Grande Galerie du Palais-Royal. — Musée d'Angers.)

Peintres et sculpteurs suivent les mêmes leçons à l'École. Ils
n'apprennent ni le coloris, ni le modelage, mais le dessin. Aussi les
douze professeurs et les huit adjoints sont-ils indifféremment choisis
parmi les peintres d'histoire ou les sculpteurs. Presque tous les artistes de talent passent par le professorat de 1690 à 1721. Corneille
le jeune, Bon Boullogne, Antoine Coypel en 1692, François de Troy
et Louis de Boullogne en 1693, Poerson et Ubeleski en 1695,
Hallé en 1702, Vernansal en 1704, Largillière et Nicolas Colombel
en 1705, Louis de Silvestre en 1706, Rigaud en 1710, François Marot
et Nicolas Bertin en 1715, Joseph Christophe en 1717, P.-J. Cazes en
1718, J.-F. de Troy en 1719 et Louis Galloche en 1720 : soit 19 peintres auxquels il faut ajouter 16 sculpteurs. Le titre est recherché parce

1. Une partie vient directement de l'ancienne collection de l'Académie, l'autre,
la plus importante, est formée par le don Schœlcher.

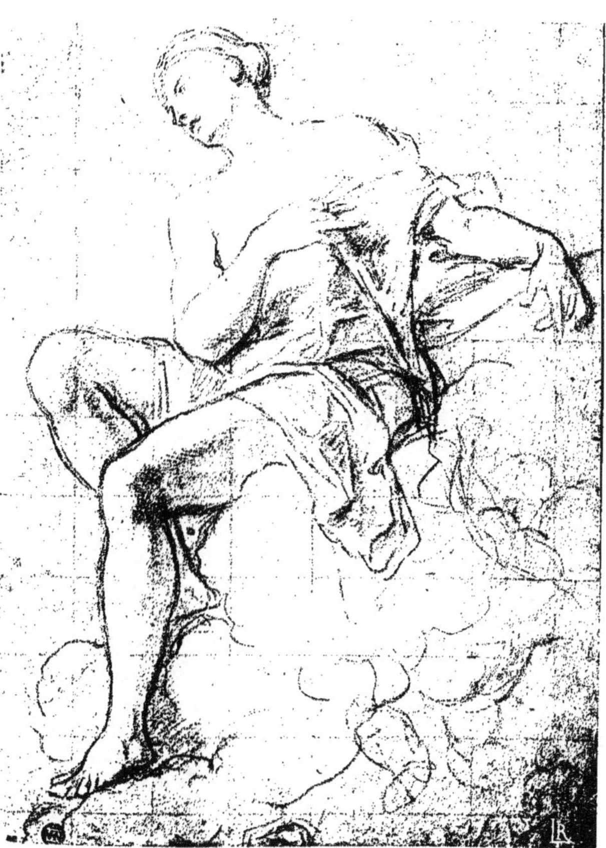

Étude de femme pour *Junon ordonne à Éole de déchainer la tempête*
Dessin par Antoine Coypel pour la Grande Galerie du Palais-Royal
(Musée du Louvre)

qu'il conduit au rectorat ; mais il impose des charges assez lourdes :
les professeurs doivent annuellement deux heures d'enseignement
par jour, pendant un mois, pour un salaire de 120 livres[1] ; aussi, à
peine en fonctions, demandent-ils presque tous à passer dans la
classe des conseillers-professeurs où ils conservent leur rang sans
enseigner. Mais les études souffrent du perpétuel changement
des maîtres, et, le 5 janvier 1692, l'Académie décide qu'à moins de
raisons valables les professeurs ne seront plus admis dans la classe
des conseillers-professeurs avant dix ans de service[2]. Strictement
observée en apparence, cette mesure est, en réalité, rapidement
tournée. Les titulaires se déchargent de leur mois sur leurs adjoints.
Les procès-verbaux notent sans cesse que le professeur ayant représenté à la Compagnie qu'il est occupé à des ouvrages pour le roi,
l'adjoint remplira ses fonctions.

Les leçons de géométrie et de perspective sont confiées jusqu'en 1699 à Sébastien Le Clerc[3] : on ne pouvait trouver de meilleur maître ; Sébastien Le Clerc a publié depuis longtemps sa
Pratique de la géométrie sur le papier et sur le terrain[4], et il est assoupli,
par toute son œuvre, aux études de perspective. Louis Joblot, son
adjoint depuis plusieurs années, le remplace à sa retraite[5] et occupe
jusqu'en 1723 le poste de professeur : depuis 1717 il a lui-même
comme suppléant le fils de son prédécesseur[6]. Au chirurgien
François Quatroulx qui a enseigné l'anatomie à l'Académie
jusqu'en 1672 succèdent Jacques-Claude Friquet de Vauroze[7], qui
garde la chaire jusqu'à sa mort (1716), puis le chirurgien Tripier[8].
Friquet de Vauroze est peintre et la Compagnie juge « à propos
qu'une personne de la profession se trouvant capable de donner
des leçons d'anathomie devoit toujours estre préférée à un chirurgien[9] ».

Nous ignorons les méthodes suivies par les maîtres de pers-

<hr>

1. De 1694 même, date où la pension descend à 2,000 livres jusqu'en 1700, année
où elle remonte à 4,000 livres, les professeurs ne touchent absolument rien.

2. *Proc.-verb.*, t. III, p. 79.

3. *Ibid.*, t. III, p. 262. Le Clerc avait déjà voulu se retirer en 1696, mais il était
resté à la prière de ses collègues et ne donna sa démission que le 16 mai 1699,
l'ayant « différée jusqu'au rétablissement des pensions de l'Académie ».

4. Trois éditions de ce livre paraissent en 1669, 1682, 1700.

5. *Proc.-verb.*, t. III, p. 267.

6. *Ibid.*, t. IV, p. 244.

7. *Ibid.*, t. I, p. 400-401.

8. *Ibid.*, t. IV, p. 228-229.

9. *Ibid.*, t. I., p. 401.

pective et les professeurs d'anatomie, mais il paraît certain que ces derniers ne faisaient pas leurs démonstrations sur le cadavre. Les exercices pratiques auraient entraîné des frais dont on retrouverait la mention dans les *Comptes des Bâtiments du Roi* ou dans *l'État des pensions et autres dépenses qui doivent être faites en l'Académie*[1]. Guérin signale en 1715, dans la salle voisine de l'École[2], deux squelettes entiers qui servaient sans doute aux leçons avec des moulages d'écorchés semblables à ceux que La Teulière avait fait exécuter à Rome[3]. Il faut noter à quel point l'anatomie et la perspective préoccupent les peintres à la fin du XVIIe siècle : on n'enseigne pas seulement ces sciences à l'École, les académiciens eux-mêmes les étudient; le 13 août 1695 ils prient les professeurs en fonctions de faire « alternativement le premier samedy de chaque mois... en présence de la Compagnie quelques démonstrations sur les leçons qu'ils se proposent de faire aux étudiants[4] ». C'est de Piles qui a révélé au moins l'anatomie à ses contemporains; il en prêche l'étude avec la ténacité qu'il met à prôner Rubens et le coloris : « Cette partie, dit-il, n'est guère connue aujourd'hui parmi nos peintres... Je sçai qu'il y en a qui s'[en] font un monstre... et qui la croient inutile, ou parce qu'ils ont l'esprit fort petit, ou parce qu'ils n'ont jamais fait de réflexion sur le besoin qu'ils en ont et sur son importance, se contentant d'une routine à laquelle ils sont accoutumés[5] ». Il traite encore de l'anatomie dans les *Conversations sur la peinture*[6] et s'efforce de démontrer aux étudiants qu'ils ignorent le dessin parce qu'ils ne connaissent pas l'architecture du corps humain[7]. Avant 1668, il n'existe pas un traité d'anatomie artistique écrit en français et les exemplaires de la *De humani corporis fabrica*, par Vésale, sont très rares. De Piles publie alors

---

1. *Proc. verb.*, t. III, p. 118.
2. Guérin, *Description de l'Académie*, p. 230.
3. *Corresp. des direct.*, 1er février 1693, t. I, p. 363.
4. *Proc.-verb.*, t. III, p. 169. Les maîtres, il est vrai, n'acceptent que de mauvaise grâce, ce surcroît de besogne. C'est à peine si l'on peut obtenir d'eux en six ans une douzaine de conférences, dont on trouvera le detail dans les *Proc.-verb.*, t. III, p. 176, 188, 198, 337, 340, 341, 348, 352 ; t. IV, p. 105, 109, 188.
5. *Remarques sur l'Art de peinture de Dufresnoy*, édition de 1767, p. 148.
6. Édition de 1767, p. 204 et suiv.
7. J.-B. Santerre est un des peintres du temps qui attachent le plus de prix à l'anatomie. « M. Santerre fit de bonne heure des études approfondies d'anatomie. Il se trouvait fréquemment aux dissections; il en faisait souvent chez lui, et en parlant de cette science, il disait qu'il en fallait savoir beaucoup pour en laisser voir peu. » (*Mercure de France*, décembre 1717, réimprimé dans la *Revue Universelle des arts*, t. XII, p. 239.)

l'*Abrégé d'anatomie accommodé aux arts de peinture et de sculpture*
dont François Tortebat grave les planches d'après Vésale[1]. L'ouvrage, réédité à plusieurs reprises, inspire vite d'autres publications.
Dès 1689, par exemple, l'Espagnol Chrysostome Martinez publie à
Paris, sous le titre *Nouvelles figures de proportions et d'anatomie du
corps humain...*[2], deux planches d'un traité qu'il ne termine jamais,
et, en 1691, paraît l'ouvrage écrit par Ch. Errard en collaboration
avec l'anatomiste Bernardino Genga : *Anatomia per uso et intelligenza*

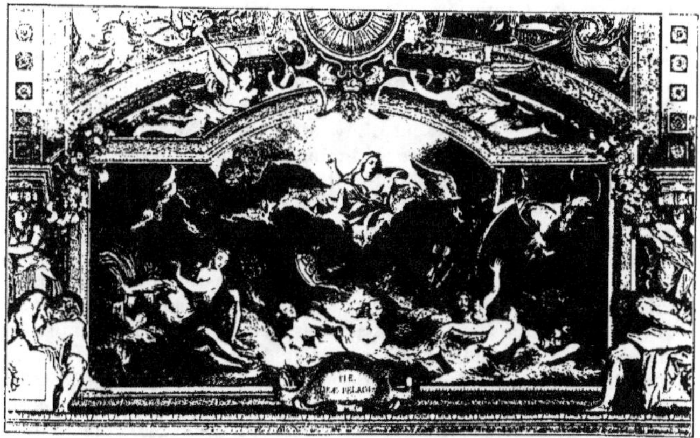

FIG. 28. — ANTOINE COYPEL. — JUNON COMMANDANT A ÉOLE DE DÉCHAINER LES VENTS.

(Décoration de la Grande Galerie du Palais-Royal.)

del disegno. Quoiqu'édité à Rome et en italien, ce livre se répand
vite en France où le nom d'Errard fait autorité. Friquet de Vauroze
commence peut-être aussi un traité d'anatomie plastique[3], mais,
s'il l'achève, il ne le publie jamais.

Les conférences occupent encore l'Académie aussi régulièrement
que du vivant de Le Brun : le premier samedi de chaque mois leur

1. Toutes les questions relatives à cet ouvrage ont été étudiées par MM. Mathias
Duval et Cuyer, *Histoire de l'anatomie plastique*, p. 138 et suiv.
2. Pour le titre complet de l'ouvrage de Chrysostome Martinez, voy. Mathias
Duval et Cuyer, *op. cit.*, p. 132-134.
3. *Proc.-verb.*, t. IV, p. 105.

est toujours consacré. Elles ne disparaissent qu'accidentellement à la retraite de Guillet de Saint-Georges en 1704, à la mort de Roger de Piles et du secrétaire Guérin en 1709 et 1715. Cependant leur beau temps est passé; la vie que leur avaient prêtée Colbert et Le Brun ne les anime plus. Faute de mieux, on relit souvent les vieux discours de Philippe et J.-B. de Champaigne, de Le Brun, de Nocret, de Blanchard, et le 25 septembre 1700, il faut admettre officiellement que « lorsqu'il n'y aura pas de nouvelles Conférences à lire dans les jours qui sont destinés à cet effect, l'on reprendra les anciennes[1] ». L'interminable série de Guillet de Saint-Georges sur la vie, les ouvrages, les morceaux de réception des académiciens occupe heureusement plusieurs années. Deux hommes seuls donnent encore quelque vie et quelque intérêt à ces exercices surannés : Roger de Piles et Antoine Coypel. L'un prononce de 1699 à 1709 des discours sur le clair-obscur, l'invention de la peinture comparée à celle de la poésie, la disposition des draperies, le vrai en peinture, l'importance du dessin, la méthode pédagogique ; l'autre lit en 1713-1714 les commentaires de son *Épître à mon fils sur la peinture*, publiée en 1709[2]. De Piles prétend former « un corps de théorie pour les arts de la peinture et de la sculpture[3] » : c'était déjà l'ambition de Le Brun; elle était irréalisable. Au moins les dissertations de Piles sont-elles riches en observations ingénieuses, en remarques utiles, en critiques exactes. Les contemporains déjà les admiraient vivement. A l'Académie on les relisait deux ou trois fois et on les attendait avec une impatience que les autres conférences ne provoquaient plus depuis longtemps. Quant aux discours de Coypel, ils sont supérieurs aux meilleurs tableaux du peintre[4]. Si Coypel y traite trop sévèrement, à notre gré, Albert Dürer et quelques artistes de la Renaissance allemande, ses jugements sur les grands Italiens et sur les grands Flamands peuvent être encore admis sans réserves. Jamais on n'avait vu critique plus pénétrante parée d'une forme plus

1. *Proc.-verb.*, t. III, p. 302.
2. Cette épître est une paraphrase de l'*Art poétique*. On y retrouve des distiques entiers de Boileau ; par exemple celui-ci :

> Que dans tous vos sujets la passion émue
> Aille flatter le cœur, l'échauffe et le remue.

Boileau appréciait la valeur critique et poétique de l'ouvrage. C'est Coypel lui-même qui nous le dit dans sa préface.
3. *Proc.-verb.*, t. III, p. 387.
4. Les *Discours...*, publiés en 1721 avec une dédicace au Régent, ne sont que les commentaires de l'*Épître à mon fils sur la peinture*, lus aux conférences en 1713-1714.

heureuse. Coypel, de plus, séduisait ses auditeurs par son débit
agréable et par ses gestes harmonieux ; aussi, les académiciens lui fai-
saient-ils fête chaque fois qu'il prenait la parole : les *Procès-verbaux* enregistrent à plusieurs reprises leur admiration et leur reconnaissance.

On a cru longtemps que les conférences étaient exclusivement
réservées aux académiciens ; c'étaient, au contraire, des exercices
pédagogiques destinés surtout aux étudiants auxquels on ouvrait la
salle d'assemblée le premier samedi du mois. Dans un de ses Discours, Coypel s'écrie : « Jeunes étudiants à qui je parle[1]!... » On ne
sait même si les lectures n'étaient pas publiques : « Je trouve, dit
en effet Coypel, que vous les avez d'autant plus sagement établies
(les conférences), qu'en les rendant publiques vous faites part de
vos lumières à des Personnes distinguées et déjà éprises des charmes
de la Peinture[2]. » Mais peut-être Coypel entend-il seulement louer
la Compagnie qui vient d'ordonner la publication de ses Discours
lus en 1713-1714.

L'Académie ne forme que des peintres d'histoire : elle méprise les peintres « de manières » et les renvoie à l'école des
Gobelins. Celle-ci subsiste sans interruption de 1690 à 1721 malgré
le triste état de la manufacture. En 1691 même, le nombre de ses
professeurs est porté à quatre : deux sculpteurs, Tuby et Coysevox,
le graveur Le Clerc, le peintre François Verdier y donnent, à
cette époque, des leçons, moyennant 65ᴸ par an. En 1699, Coustou
remplace Tuby, et Michel-Ange Corneille succède à Verdier en 1701.
La mort de Corneille semble désorganiser les cadres en 1708 ; en
1709 et 1710, Sébastien Le Clerc est le seul maître porté aux *Comptes ;*
mais on lui adjoint, en 1711, le sculpteur Théodon et le peintre
Mathieu[3]. L'enseignement des Gobelins nous est mal connu : les
élèves copiaient sans doute d'anciens croquis de Le Brun, ses
cartons de tapisserie, ses dessins de meubles[4] ; ils travaillaient
aussi d'après le corps humain : le 15 octobre 1702, les *Comptes*
indiquent le paiement de 100ᴸ au nommé Francisque Fleury
« pour avoir servi de modèle à l'Académie des Gobelins pendant
les six premiers mois 1702 »[5].

1. Coypel, *Discours…*, p. 91.
2. *Ibid.*, p. 45.
3. Cette suite de professeurs des Gobelins est établie d'après les *Comptes*, t. III,
IV, V, *passim*. Voir les tables au mot *Gobelins*.
4. Les dessins de Van der Meulen servaient probablement aussi : ils sont encore
conservés à la manufacture des Gobelins.
5. *Comptes*, t. IV, p. 858.

Fleury est aux gages de l'Académie ; la Compagnie prête en effet des modèles à l'école des Gobelins comme elle lui prête des professeurs, pour la tenir plus étroitement sous sa domination. Elle craint toujours de la voir échapper à son contrôle et lui impose sans cesse des liens nouveaux : depuis le 1ᵉʳ juin 1697 par exemple, les étudiants des Gobelins à la pension du roi sont tenus « de dessiner au moins pendant la valeur d'un mois, en chaque quartier, en cette Académie, d'après le modèle », et d'apporter une de leurs académies hebdomadaires signées du professeur des Gobelins[1]. Ces précautions s'expliquent : c'est au privilège de l'enseignement que la Compagnie tient par-dessus tout ; sa puissance réside dans son atelier plus que dans ses grades, et elle le comprend si bien, qu'en 1694, quand l'École seule est menacée, elle consent pour la sauver à tous les sacrifices, à la suppression de la pension du roi, à la gratuité des leçons.

Elle perd cependant le droit exclusif d'enseigner d'après le modèle au début du XVIIIᵉ siècle. L'académie de Saint-Luc, obligée de fermer son école en 1662, ne semble pas avoir fait, pendant quarante ans, de tentatives sérieuses pour la rétablir. Mais, en 1705, elle ouvre un atelier, rue des Hauts-Moulins, dans une maison attenante à la chapelle Saint-Symphorien[2]. Une déclaration du roi, en date du 17 novembre 1705, l'autorise, et M. d'Argenson, conseiller d'État ordinaire et lieutenant de police, accepte d'être son protecteur. Dès le 1ᵉʳ janvier suivant le modèle est posé, et les leçons de dessin, de peinture, de sculpture, d'architecture, d'anatomie, de géométrie, de perspective[3] commencent sous la surveillance du directeur, des recteurs, des douze professeurs, des douze adjoints et

---

1. *Proc.-verb.*, t. III, p. 214-215.

2. Piganiol, *Description de Paris*, édition de 1762, t. I, p. 495.

3. L'enseignement de l'école des maîtres est plus complet et plus large que celui de l'Académie. Les sculpteurs trouvent des leçons de modelage rue des Hauts-Moulins ; les peintres y apprennent sans doute aussi la couleur. Six professeurs et six adjoints sont peintres, les autres sculpteurs. Un professeur peintre est toujours accompagné dans l'école d'un adjoint sculpteur ou réciproquement. Voy. *Règlements de l'académie de Saint-Luc*, article XX, dans Vitet, *L'Académie royale de peinture et de sculpture*, 1861, in 8, p. 292. (Ce sont les statuts de 1730 que donne Vitet, mais ils modifient à peine ceux de 1705.) Nous ignorons les noms des professeurs de la maîtrise entre 1705 et 1721. Une académie d'Ubeleski, à l'École des Beaux-Arts, est collée sur une grande feuille in-folio de mauvais papier imprimé. Les caractères, fort gros au titre, apparaissent en relief sur le verso. Nous savons ainsi que cette feuille est une liste des professeurs et dignitaires de l'académie de Saint-Luc, sous la protection de M. d'Argenson. Il est malheureusement impossible de déchiffrer les noms imprimés plus fin et les indications sur l'enseignement qui les accompagnent.

des conseillers. L'Académie n'ose pas protester ouvertement contre l'atteinte portée à son privilège *par le roi lui-même;* les *Procès-verbaux* ne consacrent pas un mot à la résurrection de l'école rivale[1]. Mais, à les étudier attentivement, on y note des signes d'inquiétude et on y relève des mesures de dé-fense. Ainsi Mansart est présent à la deuxième séance de 1706, et « après quelques réflexions qui furent faictes sur quelques affaires particulières de l'Académie, et principalement sur [le] défaut de l'École du modèle, il leva la séance pour aller dans cette École et voir s'il y avoit moyen de l'agrandir pour la commodité des Estudians[2] ». Voilà une sollicitude toute nouvelle pour les élèves : c'est qu'il est nécessaire de les retenir à tout prix. Le 28 août, les redevances scolaires sont aussi définitivement supprimées[3] parce que l'académie de Saint-Luc est gratuite. Enfin, le 4 septembre, on décide « qu'en exé-cution des délibérations précédentes, l'on posera un *grouppe* la dernière semaine de chaque mois[4] » : les maîtres ont tous les jours deux mo-dèles en attitude. Le danger paraît d'ailleurs plus grand qu'il n'est en réa-lité. L'amour-propre seul de la Com-pagnie est atteint, son autorité n'est pas même menacée. Presque tous les artistes formés par l'académie de Saint-Luc au XVIIIe siècle sont médiocres : Oudry est le seul peintre de talent qui suive les leçons de la maîtrise de 1705 à 1721; encore

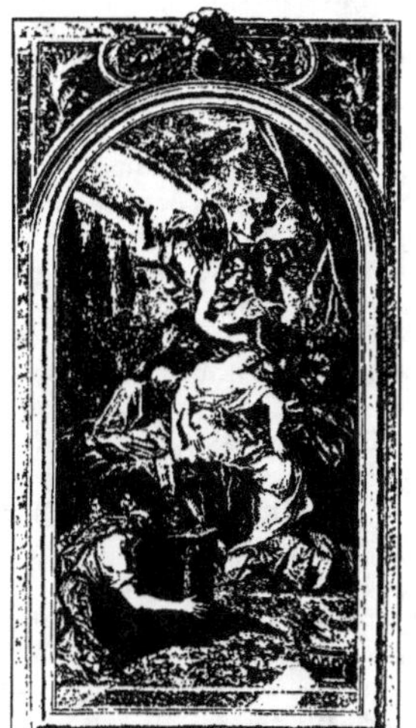

Gravé par Duchange.

FIG. 29. — ANTOINE COYPEL.
MORT DE DIDON.
(Décoration de la Grande Galerie
du Palais-Royal.)

1. A la date du 27 février 1706, on lit bien dans les *Proc.-verb.* (t. IV, p. 25) : « Il a esté résolu que l'on envoyroit à Mrs les Académiciens absents l'Arrest du Conseil d'Estat obtenu par l'Académie le 12 janvier dernier avec une lettre circu-laire à cette occasion qui a esté leue. » S'agit-il d'un arrêt relatif à l'académie de Saint-Luc ? C'est possible, mais rien ne le prouve. C'est peut-être simplement un arrêt relatif au droit de committimus alors contesté.
2. *Proc.-verb.*, t. IV, p. 23.
3. *Ibid.*, t. IV, p. 32.
4. *Ibid.*, t. IV, p. 33.

est-il dans le même temps élève de Largillière, et le grand portraitiste semble avoir eu la plus grande part à la formation de son talent.

Si le roi, dont la sollicitude pour l'Académie ne s'est encore jamais démentie, favorise la corporation en 1705, c'est que la Compagnie a trompé sa confiance et a obstinément désobéi à ses ordres. Louis XIV voulait l'école gratuite. Cependant, comme les charges de l'Académie naissante sont lourdes, il tolère d'abord le prélèvement de droits d'étude : 10 sols par semaine[1], un écu d'or au moment de l'inscription et 50 sols par quartier pour les « billets de protection ». Mais, dans la suite, il exige à plusieurs reprises et ne peut jamais obtenir la gratuité définitive. En 1694, il ordonne une dernière fois la suppression des redevances scolaires, et comme Mansart les rétablit en 1699 de sa propre autorité[2], il se décide enfin à sévir en favorisant l'établissement d'une école rivale. La responsabilité de Mansart dans cette affaire est certaine. Généralement le surintendant n'est pas très empressé à remplir ses devoirs de protecteur envers l'Académie; en 1706, au contraire, il défend les intérêts de la Compagnie avec une très grande sollicitude parce qu'il se sent atteint lui-même par la mesure royale.

Louis XIV avait rêvé mieux encore que la gratuité des leçons : il aurait voulu pensionner tous les jeunes artistes. Le 2 janvier 1693, Mignard lit à la Compagnie un ordre « par lequel il paroist que Sa Majesté veut que la pension s'étende à tous les Élèves de l'Académie[3] ». Comme l'état des finances ne permet pas cette libéralité, on essaye au moins de supprimer les abus qui entachent la répartition des fonds attribués aux étudiants. En 1689, déjà, la Compagnie prie, mais sans effet, le surintendant de remplacer les pensionnaires « capables de gagner raisonnablement pour vivre[4] »; en 1691 elle demande l'autorisation de limiter à trois années le bénéfice des pensions[5]; en 1692, enfin, elle fixe sa durée maxima à quatre ans[6] : mais cette règle n'est jamais appliquée. Paillet touche régulièrement 22 ₶ par mois pendant sept ans, Desormeau, Lassurance, pendant cinq ans, François Houasse, les frères Nattier plus longtemps encore. Une trentaine de jeunes peintres, à peine, participent aux libéralités royales de 1690 à 1715 : les *Comptes* nous ont

1. Ils furent réduits plus tard à 10 sols par mois.
2. *Proc.-verb.*, t. III, p. 267.
3. *Ibid.*, t. III, p. 104.
4. *Ibid.*, t. III, p. 9.
5. *Ibid.*, t. III, p. 60-61.
6. *Ibid.*, t. III, p. 98. Le 31 janvier 1693 on retire à Sebert, Fouquet, Gussin la pension dont ils jouissaient depuis huit ans. *Ibid.*, t. III, p. 103.

conservé leurs noms, et c'est pour le plus grand nombre une heureuse fortune, car leur œuvre médiocre ne les aurait pas sauvés de l'oubli ; les frères Nattier, Antoine Pesne, Louis Galloche, Nicolas Vleughels, et, pour faire bonne mesure, Pierre Dulin valent seuls d'être connus.

Les étudiants sont liés à l'Académie par tout un système de prix, de distinctions, de faveurs. Ils vivent en un perpétuel concours qui les conduit des petits aux grands prix et des grands prix à l'Académie de Rome. Cette pédagogie stimule peut-être leur activité, mais elle atrophie certainement leur initiative.

Chaque mois, peintres et sculpteurs, divisés en trois classes selon leur force[1], exécutent en trois ou six jours une académie ou un groupe ; à la fin du trimestre, les officiers, c'est-à-dire le directeur, les quatre recteurs, les deux recteurs adjoints, les trois professeurs de quartier et le secrétaire, décernent les prix de quartier (médailles d'argent accordées par le roi) sur l'ensemble du travail quotidien. Avec la médaille, les titulaires des petits prix obtiennent un privilège appréciable dans un corps où toute autorité se traduit par une préséance : ils entrent dans l'École avant la masse des étudiants. Mais les lauréats des grands prix prennent à leur tour le pas sur eux. Chaque année, en avril, le recteur en exercice propose aux concurrents un thème qui n'est exécuté qu'en esquisse, puis les étudiants choisis par les officiers sur cette épreuve éliminatoire reçoivent un autre sujet qu'ils achèvent en loge dans un délai de trois mois et qui sert au jugement définitif. En principe, les actions héroïques de Louis XIV devaient faire tous les frais des concours : mais cette disposition ingénue supposait à l'héroïsme du roi une éternité et une variété auxquelles les événements ne consentirent pas : on fut vite contraint de recourir à l'Ancien Testament qui, depuis 1673, fournit tous les thèmes pendant près d'un siècle[2]. De 1690 à 1721, les aventures d'Abraham, de Moïse, de Joseph, de David, etc., furent tour à tour mises à contribution.

D'assez nombreuses irrégularités troublent les concours pendant cette période. En 1693, par exemple, les logistes ont à choisir entre trois sujets ; en 1696 et en 1698 entre deux, sans que nous sachions pourquoi les académiciens dérogent à la tradition ces années-là. La multiplicité des thèmes s'explique, au contraire, en

1. Guérin, *Description de l'Académie*, 1715, in-12, p. 255.
2. Voy. *Arch. de l'Art franç.*, t. V, p. 273 et suiv., *Liste des élèves de l'ancienne école académique qui ont remporté le grand prix.*

1709, 1710, 1711 : en 1706, 1707, 1708, les épreuves d'esquisses ont été si faibles que l'Académie n'a pas décerné de récompense[1], aussi les années suivantes les concurrents sont-ils plus nombreux que les loges et on est contraint de les diviser en deux séries auxquelles on propose des sujets différents pour ne pas donner à la seconde un avantage sur la première. En 1714, le concours est complètement supprimé parce que le budget de l'Académie, en déficit[2], ne peut fournir 400 ^{lt} pour les prix, et que le roi n'est pas en mesure de les donner. Les *Procès-verbaux* ne portent pas trace non plus des solennités traditionnelles en 1716, 1718, 1719, 1720. En 1716, Ant. Coypel a bien obtenu du duc d'Antin une augmentation de 600 ^{lt} sur la somme affectée aux récompenses et la promesse que la distribution des prix serait rétablie dans tout son éclat[3] : mais le duc ne tient parole qu'en 1717.

En temps normal le vote des grands prix est une des cérémonies importantes de la vie académique. Les tableaux sont exposés d'abord pendant une semaine dans la salle d'assemblée, puis tous les académiciens sont appelés à les juger ; mais leur décision est réformable : aux termes de l'article XXIII des statuts de 1663 une commission composée des quatre recteurs décide en dernier ressort, et, depuis 1692, tous les anciens recteurs, les adjoints à recteur, un conseiller professeur, quatre professeurs en exercice, deux adjoints à professeur, le maître de géométrie ou d'anatomie, un conseiller, un académicien sont adjoints aux recteurs[4]. Le samedi, le secrétaire apporte à la séance les trois prix (les deux premiers sont des médailles d'or) et les trois boîtes à bulletins de vote qu'il pose sur la grande table de noyer, décorée depuis 1702 du grand écritoire d'argent flanqué de ses deux flambeaux estampillés aux armes du roi, — cadeau de Mansart. Le protecteur, le directeur, le chancelier s'installent dans de vastes fauteuils recouverts de moquette. Près d'eux, voici le secrétaire sur une petite estrade, derrière son pupitre. Sur les dix autres fauteuils, les trente chaises à dossier, les douze tabourets de l'Académie prennent place les officiers, les conseillers amateurs, la suite du protecteur. Les simples académiciens se rangent sur quatre bancs de huit pieds

---

1. *Proc.-verb.* du 30 avril 1707, t. IV, p. 44, Mansart avait donné l'exemple de la sévérité en refusant de sanctionner en 1701 et en 1703 l'attribution des prix à Nicolas Hordubois et à Antoine Pesne.
2. De plus de 500 ^{lt}. *Ibid.,* t. IV, p. 183.
3. *Ibid.,* t. IV, p. 226.
4. *Ibid.,* t. III, p. 96.

de long. Presque tous les votants apportent à la séance leur bulletin préparé : la rédaction leur a pris du temps ; ils sont tenus de commenter leur avis sur quatre points : « l'expression sur le sujet en général et chaque figure en particulier, la composition ou disposition du sujet, la perspective à l'égard du plan des figures et de la lumière, et le dessin et proportion de toutes les parties du sujet[1] ».

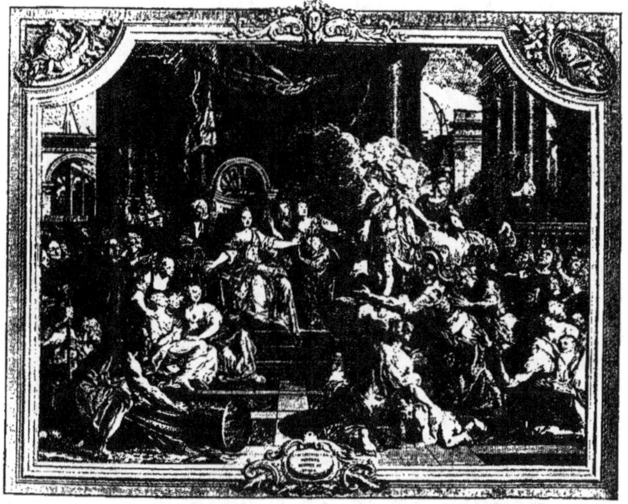

Gravé par S. Thomassin fils.

FIG. 3o. -- ANTOINE COYPEL. — DIDON APERCEVANT DANS LE TEMPLE ÉNÉE ET ACHATE.
(Décoration de la Grande Galerie du Palais-Royal.)

Le président de séance se lève, invite les assistants à juger en conscience et dépose lui-même ses trois billets dans les trois boîtes correspondant aux trois tableaux marqués A, B, C ; les recteurs, les professeurs, les conseillers, les académiciens donnent ensuite leur suffrage dans l'ordre de réception ; le secrétaire compte les bulletins et le président proclame les prix. Les modèles ouvrent alors les

1. *Manuscrits de l'École des Beaux-Arts*, n° 29. « Règlement qui est à observer...
sur l'examen et jugement des tableaux qui sont faits... »

portes de la salle et tous les étudiants qui se pressaient dans la pièce voisine sont admis à la séance. Le secrétaire appelle les lauréats, leur remet leur médaille, couronne parfois le premier de lauriers, et lit les critiques qui accompagnent les votes, pour le plus grand profit des jeunes gens qui viennent étudier les toiles exposées pendant les deux jours suivants[1].

L'obligation de commenter leur jugement est lourde pour la plupart des académiciens dénués de toute culture littéraire, mais c'est une mesure excellente ; elle contraint les votants à un sérieux effort de critique; aussi les titulaires des grands prix sont-ils le plus souvent bien choisis : c'est Henri de Favanne en 1693, Louis Galloche en 1695, Pierre Dulin en 1696 et 1697, P.-J. Cazes en 1699, Alexis-Simon Belle en 1700, Jean Raoux en 1704, François Le Moyne en 1711 et Natoire en 1721. Sans doute Watteau qui concourt en 1709 n'arrive que deuxième après un certain Antoine Grison. Mais les académiciens en corps pouvaient-ils comprendre Watteau en 1709, et Watteau pouvait-il réussir un concours ?

Statutairement le grand prix est nécessaire pour être admis à l'Académie de France à Rome ; mais cette condition n'est plus respectée à la fin du XVIIe siècle. Pour économiser les 150 ^{tt} de route[1], on nomme parfois des jeunes gens sans aucun titre, mais qui voyagent à leurs frais. Villacerf envoie Saint-Yves uniquement parce qu'il le protège. Encore Saint-Yves est-il peintre ; Mansart loge, nourrit et pensionne sur les fonds de la maison ses deux neveux dont l'un est prêtre, et dont l'autre, vague dessinateur et mauvais sujet, tue, dès son arrivée à Rome, un sbire dans un cabaret[2]. L'Académie est, à ce moment, complètement désorganisée.

La durée du séjour des pensionnaires est irrégulière et arbitrairement fixée : le sculpteur Lepautre reste seize ans en Italie de 1685 à 1701, Le Lorrain deux ans, d'autres un an à peine. Il n'y a pas un artiste au palais Capranica de tout l'été 1708 : Nattier, Villeneuve, Blanchard, les derniers protégés de Mansart, sont partis en avril; Edelinck, Bousseau, Besnier, Vernansal, Goupil, envoyés par d'Antin, n'arrivent qu'à l'automne. La plupart du temps, on supprime, par mesure d'économie, les maîtres indispensables aux jeunes gens. Dès 1690, La Teulière prend prétexte d'une peste qui éclate en ville pour congédier le chirurgien Bernardino Genga qui enseignait l'anatomie. Quant au professeur de perspective, il ne résiste pas à la crise

1. *Manuscrits de l'École des Beaux-Arts*, n° 29.
2. *Corresp. des direct.*, t. III, p. 159 et suiv.

de 1694[1]. Houasse obtient de Mansart son rétablissement en 1700[2], mais le surintendant lui impose le sieur Vitale, un pédant qui s'obstine à enseigner aux étudiants les éléments d'Euclide dont ils n'ont que faire; il faut le renvoyer dès 1702[3], et on ne le remplace pas. Poerson essaye d'un subterfuge en 1705 pour obtenir un nouveau maître : sur son conseil, les étudiants se cotisent, payent pendant quelques mois un professeur, et le directeur tente d'apitoyer le surintendant sur ces braves jeunes gens qui emploient leur maigre pension à d'aussi excellents usages; mais Mansart ne veut rien entendre. L'enseignement de la perspective n'est restauré qu'à l'arrivée du duc d'Antin aux affaires[4].

A certaines heures de la guerre de la succession d'Espagne, l'Académie n'est pas même en sûreté à Rome. Nous sommes « dans un terrible embarras, ayant les Allemans à nos portes », écrit Poerson, le 21 juin 1707[5]. Sur les conseils du cardinal de La Trémoille et de M. de Polignac, il déménage les œuvres d'art, confie la garde de la maison aux domestiques et se réfugie avec les pensionnaires chez M. de La Trémoille dont le palais est plus facile à défendre[6]. Comment trouver, dans ces conditions, la sérénité nécessaire au travail? En temps normal même le Pape et les cardinaux ferment souvent aux étudiants le Vatican et les palais, non seulement par animosité contre Louis XIV, mais aussi parce que les pensionnaires ne respectent pas les œuvres qu'ils copient : en 1702, par exemple, Cornical et Dulin peignent à Saint-Louis deux scènes de la *Vie de sainte Cécile* par le Dominiquin, et Cornical se conduit « indiscrètement » : « il a... lavé et effacé en plusieurs endroitz le tableau peint à fresque par le Dominiquin[7] ». Les directeurs réclament en vain des jeunes gens sobres, tranquilles, de bonnes mœurs : la plupart des étudiants sont turbulents, batailleurs, d'une moralité médiocre. A Paris, l'Académie est sans cesse obligée de leur faire « deffenses... de porter aucunes armes soit en venant à l'Académie ou allant par les rues[8] », et de leur appliquer des mesures disciplinaires rigoureuses[9].

1. *Corresp. des direct.*, t. II, p. 6, 11 et suiv.
2. *Ibid.*, t. III, p. 52-53.
3. *Ibid.*, t. III, p. 91-92.
4. *Ibid.*, t. III, p. 230.
5. *Ibid.*, t. III, p. 205.
6. *Ibid.*, t. III, p. 205-207.
7. *Ibid.*, t. III, p. 103.
8. *Proc.-verb.*, t. I, p. 284-285; t. II, p. 231, 363, etc.
9. *Ibid.*, t. III, p. 157, 199, 202, 206, 221, 375; t. IV, p. 69, 70, 76.

Il eût fallu, à la tête de l'Académie de France à Rome, des hommes d'une grande autorité et d'une haute compétence pédagogique à la fois. Mais le poste est donné le plus souvent, comme les charges de cour, à la faveur. Les hommes qui l'occupent de 1690 à 1721 ne sont pas absolument sans valeur, mais aucun ne réunit toutes les qualités nécessaires à l'accomplissement de sa lourde tâche. La Teulière (1683-1699), assez bon pédagogue, manque d'autorité; R.-A. Houasse (1699-1704), Poerson (1704-1724) sont de médiocres éducateurs.

Les contemporains ont été sévères pour La Teulière[1] : ils lui ont gardé rancune d'être une créature de Louvois et d'occuper la place d'un peintre. Poerson l'accuse, à tort du reste, d'avoir été le mauvais génie de l'Académie : « Tout son Grec et son Latin, — dit-il, — ne put donner aux jeunes Élèves aucunes estimes pour ses prétendues connoissances dans nos arts... Ce choix fut cause du dérangement de l'Académie. Les Pensionnaires ne firent point de progrès sous un tel homme[2] ». La Teulière eut, il est vrai, de grands défauts. On n'imagine pas plus plat, plus maladroit courtisan. Vieux garçon, il est maniaque, insupportable à son entourage, et souvent à ses pensionnaires[3]. Bavard intarissable, il écrit chaque semaine des lettres interminables à Villacerf. Celui-ci, qui l'aime cependant, lui répond : « Vous vous fatiguez terriblement par les grandes lettres que vous m'écrivez et par vos grands raisonnemens sur des choses inutiles[4] » ; mais le pauvre homme ne comprend pas. De plus, sa nullité administrative est absolue : il manque d'initiative, perd la tête au moindre incident, se trompe régulièrement chaque fois qu'il envoie un compte à Paris. Par contre, il est admirablement dévoué à l'Aca-

1. En dehors de son directorat on sait assez peu de choses sur La Teulière. Une lettre de sa correspondance indique qu'avant d'être le client de Louvois il avait été celui des La Rochefoucauld et des La Roche-Guyon. Montaiglon, dans une note des *Archives de l'Art français*, t. V, p. 84, dit qu'à son sujet on a pensé au comédien Jean de La Thuillerie, mort le 13 février 1688 (le nom de La Teulière s'orthographiait souvent ainsi), mais qu'il y aurait plutôt lieu de songer à Gaspar Coignet de La Thuillerie, ambassadeur de France à La Haye, qui fit signer en 1645 le traité de Broinsebro et qui pourrait bien être son père. — C'est possible, mais il est étrange de trouver un fils d'ambassadeur chez l'humilité de La Teulière et il est singulier que le père n'ait pas obtenu un poste de cour pour son fils.

2. *Corresp. des direct.*, t. III, p. 219-220. Lettre du 21 juillet 1708.

3. La Teulière passe une bonne partie de son temps à se disputer avec les pensionnaires. Ses querelles avec le sculpteur Théodon et le peintre Bedault, entre autres, sont mémorables.

4. *Corresp. des direct.*, t. II, p. 32.

démie et s'efforce d'y conduire les études avec intelligence et
méthode. Il suit attentivement les progrès des pensionnaires ; pas
de courrier où il n'en écrive au surintendant. Les peintres travail-
lent-ils au Vatican ou dans les palais? Il désigne lui-même les
tableaux à reproduire, indique la dimension des copies et le temps
normal qu'il faut consacrer à chaque travail. « Je croy, écrit-il le
28 août 1691, que l'on pourroit... occuper (les pensionnaires) plus
utilement en les faisant dessiner en arrivant des parties séparées les

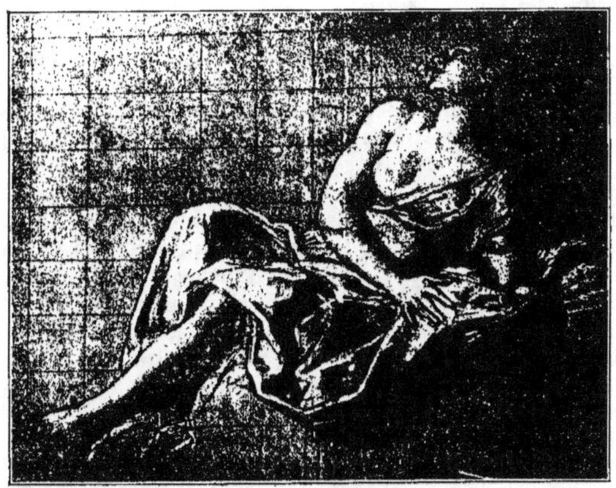

FIG. 31. — ANTOINE COYPEL. — ÉTUDE POUR CÉRÈS DANS « L'OLYMPE » DE LA GRANDE
GALERIE DU PALAIS-ROYAL.

(Musée du Louvre.)

plus difficiles des belles figures et des groupes choisis[1]. » Il insiste
souvent sur la nécessité d'étudier avant tout les « parties séparées ».
« J'ay remarqué..., dit-il par exemple le 18 novembre 1698, que le
défaut de la pluspart des peintres vient de ce qu'ils ne sçavent pas
bien dessiner non seulement une teste, une main, un pied, mais un
œil, même une bouche, un nez ou une oreille... Ce défaut ne vient
que d'avoir négligé cette estude dans sa jeunesse..., et le malheur
est que lorsqu'on ne sait pas dessiner correctement à un certain aage,

1. *Corresp. des direct.*, t. I, p. 212.

il est très rare qu'on acquiere cette partie dans un aage plus avancé[1]. »
L'École académique, on s'en souvient, se préoccupe seulement
d'apprendre à dessiner les ensembles ; la critique de La Teulière
met en lumière un des plus graves défauts de la pédagogie officielle.

Seul de son temps, peut-être, La Teulière comprend que l'art
grec représente la culture antique la plus parfaite et que les œuvres
helléniques seraient beaucoup plus fécondes en enseignements que
les œuvres romaines. « Je ne sçay, Monsieur, écrit-il à Villacerf,
si vous trouverez bon que je vous dise une pensée que j'ay eue,
et c'est que je ne voy pas pourquoy l'on a négligé de faire dessiner
les restes des plus beaux édifices qui sont répandus dans les villes
du Levant, à Athènes, par exemple, et dans les autres lieux fameux
par ces sortes de monuments. Comme il y a un consul français à
Athènes, on y auroit plus de commodités qu'ailleurs. Les beaux-arts
étant venus de la Grèce en Italie, on verroit les choses dans leur
origine tant pour l'architecture que pour la sculpture dont il y a de
beaux restes, à ce que l'on dit, dans les bas-reliefs particulièrement,
qu'il ne seroit pas difficile de faire mouler, y ayant du plastre partout.
Je m'étonne que personne ne s'en soit encore avisé[2]. » Le principe
était excellent, mais sa mise en pratique n'eût pas été si facile que le
croit La Teulière : les Turcs ne permettaient pas de dessiner en
Grèce ; ils tenaient les artistes pour des espions. Les rares amateurs qui collectionnaient les sculptures grecques au XVIIe siècle
étaient contraints de les faire enlever par surprise[3].

Houasse, qui succède à La Teulière en 1699, demande la direction
de l'Académie uniquement parce qu'il désire passer quelque temps
à Rome. Il entend du reste ne faire qu'un séjour assez bref en Italie.
Dès la mort de Blanchard, secrétaire de l'Académie de Paris (le
29 février 1704), Coustou prie Mansart de réserver à son beau-père[4]
le poste avec le logement du défunt, et il avoue naïvement : « Il avoit
espéré... qu'il n'y seroit (à Rome) que trois ou quatre ans au plus ;
cependant voilà la cinquième qui sera accomplie dans peu[5]. »
Houasse a laissé, dans sa correspondance, de curieux tableaux de la
vie romaine : l'ouverture de la porte sainte à Saint-Pierre par le
cardinal de Bouillon le 17 janvier 1700, la fastueuse audience du

---

1. *Corresp. des direct.*, t. II, p. 432.
2. *Ibid.*, t. III, p. 253-254.
3. De Laborde, *Athènes aux XVe XVIe et XVIIe siècles, passim.*
4. Nicolas Coustou avait épousé la fille de Houasse.
5. *Corresp. des direct.*, t. III, p. 113-114.

pape à Monte-Cavallo, la mort d'Innocent XII, l'assemblée du
Conclave, l'élection de Clément XI, le consistoire où sont promus
les cardinaux. C'est un excellent historiographe de la cour ponti-
ficale, mais un déplorable directeur : il ne s'intéresse pas à ses
étudiants; à peine leur accorde-t-il une ligne, de loin en loin, dans
ses lettres : « Les pensionnaires travaillent avec ardeur et progrès ».
Quand Mansart, par extraordinaire, lui demande quelques détails
plus précis, il doit avouer qu'on ne fait pas grand'chose à l'Académie.
En 1702, les peintres Saint-Yves, Cornical, Dulin achèvent à peine

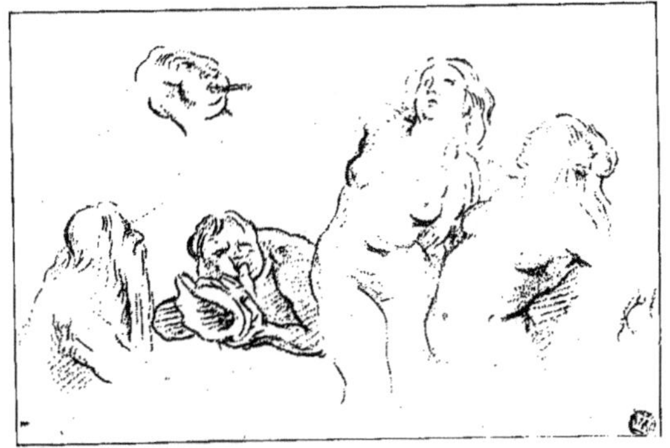

FIG. 32. — ANTOINE COYPEL. — CROQUIS DE FIGURES, D'APRÈS DES TABLEAUX DE LA GALERIE
DE MÉDICIS PAR RUBENS.
(Musée du Louvre. Dessins.)

les copies de l'*Incendie du Bourg*, du *Parnasse*, de l'*Attila* commencées depuis plus d'un an, et il essaye de les excuser. « Ils ont employé
beaucoup de temps à copier ces tableaux, attendu l'obscurité des lieux
où ils sont et le mauvais état auquel le temps les a mis, les fresques
étant presqu'effacées[1]. » Voilà les Stances responsables de l'inertie
du directeur et de la paresse des étudiants! Houasse ne prend guère
qu'une initiative pédagogique intéressante pendant son directorat : il
crée à l'Académie une petite bibliothèque à l'usage des pensionnaires; il achète la *Bible*, l'*Histoire romaine*, les *Métamorphoses*
d'Ovide, l'*Iliade*, le *Dictionnaire* de Moreri, la *Mythologie* de César

1. *Corresp. des direct.*, Lettre du 12 septembre 1702, t. III, p. 89.

Ripa, l'*Architecture* de Vitruve, quelques traités de géométrie et de perspective [1] : les livres strictement indispensables, en 1700, à l'instruction et au travail des peintres.

Nommé à l'Académie par le roi en 1704, Poerson n'oublie pas que Mansart a fait badigeonner ses fresques des Invalides; jaloux de peupler l'administration de ses créatures, le surintendant enrage de ne pas disposer du poste de Rome : aussi les relations des deux hommes, empreintes d'une affectation de respect d'une part et de politesse de l'autre, sont en réalité très tendues. Mansart ne témoigne peut-être tant d'indifférence hostile à l'Académie de 1704 à 1708 que pour contraindre Poerson à démissionner. Celui-ci se décourage enfin en 1707 et demande à revenir, mais il conseille en même temps la suppression de l'Académie qui, dit-il, ne rend plus aucun service. Ni les peintres, ni les sculpteurs, ni les architectes n'apprennent rien à Rome : « A l'esgard de la Peinture, les lieux où sont les belles choses qui ont aquis tant de réputation à cette Ville sont quazi touttes ruinées et de plus fermés aux étudiants, de manière qu'il y a peu de fruit à en espérer et beaucoup à craindre de l'oisiveté que les jeunes gens contractent aisément en ce païs [2] ». Mais Mansart meurt et Poerson reprend courage [3]. De 1708 à 1724 il travaille à relever la maison qu'il avait voulu détruire. Il ne s'intéresse pas beaucoup plus aux pensionnaires que son prédécesseur : à peine parle-t-il hâtivement de leur travail entre un écho sur le cardinal Albano et une nouvelle sur les troupes allemandes; mais il est ambitieux et adroit. Philiberte de Chaillon

---

1. *Corresp. des direct.*, Lettre du 15 décembre 1699, t. III, p. 26. De Piles, dans une des *Remarques sur l'Art de peinture* de Dufresnoy (édition de 1767, p. 131 et suiv.), nous donne une autre liste plus complète des ouvrages nécessaires aux peintres. Il est intéressant de la reproduire ici : *La Bible;* — Josèphe, *Histoire des Juifs;* — Coeffeteau, *Histoire romaine ;* — Tite-Live (traduction de Vigenere); — Homère; — *L'histoire ecclésiastique* de Godeau ou l'*Abrégé* de Baronius; — *Les Métamorphoses* d'Ovide, traduites par du Rier; — *Les Tableaux* de Philostrate; — Plutarque, *Hommes illustres;* — Pausanias ; — Du Choul, *La religion des anciens Romains;* — *La colonne Trajane avec les Discours qui en expliquent les figures;* — *Les livres de médailles;* — *Les bas-reliefs de Perrier et autres avec leurs explications;* — *L'art poétique* d'Horace ; — certains romans, quoique la mythologie y soit souvent travestie; — *La Mythologie des Dieux;* — *Les images des Dieux;* — *L'Iconologie;* — *Les Fables* d'Hyginius; — *La perspective pratique;* — *Le traité de peinture* du Vinci. — Les ouvrages sur les beaux-arts de Lomazzo, de J.-B. Armenini, de Franç. Junius, de Chambray, de Félibien.

2. *Corresp. des direct.*, Lettre du 23 juillet 1707, t. III, p. 208-209.

3. « Il a paru à M. Poerson qu'il revenoit à la vie quand il a senti les premiers effets de votre attention », écrit le 18 juillet 1708 l'abbé de Polignac à d'Antin. (*Corresp. des direct.*, t. III, p. 224.)

Moyé, sa femme, est une maîtresse de maison accomplie[1]; il reçoit lui-même avec beaucoup de grâce la noblesse romaine et la colonie française. A défaut de prospérité réelle il donne à l'Académie un éclat apparent qu'elle gardera jusqu'à la Révolution. Sans retrouver la valeur pédagogique de ses débuts, elle conservera au moins une dignité qu'elle avait perdue au temps de La Teulière et de Houasse.

L'Académie de peinture et de sculpture ne possède, malgré les apparences, aucun pouvoir effectif, ne jouit même d'aucune autorité morale hors Paris[2]. Tous les artistes des provinces échappent à sa tutelle. Ces indépendants menacent l'édifice élevé par Colbert, et celui-ci pense conjurer le péril qu'ils font courir à son œuvre en créant, dans les grandes villes du royaume[3], des écoles acadé-

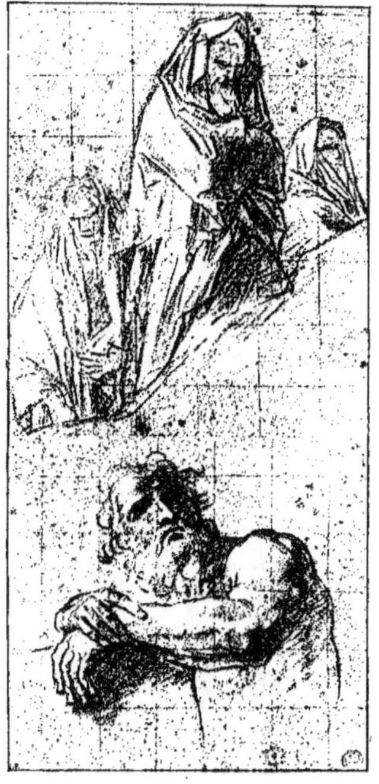

1. Après la mort de Poerson, elle reçoit une pension du roi, et, aveugle, obtient l'autorisation de demeurer jusqu'à sa mort dans l'Académie où elle a vécu.

2. Bernard du Puy du Grez, dans son *Traité sur la peinture*, Toulouse, 1699, est à peine renseigné sur le caractère de l'Académie, son fonctionnement, ses rapports avec l'académie de France à Rome et l'académie romaine de Saint-Luc qu'il confond (p. 25).

3. Voici quelles sont les principales prescriptions des statuts de 1676 relatifs aux académies de province. Ces institutions ont pour but unique d'enseigner les beaux-arts. Elles sont placées sous la direction et l'administration des officiers de l'Académie de Paris. Le protecteur de chaque académie a le droit de choisir lui-même le vice-protecteur, mais l'Académie de Paris nomme elle-même les gouverneurs de chaque école. Ces gouverneurs doivent se conformer aux principes et aux manières d'enseigner de l'Académie de Paris et soumettre, quatre fois par an, à la Compagnie les travaux de leurs élèves.

miques soumises à la Compagnie de Paris (1676). Thomas Blanchet essaye d'ouvrir un premier établissement à Lyon, dès 1676[1], avec le concours de Coysevox[2], mais il ne réussit pas. Jean Hellart, l'ami de La Fontaine, et le sculpteur Isaac de La Croix ne sont pas plus heureux à Reims en 1677[3]. Antoine Le Blond de La Tour, enfin, peintre municipal de Bordeaux, dont l'histoire est encore mystérieuse et l'œuvre inconnue[4], fait à son tour une tentative : il fonde une école qui vit une trentaine d'années, mais dont l'existence lamentable suffit à condamner le principe des académies provinciales[5].

C'est le 24 avril 1688 que les *Procès-verbaux* s'occupent pour la première fois de la tentative de Le Blond ; les Bordelais ayant demandé à l'Académie des lettres patentes, celle-ci décide, ce jour-là, de leur soumettre plusieurs projets avant d'arrêter un texte définitif[6]. Au lieu d'encourager Le Blond, les Parisiens apportent aux pourparlers une lenteur et une mauvaise volonté évidentes. Ce n'est que le 3 juin 1690, après plusieurs réclamations[7], qu'ils expédient enfin en Guyenne copie des lettres autorisant l'ouverture de l'école[8]. Quant aux artistes bordelais, ils ne profitent pas immédiatement du privilège qu'ils ont sollicité avec insistance : d'abord ils ne sont pas en nombre ; ensuite, ils ne trouvent pas de local où s'établir. L'archevêque de Bordeaux accepte alors d'être leur protecteur et leur donne provisoirement asile au palais archiépiscopal. Enfin, le 13 août 1691, la jurade reconnaît officiellement leur association et lui accorde une salle au collège de

---

1. C'est Blanchet qui avait été l'instigateur des lettres patentes.

2. Voy. *Journal des arts, des sciences et de littérature*, 10 nivôse an 10, p. 34-35 ; d'Argenville, *Abrégé de la Vie des peintres*, 1762, t. IV, p. 118-124 ; Mariette, *Abecedario*, t. I, p. 134 ; *Proc.-verb.*, t. II, p. 79, 83, 98, 100.

3. Voy. *Proc.-verb.*, t. II, p. 100, 103, 108.

4. On connaît de lui une plaquette : « *Lettre du sieur Le Blond de La Tour à un de ses amis, contenant quelques instructions touchant la peinture, dédiée à M. de Boisgarnier R. D. L. C. D. F. à Bordeaux, Pierre du Coq, imprimeur et libraire de l'Université* » et quelques tableaux. Voy. Ch. Bracquehaye : *Les peintres de l'Hôtel de Ville de Bordeaux ; Antoine Le Blond de La Tour* (Réun. des Soc. des Beaux-Arts des dép., 1898, p. 902.)

5. Sur toute l'histoire de l'Académie de Bordeaux, Voy. Delpit, *Établissement de l'Académie de peinture et de sculpture de Bordeaux* (Revue universelle des Arts. t. X, p. 49 et 89) et Ch. Bracquehaye : *Les peintres de l'Hôtel de Ville de Bordeaux ; Antoine Le Blond de La Tour*. (Réun. des Soc. des Beaux-Arts des dép., 1898, p. 902.)

6. *Proc.-verb.*, t. II, p. 374.

7. *Ibid.*, t. III, p. 2 et 38.

8. *Ibid.*, t. III, p. 40. Ces lettres existent encore à Bordeaux. Le texte en a été publié par Delpit, *op. cit.*, p. 54.

Guyenne. Le 16 décembre une messe solennelle, à laquelle assistent les jurats « revestus de leur robe rouge, précédés du chevalier du guet et de ses archers, du héraut massié, trompettes et huissiers et autres officiers accoutumés », inaugure les leçons qui commencent le lendemain.

Mais avant même d'exister l'école est en conflit avec l'Académie de Paris. Dans une lettre à la Compagnie du 28 juin 1691, elle s'intitule « Académie royale de peinture et de sculpture », et Le Blond de La Tour se pare du titre d' « académicien de l'Académie royale[1] ».

Le secrétaire est aussitôt chargé de rappeler à l'audacieuse qu'elle n'est qu'une vassale aux termes des lettres patentes de 1676, et de demander ses titres à Le Blond. Celui-ci excuse ses confrères et s'excuse lui-même[2], mais cette humilité n'est qu'apparente. En 1692, quand M. d'Estrehan, délégué de l'archevêque de Bordeaux à Paris, vient chercher à l'Académie les lettres patentes de 1690, on lui rap-

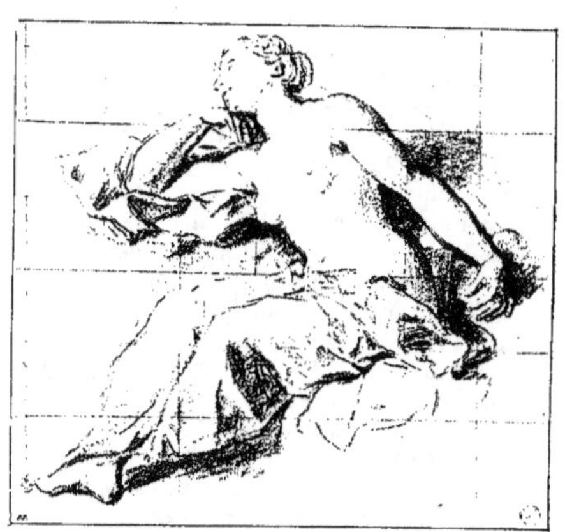

pelle qu'elles n'autorisent qu'une école : « C'est ainsy, écrit-il à l'archevêque, qu'ils (les académiciens) prétendent que l'Académie de Bourdeaux se doit qualifier envers celle de Paris... C'est un degré de subordination dont ceux-cy paraissent fort jaloux, surtout les anciens Barbons qui veulent faire valoir le droit de supériorité sur les filiations subalternes des provinces. » Il ajoute : « Pour guérir cette délicatesse qui touche le cœur des gros maîtres, il faudrait se

1. *Proc.-verb.*, t. III, p. 63-64.
2. *Ibid.*, t. III, p. 65-66.

servir du terme nominal d'école académique quand on leur écrit, et laisser vulgariser le nom d'Académie à Bourdeaux et partout ailleurs, comme je l'ay conseillé sur les lieux[1]. »

Les Bordelais seraient forts pour résister aux Parisiens s'ils n'étaient contraints, dès le début, de solliciter leur protection et de reconnaître par cela même leur autorité. En 1692 les traitants réclament à la jeune école les taxes dont l'exemptent les lettres patentes de 1676. Celle-ci vit déjà très difficilement : les étudiants payent mal ; les nouveaux académiciens s'acquittent péniblement d'un présent pécuniaire de 30[++2] : la charge des taxes suffirait à l'achever. Le danger est si pressant que Le Blond invoque en toute hâte le secours de l'Académie de Paris ; mais la Compagnie hésite d'abord à intervenir : protéger une école en Guyenne, c'est peut-être établir définitivement son autorité dans les provinces où elle fait à peine respecter les privilèges de ses propres membres ; mais n'est-ce pas en même temps donner de la force à un groupement dont la fidélité n'est pas assurée ? Elle se décide cependant à prendre parti, mais de mauvaise grâce : après avoir déclaré que l'École de Bordeaux jouit de ses propres privilèges[3], elle lui délivre, en 1704 seulement, un certificat attestant que les écoles provinciales sont dispensées des taxes[4]. Eût-elle témoigné plus de sollicitude et d'activité, d'ailleurs, qu'elle n'eût pas sauvé les Bordelais. La Guyenne est trop loin, le fisc trop puissant, les traitants sont trop avides. Ils s'acharnent après la malheureuse école, et celle-ci, lasse en 1709 de s'adresser en vain à l'Académie, implore Lamoignon, comte de Launay-Courson, intendant de Guyenne[5]. On a longtemps cru qu'elle avait succombé vers ce temps[6] ; mais elle existe encore en 1726. A cette date elle demande de nouveau la protection de l'Académie et le secrétaire lui expédie copie d'un arrêt du Conseil des finances de 1706[7]. En 1727 enfin, elle implore une dernière fois la Compagnie, qui ne daigne plus répondre. Elle achève alors de mourir dans le silence et dans l'oubli.

Après les tentatives de Lyon, de Reims et de Bordeaux, l'Académie est fixée sur la valeur des écoles, sur leurs ressources et sur leur

1. Delpit, *op. cit.*, p. 101.
2. *Ibid.*, p. 89-90.
3. *Proc.-verb.*, *passim*.
4. *Ibid.*, t. III, p. 382.
5. Delpit, *op. cit.*, p. 95.
6. *Ibid.*, p. 95-96.
7. *Proc.-verb.*, t. V, p. 8 et 12.

fidélité : elle n'en autorise plus[1]. Le procès-verbal de la séance
du 25 avril 1705 enregistre encore une demande du peintre M.-J.
Serre « estant à Marseille qui prie la Compagnie de faire l'establis-
sement d'une école académique, conformément aux privilèges de
l'Académie ». On lui écrit évasivement : « qu'il a esté résolu que
l'on communiquerait sa demande à Monsieur Mansard avant que
de lui faire réponse[2] », et plus jamais il n'en est question. On note
bien quelques autres essais d'écoles provinciales vers la fin du
XVII° siècle, mais ils sont indépendants de l'Académie de Paris. Jean
de Troy, après avoir tenté vainement comme son père d'ouvrir un
atelier à Toulouse[3], s'établit à Montpellier où il réussit enfin en
1679. Les États de la province encouragent son initiative : « Per-
suadés que rien n'est plus capable d'exciter la jeunesse à cultiver
les arts que de traiter avec distinction ceux qui s'y distinguent[4] »,
ils lui accordent une subvention de 300[lt]. Arnould de Vuez, académicien de Paris résidant à Lille, obtient de la municipalité, en
1692, une exemption d'impôt sur la boisson à condition « de tenir
académie une fois par semaine pour tous ceux dont la curiosité
et l'inclination les porteront à s'y rendre pour être enseignés[5] ». Il
ne demande aucune autorisation à Paris; d'ailleurs, ses confrères
ne peuvent prendre ombrage de son initiative ; il enseigne une
seule fois par semaine et la pruderie lilloise lui interdit le modèle
nu : cinquante ans plus tard, Louis-Joseph Watteau, professeur à
l'académie de Lille, sera révoqué pour avoir posé dans l'école un
homme déshabillé[6].

1. La preuve qu'il n'y avait plus d'autre académie provinciale que celle de
Bordeaux en 1704, c'est cet arrêt de Mansart dont je trouve le texte à la Bibliothèque Nationale dans les papiers de Robert de Cotte (*Ms. fr.* 9447, p. 229) et où
on lit : « Les officiers de l'École académique de Bourdeaux, *qui est la seule qui
soit existente*, doivent participer aux mêmes privilèges d'exemption d'impôt que
l'Académie de Paris ». Cet arrêt est du 1er septembre 1704.
2. *Proc.-verb.*, t. IV, p. 6 et 7.
3. A Toulouse on ne comprend guère l'utilité d'une école qu'en 1699, au moment
où Bernard du Puy du Grez, dans son *Traité sur la peinture*, donne le plan d'une
bonne école de province. Ce n'est qu'en 1726 qu'Antoine Rivalz obtient des capitouls l'autorisation d'ouvrir un atelier. Selon la *Biographie toulousaine*, publiée
en 1823, Hilaire Pader et Jean de Troy échouèrent dans le projet d'établir une
école à Toulouse, parce que les capitouls ne voulaient pas admettre le modèle nu.
Selon Du Puy du Grez, au contraire, leur effort avorta parce qu'au lieu de s'entendre,
ils se firent concurrence. (*Traité sur la peinture*, p. 116.)
4. *Histoire générale du Languedoc par les Bénédictins*, t. X, p. 198. Voy. aussi,
Arch. de l'Art franç., t. IV, p. 81 et suiv., une bibliographie relative à la tentative
de Troy.
5. Reynart, *Catalogue du musée de Lille*, 1872, p. 156.
6. *Ibid.*, p. 167.

Toutes ces tentatives sont isolées et, à peu d'exceptions près, réussissent mal : en somme, presque tous les peintres de province font encore leur apprentissage dans leurs familles ou dans les maîtrises.

D'autres peintres encore échappent au joug que l'Académie prétend imposer aux jeunes artistes. A Paris même la Compagnie ne jouit pas du monopole de l'enseignement auquel elle prétend, et son

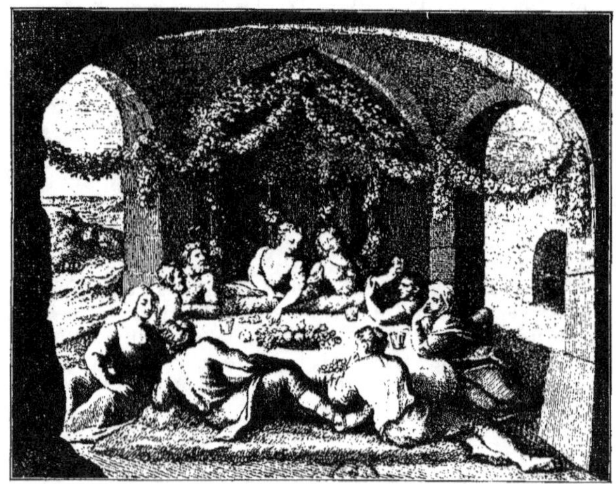

Gravé par B. Audran.

FIG. 35. — PHILIPPE D'ORLÉANS, RÉGENT. — LES NOCES DE DAPHNIS ET DE CHLOÉ.

autorité est amoindrie au début du XVIII° siècle. Obsédée par les préoccupations financières, elle ne donne plus ses leçons avec la sérénité hautaine d'autrefois. Mais une grande prospérité pécuniaire même n'eût pas suffi à restaurer son pouvoir : l'école française est trop jeune, trop vigoureuse pour accepter l'intolérable rigueur de sa pédagogie. C'est en vain que Le Brun, dans son immense orgueil, a rêvé d'imposer un dogme à nos peintres : il a compté sans la vie. A peine un parti à la cour aime-t-il la galanterie et demande-t-il de jolis nus, des scènes de boudoirs équivoques ou des anecdotes agréables, qu'il trouve, pour le satisfaire, cent artistes élevés cependant selon

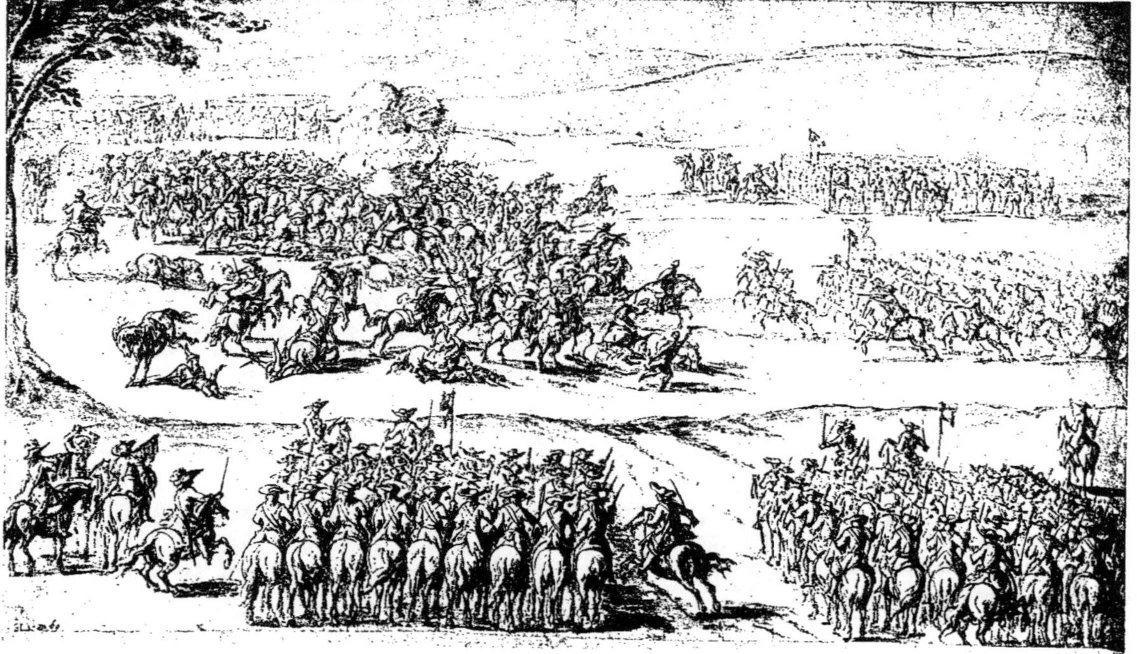

Une bataille

Dessin par Jean-Baptiste Martin l'Aîné

(Musée du Louvre)

les traditions les plus sévères. Les professeurs de l'Académie eux-mêmes se révoltent contre l'enseignement officiel : de La Fosse disait « qu'il était dangereux de vouloir trop approfondir son art et de donner trop de temps à la théorie; il ajoutait que le peintre a besoin d'un exercice assidu et que l'opération de la tête doit être soutenue de la souplesse de la main pour suivre l'enthousiasme dont les fautes mêmes sont souvent préférables à des choses plus correctes mais faites avec peine[1] ». Encore de La Fosse — élevé lui-même à l'École — n'est-il pas affranchi de tous préjugés. Les professeurs instruits dans les maîtrises de province, où la lente pénétration des artistes flamands a préparé depuis longtemps le triomphe de Rubens, introduisent des éléments révolutionnaires dans la pédagogie académique.

L'organisation de l'École n'est d'ailleurs pas aussi parfaite que Le Brun l'a cru. L'enseignement théorique est morcelé, les conférences se suivent sans ordre. A l'atelier, les professeurs changent chaque mois; ils ne connaissent pas leurs élèves et leurs leçons sont forcément impersonnelles. Les étudiants ne trouvent la féconde intimité du travail que chez les maîtres dédaigneusement chargés par la Compagnie de donner les premiers principes. Les règlements qui limitent le rôle de ces professeurs sont lettres mortes : disciples de Rubens, ils transmettent leur enthousiasme à leurs élèves et contrarient l'enseignement qu'ils sont chargés de préparer.

Le plus grand mérite de la pédagogie officielle est de développer l'instruction technique moyenne des artistes. Le nombre des peintres très médiocres est sensiblement moins important en 1700 qu'en 1648. Le profit, malheureusement, est négatif; encore ne l'obtient-on qu'au prix d'un labeur tel qu'il interdit tout autre effort et que l'instruction générale, même élémentaire, des artistes est très négligée. Presque tous les étudiants sont illettrés : Carle Van Loo, entre autres, ne sait jamais lire : « Je vous prie de me faire savoir si Oppenordt... écrit bien et sçait bien l'orthographe, écrit en 1695 Villacerf à La Teulière, parce qu'ordinairement les gens de son métier écrivent mal[2] ». Les sculpteurs ne sont pas plus savants : « Les sculpteurs, écrit La Chapelle en 1693, qui d'ordinaire n'ont qu'une médiocre connaissance des lettres, de l'histoire et de la fable, y ont commis beaucoup d'erreurs[3] ».

---

1. D'Argenville, *Abrégé de la Vie des peintres*, 1762, t. IV, p. 192.
2. *Corresp. des direct.* Lettre du 6 novembre 1695, t. II, p. 170.
3. *Lettre de La Chapelle du 10 avril 1693* (*Arch. Nat.*, O¹ 1907²). Les artistes lettrés sont presque des exceptions. Plusieurs appartiennent à des familles où

Antoine Coypel est un des rares contemporains à déplorer cette ignorance : « De combien de connoissances diverses, dit-il, l'esprit du Peintre parfait ne doit-il pas être orné ». Il faut à l'artiste une « grande teinture des humanitez », une connaissance assez approfondie de la rhétorique, de la poésie, de l'histoire sacrée, profane et fabuleuse, de la géographie, de la physique, de la morale, de la philosophie, de la physionomie, de la composition musicale, de la déclamation, de l'histoire des ballets : « L'on ne finiroit point si l'on vouloit détailler toutes les connoissances nécessaires à la Peinture[1] ». Coypel exagère sans doute. Mais faute d'une instruction solide les artistes sont réduits à ressasser perpétuellement les mêmes sujets, à suivre dans le choix des costumes et des accessoires un code invariable. Leur ignorance contribuera pour une grande part à la décadence de la peinture d'histoire.

la littérature est en honneur : F. Marot par exemple descend de Clément Marot; Ch. de La Fosse est neveu de l'auteur dramatique La Fosse. D'autres, destinés par leurs familles à des carrières libérales ou administratives, font dans leur jeunesse de fortes études classiques : Jean-Pierre Rivalz prend ses grades à Toulouse pour devenir avocat. Louis Galloche est le premier de sa classe au collège Louis-le-Grand; il reçoit la tonsure à treize ans, se défroque aussitôt, continue ses études jusqu'à la philosophie et entre chez un notaire qu'il abandonne pour être peintre (*Mém. inéd.*, t. II, p. 289-290). Quelques-uns aspirent même à des succès littéraires. Élisabeth-Sophie Chéron met en vers des psaumes et des cantiques (Paris, Brunet, 1694), elle écrit un poème héroïque en trois chants : les *Cerises renversées* (1717), la traduction d'une *Description de Trianon* en vers latins (1698, in-8°). Claude-Franç. Desportes fait jouer au Théâtre-Italien, en 1721, une *Veuve Coquette* (voy. *Nouv. Arch. de l'Art franç.*, 1882, p. 123) et François Autereau donne ses premières pièces : *Le Port à l'Anglais* et *l'Amante romanesque* en 1718 (*Œuvres complètes d'Autereau*, 4 vol., 1749). Ant. Coypel, le peintre le plus intelligemment cultivé de son temps, publie son *Épitre* en vers et ses *Discours* en 1721... Les ouvrages littéraires de son fils, Charles-Antoine, sont nombreux. La première comédie de Charles-Antoine, *Les Folies de Cardenio*, est jouée en 1718 au Théâtre-Italien. C'est la seule pièce de lui qui ait été imprimée (Paris, 1721, in-4, chez Ballard). Les autres, vingt-deux canevas de pièces italiennes, appartenaient à M. de La Vallière et furent sans doute achetés à sa vente pour le roi. Ils sont probablement conservés aux manuscrits de la Bibliothèque Nationale, mais où exactement? Sur Ch.-Ant. Coypel, auteur dramatique, voy. *Arch. de l'Art franç.*, 2ᵉ série, t. II, p. 84. Note de Montaiglon.

1. *Discours...*, 1721, in-4°, p. 62-63.

CHAPITRE VIII

LA SITUATION SOCIALE ET LES RESSOURCES DES PEINTRES

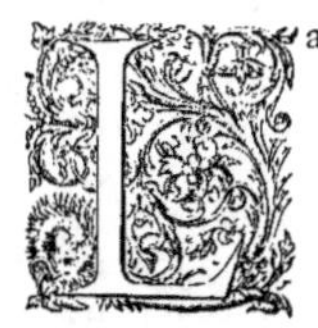a situation sociale des peintres et leur fortune sont aussi diverses que leur origine et leur tempérament. Quelques artistes sont riches. Mignard, dans ses dernières années, vit sur le pied d'un grand seigneur : il a quatre domestiques, un valet de chambre, un cocher domestique, une cuisinière, un grand et un petit carrosse, deux chevaux, des tapisseries, 186 marcs, 7 onces, 5 gros de vaisselle d'argent[1]. L'inventaire des tableaux de Claudine Bouzonnet Stella, dressé par elle-même, s'élève à 71,986[lt], et l'artiste ne compte pas les legs, n'estime ni les meubles, ni l'argenterie, ni les bijoux, ni les estampes, ni les livres qu'elle possède[2]. Largillière habite rue Geoffroy-Langevin, dans le quartier des collectionneurs, une somptueuse maison tapissée d'œuvres d'art[3]. En 1703, au contrat établi lors d'un projet de mariage qui d'ailleurs n'aboutit pas, Rigaud déclare 8,670[lt] de tableaux anciens,

---

1. *Nouv. Arch. de l'Art. franç.*, 1874-75, p. 51. *Inventaire des biens de Mignard dressé après sa mort.*
2. *Ibid.*, année 1877, p. 1 et suiv.
3. Brice, *Description de Paris*, 1752, t. II, p. 70.

2,730[fr] de copies, 4,100[fr] de portraits exécutés par lui-même, 2,000[fr]
de travaux commencés dont le placement est assuré et 59,000[fr] de
meubles, de propriétés à la campagne, près de M culan, de billets
ou de dettes à recouvrer[1]. En 1720 il a des rentes sur la Ville puisqu'elles sont compromises dans la banqueroute de Law.

Presque tous ceux qui vivent dans l'aisance ont été obli-

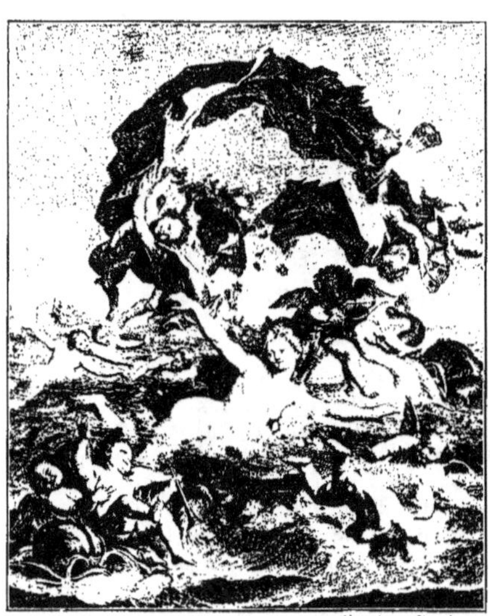

FIG. 36. — ANTOINE COYPEL. — VÉNUS SUR LES EAUX.

gés d'amasser eux-
mêmes leur fortune
depuis le premier
sou. Ils tiennent ra-
rement de leurs pa-
rents des ressources
assurées, — les pe-
tites fortunes labo-
rieusement acquises
se dispersent pres-
que toujours entre
des enfants trop
nombreux —, et le
mariage ne les enri-
chit pas souvent. An-
toine Coypel, à qui
Jeanne Bidault ap-
porte une grosse dot,
est une exception[2].
La bourgeoisie riche
répugne encore aux
alliances avec des
artistes : Jean-Fran-
çois de Troy n'ob-
tient Mlle Trouit-
Deslandes, nièce
d'un échevin, d'une vieille famille bourgeoise, qu'après avoir vaincu
la résistance obstinée de la famille[3]. La plupart des peintres qui ne
se marient pas à une sœur ou à une fille d'artiste prennent femme
dans la moyenne ou dans la petite bourgeoisie. Jouvenet épouse

1. *Nouv. Arch. de l'Art franç.*, 1891, p. 50 et suiv.
2. La première fiancée de Rigaud, Mlle Châtillon, possède une fortune à peu
près égale à la sienne, mais la veuve à laquelle il s'unit plus tard est pauvre. Voy.
Nouv. Arch. de l'Art franç., 1878, p. 50 et suiv.
3. *Mém. inéd.*, t. II, p. 262.

Marie Baronneau, la fille d'un horloger de Marie-Thérèse. La
femme de François Tavernier, secrétaire de l'Académie, est fille d'un
chirurgien juré, François Doly; celle de Louis Galloche, Louise-
Catherine Maillard, d'un marchand fourreur. Desportes épouse
une lingère dentellière « qui joignait aux agréments d'une aimable
femme les qualités solides d'un honnête homme [1] ». Mlle Froissié,
la femme d'Oudry, est la fille d'un marchand miroitier à laquelle
l'artiste donne des leçons et qu'il épouse très jeune, sans un sou
vaillant.

Pour beaucoup la fortune est lente à venir. Catherinot, qui nous
a laissé de curieuses notes sur la peinture, souvent spirituelles, riches
en boutades paradoxales et en documents, écrit: « Les peintres n'ont
souvent de pain que quand ils n'ont plus de dents[2]. » Desportes,
au début de sa carrière, accepte toutes les besognes, « travaillant
pour d'autres peintres, pour des entrepreneurs, dans des plafonds,
dans des décorations de théâtre... faisant enfin tout ce qui se présentait[3]», et sa femme ne vend son fonds de lingerie que plus tard, quand
il peut subvenir seul aux besoins du ménage. Au début de leur
mariage, Oudry et sa jeune femme travaillent de compagnie au pont
Notre-Dame : la première année ils gagnent 900** à peine. Plus
tard, il est vrai, à l'apogée de sa carrière, Oudry gagnera 10,000** sans
compter ses postes et ses logements qui vaudront bien 8,000**[4].

D'autres sont moins heureux et meurent dans la médiocrité, faute
de place[5] : c'est le sort de Noël-Nicolas Coypel. Frère consanguin
d'Antoine, il n'a pas moins de talent que son neveu Charles-Antoine,
premier peintre de Louis XV ; son nom glorieux doit, semble-t-il,
lui procurer des commandes, lui concilier la faveur royale : cependant sa vie est difficile et il meurt presque dans le dénûment.
A l'Académie il ne s'élève pas au-dessus du professorat; on l'oublie
dans les commandes officielles; au concours ouvert en 1727 par
d'Antin entre douze peintres, les amateurs éclairés désignent son
tableau pour le prix ; il n'eût pas obtenu de récompense cependant si

1. *Mém. Inéd.*, t. II, p. 101.
2. Catherinot. *Traité de la peinture*, dans *Rev. Univ. des Arts*, t. X, p. 178 et
suiv.
3. *Mém. inéd.*, t. II, p. 100-101.
4. *Ibid.*, t. II, p. 369. Note de Gougenot.
5. Le nombre des artistes est trop considérable, celui des amateurs trop restreint,
et la fortune publique mal en point. Près de 120 peintres appartiennent à l'Académie
de 1690 à 1721. Nous n'avons la liste des Maîtres que de 1672 à 1682 (Voy. *Rev. Univ.
des Arts*, t. XIII, p. 322 et suiv.). Elle compte 315 noms environ. La proportion est
sans doute identique dans la suite.

le comte de Morville, secrétaire d'État, n'avait acheté sa toile au nom du roi et obtenu pour lui une gratification de 1,500[tt]. « L'on plaignit l'auteur en secret, écrit Mariette, de n'avoir personne auprès du ministre qui fît sentir la force de ses talents[1] ». C'est, en effet, le secret de sa misère. Victime de la gloire de son frère et de son neveu, personne ne songe à le louer. De plus, il est maladroit et poursuivi par une malechance tenace : un jour il obtient la commande d'une *Assomption* dans l'église Saint-Sauveur, mais il ne peut se faire payer sans un procès qui exaspère encore son caractère aigri par toute une vie de gêne : à vingt-trois ans, il a épousé une veuve, Marie-Françoise Legendre, chargée peut-être de plusieurs enfants qu'il doit nourrir[2]. Il meurt à quarante-trois ans, dans un petit appartement du quai de l'Ecole, au cloître Saint-Germain-l'Auxerrois, dégoûté du travail, épuisé par une lutte incessante. Il ne possédait plus alors qu'un matériel de peintre, quelques pauvres meubles, des tableaux sans cadres : l'inventaire de tout son mobilier tient facilement en deux pages[3].

Encore Noël-Nicolas Coypel ne connaît-il pas la faim pressante comme tant d'autres. Beaucoup sont réduits à ce minimum qu'indique plus tard le peintre Durameau : « trente sols par jour » pour la nourriture, « six livres par mois pour le petit cabinet garni » et les « mêmes rétributions au domestique[4] ». Quelques-uns, après avoir mené une vie brillante, tombent au dernier degré de la pauvreté. Le roi recueille aux Incurables, en 1699, Pierre de Sève, ancien professeur de l'Académie, et la phrase administrative des *Comptes* qui nous apprend cette fin est poignante dans sa sécheresse : « A luy [Cozette][5] pour ce qu'il a payé au sieur Guarit, receveur de l'hopital des Incurables, pour la pension de six mois par avance du sieur de Sève, peintre qui a esté mis par ordre du Roy aud. hopital »[6]. Gilbert, le frère aîné de Pierre de Sève, fondateur et ancien recteur de l'Académie, a traîné une vieillesse aussi misérable ; François Verdier n'est guère plus for-

---

1. Mariette, *Abecedario*, t. II, p. 29.

2. C'est Ch. Blanc qui donne ce détail, sans doute d'après Carême. Jal n'a pas trouvé l'acte de mariage de Noël-Nicolas avec Marie-Françoise Legendre. Il dit seulement ne voir nulle part qu'elle lui ait donné des enfants, mais n'indique ni qu'elle était veuve ni qu'elle ait eu des enfants d'autre part. Le procès-verbal d'apposition des scellés après la mort de Noël-Nicolas Coypel (Voir *Nouv. Arch. de l'Art franç.*, 1883, p. 309 et suiv.) dit que Marie-Françoise Legendre était « auparavant veuve du sieur Mathieu de la Porte, bourgeois de Paris », mais ne mentionne pas ses enfants.

3. *Nouv. Arch. de l'Art franç.*, 1883, p. 308 et suiv.

4. Cité par Virgile Josz : *Watteau*, p. 151.

5. Cozette était concierge des Gobelins.

6. *Comptes*, t. III, p. 1124.

tuné : « Le peu de conduite de sa femme, dit Mariette, ...le réduisit sur la fin de sa vie jusqu'à la mendicité[1] ».

Les ressources des peintres sont cependant assez variées. Si le
roi n'est plus une providence pour les artistes, il compte encore, ce-

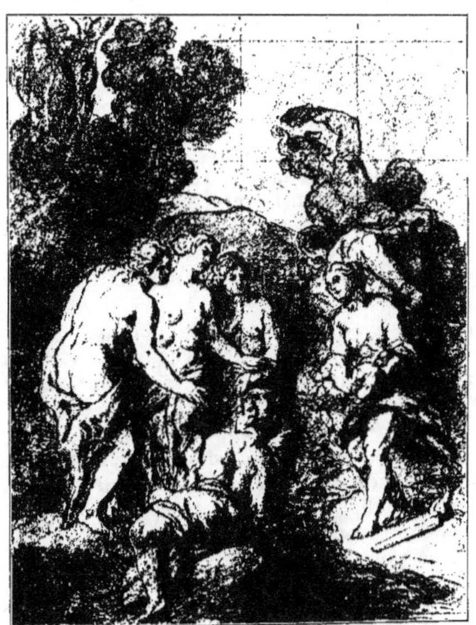

FIG. 37. — CHARLES DE LA FOSSE. — SUJET MYTHOLOGIQUE : JUPITER CONFIÉ
AUX NYMPHES DE CRÈTE (?).

pendant, parmi leurs meilleurs clients. Les Bâtiments consacrent plus
de 1,250,000ᵗ aux tableaux et aux gravures de 1690 à 1715, allocations
aux académies non comprises. De plus, les artistes ne sont pas occupés à des œuvres d'art seulement par la surintendance : des officiers
de l'Académie, des peintres en renom acceptent des entreprises
de grosse peinture, des restaurations, des copies. Bon Boullogne

1. Mariette, *Abecedario*, t. VI, p. 44.

touche 150[tt] en 1711 pour avoir agrandi et réparé des tableaux dans
l'appartement de Mme la duchesse à Versailles; Desportes restaure
de 1704 à 1716 des toiles pour Fontainebleau, pour les Gobelins, pour
Meudon, il peint les globes et les bassins de Marly; Belin de Fontenay, R.-A. Houasse, J.-B. Martin, Guy-Louis Vernansal, Ant. Pesne,
J.-B. Santerre, d'autres encore, nettoient des tableaux et travaillent
aux bassins à Marly. Quelques artistes de talent sont portés aux
Comptes uniquement pour des besognes: Hellart de Reims, Stiémart
par exemple, ne sont employés qu'à des copies; mais Stiémart en
peint pour 21,000[tt] de 1704 à 1715[1]. Alexis-Simon Belle n'exécute
dans les châteaux royaux que des grosses besognes et des restaurations. Mathieu de Platte-Montagne n'émarge que le 27 novembre
1695 pour la peinture et la dorure de l'appartement de Mme la
duchesse, au Palais-Royal. Le miniaturiste Nicolas Bailly, qui reçoit
plus de 40,000[tt] du roi de 1690 à 1715, ne touche que 110[tt] pour des
miniatures; mais il est pensionné, et les peintures de bronze dont
il a l'entreprise à Versailles, à Trianon, à Marly, à Meudon, lui sont
fort bien payées.

La manne royale se disperse sur 110 peintres de 1690 à 1715, mais
très inégalement. Baptiste Monnoyer, le fils de Jean-Baptiste,
touche une fois seulement 600[tt], en 1706, pour quatre tableaux de
fleurs à Trianon. Jean Nocret ne paraît aux *Comptes* que dans un
paiement collectif de 1695. D'autres, au contraire, tirent du Trésor
des ressources relativement considérables, soit en travaillant aux
maisons royales, soit au titre de fonctionnaires ou de pensionnés :
quelques-uns touchent sous les trois rubriques. Le temps des
grosses prébendes est passé cependant. Plus un artiste ne gagne
50,000[tt] par an comme Mignard. Claude Audran, le plus favorisé
de tous, reçoit près de 240000[tt], mais il est entrepreneur et décorateur à la fois, et il n'est pas possible de discerner, d'après les
articles des *Comptes*, ses travaux personnels de ses grosses peintures. De La Fosse gagne près de 110,000[tt], Jean Jouvenet près de
95,000[tt], Antoine Coypel 75,000[tt], Noël Coypel (mort en 1707) 58,000[tt],
les deux Boullogne 55,000[tt] chacun, Belin de Fontenay 53,000[tt] environ. Les « dessins de plantes rares en miniatures sur velin pour
être insérés dans la suite des livres de plantes en miniatures du
Cabinet de S. M. » rapportent plus de 40,000 [tt] à Jean Joubert de
1690 à 1706.

1. Stiémart est reçu à l'Académie le 28 juin 1720 sur une copie du portrait de
Louis XIV par Rigaud. C'est le seul exemple que je connaisse d'académicien admis
sur une copie.

La décoration de toutes les maisons royales absorbe 375,000ᵗᵗ environ de 1690 à 1715. Versailles, délaissé, reçoit à peine de 1,000 à 1,100ᵗᵗ de peintures, Marly pas davantage[1], Trianon 20,000ᵗᵗ, Fontainebleau 7,000ᵗᵗ. Les grosses dépenses vont à Meudon qui occupe un chapitre spécial des *Comptes* depuis 1695 et coûte, jusqu'à la mort du dauphin, 35,000ᵗᵗ; à la Ménagerie de Versailles où le roi fait exécuter, pour la duchesse de Bourgogne, des compositions payées plus de 45,000ᵗᵗ; à la chapelle de Versailles et à l'église des Invalides surtout, qui coûtent l'une près de 90,000ᵗᵗ, l'autre plus de 150,000ᵗᵗ. Ces décorations sont les mieux payées des vingt-cinq dernières années du règne. Bon Boullogne touche 76,000ᵗᵗ aux Invalides et 14,000ᵗᵗ à la chapelle de Versailles, Louis de Boullogne 14,000ᵗᵗ et 19,000ᵗᵗ, de La Fosse 48,000ᵗᵗ et 90,000ᵗᵗ, Jouvenet 24,200ᵗᵗ et 18,000ᵗᵗ. Claude Audran reçoit 19,000ᵗᵗ pour ses travaux des Invalides, Michel Corneille 12,100ᵗᵗ, Noël Coypel 7,300ᵗᵗ. La voûte de la chapelle de Versailles, enfin, est payée 25,000ᵗᵗ à Antoine Coypel.

Les tableaux commandés par le roi sans affectation décorative sont peu nombreux. Quelques petits paysages et des portraits ne rapportent guère plus de 100ᵗᵗ à 500ᵗᵗ à leurs auteurs. Seuls deux *Louis XIV* en pied et l'esquisse du *Roi d'Espagne* sont payés 10,000ᵗᵗ à Rigaud en 1702. Vers la fin du règne, plusieurs séries nouvelles pour les Gobelins sont mises en train : le *Nouveau Testament* commandé à Jouvenet, l'*Ancien Testament* à Antoine Coypel, la deuxième partie de *l'Histoire du Roi*, les *Aventures de Don Quichotte*. Les modèles des Gobelins coûtent 90,000ᵗᵗ au Trésor de 1690 à 1715, mais la plus grande partie de cette somme est employée à des dessins de bordures pour des portières sans importance, à des copies, à des réparations d'anciens cartons.

Une trentaine de peintres — sans compter 36 élèves qui se partagent 29,000ᵗᵗ environ — sont inscrits sur les listes de pensions royales à des titres divers[2]. Le plus grand nombre émarge au chapitre « Gobelins », quelques-uns sous la rubrique : « Officiers et employés qui ont gage pour servir... dans toutes les maisons royales... », d'autres à l'article « Gages d'officiers et employez ». Beaucoup ne touchent que 200ᵗᵗ par an[3], quelques-uns 400ᵗᵗ. De 1699 à 1703 Gabriel

---

1. Presque toutes les peintures exécutées pour Marly sont de grosses peintures à moitié décoratives, destinées surtout aux bassins.

2. Les indications suivantes sont établies d'après les *Comptes*, t. III, IV, V, *passim*.

3. Rarement les pensions sont inférieures à 200ᵗᵗ. Seul, à partir de 1711, Belin de Fontenay est porté aux *Comptes* pour 150ᵗᵗ par an sous la rubrique : « Officiers et employés ayant gage... » Mais il touchait à l'article « Gobelins et Savonnerie » une autre pension de 200ᵗᵗ depuis 1699, portée à 300ᵗᵗ en 1703 et à 400ᵗᵗ en 1705.

Blanchard obtient 1,000^lt, Charles de La Fosse 3,000^lt de 1699
à 1715, Jouvenet 1,700^lt de 1711 à 1715, Noël Coypel 3,000^lt de 1695
à 1707, le dessinateur Nivelon 1,100^lt de 1690 à 1715, François
Verdier 3,000^lt de 1690 à 1698. Quelques-uns, plus habiles ou mieux
en cour, reçoivent des deux mains : en plus de leurs 3,000^lt Noël
Coypel touche 200^lt et François Verdier 300^lt par an.

Le roi loge aussi des peintres au Louvre, mais en très petit

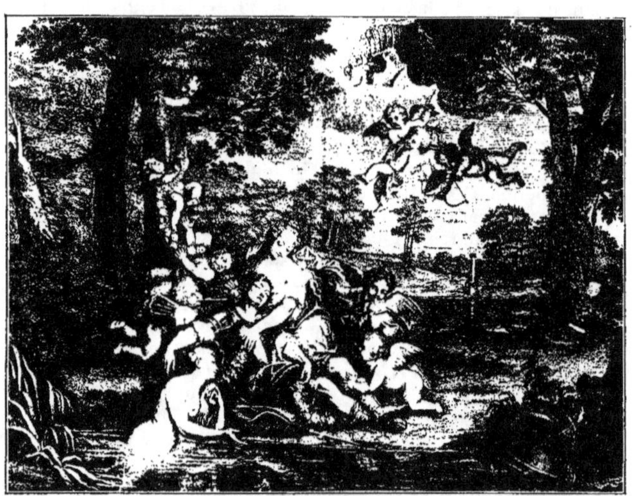

Gravé par J. Audran.

FIG. 38. — ANTOINE COYPEL. — RENAUD ET ARMIDE, SANS LE VOULOIR, TOMBENT TOUS DEUX DANS
LES EMBUCHES QUE L'AMOUR LEUR DRESSE.

nombre relativement, car des sculpteurs, des graveurs, des architectes, des ébénistes, des horlogers, etc., ont droit aussi à des appartements au palais, et la place est mesurée. Claudine Bouzonnet
Stella, Charles Nocret, Noël Coypel, Nicolas Bailly, Jean Lemoyne,
Antoine Coypel, J.-B. Santerre, les deux Berain, Michel Boyer, Belin
de Fontenay père et fils et Jacqueline Boissière la miniaturiste,
occupent seuls des appartements aux Galeries de 1690 à 1721[1]. Faute

1. Sur les logements du Louvre, Voy. *Arch. de l'Art franç.*, t. I, p. 193;
t. III, p. 189, 221, 251, et *Nouv. Arch. de l'Art franç.*, 1873, p. 1 et suiv.

de place au Louvre, Guillaume Anguier est envoyé aux Gobelins
en 1673 et J.-B. Martin des Batailles à l'hôtel des Inspecteurs des
Gobelins en 1693[1]. Le titre de concierge du Luxembourg vaut
à Claude Audran un appartement dans le palais[2]. Joseph Vivien,
qu'on ne peut installer nulle part, reçoit 200 ** d'indemnité annuelle
pour son logement.

La participation aux faveurs et aux commandes royales ne peut
servir de fondement à une classification des artistes par ordre de
mérite ou même de réputation. Les premiers peintres de genre
n'émargent pas au budget des Bâtiments : ils sont victimes du
mépris de Louis XIV pour les tableaux flamands et hollandais.
Watteau lui-même ne travaille pas pour le roi; il est trop jeune,
trop peu connu en 1715 pour trouver accueil à la cour; au reste, son
indépendance ne se serait jamais accommodée du protocole. Si
Largillière, si François de Troy ne sont pas employés par la surintendance de 1690 à 1715, si Rigaud, après avoir touché 10,000** en
1702, n'obtient plus de commandes officielles avant 1715 et ne
reçoit jamais de pension, c'est qu'un petit dédain s'attache encore
au titre de portraitiste : le premier portraitiste ne vaut pas le second
peintre d'histoire. D'ailleurs, Rigaud, Largillière ou de Troy ne
recueilleraient qu'une rente médiocre dans les antichambres de
Versailles et ils y perdraient un temps précieux. Leur orgueil même
ne gagnerait rien à la faveur royale : les princes du sang, les plus
grands seigneurs, les bourgeois les plus opulents posent tour à
tour dans leur atelier.

Comme les commandes et les pensions du roi n'assurent pas
leur vie, les artistes cherchent presque tous un protecteur parmi
les amateurs. Il faut, dit de Piles, « un protecteur qui soit une personne d'autorité, qui prenne, en quelque façon, le soin de notre

---

1. *Nouv. Arch. de l'Art franç.*, 1873, p. 108.
2. Audran ne semble pas avoir été le seul peintre qui ait occupé une place de
cet ordre (équivalant à celle de capitaine de château. Voy. de Boislisle, *Saint-
Simon*, t. VI, p. 361, note 4). Il y avait à Fontainebleau, place du Ferrare, en face
de la cour du Cheval-Blanc, un hôtel, l'hôtel du Ferrare, dépendance du château,
dont le titre de concierge appartenait à une famille de peintres : les Vernansal,
originaires de Fontainebleau. On trouve trace de cette famille dans des actes d'état
civil dès le xvi° siècle. Nous n'avons pas de document indiscutable prouvant que
Guy-Louis Vernansal, le membre de la famille qui vécut entre 1690 et 1721, ait occupé la charge de concierge; cela est probable cependant, car il est signalé en 1686,
après l'incendie d'une partie du château, parmi les artistes occupés à réparer les
peintures endommagées. (Voy. *Bulletin du comité de la langue, de l'histoire et des
arts de la France*, 1855, t. II, p. 266.)

ortune et qui sçache dire du bien de nous en temps et lieu ». Pline le Jeune n'a-t-il pas écrit déjà, que pour que « la vertu paraisse… il faut… une personne qui nous aide de sa faveur, qui nous protège et nous serve de Mæcenas »[1]. Les nobles, les bourgeois riches s'efforcent de jouer ce rôle ; l'Anglais Lister écrit dans la relation de son voyage à Paris (1698) : « Quiconque peut ménager quelque chose veut un tableau ou quelque sculpture du meilleur artiste [2] ». Malheureusement les Mécènes imposent leur goût aux peintres et ce goût n'est pas toujours très délicat. De tous les contemporains Caylus est seul à le remarquer ; il juge d'ailleurs le mal irrémédiable. « Ceux qui font travailler les gens d'art, soit les princes, soit les gens opulents, doivent avoir le choix et la voix sur les ouvrages qu'ils proposent. C'est bien le moins. Mais quelque juste et quelque naturelle que soit cette décision, elle a souvent gâté de très belles dispositions et contraint le génie et l'exécution des auteurs[3]. » On ne citerait pas deux amateurs aussi éclairés, aussi libéraux que M. Berger qui demanda à Fr. Le Moyne, en 1722, un tableau représentant *Tancrède rendant les armes à Clorinde* « et lui fit des propositions qui étaient aussi flatteuses que nouvelles de la part d'un particulier. Ces propositions furent de donner à M. Le Moyne, chaque mois qu'il emploierait à cet ouvrage, une somme qui le mît en état de subvenir à toutes ses dépenses, une liberté entière d'y passer le temps qu'il jugerait nécessaire, enfin une gratification proportionnelle au mérite du tableau quand il serait terminé[4] ».

Nous n'avons pas, sur les relations des grands et des artistes, de documents aussi précis, aussi complets que les *Comptes des Bâtiments du Roi ;* nous les connaissons assez bien, cependant, grâce aux biographies de peintres et aux descriptions de Paris par Sauval, Brice, Piganiol et d'Argenville. Desportes travaille tour à tour au château d'Anet pour le duc de Vendôme, à Clichy pour le Grand

---

1. De Piles, *Remarques sur l'Art de peinture* de Dufresnoy, 1668, p. 251.

2. Lister, *Voyage à Paris*, 1698. Traduction éditée en 1873 par la Société des Bibliophiles, p. 24.

3. Caylus, *Discours sur les dessins* lu à l'Académie royale en juin 1732. Réimprimé dans la *Revue universelle des Arts*, t. IX, p. 314 et suiv.

4. *Vie de Fr. Le Moyne*, par Nonotte. Du cabinet de M. Berger ce tableau passe chez de La Borde, banquier du roi, puis chez le fermier général Grimod de la Reynière. Lors de la vente du cabinet de ce dernier, il fut acheté 10,500[livres]. Dix-neuf ans après, David triomphe, et en 1811, à la vente Radix de Sainte-Foy, il tombe à 303 francs. Le Musée de Besançon, qui le possède depuis 1850, l'a acheté 1,500 francs. *Inventaire des Richesses d'Art de la France; Province, Monuments civils*, t. V, p. 119.

Prieur, à l'hôtel de Bouillon, pour le prince de Condé, le duc du Maine, le comte de Toulouse, le duc d'Antin, pour M. Hogguère à Châtillon, M. Desmarets, contrôleur général, M. de Bercy,

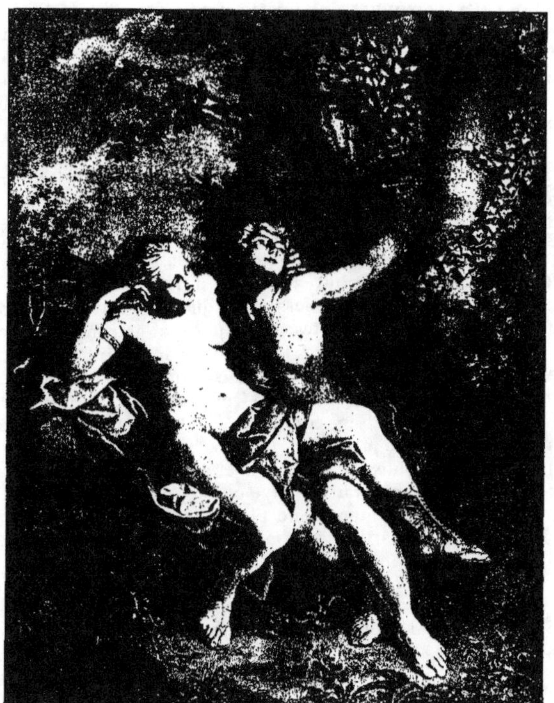

FIG. 39. — JEAN RAOUX. — ANGÉLIQUE ET MÉDOR.

Gravé par Delaunay.

M. d'Ons-en-Brai à Bercy, le président de Bandol à Aix-en-Provence, MM. Pâris de la Montagne, de Marmontel, de Senozan, Bonnier de la Mosson, Glucq, de Julienne[1]. De La Fosse compose des pla-

1. *Mém. inéd.*, t. II, p. 104, 105, 108.

fonds pour M. Lejuge, M. de Rancy, des décorations pour le duc
de Richelieu, Mme de Montespan, le président de Lamoignon,
M. Leverrier, Crozat[1]. Nicolas Bertin exécute quantité de tableaux
« pour des personnes qui lui faisaient l'honneur de l'aimer, entre
autres pour M. de Saint-Bonet, officier du Roy, pour qui il en a
fait grand nombre[2] ». L'inventaire des collections de Mme de Verrue
enregistre trente-deux tableaux des Boullogne[3] : Louis de Boullogne
était le conseiller artistique, peut-être le garde des tableaux de la
comtesse.

Les amateurs occupent donc beaucoup les peintres, mais, à de
rares exceptions près, ils les paient mal. Nous savons par des quittances et des marchés que les artistes, même célèbres, sont souvent
obligés d'accepter les rétributions les plus modestes. Pour dix-sept
grands portraits historiques à l'hôtel de Soubise, Gabriel Blanchard
touche à peine 1700[4] ; Jouvenet décore en 1688 le plafond du cabinet
de l'hôtel de Conti pour 3500, et doit accepter des conditions
humiliantes : la somme ne sera payée qu' « après que lesdits ouvrages
auront été... veus et visités par experts et gens à ce cognoissants,
l'un desquels sera le sieur Le Brun ou le sieur Mignard... et s'il
arrivoit qu'ils fussent estimés moins que ladite somme de 3,500,
mondit Jouvenet consent de ne recevoir que ledit prix d'estimation... et s'il arrivoit au contraire, qu'ils fussent estimés plus... je
ne prétendroy que la somme de 3,500[5] ». Ce sont les portraitistes
qui tirent des nobles, des traitants et des bourgeois, les plus grands
profits : un bon portrait se paye en moyenne 100 à 200[6] ; presque
toujours il est accompagné de plusieurs copies valant de 30 à 50
chacune, et un artiste de talent moyen exécute souvent une
quarantaine de commandes par an.

Quelques seigneurs et quelques financiers hébergent ou pen-
sionnent des artistes, comme le roi. Pierre Crozat loge Charles
de La Fosse qui peint la *Naissance de Minerve* dans la galerie de son
hôtel à Paris, l'*Histoire de Phaéton* à la coupole d'un salon, et des

---

1. *Mém. inéd.*, t. II, p. 4 et suiv.
2. *Ibid.*, t. II, p. 232.
3. Clément de Ris, *Les amateurs d'autrefois*, 1877, p. 177.
4. *Arch. de l'Art franç.*, t. II, p. 145 et suiv.
5. *Nouv. Arch. de l'Art franç.*, 1877, p. 172 et suiv.
6. C'est la somme que demande en moyenne Rigaud, au moins jusqu'en 1698, car
nous n'avons pas ses comptes après cette date. Il augmente seulement le prix pour
les personnages importants : en 1696, l'archevêque de Rouen paie 1,400, M. de
Guldenleuw, grand amiral de Suède, 994 et le prince de Conti, 2,000 en 1697.
(Voy. *Mém. inéd.*, t. II, p. 163 et 164.)

scènes religieuses au plafond de la chapelle, dans sa villa de Mont-morency. Sirois amène un jour Watteau chez Crozat; celui-ci se souvient aussitôt d'une salle à manger dont la décoration incom-plète exige les *Quatre Saisons* et il en confie l'exécution au jeune artiste; en 1716, après la mort de La Fosse, il l'accueille chez lui, mais sans pouvoir le retenir longtemps : l'extrême nervosité de Watteau, son amour de la solitude, sa haine contre tous les luxes, toutes les élégances auxquels il ne participe pas le 'rejettent vite aux logis de hasard. Crozat cherche alors un nouvel hôte. Il ap-prend en 1720 le prochain voyage à Paris de la Rosalba qu'il a con-nue à Venise; il lui écrit lettre sur lettre pour la décider à habiter son hôtel et lui réserve un accueil princier[1]. Le duc de Richelieu, le protecteur et l'intime ami de R. de Piles, s'attache Pierre Dulin : il « aimait les arts et les artistes, et portait ce sentiment à l'égard de d'Ulin à un degré de prédilection toute particulière puisqu'il le retint chez lui, l'admit à sa table, et lui donna pour son service un équipage de sa maison[2] ». Le prince de Carignan, qui s'installe à Paris en 1719, prend à son service et loge J.-B. Van Loo qui peint pour lui le *Triomphe de Galathée*, de grands sujets tirés des Métamor-phoses d'Ovide, devient son conseiller et le directeur de son cabinet[3]. A son retour d'Italie, Jean Raoux trouve asile au palais du Temple, chez le Grand-Prieur de Vendôme; il y demeure jusqu'en 1731 et décore plusieurs appartements en échange d'une rente de 100[4].

Les pensions accordées aux peintres par les grands sont souvent de simples paiements. Rarement les nobles sont en mesure d'ac-quitter leurs dettes à l'échéance, et, au lieu de payer leurs créan-ciers, ils leur constituent une rente. Depuis le 1ᵉʳ janvier 1706, par exemple, Antoine Coypel reçoit du duc d'Orléans 3000 par an, réversibles par moitié sur la tête de ses enfants, à la place des 60,000 que lui doit son protecteur pour la galerie du Palais-Royal[5]. Le prince de Conti conclut un arrangement analogue avec Jouvenet en 1689 : le mémoire du peintre s'élève à 5,500 ; mais, comme le prince est également débiteur de Coysevox et de diffé-rents artisans, Jouvenet paye 2,500 à ces créanciers et reçoit, en retour, une rente annuelle et perpétuelle de 400[6].

1. *Journal de la Rosalba*, p. 22-23.
2. *Mém. inéd.*, t. II, p. 251-252.
3. D'Argenville, 1762, t. IV, p. 390.
4. *Ibid.*, t. IV, p. 375 et suiv.
5. *Archives Nationales*, Registres de la succession du Régent, R¹ 1066.
6. *Nouv. Arch. de l'Art franç.*, 1877, p. 172 et suiv.

Parfois un peintre choisit mal son protecteur et s'attache à un homme incapable de payer son dévouement en commandes ou en pensions. Henri de Favanne, par exemple, s'obstine à rester fidèle au favori de la princesse des Ursins, à d'Aubigny qu'il a connu à Rome dans sa jeunesse. Il le suit en Espagne où il traverse d'assez méchantes aventures[1]. Lors de la disgrâce de la princesse, il accompagne encore d'Aubigny au château de Chanteloup qu'il décore pendant six ans, « mais, dit Hulst, peu utilement. L'amitié de son patron était une amitié de Cour, abondante en promesses, stérile au décompte. Le traitement qu'elle assigna à notre artiste l'a mis mal à son aise pour le restant de ses jours[2] ».

Ceux même qui n'éprouvent pas ces mécomptes cherchent d'autres clients encore que les grands seigneurs. A Paris, la municipalité, les églises et les couvents peuvent leur fournir des ressources. La municipalité parisienne n'emploie qu'un petit nombre d'artistes, si nous en croyons les rares documents qui nous restent ; nous sommes, il est vrai, mal renseignés, les pièces d'archives et les œuvres d'art appartenant à la Ville ayant été presque toutes brûlées. En tout cas, Paris ne semble pas avoir eu de peintres attitrés comme les grandes cités des provinces[3]. Le portrait des magistrats est exécuté chaque année, à la sortie de charge, mais toujours par des artistes différents[4]. On a paré Largillière du titre de peintre officiel de la Ville, mais aucun document authentique ne le lui donne. Sans doute Largillière a représenté beaucoup d'échevins, mais pas plus que François de Troy, son contemporain. Les officiers municipaux s'adressaient naturellement aux meilleurs

---

1. Voy. *Mémoire pour servir à la vie de M. de Favanne, peintre ordinaire du Roy et recteur de l'Académie royale de peinture et de sculpture.* Paris, 1753.

2. *Mém. inéd.*, t. II, p. 242.

3. Il n'y a qu'une indication qui puisse faire supposer le contraire, et elle est si vague qu'il faut se contenter de l'indiquer sans en tirer de conclusion. La voici : « A Louis Du Mesnil, *peintre ordinaire de la ditte ville*, la somme de deux cens quatre-vingts livres... pour les ouvrages de peinture et décoration qu'il a faittes de nos ordres au feu que nous avons fait faire pour la prise de la ville de Mons. » Cette ordonnance (publiée dans les *Nouv. Arch. de l'Art franç.*, t. IV, p. 70) est du 9 août 1691. Du Mesnil ne fut jamais de l'Académie ; ce n'était pas un simple praticien cependant : en 1710 il sera chargé de terminer *L'Audience accordée par le roi à l'ambassadeur de Perse*, carton pour les Gobelins, que la mort empêcha Houasse d'achever.

4. Voy. Leroux de Lincy, *Histoire de l'Hôtel de Ville de Paris*, 1846, p. 43 et suiv.

portraitistes du temps ; Rigaud, seul, trop occupé par les rois et les princes, ne travailla pas pour eux[1].

Pour célébrer les grands événements, la Ville commanda quelques compositions décoratives ; malheureusement presque toutes ont disparu. Largillière en avait peint plusieurs : le *Festin donné par la Ville à Louis XIV en 1687*, au retour de Notre-

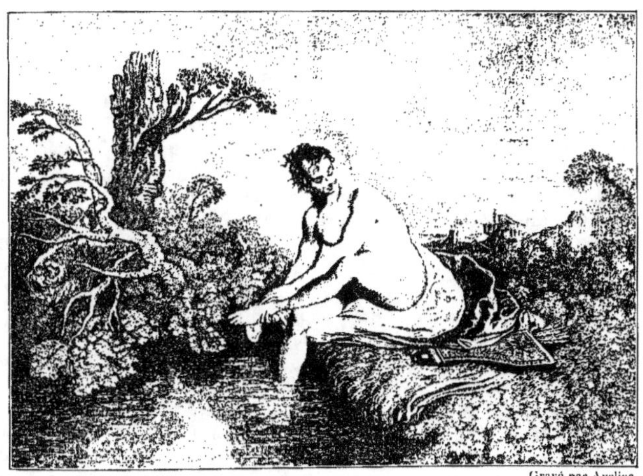

Gravé par Aveline.

FIG. 40. — ANTOINE WATTEAU. — DIANE AU BAIN.

Dame, lors du rétablissement de la santé du roi, *le Mariage du duc de Bourgogne avec Marie-Adélaïde de Savoie* en 1697[2], l'*Avène-*

1. Il faut noter cependant au Louvre, dans une des salles de dessins, l'esquisse d'un *Magistrat qui accueille une Femme couronnée de tours* (la Ville de Paris), près de laquelle se tient la *Justice*, avec le *Génie de l'Abondance*, n° 1296. Ce dessin est attribué à Rigaud, mais cette attribution n'est vérifiée par aucune preuve.

2. Ces deux tableaux décoraient la grande salle de l'Hôtel de Ville et furent brûlés à la Révolution. Une première esquisse du *Festin* se trouve au Louvre, salle La Caze, et une seconde à l'Ermitage (n° 1537 du catalogue Somof, 1903). Des fragments du *Mariage* furent vendus par Denon au Musée de l'Ermitage. Ce tableau fut exposé au Salon de 1699 sous le titre : *Hommage de tout Paris rendu à Madame la duchesse de Bourgogne par M. Du Bois, sieur du Bos, etc.* Voy. Florent le Comte, *Cabinet des singularitez...*, 1700, t. III, p. 253.

ment du duc d'Anjou à la couronne d'Espagne « avec toutes les allégories convenant au sujet[1] » en 1702. Quand Marie-Anne-Victoire, première fiancée de Louis XV, arriva en France en 1722, l'artiste fut aussi chargé de célébrer le voyage de la princesse en un tableau où l'on devait voir « le Roy environné de trois Grâces sur son trosne, Monseigneur le duc d'Orléans, régent, soutien du trosne, guidé par Minerve, simbole de la sagesse, le couvrant de son bouclier, et tenant à la main le portrait de l'Infante porté par deux génies, un génie enchaînant le Lion d'Espagne avec le cordon bleu et le cocq, simbole de la France enchaîné avec la Toison d'Or et autres attributs marquant l'union des deux Nations ; Messieurs les Prévost des marchands, Échevins, procureur du Roy, greffier, receveur de la Ville, étans aux pieds de Sa Majesté[2] ». Peut-être la toile fut-elle décommandée lors de la rupture du mariage, peut-être fut-elle détruite : il n'en reste pas de traces, en tous cas, non plus que de l'esquisse qui fut certainement exécutée[3]. En 1696, enfin, les magistrats demandèrent à Largillière un tableau votif pour l'église Sainte-Geneviève, le premier que la municipalité dédiait à sa patronne : on y voit le prévôt et les échevins remercier la sainte de l'abondance renaissante[4]. La coutume d'offrir une toile à la protectrice de Paris après les grandes calamités se perpétua : après la famine de 1709 ce fut François de Troy qui peignit l'ex-voto, et en 1725 Jean-François de Troy[5]. Deux compositions *le Roi donnant aux magistrats municipaux les lettres de noblesse* par Louis de Boullogne (destiné au bureau d'audience), et *la Municipalité félicitant le Roi de la paix d'Utrecht* (dans la salle des colonels) (1716), enfin la restauration par un peintre inconnu — Janelle — des vieux portraits d'échevins de Porbus complètent la liste des commandes municipales en trente ans. Peu nombreuses, elles sont au moins fort bien payées : François de Troy touche 6,000^{tt}, Louis de Boullogne 5,000^{tt} pour leurs œuvres ; l'*Élévation du duc d'Anjou au trône d'Espagne* rapporte 5,300^{tt}

1. Voy. le texte complet du marché concernant ce tableau dans Marius Vachon, *L'ancien Hôtel de ville de Paris*, p. 138-139.
2. *Nouv. Arch. de l'Art franç.*, 1882, p. 135 et suiv.
3. A défaut du tableau et de l'esquisse, on peut voir au Musée du Prado [n⁰ 2010 *a*] le portrait de l'infante Marie-Anne-Victoire, peinte à six ans, signé dans le coin, à droite : N. de Largillière pinx. 1724.
4. Voy. *Revue universelle des Arts*, t. XXI, p. 225 et suiv.
5. La toile de Jean-François de Troy est à Saint-Étienne-du-Mont. De celle de François de Troy, représentant les *Prévôt et échevins adorant la châsse de sainte Geneviève*, il reste une esquisse du dessin et une étude pour la figure du prévôt, au musée d'Alençon.

à Largillière[1] et l'*Arrivée de l'Infante d'Espagne* devait lui être payée
8,000**. Le roi seul rémunère plus largement les décorateurs des
Invalides et de la chapelle de Versailles.

Les églises paroissiales, au contraire, à défaut de grosses commandes, donnent des commandes nombreuses. Louis de Silvestre,
Verdot, Desormeau peignent les *Évangélistes* à l'attique du dôme
de Saint-Roch, Antoine Coypel et Jouvenet des scènes de la *Vie
de saint André* et *de saint
Gilles* dans les chapelles.
Aux piliers de Saint-Leu-
Saint-Gilles, Oudry accroche une *Nativité*, Bertin une *Ascension*. Jouvenet représente le *Sacrement de l'Extrême-Onction*,
dans la chapelle des agonisants de Saint-Germain-
l'Auxerrois, et de La
Fosse peint *Dieu le père,
entouré des évangélistes bénissant les unions d'Adam
et d'Ève, de la Vierge et
de saint Joseph* dans la
chapelle des mariages de
Saint-Eustache. A Sainte-
Marguerite, sur l'autel de
la Résurrection, Louis de
Boullogne pose un retable et un tabernacle.
Verdier donne un *Christ*,
et Antoine Coypel *la
Manne* et *le Sacrifice de
Melchissédec* pour une chapelle de Saint-Nicolas-du-Chardonnet.

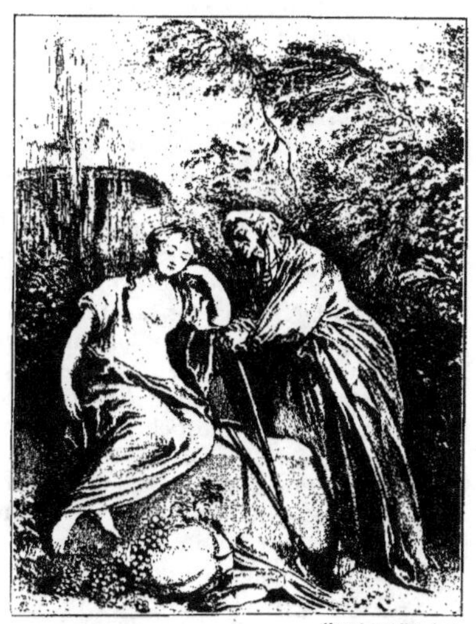

Gravé par Boucher.

FIG. 41. — ANTOINE WATTEAU. — VERTUMNE ET POMONE.

Les couvents renchérissent sur les églises paroissiales : ils
font décorer leurs églises, leurs réfectoires, leurs cloîtres. Aux
Chartreux, dont Le Sueur a orné le cloître de la *Vie de saint Bruno*,
l'église appartient aux peintres de la fin du XVIIe siècle : de La Fosse,
Jouvenet, J.-B. Corneille, Bon Boullogne, Louis de Boullogne, Noël

---

1. Le Roux de Lincy, *Histoire de l'Hôtel de ville de Paris*, 1846, appendice
n°s 77 à 83.

Coypel, Antoine Coypel, y peignent dix tableaux. De La Fosse exécute un *Crucifix* pour le petit autel du chœur dans l'église des Augustins déchaussés, place des Victoires, Bon Boullogne donne une toile pour une des chapelles du même couvent, et Louis de Boullogne, Ubeleski, Parrocel, Galloche, d'Olivet[1] composent pour le réfectoire treize morceaux consacrés presque tous à la *Vie de saint Augustin;* le plafond de la bibliothèque est de Paolo Matteï (1703) ; dans le Cabinet des Antiques, parmi les Titien, les Caravage, les Espagnolet, on voit des La Fosse et des Pellegrini. L'église du couvent des Filles de l'Assomption, près du faubourg Saint-Honoré, est aussi somptueusement illustrée : Houasse y peint une *Nativité;* au-dessus de la porte est une fresque d'Antoine Coypel, et, en face, un grand *Crucifix* de Noël Coypel ; à l'attique du dôme, entre les baies, Stella représente l'*Annonciation*, Bon Boullogne le *Mariage de la Vierge*, Antoine Coypel *la Visitation* et *la Purification ;* la voûte du chœur est l'œuvre de La Fosse, qui orne aussi d'un *Saint Pierre en prison consolé par un ange* une des chapelles latérales. Les Filles de l'Immaculée-Conception, les Missions étrangères, les Grands-Augustins, les Jacobins réformés, les Minimes, les Filles de la Croix, le monastère et prieuré royal de Saint-Martin-des-Champs, les Capucines, les Petits-Augustins, plus de vingt couvents font travailler Bon Boullogne, Louis de Boullogne, de La Fosse, Ubeleski, Parrocel, Galloche, Cazes, Corneille, Jouvenet, J. de Lajoue, Fr. Verdier, N. Bertin, le frère Jean André, François Le Moyne, Jean Restout, Poerson, Louis de Silvestre, Verdot, Houasse, Antoine, Noël, Noël Nicolas, Charles-Antoine Coypel, Jean-Baptiste Monnoyer, Pierre Dulin, de Troy et Millet, sans compter tous les artistes médiocres dont le nom nous est rarement parvenu, tels ce frère François Gourde, ces sieurs Roly et Renault qui collaborent en 1693-1694 à la décoration du cloître des Petits-Augustins, le premier pour le paysage, le deuxième pour l'architecture, le dernier pour les figures[2].

Les maîtrises et les dévots contribuent à la décoration des églises : ils leurs offrent des ex-voto. Chaque année, jusqu'en 1707, les deux premiers dignitaires de la corporation des orfèvres font

---

1. Je n'ai pas trouvé de renseignements biographiques sur ce peintre. Avec deux tableaux du réfectoire, il a peint tout le cloître des Augustins. Il est très vraisemblable qu'il vécut de 1690 à 1721 puisque la décoration entière du couvent est de ce temps.

2. Piganiol, *Description de Paris*, t. VII, p. 251. En 1715, Ant. Dieu peignit, à l'entrée du même cloître, une *Conversion de saint Augustin*.

présent à Notre-Dame, en l'honneur de la Vierge, du May traditionnel. C'est, depuis 1630, un grand tableau de 12 pieds de haut.
Louis Chéron, Simon Guillebault, Ubeleski, Arnould de Vuez,
Joseph Parrocel, Louis de Boullogne, Joseph Christophe, François
Marot, Joseph Vivien, François Tavernier, Guy-Louis Vernansal,
Étienne Renault, Mathieu Elyas, Louis de Silvestre, Claude Simpol, P.-J. Cazes et Jacques Courtin en sont chargés tour à tour de
1690 à 1707[1]. En 1697 M. de Locmaria, qui sera lieutenant général
des armées du roi, donne à l'église métropolitaine un tableau de
Verdier : *les Chambres du Parlement jugeant un procès, Saint-Yves
présidant du haut des cieux*[2], et en 1709 le chanoine jubilé de La Porte
demande à Louis XIV l'autorisation de faire peindre à ses frais
la *Vie de la Vierge*, dans le chœur de la cathédrale, au-dessus des
boiseries de Du Goulon[3].

Ces ressources, abondantes en apparence, ne suffisent pourtant
pas à nourrir les artistes trop nombreux. Pendant la première moitié
du XVIIᵉ siècle, les peintres suppléaient aux commandes en brocan-
tant des tableaux ; mais l'Académie leur interdit le commerce qu'elle
juge incompatible avec leur dignité. En 1684 elle semble abroger
cette mesure, décide qu' « elle accorderoit à l'avenir à ceux
qu'elle jugera à propos la liberté de pouvoir vendre publiquement
des tableaux[4] » et autorise en effet Charles Hérault à ouvrir une boutique, mais ce n'est qu'une feinte destinée à empêcher la maîtrise de
s'arroger un privilège et à créer un précédent. La licence d'Hérault
lui est retirée le 26 avril 1687, car la délibération de 1684 « n'a esté
qu'à dessein de faire connoistre que, si l'Académie s'...est abstenue
jusqu'à présent [d'autoriser ses membres à tenir boutique], ce n'a

1. L'histoire des Mays n'est plus à recommencer. Elle a été faite et bien faite
par : Isaac Trouvain, *Recueil et mémoire historique touchant l'origine et l'ancienneté... du tableau votif que les marchands orfèvres de Paris présentent tous les ans
le premier jour de May à la Sainte Vierge...*, 1684 ; Gueffier, *Description historique
des curiosités de l'église de Paris*, 1763, p. 101 ; Bellier de la Chavignerie, *Les Mays
de Notre-Dame* (*Gazette des Beaux-Arts*, 1ʳᵉ période, t. XVI, p. 457) ; J. Guiffrey,
Les Mays de Notre-Dame de Paris, 1887, in-8° pièce ; V.-J. Vaillant, *Les Mays de
Notre-Dame de Paris*, avec la liste des Mays offerts à l'église de Paris de 1630 à
1707, etc. (*Nouv. Arch. de l'Art franç.*, 1880-1881, p. 390 et suiv.) ; H. Stein, *État
des objets d'art placés dans les monuments religieux et civils de Paris au début de la
Révolution.* (*Nouv. Arch. de l'Art franç.*, 1890, p. 21-31).
2. Piganiol, *Description de Paris*, t. I, p. 385.
3. Voy. *Arch. de l'Art franç.*, t. IV, p. 213-214 ; *Ch. de La Fosse et Louis de
Boullogne : prix des tableaux du chœur de Notre-Dame.*
4. *Proc.-verb.*, t. II, p. 291-292.

point esté parce qu'elle n'eut pas le droit de le faire, mais pour se distinguer de la Maistrise[1] ».

Malgré son intransigeance, la Compagnie ne peut empêcher un commerce discret, interdire à Jean Forest de vendre des tableaux anciens, à Largillière de brocanter des antiquités dans son hôtel de la rue Saint-Avoye. Mais la défense de tenir ouvertement boutique porte déjà un grave préjudice aux académiciens, car leurs œuvres, à peines terminées, disparaissent presque toujours dans les palais royaux ou dans les cabinets d'amateurs. Le gros public achète, mais il n'achète naturellement que les tableaux qu'il a pu voir et juger ; aussi les membres de la Compagnie sont-ils à l'affût de toutes les publicités compatibles avec leur dignité : ils se disputent par exemple les Mays de Notre-Dame, bien qu'ils soient payés 600# à peine, parce que la cérémonie de l'offrande attire une foule à la Cathédrale et que les chapitres et les fabriques apprennent le nom de l'auteur[2]. Après 1707 même, ils essayent de renouer la tradition interrompue tant ils la jugent profitable, et créent, en 1716, les Mays de Saint-Germain-des-Prés. Deux artistes peignent gratuitement, chaque année, une scène de la vie d'un saint qu'on porte à Saint-Germain-des-Prés avec la pompe qui environnait autrefois les offrandes à Notre-Dame ; mais ces ex-voto disparaissent dès 1720 : c'est le beau temps du Système ; les nouveaux riches commandent largement : les peintres sont peut-être trop occupés pour s'astreindre à des besognes non payées, peut-être aussi l'expérience n'a-t-elle pas réussi.

Si les ressources des académiciens avaient été suffisantes, les expositions de 1699 et de 1704 n'auraient sans doute jamais eu lieu. D'après l'article 21 des statuts de 1663 ces solennités devaient commémorer la fondation de l'Académie[3], et on se souciait bien peu, en 1699, de restaurer les statuts violés depuis 1673. Mais les expositions attiraient le public et les courtiers de province qui achetaient au pont Notre-Dame[4]. Il est si vrai que les académiciens songèrent

---

1. *Proc.-verb.*, t. II, p. 351.

2. Souvent une brochure décrit l'œuvre en vers et en prose, et célèbre le nom du peintre. Nous trouvons de ces brochures en 1691, 1699, 1701, 1705, 1707. Leur titre était généralement : *Explication du tableau présenté à la Vierge, le 1er jour de May, par Messieurs les orfèvres.*

3. Voy. P. Marcel, *Notes sur les six expositions du règne de Louis XIV.* (*Chronique des Arts*, 1904, p. 10 et suiv.) pour toutes les notes concernant les Salons.

4. Lors de l'exposition de 1673, le public préoccupait déjà les artistes. Le succès avait été considérable et l'Académie avait décidé que « pendant le temps que

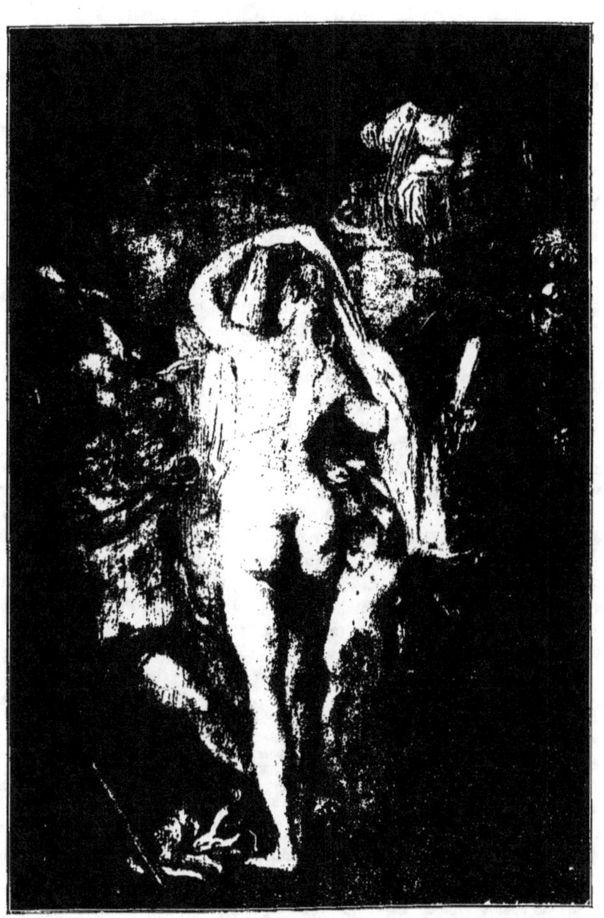

FIG. 42. — ANTOINE WATTEAU. — LE JUGEMENT DE PÁRIS.
(Musée du Louvre.)

surtout à la publicité en rétablissant les Salons à la fin du siècle qu'ils prolongèrent leur durée au delà des limites habituelles uniquement pour la commodité des visiteurs : le palais Brion n'était resté ouvert que neuf jours en 1673 ; en 1699 les visiteurs furent admis vingt jours dans la grande galerie du Louvre, et près d'un mois en 1704. La proportion des genres exposés se modifia également d'une façon caractéristique : au lieu de 150 tableaux d'histoire environ pour une soixantaine de portraits, en 1699, on compta plus de 200 portraits pour 150 tableaux d'histoire en 1704 : la clientèle bourgeoise commandait surtout des portraits. Malgré de prudentes circonlocutions, les livrets eux-mêmes traduisent la préoccupation dominante des académiciens. Ceux-ci savent, dit le catalogue de 1704, que « quoique la plupart de leurs ouvrages soient faits pour contribuer à la majesté des temples et à la magnificence des palais, il ne laisse pas d'y avoir un grand nombre d'autres qui ne sont pas plutôt placez dans les cabinets où ils sont destinés qu'ils sont souvent dérobez aux yeux du public et qu'ainsi les progrès que l'Académie fait dans les arts pourraient être ignorez[1] ».

Les expositions disparaissent cependant de 1704 à 1737 parce que la Compagnie, dans la misère, ne peut plus subvenir à leurs frais. « La dépense et les grands préparatifs qui y sont nécessaires [à la solennité], disent les *Procès-verbaux*, empêchent de [la] faire aussi souvent qu'il seroit à souhaiter[2] » : l'installation avait coûté 826[**] 6 s. 6 d. en 1699, et 1571[**] 3 s. en 1704[3] ; le roi en avait assumé la charge, mais le Trésor, à la fin du règne, n'est même plus en mesure de faire face aux dépenses urgentes[4].

Les jeunes académiciens surtout souffrent de la suppression

durera cette feste, l'Académie s'abstiendra de s'assembler en particulier et mesme que l'exercisse de l'Escole sera suspendu pour lesser au public la liberté d'entrer partout et de satisfaire sa curiosité ». (*Proc.-verb.*, t. II, p. 6.)

1. J.-J. Guiffrey, *Réimpression des livrets des anciennes expositions*, 1704.

2. *Proc.-verb.*, t. III, p. 397.

3. J.-J. Guiffrey, *Notes et documents inédits sur les expositions de peinture du XVIIIe siècle*. Paris, 1873, in-12.

4. L'Académie n'oublie jamais les expositions : en 1714 elle fait inscrire les livrets parmi les ouvrages qu'un arrêt du Conseil d'État lui accorde le privilège d'éditer. La *Description de l'Académie*, qu'elle commande au secrétaire Guérin en 1713 (*Proc.-verb.*, t. IV, p. 170), et qui paraît en 1715, est aussi un ouvrage de publicité. « Ce que l'on se propose, dit Guérin dans l'introduction..., c'est de réveiller la curiosité de ceux qui aiment les Arts du dessin, de les inviter à venir juger par eux-mêmes du progrès qu'ils font en France à la vue de tant d'ouvrages de différentes natures que ceux qui entrent dans le corps de l'Académie sont obligés de donner pour prouver leur capacité... » (Page 6 de l'édition originale). Le texte, très rare, a été réimprimé par Montaiglon.

des Salons. Ils ne sont pas encore admis aux pensions du roi, aux faveurs des grands ; ils ne peuvent vendre en boutique comme les maîtres ; il leur reste une seule ressource pour sortir de l'obscurité et de la misère : l'exposition de la place Dauphine. Tous les ans, à la Fête-Dieu, un reposoir est élevé en plein air, place Dauphine, pour la procession Saint-Barthélemy, et les peintres décorent de tableaux les murs des maisons voisines drapés de tentures. Ces brèves expositions ne sont signalées par le *Mercure* qu'en 1722, mais elles existaient depuis longtemps à cette époque. « On a exposé cette année, *selon la coutume*, dit le rédacteur, quantité de tableaux... le jour de la Fête-Dieu[1] ». Les orfèvres, nombreux dans le quartier, commandaient, dès le milieu du xviie siècle, des toiles pour orner les autels construits sur la place[2] ; les marchands de tableaux des environs concoururent bientôt à la décoration et prêtèrent leurs sujets de piété ; enfin les peintres envoyèrent des portraits et des mythologies à côté des martyres de saints[3]. Cette transformation, dont on ignore la date, était achevée au début du xviiie siècle. Les académiciens eux-mêmes exposaient alors place Dauphine. Le *Mercure* note, en 1722, une « quantité de tableaux des meilleurs maîtres de l'Académie royale de peinture[4] », et, en 1722, 1724, 1725, il cite les toiles de Noël-Nicolas Coypel, Favanne, Oudry, Restout, Jacques de Lajoue[5]. Il n'y avait aucun contrôle, aucune sélection, cependant, dans cette sorte de foire ; des enseignes maladroitement coloriées, de mauvaises miniatures, des ouvrages en cheveux voisinaient avec les œuvres d'art ; mais la Compagnie était bien obligée de tolérer ces promiscuités : elle eût compromis son autorité en condamnant les plus jeunes de ses membres à une trop longue obscurité.

Des artistes de Paris essayent encore d'augmenter leurs ressources en travaillant pour les provinces. Mignard, Ant. Coypel peignent des portraits historiques pour le château de Bussy-Rabutin en Nivernais ; Jean Bérain dessine des modèles de galères pour Brest ; Jouvenet décore des églises et des couvents dans toute la France ; quelques académiciens s'établissent même définitivement

1. *Mercure de France*, juin 1722, p. 87.
2. Voy. par exemple, *Mém. inéd.*, t. I, p. 272.
3. Sur les détails matériels de l'Exposition de la Jeunesse, voy. Ed. Fournier, *Histoire du Pont-Neuf*, t. I, p. 295 et suiv.
4. *Mercure de France*, juin 1722, p. 87.
5. Voy. encore, *Rev. univ. des Arts*, t. XIX, p. 38 et suiv., *Notes pour servir à l'histoire de l'Exposition de la Jeunesse*, par Bellier de la Chavignerie.

hors Paris : Gabriel Revel à Dijon, Arnould de Vuez à Lille. Mais les peintres provinciaux combattent avec acharnement cette concurrence, car leurs ressources sont limitées et suffisent exactement à leurs besoins. Ils n'émargent presque jamais au budget des Bâtiments; à peine le roi emploie-t-il dans les ports des hommes comme les de La Rose, les Volaire et les Van Loo à Toulon[1], comme Michel-Jacques Serre à Marseille, qui donnent des modèles de galères et travaillent aux décorations navales[2]. Encore les paie-t-il fort mal : en 1684 Jean Van Loo touche 1,350[++] seulement pour l'entreprise générale des peintures de *l'Ardent* qui comporte un tableau à l'huile de 6 pieds de long sur 8 pieds de haut; un peu plus tard, Louis Van Loo ne reçoit que 500[++] pour la décoration à la détrempe des salons de l'Intendance maritime. Michel-Jacques Serre seul est un peu mieux rétribué : il obtient en 1693 une pension de 600[++], portée même à 900[++] au début du XVIIIe siècle, quand il est nommé « premier peintre du roi pour les galères du département de Marseille[3] ».

Les fonctionnaires administratifs et judiciaires, le haut clergé résidant sont de meilleurs clients que le roi pour les artistes provinciaux. Éloignés de la cour, sevrés de vie mondaine, dotés souvent de grosses pensions, ils occupent les peintres par goût ou par désœuvrement. Le duc du Maine, qui a transféré son Parlement à Trévoux en 1696, confie la décoration de la grande salle du château à Paul-Pierre Sévin en 1698 ; à Besançon, c'est Claude-François-Jacquot d'Aunoire, conseiller honoraire de la ville, qui fait tra-

---

1. L'école de Toulon a une certaine importance. Son développement est parallèle au développement de la flotte. Voy. sur son histoire, dans *Réun. des Soc. des Beaux-Arts des dép.*, 1887, p. 313, *Les écoles d'Art à Toulon*, par Ch. Ginoux ; — dans *Nouv. Arch. de l'Art français*, 1888, p. 145 : *Peintres et sculpteurs nés à Toulon, ou ayant travaillé dans cette ville* (1518-1800), par Ch. Ginoux ; — dans *Nouv. Arch. de l'Art français*, 1889, p. 303 : *Peintres et sculpteurs de la ville de Toulon*, par Ch. Ginoux ; — dans *Nouv. Arch. de l'Art franç.*, 1894, p. 19 : *Artistes de Toulon*, par Ch. Ginoux. J.-B. de la Rose fut chargé de diriger l'école d'apprentis décorateurs établie officiellement à l'Arsenal de Toulon, et qui fut pour la décoration navale ce que l'école des Gobelins fut pour la tapisserie.

Brest dut avoir aussi son école et Rochefort, le Havre, Dunkerque, etc. Voy. E. Veuclin, *Notes sur quelques artistes de la marine de l'État à la fin du XVIIe siècle*. (*Réun. des Soc. des Beaux-Arts des départ.*, 1894, p. 725.)

2. *Arch. de l'Art franç.*, t. I, p. 333 et suiv., *Michel Serre : Son brevet de peintre des galeries du roi*.

3. *Mém. inéd.*, t. II, p. 247. L'article sur Serre est de Mariette. Il donne l'année 1686 comme date de la nomination de l'artiste au poste de peintre des galères du roi, mais cette date est contredite par le brevet authentique de nomination retrouvé au ministère de la marine et publié dans les *Arch. de l'Art franç.*, t. I, p. 333.

vailler; à Rochefort, Michel Bégon, ingénieur général de la Rochelle et de la marine à Rochefort; à Bordeaux, l'archevêque Louis d'Anglure de Bourlemont, vice-protecteur de l'école académique; à Aix, J.-B. Boyer d'Aguilles, conseiller au Parlement de Provence; en Nivernais, Bussy-Rabutin, lieutenant du roi et maître du camp général; à Bourges, l'archevêque Michel Phelypeaux de la Vrillière[1]. Un protecteur suffit parfois à assurer toute la carrière d'un artiste de province. En 1667, le peintre mendois Jean Lacour

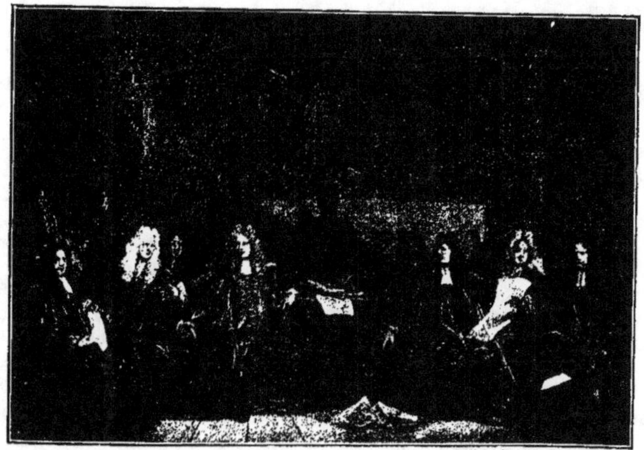

Cliché Braun, Clément et Cie.

FIG. 43. — NICOLAS DE LARGILLIÈRE. — BANQUET OFFERT A LOUIS XIV PAR LE PRÉVÔT ET LES ÉCHEVINS DE PARIS A L'OCCASION DE SA CONVALESCENCE.
(Musée du Louvre.)

n'est encore qu'un obscur praticien : il touche 20^{tt}, cette année-là, pour avoir orné une bannière de la confrérie de Saint-Éloi; mais en 1668 il exécute un tableau d'autel pour la chapelle privée de l'évêque de Mende, et le prélat fait sa fortune : Lacour travaille d'abord des années à la décoration de l'évêché; en 1688 l'évêque lui demande son portrait; puis les chapitres de la cathédrale et de toutes les églises importantes du diocèse, Badaroux, Saint-Bauzile, Sainte-

1. *Devis des peintures de la grande salle du palais à Trévoux*, par P.-P. Sévin dans les *Nouv. Arch. de l'Art franç.*, 1874-1875, p. 219.

Eulalie, Balzièges, Saint-Alban lui commandent des tableaux ; il décore enfin le château de Chanac, résidence d'été des évêques[1].

Mais ce sont les municipalités, les fabriques et les chapitres qui procurent aux artistes les ressources les plus abondantes, et surtout les plus régulières, hors Paris. Presque toutes les villes ont leur peintre attitré : à Toulouse c'est Rivalz, à Lyon, Blanchet, puis Sévin, puis Mignard, à Lille, Arnould de Vuez. A Bordeaux, Le Blond de La Tour peint chaque année les jurats en pied et en buste, il entretient les collections de la ville, les portraits du roi, de la famille royale, des anciens jurats, il ordonne les décorations des fêtes et deuils publics, compose les allégories des arcs de triomphe, les écussons des catafalques[2]. A Toulon, le peintre municipal a les mêmes occupations[3]. On voit encore à l'hôtel de ville de Lille une longue série de portraits et de tableaux exécutés par Arnould de Vuez pour la municipalité. Les cités trop pauvres pour entretenir des peintres en titre font marché avec des artistes locaux pour décorer leurs hôtels de ville. En 1716, par exemple, le Conseil d'Aix-en-Provence demande à Cellony père et fils et à Viali, neuf tableaux d'histoire, un grand Christ, un Louis XIV en pied et cinquante-huit portraits de rois et de comtes de Provence pour sa grande salle de réunion[4]. Quant aux églises des villes et des villages, aux réfectoires et aux cloîtres des couvents, ils sont riches en œuvres peintes par des artistes locaux ou nomades, car au début du XVIIIe siècle, les peintres de province, fidèles à la tradition du moyen âge, courent encore la France en quête de travail. Ils sont mal payés le plus souvent[5], mais les églises sont nombreuses, et quand ils

---

1. *Jean Lacour*, par F. André dans *Réun. des Soc. des Beaux-Arts des départ.*, 1890, p. 694.

2. *Arch. de l'Art franç.*, t. II, p. 125 et suiv., et Ch. Braequehaye, *Les peintres de l'Hôtel de ville de Bordeaux* dans *Réun. des Soc. des Beaux-Arts des départ.*, 1898, p. 902.

3. *Peintres et sculpteurs de la ville de Toulon.* Marchés communiqués par M. Ch. Ginoux. (*Nouv. Arch. de l'Art franç.*, 1889, p. 303.)

4. E. Parrocel, *Annales de la peinture*, 1862, p. 197-199. Le travail, interrompu par la grande peste, fut repris par Dandré Bardon, qui le termina en 1726. Il fut détruit en 1792.

5. Quelques contrats, quelques comptes qui nous sont parvenus indiquent des prix payés aux peintres de province. Mais ils sont trop peu nombreux, portent sur des travaux trop dissemblables, et se rapportent à des artistes de valeur trop inégale pour qu'on puisse en extraire des moyennes. La seule conclusion que l'on puisse en tirer, c'est que les prix de province étaient très inférieurs à ceux de Paris. P.-P. Sévin ne touche en 1698 que 900^{ll} pour la décoration de la grande salle du palais de Trévoux (voy. *Devis des peintures de la grande salle du palais de Trévoux* (*Nouv. Arch. de l'Art franç.*, 1874-1875, p. 219). Pour remer-

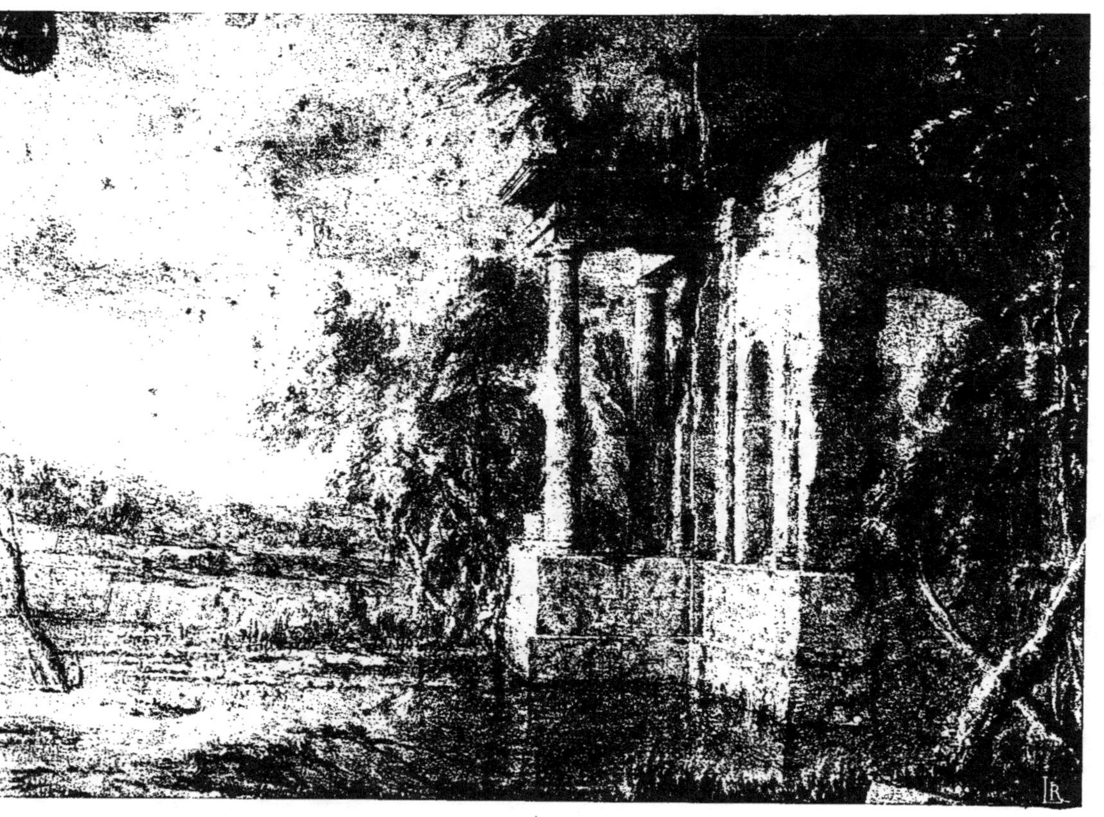

Paysage
Dessin par Pierre Patel
(Musée du Louvre)

ont décoré les autels et les chapelles, ils passent les chaires et les piliers à la couleur. Ils ne répugnent à aucune besogne : beaucoup sont encore des ouvriers dans le sens que nous donnons aujourd'hui au mot[1].

Les peintres parisiens trouvent heureusement à l'étranger le supplément de ressources que leur refusent les provinces, et ils voyagent volontiers. Louis XIV les encourage d'abord à s'expatrier pour enseigner à l'Europe la gloire de l'art français ; mais, comme à la fin du règne, au moment où les grandes commandes deviennent rares, les départs augmentent dans des proportions inquiétantes, il réglemente sévèrement l'émigration[2]. Le contrôle qu'exerce alors l'administration sur les artistes ne s'applique pas seulement aux académiciens : Desportes n'est admis dans la Compagnie qu'en 1699, et, en 1695, il n'obtient l'autorisation d'aller à Varsovie qu'à condition de laisser femme et enfants en France et de rentrer à la première injonction ; Villacref le rappelle dès 1696 et il revient aussitôt[3]. Dans tous les congés d'artistes on insère une clause restrictive et souvent on l'applique. « Lorsque le Roy a accordé à un des membres de son Académie de peinture et sculpture une permission de passer dans le pays

cier saint Jean-Baptiste de l'avoir protégée lors du siège de Toulon, la municipalité du village de Ligne lui offre un tableau « représentant la venue des ennemis en ce lieu et le vœu que lesdits sieurs magistrats et habitants firent... ». Le peintre Jérôme Romain (1649-1717), signalé d'autre part dans les registres de Toulon comme travaillant aux vaisseaux du roi, est choisi pour l'exécuter, et on traite avec lui pour 60[livres] (voy. *Nouv. Arch. de l'Art franç.*, 1890, p. 215). Ant. Ranc peint pour 600[livres] le maître-autel de Notre-Dame des Tables à Montpellier ; pour 2700[livres] d'autres décorations dans la même église. Il touche 1200[livres] pour ses travaux aux murs et à la voûte de la Cathédrale. Cela ne l'empêche pas, entre 1701 et 1710, de peindre des toiles pour 25, 12 écus et même 12[livres] (*Réun. des Soc. des Beaux-Arts des départ.*, 1887, p. 183 et suiv. *Les deux Ranc, peintres de Montpellier*, par Ch. Ponsonailhe). Il y a une preuve de la pauvreté de beaucoup d'artistes des provinces dans l'article de Delpit, sur l'école académique de Bordeaux, publié dans la *Revue universelle des Arts*, t. X. En 1692, l'école académique reçoit deux membres nouveaux : Le Blond de La Tour fils, peintre, et Le Moyne, sculpteur ; comme elle les sait peu riches, elle ne leur demande qu'un présent pécuniaire de 50[livres], mais ils ne peuvent encore le payer. On réduit alors la somme à 30[livres], et, comme sept mois après celle-ci n'est pas encore acquittée, on demande seulement 15[livres] comptant et 15[livres] lors de la livraison du morceau de réception. A Paris, les présents pécuniaires varient de 100 à 200[livres].

1. Quelques-uns cependant sont apparentés à la meilleure bourgeoisie des villes : les Chappe de Reims par exemple. Voy. sur les Chappe, Loriquet, *Catalogue du Musée de Reims*, 1881, p. 111 à 118.

2. Voy. sur ce réglement, *Nouv. Arch. de l'Art franç.*, 1878, p. 3 et suiv.

3. *Mém. inéd.*, t. II, p. 102-103.

étranger, lit-on dans une pièce concernant Vivien, ce n'est ordinairement qu'à condition d'en profiter dans le cours de l'année,
en cas que le service de Sa Majesté ne le demande pas plus tôt;
mais, se présentant actuellement occasion d'employer le sieur
Vivien, il se rendra incessamment ici pour recevoir nos ordres, luy
permettant cependant de finir les ouvrages qu'il a pu commencer
si ils ne le tiennent pas plus de trois mois que nous luy accordons
pour tout délai[1] ». Seuls les peintres qui se désintéressent des
commandes, des pensions, des faveurs royales peuvent impuné-

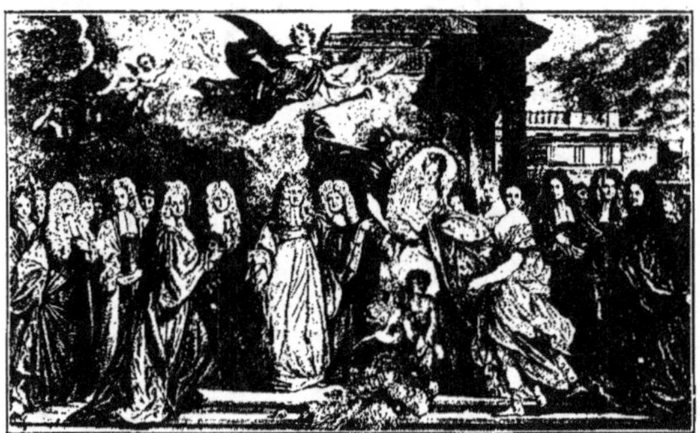

Gravé par Née.

FIG. 44. — NICOLAS DE LARGILLIÈRE. — MARIAGE DU DUC DE BOURGOGNE
AVEC ADÉLAÏDE DE SAVOIE.

ment voyager à leur gré; quant aux autres, le surintendant les punit
à la première occasion. Ainsi Baptiste Monnoyer parti pour Rome
en 1709 sans congé demande protection à l'Académie, mais d'Antin
écrit à Poerson : « Comme Baptiste, Peintre, est allé à Rome sans
en avoir rien dit, n'en usez point avec lui comme avec ceux qui y
sont par permission ». Et le 17 avril de l'année suivante il insiste :
« J'approuve fort la conduite que vous avez eue à l'égard de Baptiste
peintre. Il ne faut point accoutumer ces Messieurs à courir le Monde
comme des vagabons quand on ne cherche comme moi que les
occasions de leur faire du bien[2] ».

Nos peintres vont d'autant plus volontiers chercher fortune

1. *Nouv. Arch. de l'Art franç.*, 1878, p. 22-23.
2. *Corresp. des direct.*, t. III, p. 324 et 382.

à l'étranger qu'ils sont admirablement accueillis dans toute l'Europe. L'Allemagne est, comme l'Italie et comme l'Espagne, un centre actif d'art français au début du xviiie siècle. A Vienne, après la paix de 1716, Jacques Van Schuppen remplit les fonctions de premier peintre ; protégé par le comte d'Althon[1], directeur des bâtiments impériaux, il crée une académie de peinture sur le modèle de la Compagnie de Paris. Avant même la conclusion de la paix, des artistes français s'installent en Autriche, encouragés par le comte de Zizendorff, envoyé de l'empereur en France, et surtout par le prince Eugène qui confie à Louis Dorigny — dès 1711, en pleine guerre — le soin de représenter l'*Histoire d'Icare* au plafond du grand escalier de son palais et l'*Enlèvement d'Orythie par Borée* à la voûte de la grande galerie dont Ignace Parrocel ornera les murs de batailles en 1719[2]. Antoine Pesne arrive en Prusse en 1710 avec son beaupère, Gayot Dubuisson[3] : il est à la fois portraitiste de la Cour et décorateur attitré des palais impériaux. Louis de Silvestre, fils d'Israël, premier peintre de l'Électeur de Saxe, roi de Pologne, travaille tour à tour à Dresde et à Varsovie[4] où François Desportes l'a précédé en 1692. A Munich, c'est Joseph Vivien, premier peintre du duc Maximilien Emmanuel, qui dirige le mouvement artistique[5] auquel prennent part d'autres Français, Henri Gascar, Martin Maingaud, Philippe Meusnier, Nicolas Bertin[6]. Vivien est aussi le peintre préféré de l'électeur de Cologne.

1. Mariette, *Abecedario*, t. VI, p. 8.

2. Pour toute la bibliographie de ce paragraphe il faut se reporter à Dussieux, *Artistes français à l'étranger*, 3e édition, *passim*.

3. Ils sont accompagnés d'un autre peintre fleuriste, Étienne Page (voy. P. Seidel, *Gazette des Beaux-Arts*, 1891, t. I, p. 322). En 1711, Pesne est nommé premier peintre. Il apporte en Allemagne un grand nombre d'œuvres françaises contemporaines (L. de Fourcaud, *La collection de peintures françaises de l'empereur d'Allemagne*. Magazine of Art, mars 1903).

4. Il amassa une grosse fortune en Allemagne, puis « demanda sa retraite, et l'ayant obtenue il revint en France » (Mariette, *Abecedario*, t. V, p. 217-218). De 1717 à 1724 on trouve auprès de lui Nicolas Wilbault, peintre, que lui a recommandé l'ambassadeur de Saxe en France (H. Jadart, *Nicolas et Jacques Wilbault* dans *Réun. des Soc. des Beaux-Arts des dép.*, 1886, p. 276).

5. Les *Nouv. Arch. de l'Art franç.*, 1878, p. 12, ont publié un congé accordé à Vivien pour aller à Munich en 1715. L'artiste ne s'installa pas définitivement en Bavière, mais il y fit sans doute plusieurs voyages dont les dates ne sont pas exactement connues. Dès 1696 il peignit la deuxième femme du duc, Thérèse-Cunégonde de Bologne. A deux reprises il représenta le duc lui-même, la deuxième fois en 1715. Il peignit aussi des princes de la maison de Bavière.

6. Il exécuta des tableaux pour le duc, mais n'alla peut-être pas en Bavière. Les *Mém. inéd.*, t. II, p. 231-232, publient sur lui une notice qui semble bien être de sa main et ne signale pas de voyage en Allemagne.

En Suède la culture française est en honneur depuis la reine Christine : les artistes français viennent volontiers travailler à Stockholm et les Chauveau sont seulement les plus célèbres de tous ceux qui vivent à la cour de Charles XII à la fin du XVIIᵉ siècle[1]. Au contraire, malgré les efforts de Pierre le Grand, nos peintres ne vont pas en Russie[2]. Lefort, le neveu du ministre, envoyé à Paris en 1715 pour ramener des artistes en tous arts, embauche bien un architecte, Le Blond, convoyé d'une équipe de machinistes pour jets d'eau, de menuisiers, de sculpteurs sur bois, de ciseleurs, de constructeurs, de fondeurs en fer et en bronze, de tailleurs de pierre, de charpentiers, d'orfèvres, de serruriers, de tapissiers hauteliciers et basseliciers, de jardiniers[3], mais il n'engage pas un peintre. Jean-Marc Nattier[4], Oudry[5], pressentis, hésitent d'abord, puis refusent de partir. Le seul peintre français de quelque valeur installé en Russie au début du XVIIIᵉ siècle est le Bourguignon Louis Caravacque qui peint en 1716 et en 1723 des portraits de Pierre le Grand[6]. A défaut d'artistes, le czar introduit au moins des œuvres françaises à Moscou ; le catalogue du Musée de l'Ermitage, rédigé en 1774[7], enregistre sept de La Fosse, quatre Ant. Coypel, quatre Santerre, deux Raoux, des Watteau ; et une bonne partie de ces œuvres est arrivée en Russie avant le règne de la grande Catherine.

---

1. *Vie de François Chauveau et de ses deux fils*, par Papillon, réimprimée par Th. Arnauldet, P. Chéron et A. de Montaiglon. Paris, 1854, in-8°.

2. Voy. Veuclin : *L'Art français en Russie* (*Réun. des Soc. des Beaux-Arts des dép.*, 1894, p. 366-367, d'après les *Archives du ministère des affaires étrangères :* Correspondance de Moscovie, volume II).

3. *Nouv. Arch. de l'Art franç.*, 1878, p. 17 : *Congés accordés à plusieurs ouvriers pour Saint-Pétersbourg* et *Réun. des Soc. des Beaux-Arts des dép.*, 1893, p. 486 et 487 : Veuclin, *Quelques artistes français... en Russie sous Pierre le Grand et Catherine II.*

4. Pour Nattier, voy. *Mém. inéd.*, t. II, p. 352-353. M. Veuclin, citant dans son article sur l'*Art français en Russie* (*Réun. des Soc. des Beaux-Arts des dép.*, 1894, p. 370), ce passage d'un rapport d'un consul de France à Moscou (16 avril 1716), « Le prince Menzicon a fait faire par un habile peintre français le portrait de Pierre Pietrovitz, fils du czar, qui est âgé d'environ onze mois, pour l'envoyer à son père », ajoute que le peintre fût peut-être Nattier. Comme l'artiste n'alla certainement pas en Russie, cette hypothèse tombe. Le seul nom possible à proposer est celui de Louis Caravacque.

5. *Mém. inéd.*, t. II, p. 372, et *Nouv. Arch. de l'Art franç.*, 1878, p. 18 : *Congé accordé à Oudry pour aller en Moscovie.*

6. Le premier a été gravé par A. Massard et par Langlois, le deuxième par Soubeyran. Caravacque mourut en Russie en 1752. (Voy. Ministère des affaires étrangères, *Correspondance de Moscovie*, publiée par Veuclin dans *Réun. des Soc. des Beaux-Arts des dép.*, 1894, p. 378.)

7. Réimprimé dans la *Revue universelle des Arts*, t. XIII, p. 164 et suiv.

Malgré leur fortune souvent médiocre, les artistes occupent
une belle place dans la hiérarchie sociale à la fin du XVIIᵉ siècle.
Si le peintre et le sculpteur sont encore des « ouvriers », le mot
n'a pas un sens péjoratif. Ouvrier, d'après le dictionnaire de Trévoux, « est un terme général qui s'applique à celui ou à celle
qui travaille de la main à quelque ouvrage que ce soit » et « se
dit aussi de ceux qui font des ouvrages de l'esprit ». Antoine Coypel
exprime l'opinion générale lorsqu'il écrit : « Quand je parle de la

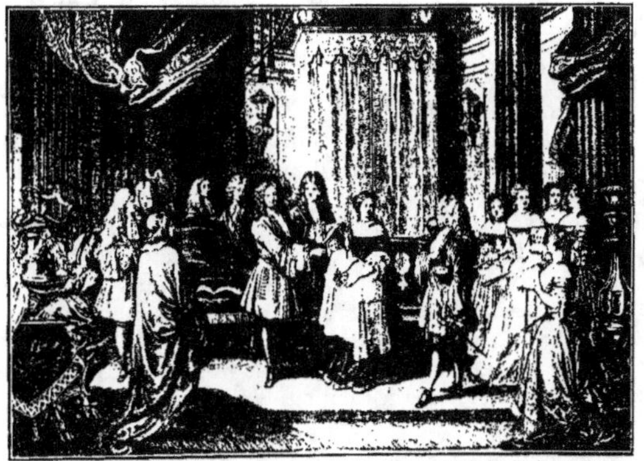

Gravé par N. de Larmessin.

FIG. 45. — ANTOINE WATTEAU. — LOUIS XIV METTANT LE CORDON BLEU AU DUC DE BOURGOGNE.

peinture, je ne prétends pas parler d'un art méchanique qu'une
sorte d'habitude et la pratique seules font acquérir, je parle d'un
art que l'antiquité la plus polie et la plus éclairée a honoré comme
une espèce de divinité[1] ». Nicolas Lamoignon de Basville vient de
faire reconnaître en justice, dans une défense de Van Opstal, le
titre de professions libérales jouissant de la prescription trente-
naire à la peinture et à la sculpture considérées encore comme
des métiers mercenaires soumis à la prescription annuelle[2]. Dans
le premier quart du XVIIIᵉ siècle, Antoine Coypel et Louis de Boul-

1. *Discours...*, 1721, in-4°. Préface.
2. Feuillet de Conches, *Causeries sur la curiosité*. Paris, 1878, p. 165 et suiv.

logne sont anoblis[1]. Rigaud, qui ne peut obtenir cette faveur du roi puisqu'il n'est pas peintre d'histoire, se fait décerner en 1709 des titres authentiques par la noblesse de Roussillon qui jouit du privilège de créer un noble chaque année[2]. Poerson, après avoir longtemps intrigué, après avoir fait intervenir le confesseur du roi, le pape même par l'intermédiaire du cardinal de la Trémoille, reçoit enfin le 11 mai 1711 la croix de Saint-Lazare[3] réservée aux nobles.

C'est à l'Académie, il faut le reconnaître, que les artistes doivent la considération dont ils jouissent. Dans la société fortement organisée de l'ancien régime, les titres et les prérogatives dont dispose la Compagnie lui confèrent une grande autorité morale : elle le sait et défend jalousement ses privilèges. Les maîtres essayent parfois encore de la combattre, mais elle les poursuit rigoureusement[4] et les contraint à reconnaître enfin sa suzeraineté. Tous les corps de métier qui pourraient la menacer sont surveillés avec une égale vigilance : les imprimeurs en taille-douce en font l'expérience quand ils attaquent Pierre Drevet en 1705[5], et les maîtrises de province quand elles veulent inquiéter les académiciens établis hors Paris, comme Tiger à Troyes et Gabriel Revel à Dijon[6]. Mais cette police rigoureuse serait vaine si l'Académie n'était pas très sévère pour elle-même ; aussi recrute-t-elle ses membres avec une prudence infinie. Les anciens élèves de l'École doivent avoir au moins concouru aux grands prix pour se présenter. Il faut à tous les aspirants un parrain qui les accompagne dans les visites préliminaires

1. J.-J. Guiffrey, *Lettres de noblesse accordées aux artistes en France aux XVIIe et XVIIIe siècles*, dans la *Revue historique, nobiliaire et biographique*, t. X, 1873, p. 1 et suiv., et J.-J. Guiffrey, même titre, dans les *Nouv. Arch. de l'Art franç.*, 1889, p. 225 à 245.

2. *Mém. inéd.*, t. II, p. 120-121.

3. *Corresp. des direct.*, de 1708 à 1711, *passim*. Rigaud, Louis de Boullogne, Vleughels, d'autres encore sont décorés de l'ordre de Saint-Michel, mais après 1721. Une correspondance découverte aux archives d'Ille-et-Vilaine fait mention d'un certain Louis-Jacques de Launay, peintre, *chevalier de Saint-Michel*, qui quitta en 1724 la cour de Pologne, où il était employé, abandonna les arts et entra à Laon dans un couvent de Chartreux. On sait seulement par les archives de la Grande-Chartreuse, qu'il était né en 1686, qu'il fit profession le 30 juillet 1724 et mourut en 1756. D'après quelques notes secrètes, il était atrabilaire et misanthrope, mais austère, modeste, exact à l'église. On ne connaît pas une œuvre de sa main. Selon M Victor Advielle, s'il a peint après son entrée en religion, ses œuvres doivent être en partie dans la région du Val-Saint-Pierre. Voy. *Bulletin du Comité des Sociétés des Beaux-Arts des départements*, 1er décembre 1897, p. 19. et 1er mars 1898, p. 22.

4. En 1691 et en 1698 par exemple, voy. *Proc.-verb.*, t. III, p. 68, et 227-228.

5. *Ibid.*, t. IV, p. 2.

6. *Ibid.*, t. III, p. 84 et 376.

où le directeur et les officiers en charge jugent leurs œuvres. L'avis
défavorable des officiers annule une candidature, mais leur approbation n'assure pas son succès. Le nom de l'aspirant, son âge, son
école sont d'abord soumis au protecteur qui jouit du droit de *veto;*
puis on passe au vote. Ce vote n'est pas une simple formalité[1] ; le
candidat doit réunir les deux tiers des voix pour être élu. Agréé
même, il n'est reçu définitivement qu'après avoir présenté son morceau de réception et payé son présent pécuniaire. Toute leur vie enfin
les académiciens restent soumis à une discipline rigoureuse. Un
protocole sévère établit leur hiérarchie : des règlements plusieurs
fois remaniés déterminent l'ordre de préséance aux assemblées, les
honneurs, les sièges des conseillers, des professeurs, des recteurs, du
chancelier, du directeur[2]. Au temps où l'Académie est encore presque
riche, elle ordonne des services religieux pour ses membres défunts
et le cérémonial diffère selon les grades. En témoignage de déférence
et de soumission, les artistes établis en province ou à l'étranger sont
tenus d'écrire au moins une fois par an au directeur[3]. Un règlement
du 22 décembre 1677 rend passible d'exclusion tout académicien qui
manque sans motif plus d'un an aux séances, et cette loi draconienne
est strictement appliquée : le 24 avril 1688, par exemple, de Troy,
Armand, de La Marre Richard et Vambeck sont mis en demeure de
prouver qu'ils ont fait acte de présence dans l'année[4].

L'Académie n'assure pas seulement la dignité aux artistes, elle
leur enseigne encore la solidarité. En 1694, quand l'École est
menacée, les officiers renoncent à leur traitement pour la sauver.
Depuis 1693, on prélève sur les revenus réduits à 2,000^{tt} une
petite pension pour de Sève vieilli et malheureux[5], et la veuve
de ce peintre reçoit plus tard un louis d'or par trimestre et quelques
voies de bois l'hiver[6]. Un délégué rend visite aux malades et leur
porte les vœux de leurs collègues. Les querelles entre artistes sont
rares : la seule qui vaille d'être notée est celle qui brouilla Watteau
et Gillot, et nous la connaissons fort mal. Les deux hommes
étaient encore obscurs quand ils se séparèrent, et Watteau n'avoua
jamais les circonstances de la rupture. Peut-être une femme

---

1. *Proc.-verb.*, t. III, p. 334. *Règlement sur la forme de présentation des Aspirans.*
2. Voy. au sujet de la discipline hiérarchique la plainte de Noël Coypel,
directeur de la Compagnie, contre de Sève en 1675, et la procédure qu'elle pro-
voqua. *Proc.-verb.*, les 3 et 24 septembre 1695, t. III, p. 171 et suiv.
3. *Ibid., passim.*
4. *Ibid.*, t. II, p. 373-374.
5. *Ibid.*, 29 août 1693, t. III, p. 122.
6. *Ibid.*, 29 novembre 1705, t. IV, p. 18.

a-t-elle passé entre les deux hommes, peut-être la nervosité de Watteau a-t-elle causé tout le mal, ou le dépit envieux de Gillot? Nous
ne savons pas, et il est probable que nous ne saurons jamais. Les
chercheurs ont épuisé leur ingéniosité sur le mystère. Désespérant
enfin de le percer, ils lui ont donné une valeur symbolique: Watteau abandonnant Gillot, c'est la jeune peinture du XVIIIe siècle se
libérant brutalement des maîtres qui l'ont élevée et dont elle n'a
plus que faire.

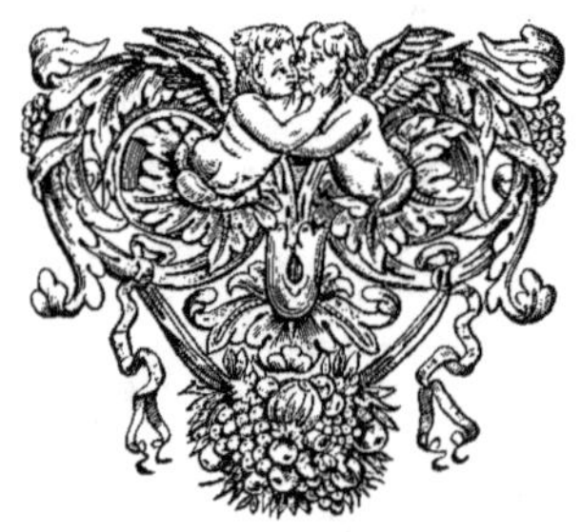

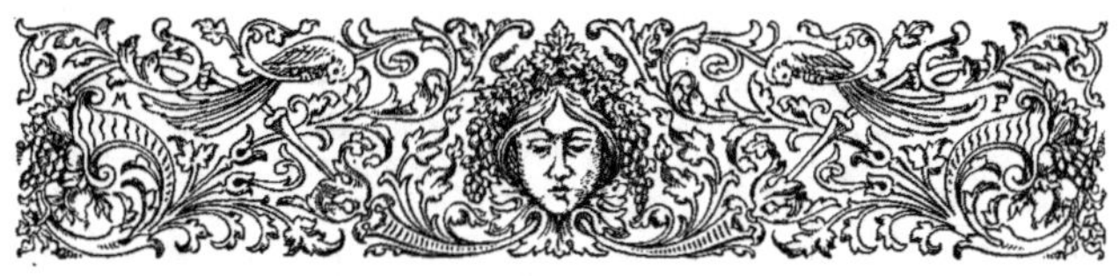

TROISIÈME PARTIE

LES GENRES ET LES ŒUVRES

CHAPITRE IX

LA PEINTURE D'HISTOIRE

I

PEINTURE RELIGIEUSE[1]

Après la mort de Le Brun la peinture religieuse devient extrêmement abondante. Pour une dizaine de tableaux d'église à peine au salon de 1673, on en compte soixante-douze à celui de 1699, et près de cent à celui de 1704. En 1673 Michel Corneille expose un seul sujet du Nouveau Testament sur sept envois, en 1699, cinq sur neuf, en 1704, six sur huit[2]. Pas un artiste qui ne travaille alors pour les fabriques ou les chapitres. Rigaud peint une *Nativité*[3], un *Christ expi-*

---

1. Voyez pour l'illustration de ce chapitre de la page 17 à la page 89, fig. 3 à 26.

2. Au Salon de 1673, les envois de Corneille sont : *Sapho chantant et jouant de la lyre, Aspasie assistant à une conversation de savants, Orphée et Eurydice, Moïse sauvé des eaux.* En 1699 : *Aspasie, Apollon se couchant dans le sein de Thétis, Vénus sur les eaux, Deux femmes endormies, Sainte Geneviève, Le Ravissement de saint François, La Barque de saint Pierre, Le Christ au jardin des Oliviers.* En 1704 : *La duchesse de Bouillon, M. Le Juge, fermier général, L'Assomption de la Vierge, Saint François, La Madelaine, Sainte Cécile, La Pêche miraculeuse, Saint Pierre.*

3. En 1687 ; gravée par Drevet en 1696.

rant (Musée de Perpignan), et sa dernière œuvre est la *Présentation de la Vierge au Temple* (Musée du Louvre). Rœttiers a gravé une *Élévation de Croix* d'après Largillière, qui laissa, dit Mariette, douze tableaux de la Vierge et du Christ peints par lui-même à ses héritiers[1]. La première œuvre connue de J.-B. Oudry est un *Saint Jérôme*[2]. Des Madeleines pénitentes, des ermites en méditation animent les paysages de Jean Forest.

Bien qu'idéaliste par définition, la peinture religieuse n'oppose aucune résistance au courant qui entraîne l'École vers le réalisme au début du XVIIIᵉ siècle : elle a dépouillé elle-même toute majesté, elle a perdu presque toute dignité dès 1709, quand Antoine Coypel achève ses décorations à la voûte de la chapelle de Versailles, et quand J.-B. Santerre peint sa *Sainte Thérèse*. L'Église, uniquement préoccupée des périls que lui fait courir la pensée[3], se désintéresse de l'art sacré depuis le Concile de Trente. Elle recommande seulement à ses ministres d'avertir les peuples que les représentations de la Divinité n'impliquent pas sa réalité matérielle; elle interdit l'évocation de nouveaux miracles sans l'approbation de l'ordinaire, et proscrit les sujets lascifs. Elle ne demande aux artistes que leur neutralité[4] et leur laisse une liberté dont ils usent diversement, selon les pays. En Italie, les peintres de la fin du XVIᵉ siècle et de la première moitié du XVIIᵉ siècle, très dignes, très décents, très honnêtes, mais ennuyeux et froids, se conforment exactement aux prescriptions du Concile de Trente commentées pour eux par toute une école de théoriciens[5]; en Espagne, le caractère pieux, mystique même, de l'art religieux est sauvegardé pour un siècle encore par le tempérament national et par la tyrannie de l'Inquisition; en France, au contraire, la liberté des peintres et leur indiffé-

---

1. Mariette, *Abecedario*, t. III, p. 62. Il peignit encore, selon Mariette, des sujets de l'Ancien Testament. D'Argenville cite une *Fuite en Égypte* et une *Assomption* de sa main passées à la vente Julienne.

2. *Mém. inéd.*, t. II, p. 366.

3. Paolo Sarpi, *Histoire du Concile de Trente*, trad. Le Courayer, 1739, t. II, p. 646.

4. Il en est encore ainsi de nos jours. Les théoriciens de l'art chrétien n'ont pas manqué au XIXᵉ siècle, mais ils se sont uniquement appliqués à mettre les artistes en garde contre les sujets et les interprétations capables de choquer l'innocence des fidèles, et à donner des indications matérielles, des détails archéologiques précis. Aucun n'a considéré l'art chrétien au point de vue idéaliste. Voy. par exemple, Rio, *De l'art chrétien;* Grimouard de Saint-Laurent, *Guide de l'art chrétien; Analecta juris pontificii : la vérité biblique défendue contre les erreurs de la peinture* (1858-1859, p. 137 et suiv.); Abbé Muret, *L'art religieux contemporain.*

5. Dejob, *De l'influence du Concile de Trente sur la littérature et les beaux-arts chez les peuples catholiques*, p. 243 et suiv.

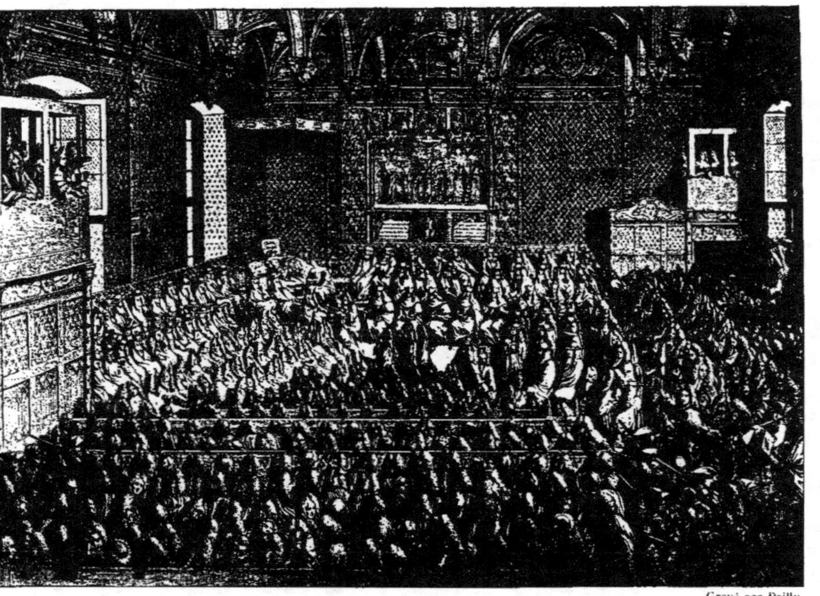

Gravé par Poilly.

FIG. 46. — F. DELAMONCE. — LE PREMIER LIT DE JUSTICE TENU PAR LOUIS XV.

rence vis-à-vis de l'Église sont à peu près absolues. Aussi long-temps que l'imitation des Bolonais est la règle unique de notre École, on ne peut s'en apercevoir ; mais à la première évolution, la peinture religieuse, sans défense, est condamnée à suivre les autres genres. Quand elle devient réaliste et galante à la mort de Le Brun, personne ne s'inquiète de ce caractère nouveau parce que personne ne le remarque[1] : le clergé lui-même s'intéresse surtout à la peinture profane dans ce temps ; Fénelon regarde plus volontiers des Vénus que des Vierges[2] et l'évêque de Mende fait peindre dans son palais la légende d'*Apollon et de Daphné*[3].

Les Jésuites, tout-puissants, pourraient contraindre la peinture sacrée à plus d'austérité, mais ils ne s'en préoccupent pas. Ils sont aussi indulgents à l'art qu'aux mœurs[4]. Ils ne s'astreignent même pas à décorer leur maison professe d'œuvres de piété[5]. La seule action qu'ils exercent sur la peinture religieuse est mauvaise : ils favorisent le développement excessif de l'allégorie dans les tableaux d'église. L'allégorie est un des moyens d'action qu'ils préfèrent ; ils l'emploient sous toutes ses formes, et, pour piquer les curiosités, ils la rendent volontiers obscure et compliquée. Chaque année leurs collèges proposent aux élèves, comme exercices pédagogiques, des énigmes peintes ; ce sont en réalité des allégories très subtiles, quoique le père Jouvenci prétende, dans son traité *De Ratione discendi et docendi*, que l'énigme se distingue de l'allégorie en ce qu'elle traite uniquement des mœurs, des vices, de la vertu, au lieu d'admettre indifféremment toutes les représentations[6].

1. De Piles seul défend la dignité de la peinture d'église. « Comme rien n'est plus saint, dit-il, plus grand, ni plus durable que les mystères de notre Religion, ils ne peuvent être traités d'un style trop majestueux. » (*Cours de peinture par principes*, édit. de 1767, p. 57.) Il écrit aussi que le peintre doit préférer « l'intérêt de son Ame à l'intérêt de son Art » (*Remarques sur l'Art de peinture* de Dufresnoy, édit. 1767, p. 244) ; mais il contredit ailleurs ces réflexions incidentes. En réalité il ne s'intéresse pas beaucoup plus à la question que ses contemporains.

2. Fénelon, *Jugement sur différents tableaux*, publié (à tort sans doute) parmi les opuscules écrits pour l'éducation du dauphin. *Œuvres complètes*, éd. Lebel, t. XIX.

3. *Réun. des Soc. des Beaux-Arts des dép.*, 1890, p. 196.

4. Au moins en France, car en Espagne ils introduisent dans l'art, pendant la deuxième moitié du XVIIe siècle, « un mélange de superstition et de naïveté, de dévotion et de sensualisme » tout à fait inconnus chez nous. (H. Lemonnier, *L'Art français au temps de Richelieu et de Mazarin*, 1893, in-8, p. 66.)

5. Voy. Florent le Comte, *Cabinet des singularitez...*, 1700, t. III, p. 269.

6. Jouvenci, *Magistris scholarum inferiarum Societatis Jesu de ratione discendi et docendi*, 1711, p. 139 et suiv. Nous allons voir que les énigmes se rapportaient parfaitement à des scènes de l'Ancien, du Nouveau Testament ou de la vie des Saints. Le Père Jouvenci nous donne sur le caractère de ces énigmes de curieux renseignements. Leur première qualité, dit-il, est de n'être pas trop obscures, ni

Il nous reste encore au moins un tableau[1] peint pour un collège de Jésuites : *Sainte Bathilde vendue au maire du palais Archambault devient la femme de Clovis*, au Musée d'Orléans, commandé à G.-L. Vernansal par la famille Barbot-Duplessis à l'occasion d'une énigme. M. Barbot-Duplessis, qui possédait l'œuvre autrefois, l'a décrite et en a proposé une curieuse interprétation : « Un prince portant le costume des rois portugais du temps de la découverte des Indes Orientales, achète d'un Indien, vêtu comme l'étaient alors les Indiens au théâtre, une jeune captive parée d'une robe blanche diaprée de fleurs et d'or et émaillée d'un ton bleuâtre. Cette figure représente, dit-on, la porcelaine importée en France et devenue pour nos contrées l'objet d'un immense commerce... L'Asiatique et les esclaves représenteraient le fabricant et ses ouvriers, les marchands et les soldats figureraient le commerce et la protection que le prince lui accorde en faisant briser les entraves qui empêchent la porcelaine d'arriver jusqu'à nous. Quant aux rapports qui existeraient entre le sujet du tableau et l'énigme proposée, il semble que la porcelaine, pierre et poussière d'abord, recevant des préparations pour devenir substance précieuse après qu'elle a passé par les fourneaux, offrirait une analogie marquée avec les tribulations de la sainte et sa fin glorieuse comme reine et fille du ciel[2]. » Ce n'est plus une allégorie, c'est une construction d'allégories superposées.

Tous les peintres ne poussent pas la subtilité aussi loin, mais, sous l'influence des Jésuites, ils abusent presque tous de l'allégorie religieuse. Tantôt ils représentent le Christ enfant caressant un religieux comme François Verdier dans son dessin du Louvre ;

trop ignorées, de façon que leur rapport avec la chose signifiée puisse être découvert par un homme habile : celles qui sont plus abstraites et plus voilées que de raison peuvent être appelées des mystères et des oracles plutôt que des énigmes. Leur deuxième qualité est d'avoir une unité constante dans leurs parties liées entre elles et tendant au même but, de ne pas mettre en œuvre des choses d'un temps et d'un lieu différents. S'il y a plusieurs personnages en scène, qu'il y en ait un principal qui représente le sens de l'énigme et que les autres se rapportent à lui et le servent. Que les objets masculins soient représentés par des hommes, les féminins par des femmes : la raison l'exige. Il ne faut pas mettre dans le tableau l'objet proposé en énigme, sauf en cas de nécessité. S'il s'agit d'yeux, on ne représentera pas, malgré tout, un homme sans yeux. On pourra, pour signifier un livre, peindre par exemple le Christ au milieu de ses disciples, les écoutant et les interrompant, car qu'y a-t-il de plus semblable à un livre que le Christ, Livre de la vie, Sagesse elle-même, dans lequel tous les trésors de la science sont cachés?

1. On a conservé le souvenir d'un autre tableau, *Déborah entonnant son cantique*, commandé pour l'énigme annuelle du Collège des Jésuites de Paris en 1707 par le marquis de Florensac à Louis Galloche. (*Mém. inéd.*, t. II, p. 304.)

2. Voy. Eudoxe Marcille, *Catalogue du Musée d'Orléans*, n° 409.

tantôt ils peignent des personnages du monde sous l'habit de la
Vierge et des saints : Jouvenet par exemple donne à sainte Cécile
les traits de Mme de Beuvron[1], et La Fosse ceux de Mlle Béguin
à la Vierge[2]; tantôt enfin ils introduisent des figures profanes, des
dieux païens même dans les mystères consacrés. De Piles autorise
cette pratique, sous prétexte que les divinités prennent alors une
valeur symbolique[3]. Souvent mieux inspiré, de Piles admet tous les

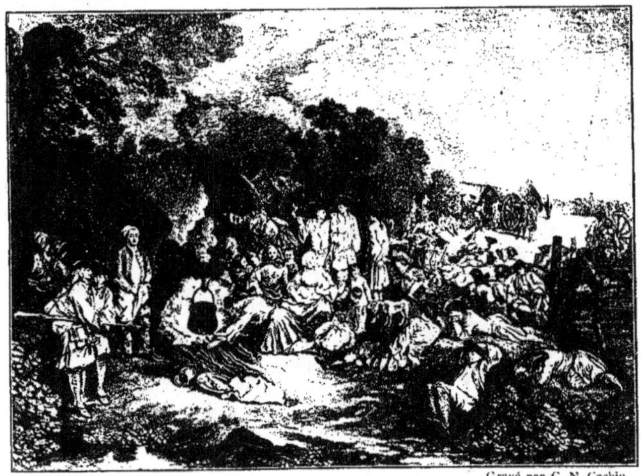

Gravé par C.-N. Cochin.

FIG. 47. — ANTOINE WATTEAU. — LE CAMP VOLANT.

excès dans cet ordre d'idées : le peintre, selon lui, a le droit de
représenter vivantes même les choses inanimées quand il respecte
le sens que leur donne l'Écriture sainte[4]. Un seul critique, parmi les

1. Musée de Rouen.
2. *Mém. inéd.*, t. II, p. 2. Dans la chapelle de la duchesse de Guise à Saint-
Sulpice, qu'il décore avant son voyage d'Angleterre, il prend comme modèle pour la
Vierge la mère de Mme de la Mésangère. (*Mém. inéd.*, t. II, p. 4.)
3. De Piles, *Éléments de peinture pratique*, 1767, p. 416 et suiv.
4. N'est-il pas dit dans le psaume xcvii que les montagnes tressailleront et que
les fleuves battront des mains au passage du Seigneur? (De Piles, *Éléments de peinture pratique*, édit. de 1767, p. 416 et suiv.)

contemporains, blâme l'abus des allégories religieuses, c'est l'abbé du Bos : « Les Peintres, dit-il, doivent emploïer l'allégorie dans les tableaux de dévotion plus sobrement encore que dans les tableaux prophanes. Ils peuvent bien dans les sujets qui ne représentent pas les mystères et les miracles de notre Religion se servir d'une composition allégorique dont l'action exprimera quelque vérité qui ne sçauroit être rendue autrement... Je consens donc que la Foi et l'Espérance soutiennent un mourant ou que la Religion paroisse affligée aux pieds d'un évêque mort[1]. Mais je crois que toute composition allégorique est défendue aux Artisans qui traitent les miracles et les Dogmes de notre Religion[2]. » Voilà bien, en effet, la mesure où l'allégorie religieuse est raisonnable; mais l'abbé Du Bos prêche dans le désert.

Au lieu de tolérer toutes les libertés comme les Jésuites, les premiers Jansénistes tombèrent dans l'excès contraire; ils condamnèrent d'abord toute peinture. Mais leur doctrine s'adoucit bientôt sur ce point: la *Lettre d'un Ecclésiastique à un sien ami sur le sujet des peintures nues*, trouvée dans un amas de vieux papiers jansénistes et adressée peut-être par le grand Arnaud à Philippe de Champaigne, admet les œuvres d'art pourvu que les artistes contrôlent sévèrement les sujets et que la dignité des compositions soit irréprochable[3]. Pour défendre ces idées, les Jansénistes prirent parti dans la querelle des dessinateurs et des coloristes ; ils furent poussinistes en haine du matérialisme que Rubens impose à l'art religieux. Ce fut avec une conférence de Ph. de Champaigne, on s'en souvient, que le débat commença à l'Académie en 1671; de plus, Fontaine cite dans une lettre ces paroles de Sacy : « On estime bien plus un peintre qui a du dessin que celui qui n'a que le maniement de la couleur[4]. » Félibien, enfin, le champion des dessinateurs, était peut-être affilié au jansénisme : « M. Félibien, dit Mariette, né à Chartres et concitoyen de M. Nicolle... étoit de ceux qu'on appeloit

1. On trouve bien de 1690 à 1721 quelques allégories de cet ordre, mais elles sont en minorité. C'est par exemple, dans la chapelle de la Vierge de la chapelle de Versailles, les vertus et les attributs de la Vierge, par L. de Boullogne : *l'Espérance, la Tempérance, la Foi, la Charité*, etc. Le Musée de Grenoble possède *la Destruction de l'hypocrisie et autres vices* de Ch. de La Fosse et l'esquisse de Jouvenet pour le plafond du Parlement de Rouen : *l'Innocence poursuivie par le Mensonge se réfugie dans les bras de la Justice, tandis que la Religion la couronne en écartant la Fraude et la Chicane.*
2. Du Bos, *Réflexions critiques sur la peinture et sur la poésie*, t. I, p. 205.
3. *Rev. univ. des Arts*, t. XXI, p. 209 et suiv.
4. Sainte-Beuve, *Port-Royal*, éd. de 1867, t. II, p. 327.

les messieurs de Port-Royal. Cela a fait croire que ses entretiens avaient été revus pour le style par M. Nicolle, ce qui n'est pas un fait hors de vraisemblance[1]. »

Entre 1650 et 1685 Port-Royal ne saurait donc être oublié dans l'histoire de la peinture religieuse, mais son action diminue à mesure qu'augmentent les persécutions. Après 1690 les artistes affiliés au jansénisme sont très peu nombreux. Une des sœurs Boullogne, peintre officiel de la maison, n'est occupée qu'à de petites besognes[2] : elle supprime, par exemple, le portrait de Saint-Cyran dans un tableau qui faisait scandale au couvent parce qu'on y voyait la mère Angélique à genoux devant une tapisserie représentant l'abbé. « Elle nous a laissé, dit aussi Sainte-Beuve, des dessins de son cher monastère où elle se retirait souvent[3]. » Ces dessins, — en réalité des miniatures, — exécutés sans doute peu après la destruction de la maison[4], ont été gravés par Marie-Madelaine Hortemels (fig. n° 4), qui épousera Cochin le père en 1713 : il est donc probable que Marie-Madelaine Hortemels était également janséniste[5]. L'attachement à Port-Royal d'Élisabeth-Sophie Chéron est

1. *Abecedario*, t. II, p. 238. Félibien cependant n'est pas toujours aussi sévère que les Jansénistes. Dans certains cas il admet que les nudités que ceux-ci proscrivent toujours. Le texte de Mariette est confirmé par la notice du *Dictionnaire historique...* de Barral, Guibaud et Valla, 1758-1759, œuvre janséniste, sur Félibien. D'après cet ouvrage, le critique mourut le 11 juin 1695 « avec la réputation d'un savant recommandable par la variété de ses talents, mais plus encore par sa rare probité, par la droiture de son cœur et son amour pour la religion ».

2. C'est certainement Madelaine Boullogne, et non Geneviève, qui occupa cette place. Geneviève vécut presque toute sa vie en Provence avec son mari, le sculpteur Clérion. Sainte-Beuve écrit, en parlant de la demoiselle Boullogne qui travailla pour Port-Royal : « Elle ne peignait que des tableaux de piété pour honorer les mystères, pour peindre en elle l'image de Jésus-Christ souffrant et mourant. » C'est donc à Madelaine Boullogne qu'il faut attribuer le tableau du Salon de 1704 représentant *une Pensée de la Mort* et inscrit simplement sous le nom de Mademoiselle Boullogne au livret.

3. Sainte-Beuve, *Port-Royal*, t. I, p. 25-26. Sainte-Beuve a emprunté ce renseignement aux *Mémoires historiques* de Guilbert sur Port-Royal, t. VI, p. 625.

4. Ces dessins appartiennent aujourd'hui à M. Gazier dont la collection de documents et d'œuvres jansénistes est très précieuse. On peut fixer la date de leur exécution. L'un d'eux, représentant le Cloître du monastère, est orné d'un cartouche sur lequel on lit : « Ce lieu n'*était* autre chose que la Maison de Dieu et la porte du Ciel. » Madelaine Boullogne les a donc exécutés après la destruction du couvent ; mais, comme elle meurt elle-même en 1710, c'est en 1709 ou 1710 qu'elle les a peints.

5. Les gravures de M.-M. Hortemels furent, paraît-il, saisies par la police, bien qu'on ait eu la précaution de remplacer sur le cartouche du Cloître l'inscription citée dans la note précédente par celle-ci : « Cloistre de Port-Royal des Champs ». Selon Sainte-Beuve, cette saisie fut opérée lors de la destruction du monastère, quoiqu'on ait représenté au magistrat que les gravures étaient faites et permises depuis longtemps. Sainte-Beuve ne donne pas ses sources et son affirmation est invraisemblable : plusieurs gravures portent en effet la date de 1710.

aussi très vraisemblable : cette protestante convertie est pieuse au point de traduire des psaumes, et elle peint le portrait de Nicolle[1]. Si Jouvenet travaille beaucoup pour les Jésuites, s'il peint en 1685 le *Nunc dimittis* pour leur collège, un *Mariage de la Vierge*, pour leur église d'Alençon en 1691, et s'il dessine un portrait de Bourdaloue à son lit de mort en 1704, il représente le janséniste Jacques Pichon[2], et il enseigne les doctrines de Port-Royal à son neveu Jean Res-

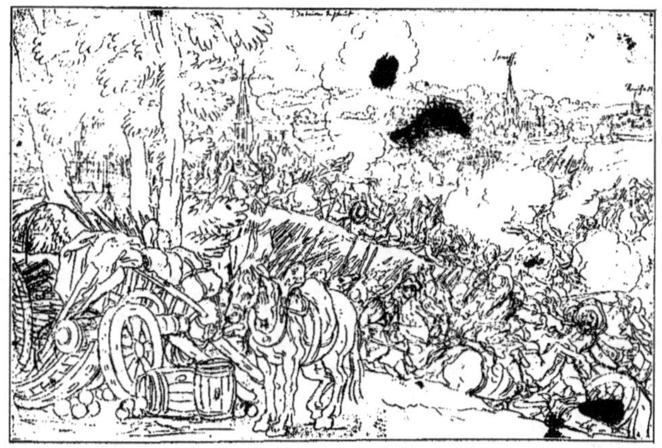

FIG. 48. — JOSEPH PARROCEL. — LA BATAILLE DE SENEF.
(Musée du Louvre. Dessins.)

tout. Restout peint à plusieurs reprises l'abbé Tournus (fig. nº 3 et 5), l'intime ami du diacre Pâris[3], et il dessine sans doute les gravures de l'ouvrage de Carré de Montgeron, *la Vérité des miracles opérés par*

1. Gravé par Desrochers. Les nombreux portraits de Jansénistes qu'a gravés ce très médiocre artiste pourraient le faire prendre pour un partisan de Port-Royal, mais il représenta au moins autant de Jésuites. Il n'y a guère de portraits religieux de quelque importance qu'il n'ait reproduit : c'était sa spécialité. Il faut voir en lui un industriel plutôt qu'un artiste.

2. Musée d'Annecy, nº 28 du Catalogue.

3. M. Gazier possède trois portraits de Tournus par Restout. Aucun n'est signé; mais l'un d'eux a été gravé et la lettre de la gravure nous donne le nom du peintre. Le prêtre, dans cette œuvre, est de trois quarts, sa canne à la main, son chapeau sous le bras, sur un fond de paysage où l'on voit, à gauche, un coin de couvent et un mur d'église (fig. nº 3). On identifie aisément les deux autres portraits en le comparant

l'intercession de Monsieur Pâris[1]. Son jansénisme est donc certain et il rend très probable celui de Jouvenet, puisque dans son art comme dans sa vie, le neveu suit exactement les leçons de l'oncle. Malgré tout, le jansénisme n'exerce plus aucune action sur le développement de l'école au début du XVIII siècle. L'Église et l'art sacré sont alors tout à fait étrangers l'une à l'autre ; la peinture religieuse n'est plus qu'une forme de la peinture d'histoire dont elle subit toutes les fortunes.

Pendant la première partie du règne de Louis XIV, la grande peinture décorative est exclusivement allégorique ou héroïque : avant 1690, le roi ne commande pas un ensemble religieux important[2]. De 1690 à sa mort, au contraire, il n'ordonne plus de décorations profanes, mais il fait peindre l'église des Invalides et la chapelle de Versailles. On tient ces deux œuvres dans un oubli injuste. Elles comptent — surtout les Invalides — parmi les plus importantes de la décoration française. Bien qu'exécutées par des artistes de valeur très inégale, leur conception générale et leur composition sont d'une ampleur, d'une unité et d'une harmonie très remarquables.

Le premier projet pour les Invalides est arrêté du vivant de Louvois, et Mansart, quelles que soient ses préférences, est soumis d'abord aux volontés du surintendant autoritaire. Il est peu vraisemblable que Louvois ait sérieusement voulu confier le travail colossal du dôme, des panaches, des chapelles au vieillard de quatre-vingt-trois ans qu'est alors Mignard, son favori ; en mai 1691 il lui demande pourtant des idées et des conseils, et, deux mois après, Mignard apporte une esquisse entière de la décoration qu'il promet d'achever lui-même rapidement[3]. Mais Louvois meurt sur ces entrefaites et Mignard perd sa commande. Il ne l'exécuta pas, dit

à celui-ci. L'un représente Tournus à mi-corps, dans un ovale, l'autre le montre dans son cabinet, assis devant une table, une main sur la poitrine, l'autre crispée sur un crucifix (fig. n° 5). Le dessin est étriqué dans les trois portraits, la couleur également pauvre. Il est fort possible que le dessin de la gravure bien connue *le Pèlerinage de Piété* soit également de Restout.

   1. Dans la première planche, en effet, reproduite ici (fig. n° 6) on retrouve parmi les assistants au miracle un Tournus absolument semblable au Tournus des portraits de Restout. Les dessins des planches de l'ouvrage de Carré de Montgeron existent encore : ils appartiennent à M. Jules Perrin, architecte.

   2. La coupole du Val-de-Grâce est peinte par Mignard sur l'ordre d'Anne d'Autriche et non de Louis XIV.

   3. Abbé de Monville, *Vie de Pierre Mignard*, 1730, p. 163 et suiv.

l'abbé de Monville, son biographe, parce que le mauvais état des finances retarda de huit ans la mise en train des travaux. Les *Mémoires inédits* affirment, au contraire, que Mansart trouva Mignard trop âgé, et, dès la mort de Louvois, écrivit à Ch. de La Fosse « qu'il n'y avait que lui qui pût peindre l'église des Invalides qu'il venait d'achever[1] ». Ce sont les *Mémoires inédits* qu'il faut croire, semble-t-il : La Fosse commence, en effet, ses esquisses dès 1692, à

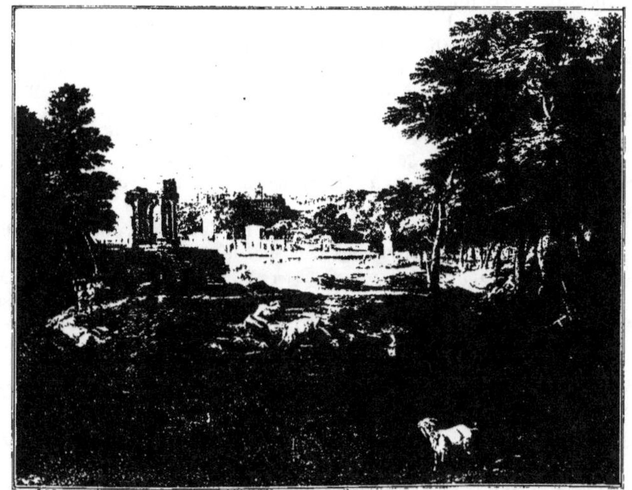

FIG. 49. — ÉTIENNE ALLEGRAIN. — PAYSAGE.
(Musée de Dijon.)

son retour d'Angleterre, et Mignard, infatigable, travaille encore à cette date. En lui retirant la commande la surintendance accomplit donc un petit coup d'État; mais il est peu probable que Villacerf, faible et sans volonté, ait pris lui-même l'initiative de cette mesure violente : c'est Mansart, sans doute, déjà tout-puissant, qui impose ses plans et son peintre.

Mansart choisit de La Fosse, d'abord parce qu'il lui porte

1. *Mém. inéd.*, t. II, p. 4.

depuis longtemps une très vive amitié[1] et qu'il ne perd pas une occasion de servir ses protégés; mais il comprend aussi que la fresque est nécessaire à l'harmonie de ses voûtes de pierres nues, et, le vieux Mignard excepté, La Fosse est le seul fresquiste connu; ses travaux à la chapelle des mariages de Saint-Eustache, à la voûte de la chapelle domestique d'Amelot de Biseul, à la voûte et dans une chapelle de l'église des Religieuses de l'Assomption, rue Saint-Honoré, ont établi sa réputation. Mansart lui confie d'abord la décoration entière de l'église des Invalides, coupole, panaches, chœur et chapelles, pour réaliser l'unité d'exécution comme il assure lui-même l'unité de conception, et, en 1692, La Fosse donne des esquisses de toutes les parties[2]. Au lieu de peindre à la voûte, comme l'avait imaginé Mignard, tous *les Saints protecteurs de la France demandant à Dieu la gloire et la félicité du royaume*[3], il propose d'y représenter *la Trinité, accompagnée de la Vierge et entourée de bienheureux, bénissant un grand écusson des armes de France présenté par saint Louis*[4].

Mais ce projet n'est pas exécuté. La deuxième phase de l'histoire décorative des Invalides n'est pas la dernière. La plus grande partie des commandes promises à La Fosse lui échappe. Les peintres en renom protestent contre l'attribution à un seul artiste d'une décoration où plusieurs trouveraient honneur et profit dans un temps où l'un et l'autre sont rares, et ils font intervenir leurs protecteurs. C'est le grand dauphin par exemple qui demande la chapelle Saint-Grégoire pour Michel Corneille : « Monsieur le Dauphin qui aimoit ses tableaux, disent les *Mémoires inédits*, ayant appris qu'il n'étoit pas du nombre de ceux à qui on avoit donné à faire ceux de la nouvelle église des Invalides, et en ayant paru surpris, il se sentit si encouragé par l'honneur que lui avoit fait Monseigneur le Dauphin qu'il entreprit une des chapelles de bas côtés et la peignit à fresque[5]. » La Fosse conserve la coupole avec ses

1. Il le logeait chez lui. *Mém. inéd.*, t. II, p. 6.

2. « Ce fut alors qu'on fit des modèles en bois du dôme des Invalides dont il peignit les maquettes et les esquisses de même que tous les sujets qui devaient se placer dans cette église. » (*Mém. inéd.*, t. II, p. 4, note.)

3. L'esquisse de Mignard est au musée du Louvre. Monville l'a décrite dans la *Vie de Pierre Mignard*, p. 163 et suiv.

4. Cette esquisse de La Fosse a été décrite dans Félibien, *Description de la nouvelle église des Invalides*, édition de 1702. Il y a au Musée de Reims, nᵒˢ 86 et 87 du catalogue deux esquisses de La Fosse exécutées très vraisemblablement pour ce projet. Elles sont plafonnantes et répondent parfaitement à la description que donne Félibien.

5. *Mém. inéd.*, t. I, p. 385.

quatre pendentifs où il peint les *Quatre Évangélistes*[1] (fig. n° 8); dans
la voûte inférieure Jouvenet représente *Douze Apôtres* gigantesques ;
Noël Coypel reçoit la commande de l'*Assomption de la Vierge* et d'une
Trinité pour le sanctuaire, de *Groupes d'anges musiciens* pour les em-
brasures des fenêtres
du chœur; Michel
Corneille, Poerson,
Bon Boullogne,
Louis de Boullogne
sont chargés de figu-
rer en six scènes et
une coupole les *Vies
de saint Grégoire, saint
Ambroise, saint Jé-
rôme, saint Augustin*
pour les quatre cha-
pelles circulaires qui
flanquent la nef prin-
cipale.

    Cette troisième
distribution ne peut
être exactement da-
tée ; mais elle est cer-
tainement antérieure
à la retraite de Vil-
lacerf : surintendant,
Mansart n'y eût pas
consenti. Cependant
l'exécution des tra-
vaux ne commence
qu'après son arrivée
aux affaires. Aucune
esquisse même (sauf

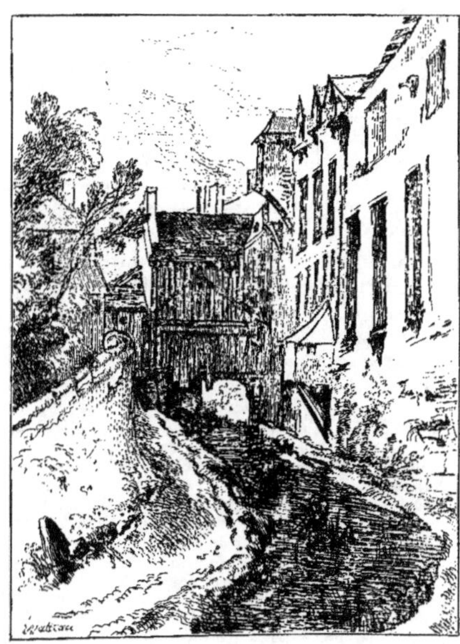

FIG. 5o. — ANTOINE WATTEAU. — RUISSEAU COULANT ENTRE
DES MAISONS.
(Figures de différents caractères.)

celles de La Fosse) ne devait être terminée en 1699, car on n'en
voit pas au Salon de cette année ; en 1704, au contraire, Jouvenet
envoie *Quatre Apôtres* et Noël Coypel son *Assomption* et ses *Anges*

---

1. Ces Évangélistes étaient déjà prévus dans le projet de 1692 ; nous trouvons,
en effet, dans les *Comptes des Bâtiments du roi*, à la date du 21 septembre 1698,
l'indication suivante : « A Lefebvre, peintre, pour une toile qu'il a imprimée pour
dessiner un des Évangélistes des angles de la grande voûte en 1693... » Ils faisaient
même déjà partie du projet Mignard en 1691. On peut en voir les esquisses au

musiciens[1]. Les travaux préparatoires sont exécutés à la coupole[2] en 1700 et les premiers versements aux artistes paraissent aux *Comptes* en 1702; Leroy, l'historien de Jouvenet, fixe donc avec beaucoup de vraisemblance à cette année-là l'exécution des *Apôtres*[3]. Les paiements s'échelonnent ensuite jusqu'en 1709; mais les travaux sont terminés depuis longtemps à cette date : Noël Coypel et Michel Corneille sont même déjà morts. La Fosse, d'après les *Mémoires inédits*, a terminé la coupole dès 1705. En 1706 la décoration entière doit être achevée, puisque la deuxième édition de la *Description de l'Église des Invalides* par Félibien qui paraît cette année-là décrit toutes les compositions d'après les originaux.

En cours d'exécution la distribution subit pour la quatrième fois des modifications. Mansart, d'abord, fit passer à la chaux les peintures de Poerson. On a cru longtemps que Poerson avait travaillé à la chapelle Saint-Grégoire dont Michel Corneille n'aurait obtenu la décoration qu'après la mésaventure de son confrère[4]; mais les *Comptes* indiquent, en 1702 et 1703, deux règlements à Poerson pour ses travaux *à la chapelle Saint-Jérôme*. Ce fut Bon Boullogne qui obtint sa succession, sans doute parce qu'il était habile praticien et

Musée du Louvre dans l'œuvre dessinée de Mignard, nᵒˢ 31030 à 31033. Et ce n'est pas par erreur que ces esquisses ont été attribuées à Mignard : on en trouve l'indication dans un inventaire des œuvres du peintre appartenant au roi, aux *Archives Nationales*, reproduit dans les *Nouv. Arch. de l'Art franç.*, t. III, p. 43 : « Quatre dessins faits des Évangélistes pour les angles du dôme des Invalides. » Cet inventaire mentionne encore d'autres dessins de Mignard pour les Invalides : « un dessin, en couleur en forme de dôme de 3 pieds 3 pouces de diamètre : le dôme des Invalides, représentant un *Saint Georges, accompagné d'un Saint Louis et d'un Saint Charlemagne, qui présente les Invalides au Père Éternel*, un autre, sur toile, représentant une *Assomption* de 4 pieds sur 3 pieds 1/4, une esquisse de la Première Pensée pour le dôme des Invalides, un paquet de dessins et études pour la calotte dudit dôme au nombre de vingt-cinq. » Notons qu'il n'est pas question de dessins pour les quatre chapelles.

1. Outre les *Père Éternel* de La Fosse, déjà signalés à Reims, il reste dans les musées des départements quelques esquisses exécutées pour les Invalides. C'est ainsi que le Musée de Rouen possède onze *Apôtres* de Jouvenet et le Musée de Grenoble une étude pour son *Saint Barthélemy* et son *Saint Simon*. A Dijon il y a deux scènes de la *Vie de saint Augustin* par L. de Boullogne (fig. nᵒ 11). *L'Ordination de saint Augustin* du même artiste, au Musée de Metz, ne fut pas peinte pour la chapelle des Invalides, mais pour le réfectoire du couvent des Augustins.

2. « Au sʳ Jabba pour 4 muids 7/8ᵉ de chaux qu'il a livré pour la fresque du dôme de lad. église... » (*Comptes*, 1ᵉʳ août 1700, t. IV, p. 109.)

3. Leroy, *Histoire de Jouvenet*, p. 214.

4. Voy. par exemple le texte provenant de la collection Mariette Deloynes au Cabinet des Estampes de la Bibliothèque Nationale (*Supplém.*, t. IV, p. 589-609) et publié par M. H. Stein dans les *Réun. des Soc. des Beaux-Arts des dép.*, 1888, p. 264, en appendice à son article sur le peintre Doyen.

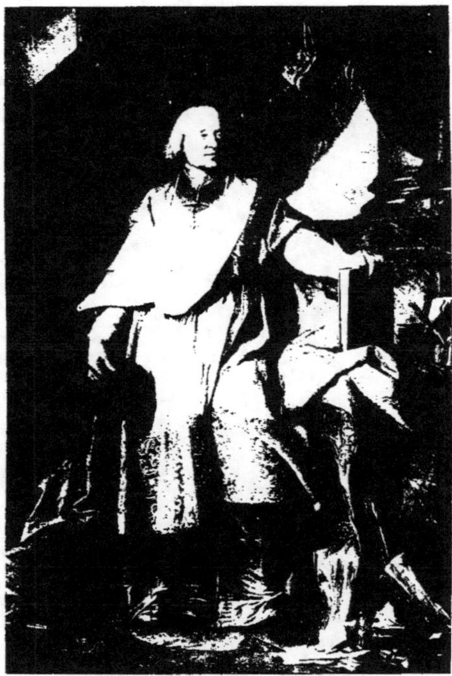

PORTRAIT DE BOSSUET
par Hyacinthe RIGAUD
(MUSÉE DU LOUVRE)

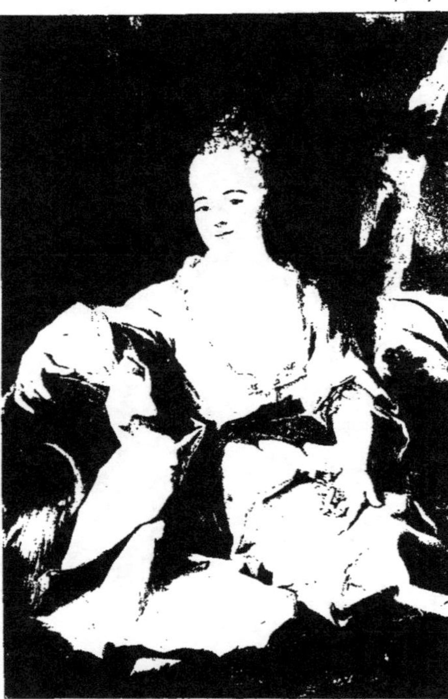

PORTRAIT DE LA PRINCESSE PALATINE
par Nicolas de LARGILLIÈRE
(CHÂTEAU DE CHANTILLY)

travailleur rapide ; il peignait déjà la chapelle Saint-Ambroise.
En second lieu, Noël Coypel fut obligé de céder aux frères Boullogne l'exécution des deux *Groupes d'anges musiciens* aux embra-
sures des grandes fenêtres du sanctuaire, quoiqu'il en eût déjà
composé les esquisses. Mansart, qui n'aima pas Coypel[1], essayait
de l'évincer et l'artiste fit sans doute intervenir de puissantes
protections pour conserver la décoration du sanctuaire. Enfin il
parut plus logique au surintendant de placer la *Trinité* dans le sanctuaire au-dessus de l'*Assomption* que de la représenter au dôme,
comme l'avait proposé La Fosse en 1692, et celui-ci dut composer
une nouvelle esquisse pour la coupole : *Saint Louis déposant sa couronne et son épée entre les mains du Christ assis au milieu d'une gloire,
accompagné de la Vierge et d'anges portant les instruments de la Passion* (fig. n° 7).

Toutes les décorations des Invalides ne sont pas également
importantes. Vingt ans plus tôt les peintures de Noël Coypel auraient semblé hardies, — c'est la gloire du peintre de n'avoir jamais
admis sans contrôle les leçons de Le Brun, — mais, au début du
XVIII° siècle, elles datent déjà. Les *Apôtres* de Jouvenet (fig. n° 9)
sont posés dans une attitude déclamatoire, et leurs gestes manquent.
de mesure. La tâche de l'artiste était, il est vrai, singulièrement
ingrate ; sans forcer les attitudes et les mouvements, il était difficile
de donner une personnalité, même une diversité quelconque à ces
douze figures de symbole identique, représentées si loin du sol que
leurs attributs traditionnels ne suffisent pas à les distinguer. Bon
Boullogne peint deux coupoles et douze compartiments sans un
effort pour se libérer de la tradition surannée (fig. n° 14). Dans d'autres
œuvres il peut sembler un précurseur ; en réalité il s'assimile seulement
toutes les formules avec une rare souplesse, et comme la manière bolonaise lui semble convenir à la grande décoration religieuse, il la
suit exactement à l'église des Invalides. Les peintures de Michel Corneille, enfin, ont été détruites en 1771 sans que nous devions trop
regretter leur perte. Leur composition, que nous connaissons par les
gravures de Cochin (fig. n° 13), était habile mais sans originalité[2],

---

1. « Vers ce temps-là (Ant. Coypel), piqué de quelques dégoûts donnés injustement à Noël Coypel, son père, ...se brouilla avec M. Mansart, pour lors surintendant
des bâtimens, qui mit tout en usage pour le décourager lui-même. » (*Vie des Premiers peintres du roi*, t. II, p. 10.)

2. Félibien, dans sa *Description des Invalides*, édit. de 1706, loue beaucoup un
des tableaux de la chapelle Saint-Grégoire : *Saint Grégoire ayant fait l'aumône,
un ange lui apparaît.* Cette œuvre, dont nous avons la gravure par Ch.-Nic. Cochin,
ne semble pas de premier ordre comme composition. Il n'est pas possible de juger

22

et le charme de leur coloris ne rachetait pas, sans doute, cette banalité : Corneille a toujours été un très médiocre coloriste[1].

Seules les fresques de Charles de La Fosse et de Louis de Boullogne ont une valeur artistique assez remarquable. Ce ne sont pas
des œuvres de premier ordre cependant. Les défauts de la coupole
de La Fosse sont même plus sensibles d'abord que ses qualités (fig.
n° 7). On distingue mal les figures de la composition beaucoup trop

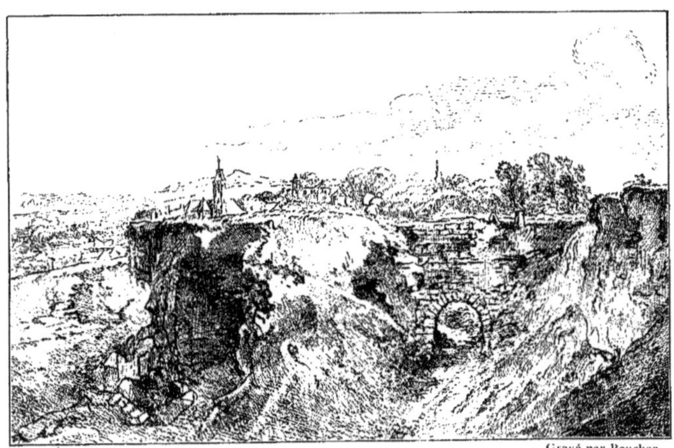

Gravé par Boucher.

FIG. 51. — ANTOINE WATTEAU. — PAYSAGE.
(Figures de différents caractères.)

petites pour leur distance du sol et écrasées encore par les *Apôtres* de
Jouvenet, de dimensions excessives, peints immédiatement en des-

l'exécution d'après l'estampe : Cochin donne à toute cette décoration un charme qui lui
est personnel. Quant aux éloges de Félibien, ce sont des amabilités qui ne comptent
guère. Corneille avait un étrange dédain de la vraisemblance et du réalisme. Dans
Saint Grégoire distribuant sa fortune aux pauvres, que nous reproduisons ici (fig. n° 13)
le saint est vêtu en seigneur italien du xvii⁰ siècle ; il fait l'aumône à une pauvresse
habillée comme ces femmes de la campagne qu'on voit encore à Rome sur l'escalier
d'Espagne ; ses compagnons, au contraire, et les personnages accessoires sont à moitié
nus ou vêtus à l'antique.

1. De plus, Corneille n'avait jamais peint à fresque : c'est peut-être son inexpé-
rience à se servir du procédé qui a hâté la disparition de ses peintures. Carle Van Loo,
chargé de les remplacer, exposa les pensées de ses compositions au Salon de 1763, mais

sous[1]. Il y a là une faute de proportions très grave, mais dont Mansart
est sans doute plus coupable que La Fosse. L'architecte règle trop
minutieusement tous les détails de la décoration pour ne pas déterminer lui-même l'échelle des figures. C'est à dessein peut-être
qu'il réduit la taille des personnages du dôme et qu'il exagère celle
des *Apôtres* de la voûte inférieure : sa coupole était trop trapue et
il pensait lui donner par ce moyen une apparence de sveltesse ; mais
il aurait fallu, pour y parvenir, réduire dans les mêmes proportions
le diamètre de la calotte et ce n'était plus au pouvoir de Mansart.
La Fosse, heureusement, rachète cette faute en donnant à son œuvre
la valeur d'une belle tache de couleur, si éclatante que la distance
n'affaiblit pas son éclat et que deux siècles n'ont pas altéré sa pureté :
on chercherait en vain dans les décorations antérieures des tons plus
harmonieux ou plus chauds ; et la richesse, la variété, le charme du
coloris sont plus remarquables peut-être dans les *Quatre Évangélistes*
des pendentifs (fig. n° 8), figures solidement peintes, vêtues d'é-
toffes vives, qui se détachent sur des ciels clairs. Pour la première
fois l'inspiration de Rubens anime une œuvre religieuse en France.

Plusieurs scènes de la *Vie de saint Augustin* par Louis de Boullogne (fig. n°ˢ 10 à 12) sont plus vivantes encore que *le Christ dans
sa gloire* et les *Évangélistes* de La Fosse[2]. La *Conversion du saint*
(fig. n° 10) surtout est d'une simplicité de composition vraiment remarquable en France à cette époque. Dans un jardin clos par un mur
que domine une maison rustique, saint Augustin est assis sous un
figuier ; au fond, Alype, son ami, appuyé contre un arbre, est occupé

il mourut avant de les exécuter et la Grande Catherine acheta ses esquisses. Doyen,
élève de Van Loo, fut alors chargé de présenter de nouveaux projets et d'exécuter le travail : il choisit d'autres sujets que son maître, pour qu'on ne puisse pas établir de comparaison, et peignit la chapelle en 1771. Sa décoration existe encore. Quoique Doyen, qui
n'était pas fresquiste, ait employé la peinture à l'huile sur enduit, ses compositions
ne sont plus visibles, tant elles sont en mauvais état : peut-être la chapelle Saint-
Grégoire est-elle victime d'un vice de construction. Sur les peintures de Doyen,
Voy. H. Stein, *Le peintre G.-F. Doyen* (*Réun. des Soc. des Beaux-Arts des dép.*,
1888, p. 264, appendice).

1. Les *Apôtres* de Jouvenet ont 30 pieds de haut sur 11 de large en bas et
18 au sommet.

2. La *Vie de saint Augustin* servit à l'époque de sujet à une autre suite importante dans le réfectoire du couvent des Augustins déchaussés, place des Victoires.
Dix tableaux de 5 pieds de hauteur sur 8 à 9 pieds de large représentaient l'histoire du
saint. Louis de Boullogne peignit le *Baptême* et l'*Ordination* dont nous avons noté
l'esquisse à Metz ; La Fosse, la *Conversion du saint* et la *Mort de sainte Monique* ;
un certain d'Olivet, *Saint Augustin prêchant au peuple*, et *Saint Augustin consacré
évêque* ; Ubeleski, *Saint Augustin disputant contre les donatistes* et *Saint Augustin
à son lit de mort* ; Parrocel, *Saint Augustin faisant des miracles*, et Galloche, la *Trans-
lation du corps du saint*, aujourd'hui à l'église des Petits-Pères.

à lire. Si deux chérubins apparaissent encore dans le ciel — dernière concession à la tradition — la vérité du paysage, des attitudes, l'absence de toute majesté, de toute pompe sont très nouvelles. De plus, si La Fosse est un fresquiste habile, Louis de Boullogne se révèle ici fresquiste de tempérament. Jamais, avant cette décoration, il n'a employé le procédé, et du premier coup il en comprend toutes les nécessités, il en devine toutes les ressources. Il rencontre exactement la tonalité atténuée qui convient à la symphonie

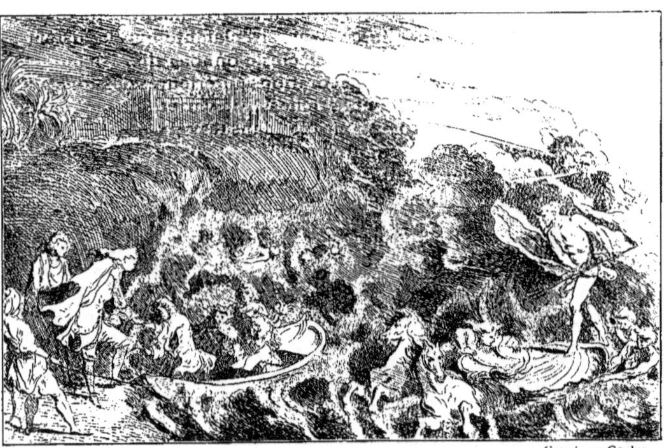

Gravé par Caylus.

FIG. 52. — ANTOINE WATTEAU. — LA TEMPÊTE.
(Figures de différents caractères.)

de pierre et d'or que forme l'église; ses peintures prolongent les murs au lieu de les trouer : son œuvre est certainement la meilleure de l'ensemble. Il était cependant le plus jeune, le moins connu de tous les collaborateurs de Mansart.

En 1705 la peinture religieuse décorative a donc accepté le réalisme et le coloris flamands. Mais le réalisme dans l'art est essentiellement subjectif et nos peintres n'auraient fait œuvre que de copistes en s'inspirant exactement de Rubens. Puisque la vie devient aimable et galante au début du XVIIIe siècle, l'art réaliste, même l'art religieux, sera forcément aimable et galant. Dès 1709

Antoine Coypel lui donne ce caractère dans la décoration de la chapelle de Versailles.

Les incidents qui ont marqué la distribution des commandes aux Invalides se renouvellent à la chapelle de Versailles. Mansart veut de nouveau confier toute la décoration à La Fosse, et, en 1707, il lui demande des esquisses[1]; mais il meurt en 1708, et La Fosse conserve à peine la commande d'une *Résurrection* au-dessus du chœur. Pour faire sa cour à ses protecteurs, le dauphin et le duc d'Orléans, le duc d'Antin, successeur de Mansart, demande à Antoine Coypel de peindre à la voûte le *Père Éternel dans sa gloire*[2] (fig. n° 15), et il confie les autres compositions à Jouvenet, qui peint la *Descente du Saint-Esprit* à la voûte de la tribune royale, à Louis de Boullogne, qui orne la chapelle de la Vierge (fig. n° 17) et partage avec son frère Bon la décoration des caissons du plafond des tribunes latérales (fig. n° 16). En réalité, d'Antin ne s'intéresse pas à l'œuvre; il n'exerce de contrôle ni sur le choix des sujets ni sur leur exécution : aussi l'ensemble manque d'unité et d'harmonie. Mansart eût certainement surveillé le travail de plus près; nous avons une description du projet qu'il avait arrêté en 1707 avec de La Fosse : toutes les compositions devaient se rattacher à la dédicace du monument au Christ et mettre en scène les saints patrons de la famille royale[3].

Le *Père Éternel dans sa gloire* de Coypel n'est pas la meilleure des compositions exécutées pour la chapelle de Versailles, mais

1. « Il (La Fosse) a fait les modèles pour peindre à fresque la chapelle de Versailles sous les ordres de M. Mansart. » (*Mém. inéd.*, t. II, p. 5.)

2. Peut-être le duc d'Orléans est-il intervenu lui-même en faveur de son peintre favori. Il écrit en effet d'Espagne à Coypel : « Je vous félicite du nouvel ouvrage que vous avez à faire. Je sais bon gré à M. d'Antin de son choix et de son goût et je l'en remercierai. » (Ch.-Ant. Coypel, *Vie des Premiers peintres*, t. II, p. 26.)

3. Nous n'avons pas les esquisses de La Fosse, mais il existe aux Archives (O¹ 1784) un projet de peintures non signé, mais daté de janvier 1707, c'est-à-dire du vivant de Mansart encore, et qui, selon toute vraisemblance, est celui qu'imaginèrent le peintre et l'architecte. Le voici :

« On pourroit dédier cette chapelle au Fils de Dieu, incarné pour le salut de tous les hommes, et traitter ce sujet depuis son incarnation jusqu'à sa glorieuse ascension.

« La chapelle haute au raz-de-chaussée des tribunes peut estre dédiée à la très Sainte Vierge, et l'incarnation qui commence le mistère de notre rédemption seroit représentée dans le tableau de l'autel par l'annonciation de l'ange.

« Dans la coupe de la voûte de cette chapelle, Dieu le Père y seroit représenté, entouré de plusieurs anges, comme le mistère de l'incarnation procédant de luy.

« La Nativité de Notre-Seigneur, qui suit l'incarnation, seroit représentée au maître-autel dans un tableau ou dans un bas-relief.

« Sa mort sur la Croix seroit représentée dans le tableau de l'autel de la chapelle basse qui pourroit estre dédiée à la passion de Notre-Seigneur et dans le cul-dec'est la plus caractéristique. Importante dans l'histoire de la peinture religieuse, elle l'est également dans la carrière de son auteur. Coypel avait déjà montré du goût pour le genre galant dans ses œuvres profanes, mais ses toiles religieuses étaient encore restées soumises à la discipline bolonaise, au point que Charles-Antoine Coypel, songeant sans doute à l'*Annonciation* (fig. n° 19) et à la *Résurrection* de

four de la voûte on y peindroit plusieurs anges dans la douleur tenant des instruments de la passion.

« La résurrection seroit représentée dans le cul-de-four de la grande voûte de la chapelle au-dessus du maître-autel.

« L'ascension seroit représentée dans l'autre partie de la grande voûte, au-dessus de la tribune du Roy.

« L'espace du milieu de lad. grande voûte entre le cul-de-four et le dessus de la tribune seroit occupée par une gloire dans laquelle seroit représenté Notre-Seigneur Jésus-Christ, placé à la droite du Père Éternel dans la distance qu'il doibt estre et accompagné du Saint-Esprit représentant la très sainte Trinité avec la très sainte Vierge et les saints, les martirs et les anges qui participent à la gloire céleste.

« Dans les treize petites voûtes en cul-de-four des tribunes seroient représentées les apothéoses des douze Apôtres, six d'un côté et six de l'autre, et à celle du milieu, qui est seule, l'apothéose de Saint Louis, patron du Roy. Les huit petits autels des bas-cotez seroient dédiez, sçavoir : celui du fonds, au derrière du chevet, à Saint Louis, par le tableau de l'autel, dans lequel sera représenté un sujet de sa vie.

« Les deux à droite et à gauche, pareillement au derrière du chevet, seroient dédiez l'un à Sainte Thérèse, patrone de la Reyne, l'autre à Sainte Anne, patrone de la reyne-mère.

« Les trois autels des bas-cotez à droitte seroient dédiez : celuy du milieu à Notre-Dame-des-Victoires, patrone de Madame la dauphine; les deux autres, l'un à Saint Philippe, patron du roy d'Espagne, et l'autre à Saint Charles, patron de Mgr le duc de Berry.

« Les deux autels du bas-coté, à gauche, seroient dédiez l'un à Saint Denis, patron de la France, l'autre à Sainte Geneviève, patrone du diocèze de Paris, dans lequel la chapelle du château de Versailles est située.

« Le petit autel, qui sera dans les Tribunes, dans le renfoncement à coté de la chapelle de la Vierge, sera dédié à Sainte Adélaïde, patrone de Madame la duchesse de Bourgogne.

« Et dans les tableaux de tous ces autels seroient peints des sujets de la vie de chaque saint. »

Autre projet inachevé (Archives Nationales, O¹ 1784) :

« Pour peindre la chapelle de Versailles, on pourroit la dédier au Fils de Dieu, incarné pour le salut de tous les hommes, et traitter ce sujet depuis sa Nativité jusqu'à sa glorieuse Ascension.

« Le tableau du maître-autel représenteroit la Très Sainte Vierge au milieu des pasteurs dans le moment de la naissance de Jésus-Christ.

« Dans le cul-de-four de la voûte, au-dessus du maître-autel, on pourroit représenter la Résurrection.

« Dans la grande partie opposée au cul-de-four, au-dessus de la grande tribune du Roy, on y pourroit représenter l'Ascension.

« Dans toute la grande voûte, on représenteroit Jésus-Christ dans sa gloire, avec le Père Éternel et le Saint-Esprit, composant la Très Sainte Trinité, accompagnée de la Très Sainte Vierge, des Anges, des Évangélistes, des Apôtres, des Pères

la chapelle de Meudon[1], a pu écrire que dans les scènes religieuses son père « vouloit par les yeux faire passer dans les cœurs les impressions de la plus saine morale[2] ». C'est dans la décoration de la chapelle de Versailles seulement qu'il rompt avec la tradition.

Le Père Éternel (fig. n° 15), qui domine, au centre de la voûte, ressemble à l'aimable vieillard qui sera l'*Hiver* dans les petites allégories du siècle; il plane dans un ciel d'un bleu fade tandis qu'une infinité d'angelets petits, joufflus, roses et nus — des amours à la Boucher déjà, — s'accrochent par grappes aux guirlandes, volètent, bourdonnent autour de lui[3]. Il y a des anges aussi dans la *Résurrection* de La Fosse, toute voisine, mais au lieu d'enfantelets équivoques, ce sont des adolescents chastes, presque toujours drapés, distribués avec une grande modération. L'œuvre de Coypel est réellement médiocre; malgré l'admiration assez aveugle qu'ils portaient au peintre favori du duc d'Orléans, les contemporains la critiquaient déjà : quand on découvrit la voûte pour la première fois, Louis XIV la jugea sévèrement[4]; Piganiol exprima ses réserves dans d'habiles périphrases : « Il n'est pas donné à l'homme, dit-il, de peindre la Gloire telle qu'elle est. Il y a des sujets qui sont si fort au-dessus de l'imagination, qu'on ne doit pas s'attendre à les voir fidellement traités. Celui qui cherche à dévoiler cette divine Majesté en sera accablé... Mais à défaut de cette idée véritable que nous ne pouvons former dans cette vie, attachons-nous à celle que Coypel nous expose ici[5] »; Charles-Antoine Coypel, enfin, avoua lui-même, un peu plus tard, que le désir de trop bien faire fit tomber son père dans l'erreur, et que « cette suavité, ce goût moelleux, cette

---

de l'Église et autres saints qui rempliroient toute la grande voûte. A l'autel de la chapelle basse, on pourroit y représenter l'Annonciation, qui est le commencement du mystère.

« A l'autel de la chapelle des Tribunes, la mort et le crucifiement de Jésus-Christ. Et dans tous les renfoncements des petites voûtes de la Tribune et aux autres petits autels on pourroit y peindre les principaux miracles de la vie de Jésus-Christ.

« On représenteroit dans les tableaux des trois autels des sujets de saint Louis, de sainte Anne et de sainte Thérèse... »

1. Gravées par P. Drevet et J. Audran. *La Résurrection* était au maître-autel et l'*Assomption* sur un autre autel.

2. *Vie des Premiers peintres du Roi*, t. II, p. 17.

3. Aux deux extrémités, Coypel peint l'*Ange portant la Croix* et l'*Ange portant la colonne*, dont le coloris est plus violent, dont les mouvements sont encore bolonais et dont l'inspiration se rattache encore au xviie siècle sans qu'on puisse déterminer les causes de cette différence entre deux parties d'une même composition.

4. *Vie des Premiers Peintres*, t. II, p. 28.

5. Piganiol, *Description de Versailles*, t. I, p. 70-71.

légerté de pinceau » qui donnent tant de charme à ses autres œuvres ne se retrouvent pas à Versailles[1].

L'emplacement se prêtait mal, il est vrai, à la décoration. Les
voussures ne laissent entre elles que six pieds d'espace uni, et
Coypel, quand on lui présenta la maquette de la voûte, désespéra
d'abord « de pouvoir la remplir avantageusement, tant elle lui parut
ingrate pour la peinture[2] ». Il dut recourir à la collaboration de
Philippe Meusnier qui lui traça un cadre de guirlandes, de caissons,
de rosaces dorées ; mais il ne put cependant tirer un bon parti du
champ qui lui était confié[3]. Son œuvre mérite pourtant d'être étudiée,
car elle ouvre la voie à toutes les fantaisies qu'imaginera le
XVIIIe siècle. Après 1709, les travestissements, les sous-entendus
les plus équivoques seront tolérés dans les églises ; les mignardises,
les gentillesses les plus profanes seront licites. On ne trouve plus,
de grandes décorations religieuses avant 1721 ; mais quand François
Le Moyne, en 1723, représentera la *Transfiguration* à la voûte du
chœur, dans l'église des Jacobins, il peindra ses anges comme des
amours et sa Vierge comme une aimable Parisienne aux gestes
souples, à la grâce sensuelle.

La peinture de chevalet se transforme à la même époque et selon
le même rythme que la peinture décorative, mais son évolution est
moins facile à suivre, car les observations portent sur un nombre
d'œuvres considérable. Cependant on peut noter que les scènes de
miracle ou de simple édification, intraduisibles sans une foi sincère,
disparaissent du répertoire artistique devant les flagellations, les
couronnements d'épines, les portements de croix, les martyres[4]. Les

1. *Vie des Premiers peintres*, t. II, p. 29.
2. *Ibid.*, t. II, p. 26. Ph. de Chennevières dit quelque part que les artistes de la
fin du XVIIe siècle, et du début du XVIIIe siècle même, méprisèrent profondément
Michel-Ange comme peintre. La voûte de la chapelle de Versailles montre que ce
mépris n'était pas général : Ant. Coypel, dans les prophètes qu'il place aux trumeaux de l'attique, s'est beaucoup souvenu de la Sixtine.
3. Cette décoration a subi au moins deux restaurations qui ont probablement
modifié son aspect : la première, en 1816-1817, quand la chapelle fut rendue au
culte ; la seconde, de 1874 à 1878, nécessitée par des infiltrations : on nettoya et on
revernit. (Voy. Dussieux, *Château de Versailles*, t. II, p. 117.)
4. Ils n'atteignent cependant pas à ce réalisme exalté auquel aboutira Diderot
cinquante ans plus tard, quand il écrira : « Peut-être la Fable offre-t-elle plus
de sujets doux et agréables... Mais le sang que la croix a fait couler de tous côtés
est bien une autre ressource pour le pinceau tragique... Les crimes que la folie du
nom du Christ a commis et fait commettre sont autant de grands drames et d'une
bien autre difficulté que la Descente d'Orphée aux Enfers, les Charmes de l'Élysée,
les Supplices du Ténare, les Délices de Paphos... ».

légendes des saints sont d'autant plus souvent représentées qu'elles sont moins mystiques. Ch. de La Fosse, Jouvenet, Ant. Coypel, Michel Corneille, le frère Luc, Bon Boullogne, d'autres encore empruntent tour à tour des sujets à l'histoire de saint Louis[1], et

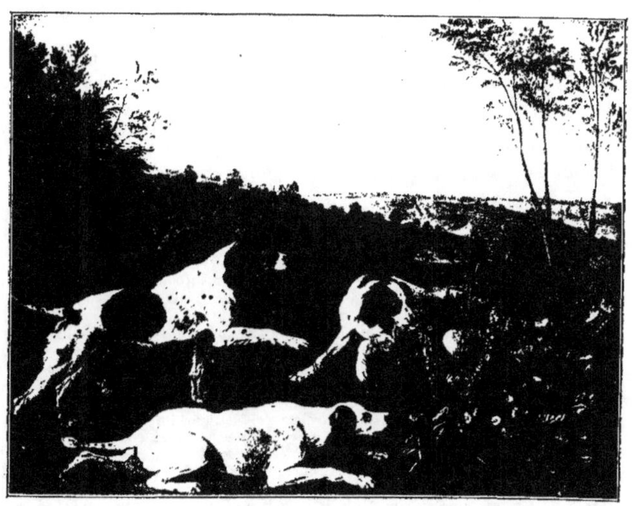

FIG. 53. — FRANÇOIS DESPORTES. — BONNE, NONNE ET PONNE, CHIENNES
DE LA MEUTE DE LOUIS XIV.
(Musée du Louvre.)

Largillière, de Troy, R.-A. Houasse, J.-B. Corneille, N. de Platte-Montagne, Watteau, N.-N. Coypel illustrent les aventures de sainte

1. Ch. de La Fosse le représente aux Invalides et le peint aussi distribuant des aumônes (Musée de Bâle, n° 224 du catalogue). — Jouvenet le montre soignant les blessés après la bataille de Massourah, lavant les pieds des apôtres, portant la croix, et accompagné de sa mère qui lui enseigne la religion, la foi, la pitié. Le premier de ces tableaux est encore en place dans la chapelle de Versailles; serait-ce de lui qu'il s'agit, sous un faux titre, dans une énumération de tableaux restaurés par Martin, que l'on trouve aux Archives Nationales : « Chapelle du Roy, à Versailles, de Jouvenet: *Saint Louis malade de la peste*, tableau de 8 pieds sur 6, nettoyé et raccordé en plusieurs places, 24[**]. » Piganiol n'indique comme Saint Louis à la chapelle de Versailles que le *Saint Louis à Massourah* de Jouvenet. Le second, chez l'abbé Eude

23

Geneviève [1], non seulement parce que ces bienheureux sont les patrons du roi et de Paris, mais encore, et surtout, parce que leur vie est à peine légendaire. Le départ de saint Louis pour la croisade, sa pitié pour les blessés, son dévouement aux pestiférés, son courage, sa justice, sa mort n'ont aucun caractère miraculeux; sainte Geneviève n'est qu'une fillette pieuse, une bergère qui conduit son troupeau, une religieuse qui prend le voile.

L'évolution fut singulièrement favorisée par les hommes et par les circonstances. Le plus grand peintre religieux du temps d'abord, le seul peut-être qui ait composé des tableaux d'église par goût, même par conviction, Jean Jouvenet, ne visita jamais l'Italie et admira au contraire vivement Rubens, dont il subit assez tôt l'influence. Dans sa grande *Descente de Croix* (fig. n° 18), peinte en 1697 [2], il osa, avant tous

d'abord, passa ensuite chez l'abbé Denize : on ne sait ce qu'il est devenu après la mort de ce possesseur. Le troisième est signalé par Leroy, *Histoire de Jouvenet*, p. 221-222. On trouve la gravure du quatrième au Cabinet des Estampes, dans l'œuvre gravée de Jean Jouvenet. — Vers 1694, la surintendance commande à Ant. Coypel pour l'église paroissiale de Versailles : 1° *Saint Louis rendant la justice à Vincennes;* 2° *se battant contre les Sarrasins;* 3° *mourant* (voy. Engerand, *Inventaire des tableaux commandés...*, p. 106), et Coypel peint encore dans une chapelle de Saint-Roch *Saint Louis mourant donnant des conseils à son fils,* gravé par Poilly. Le roi offre à l'église des Récollets *Saint Louis à genoux, présentant les clous et l'éponge à un crucifix,* de Michel Corneille (Engerand, *Inventaire de Bailly*, p. 413). Il y avait un *Saint Louis à mi-corps,* du frère Luc, dans l'appartement haut de Marly (*Ibid.*, p. 340), un *Saint Louis à genoux devant la couronne d'épines,* par Poerson, à la chapelle de Fontainebleau (*Ibid.*, p. 466-467, et Guiffrey, *Comptes*, t. IV, p. 782 et 897). Il y aurait encore bien d'autres *Saint Louis* du temps à citer : celui de Fr. Verdier, par exemple, *guérissant les malades,* aux Chartreux, porté sous le n° 384 au *Catalogue du Musée des Monuments français,* de Lenoir; celui d'Ant. Dieu, *partant pour la Croisade,* au Musée de Castres aujourd'hui... Mais il s'agit moins d'énumérer que de montrer l'abondance des œuvres.

1. La Ville, nous l'avons vu, commande à Largillière une toile en l'honneur de sainte Geneviève, après la famine de 1696, et une autre à de Troy, après la disette de 1716. En 1687, R.-A. Houasse représente pour la paroisse Saint-Louis, à Versailles, 1° *la sainte à genoux, tenant un cierge allumé;* 2° *guérissant une femme aveugle;* 3° *recevant le voile de saint Marcel* (Engerand, *Inventaire des tableaux commandés,* p. 234). J.-B. Corneille (au Musée de Nîmes) et Nicolas de Platte-Montagne (au Salon de 1704) la peignent priant pour les pestiférés. Dans une toile de Watteau, à Saint-Médard, elle garde son troupeau. Peu après 1721, Jean-François de Troy l'évoque de nouveau pour l'église Sainte-Geneviève, et Noël-Nicolas Coypel l'imagine allant à la rencontre de saint Germain l'Auxerrois (au Musée de Dijon).

2. La date est certaine; l'œuvre est signée; par conséquent, l'année 1677 est indiquée à tort par M. Engerand dans l'*Inventaire des tableaux commandés et achetés par le roi,* p. 425. Jouvenet peint plusieurs autres *Descentes de Croix.* Il en expose une au Salon de 1699 et ce n'est pas celle des Capucines qui, selon Brice, était en place depuis août 1697. Il en envoie également une au Salon de 1704, mais c'était peut-être celle de 1699 : beaucoup de peintres ont exposé les mêmes œuvres à ces deux Salons. Le Musée de Montauban possède une *Descente de Croix* attribuée

ses contemporains, peindre un véritable cadavre : le corps de son Christ est affaissé — seuls les bras qu'on vient de déclouer sont encore raides — et la tête retombe lamentablement sur l'épaule. Nous voilà loin déjà de l'idéalisme et de la convention traditionnels ! Le *Repas chez Simon*, la *Résurrection de Lazare*, *Jésus chassant les Marchands du Temple* et la *Pêche miraculeuse*[1] (Musée du Louvre) sont également d'inspiration réaliste. Jouvenet ne peignit la *Pêche miraculeuse*, dit un biographe, qu'après un voyage à Dieppe où « il... fit un nombre considérable d'études, examinant avec une attention scrupuleuse les tons et les beautés propres des trois éléments réunis[2] ». Sa sincérité religieuse et sa sincérité artistique sont peut-être plus sensibles encore dans une petite toile du Louvre, la *Messe du Chanoine de La Porte*[3] commandée par le chapitre de l'église métropolitaine en l'honneur du vieux prêtre qui avait consacré sa vie à l'embellissement de la cathédrale : le chanoine, courbé par l'âge, accompagné d'enfants de chœur qui portent des cierges allumés, bénit une servante, un enfant, des seigneurs, des religieuses agenouillés dans l'église silencieuse, pendant qu'un diacre descend les marches de l'autel; tous les personnages de la scène vivent et prient dans une atmosphère recueillie. Jamais un contemporain de Le Brun n'eût célébré la piété, la générosité du vieux chanoine sans une allégorie pompeuse et compliquée; Jouvenet, au contraire, n'introduit pas un ange, pas un génie, pas un saint, pas une Vertu dans sa composition. Aussi faut-il réformer le jugement de Charles Blanc : cet artiste « est de Bologne bien plus que de Rouen[1] ». Si Jouvenet n'est pas de Rouen, il est d'Anvers bien plus que de Bologne.

Ensuite, quand un portraitiste de tempérament, comme Rigaud ou Largillière, peint une œuvre religieuse, il n'apporte pas à sa composition les préoccupations des peintres qui, par métier, passent leur vie à besogner pour les chapitres et les couvents. La

à Jouvenet. Selon Leroy, *Histoire de Jouvenet*, il y avait autrefois une peinture représentant le même sujet attribuée au peintre à Notre-Dame-de-la-Grâce, près Honfleur, et une autre dans la chapelle du château de la comtesse de Sainte-Chaune à Écuny-Champigneules. A Toulouse il existe également une *Descente de Croix* de Jouvenet, datée de 1714.

1. Peints pour l'abbaye de Saint-Martin-des-Champs en 1706.
2. *Mém. inéd.*, t. II, p. 27.
3. N° 440 du Catalogue Lafenestre, Salle XIV, sous le nom *Vue du maître-autel de Notre-Dame de Paris*. Il est intéressant de rapprocher ce tableau de la *Messe de saint Martin* par Le Sueur (Louvre, même salle, n° 524). L'architecture du tableau n'est peut-être pas de Jouvenet, mais de Feillet qui travaillait souvent avec le maître.
4. Ch. Blanc, *École française*, t. I, Préface, p. 37.

pratique du portrait le contraint au réalisme et ses tableaux d'église
s'en ressentent. Le *Christ expirant* exécuté par Rigaud pour sa
mère en 1696, par exemple[1], d'une âpreté puissante dans l'ensemble, est riche en détails vivants que les contemporains de Le
Brun n'auraient jamais imaginés et n'auraient pas même tolérés :
au second plan, la Vierge défaille de douleur et des soldats
accourus s'empressent autour d'elle ; au fond, derrière le Christ,
la silhouette de Jérusalem se dessine sur un ciel de foudre. L'*Élévation de croix* de Largillière, — dont il nous reste la gravure par
Rœttiers, à défaut de l'original, — est plus tragique encore : une
foule hurlante, qu'aucun peintre n'avait osé depuis longtemps introduire dans un Crucifiement, se presse autour des bourreaux.

Mais tous les artistes qui peignent des tableaux d'église à caractère réaliste entre 1690 et 1721, ne jouent pas un rôle égal dans
l'évolution de la peinture religieuse. Ainsi Louis de Silvestre et
Louis Galloche composent de 1703 à 1706 une *Vie de saint Benoît*
(fig. n°s 20 et 21) assez vivante — longtemps attribuée à Bon Boullogne[2] — sans exercer la moindre action sur leurs contemporains :
ils sont trop jeunes à cette époque, et trop peu connus, pour imposer
leur goût ; ils suivent seulement la voie déjà tracée par les peintres
de la génération précédente. Oudry n'introduit aussi dans l'art religieux un élément de réalisme nouveau, les animaux[3], que parce
qu'il a reçu les leçons de Largillière, et Watteau lui-même n'aurait
peut-être jamais peint avec tant de sincérité naïve ce *Christ en croix*
dont Caylus a dit qu'à défaut de noblesse et d'élégance « il a du
moins l'expression de douleur et de souffrance qu'éprouvait le
malade qui le peignait[4] », s'il n'avait pas connu les œuvres de ses
devanciers.

1. Elle le donna aux Grands-Augustins de Perpignan. Il est aujourd'hui au
Musée de Perpignan.
2. Nous avons étudié cette série de onze toiles dans la *Chronique des Arts*, 1904,
p. 95. Dans ce travail, nous avons écrit que dix morceaux se trouvent au Musée de
Bruxelles et le onzième au Louvre. Des recherches récentes nous ont permis d'établir qu'en réalité il n'y a que neuf toiles de la série au Musée de Bruxelles. La *Pierre
exorcisée*, de même hauteur que les autres, 1 m. 05, mais plus haute que large, n'appartient pas au même ensemble. La toile qui complète la série se trouve au Musée de
Béziers, n° 20 du Catalogue, sous le titre de *Miracle de saint Benoît* et le nom de Bon
Boullogne. Le sujet est bien *la Pierre exorcisée*, et les dimensions concordent avec
celles des autres morceaux. Nous n'avons pu, par contre, retrouver encore l'auteur et
la destination du tableau de Bruxelles, ni savoir comment la série a été dispersée.
3. A Saint-Leu-Saint-Gilles, par exemple, où il représente une biche et un chien
auprès de saint Gilles. (Piganiol, *Description de Paris*, t. II, p. 20.)
4. Caylus, *Vie de Watteau*, dans Goncourt. (*L'art du XVIIIe siècle*, t. I, p. 47-48.)

Dans les tableaux de chevalet, comme dans les compositions
décoratives, l'imitation exacte des Flamands fut une étape vite
parcourue : les œuvres devinrent rapidement galantes. Les sujets
tirés de l'Ancien Testament et de l'Histoire sainte facilitèrent
cette transformation; ils étaient aisément susceptibles d'interpré-

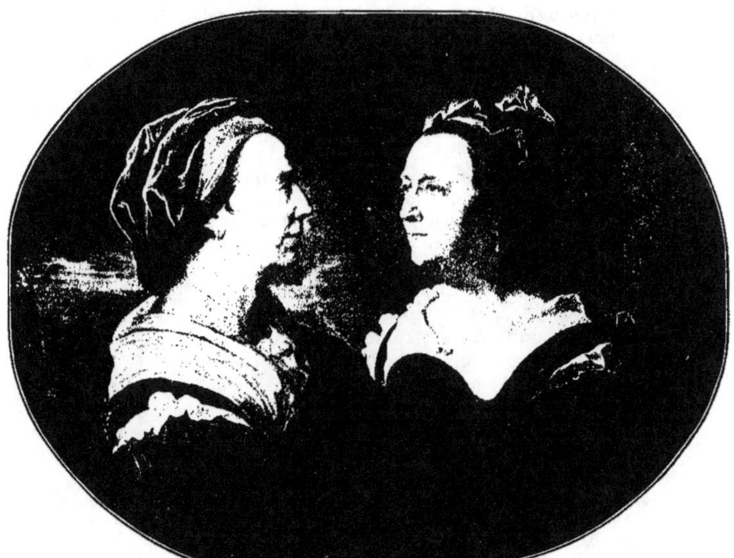

FIG. 54. — HYACINTHE RIGAUD. — PORTRAIT DE SA MÈRE.
(Musée du Louvre.)

tations profanes, et bientôt les artistes choisirent de préférence ceux
qui prêtaient aux jolis groupements de femmes, même aux allégories licencieuses. Ainsi l'aventure de Loth et de ses filles fut à la
mode parce qu'elle était équivoque : on la proposa au concours
de 1694, et Vleughels, le futur ami de Watteau, le petit peintre
aimable des mythologies mondaines, remporta le second prix; La
Fosse, Poerson l'exposèrent en 1699, Noël Coypel en 1704, Jacques

Courtin la traita en 1710 pour sa réception à l'Académie. La nudité de Suzanne convoitée par les vieillards trouva également des illustrateurs nombreux : elle tenta Antoine Coypel en 1699, et Noël Coypel en 1704[1]; l'élégante *Suzanne* de Santerre (au Louvre) est une Parisienne aimable, au joli minois, aux lignes fines, dont la grâce seule a séduit le peintre (fig. n° 24). Si la représentation d'*Adam et Ève* est indifférente sous le pinceau de l'ennuyeux Nicolas Colombel, Ant. Coypel y voit surtout un prétexte à des nudités aimables[2]; pour Jean-Baptiste Santerre les deux figures sont un thème à casuistique mondaine : « Il prétendit contre l'usage, dit d'Argenville, devoir supprimer le nombril[3] », et François Le Moyne exprime dans leurs deux corps sa passion pour le nu voluptueux.

Par contagion, une grâce nouvelle rajeunit les sujets les plus austères : *Moïse sauvé des eaux*, par exemple. Charles de La Fosse reprend ce thème peint jadis par Poussin. Mais quel chemin parcouru entre les deux œuvres ! La composition de Poussin est rythmée, digne, majestueuse : la fille du Pharaon, au centre, derrière la corbeille où l'enfant est couché, domine la scène; de chaque côté, des servantes s'empressent en nombres inégaux; les gestes sont nobles, les groupes cadencés, le paysage sévère. La toile de La Fosse, au contraire, est toute souriante avec ses jeunes femmes rieuses à la gorge pleine, aux bras potelés, aux draperies élégantes, aux souples ploiements de taille... Poussin a travaillé pour une église, La Fosse pour un boudoir.

Les sujets de l'Ancien Testament et de l'histoire sainte exercent une action d'autant plus puissante sur l'évolution de la peinture religieuse qu'ils sont très à la mode au début du XVIIIe siècle. Si les églises et les couvents en commandent peu, par crainte peut-être de leur caractère trop profane[4], si Jouvenet en peint cinq à peine dans toute sa carrière[5], toute la société dévote, rebelle encore aux thèmes mythologiques, les adopte pour ses salons : elle suit ainsi l'exemple

1. Il y a au Musée d'Amsterdam une *Suzanne* de Nic. Bertin, mais elle est peut-être postérieure à 1721.

2. En 1676, il avait déjà obtenu au concours académique le deuxième prix sur le *Bannissement d'Adam et d'Ève du Paradis terrestre*.

3. D'Argenville, édit. de 1762, t. IV, p. 261.

4. Piganiol note seulement *la Manne* et le *Sacrifice de Melchissédec* par Charles-Antoine Coypel (1714-1715), le *Sacrifice d'Abraham* et *Élisée dans le Désert* par Francisque Millet à Saint-Nicolas-du-Chardonnet, *Melchissédec allant à la rencontre d'Abraham* et *David qui obtient de Dieu la cessation de la peste* à l'abbaye de Saint-Victor.

5. *Le Frappement du rocher*, l'*Évanouissement d'Esther*, *Isaac bénissant Jacob*, *le Songe de Jacob*, *le Songe de Joseph*.

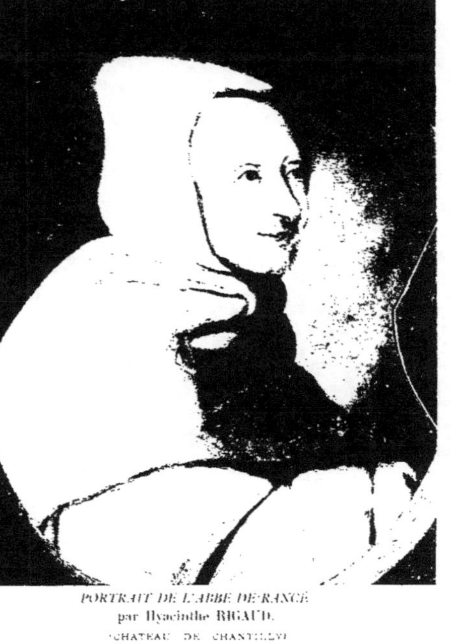

PORTRAIT DE L'ABBÉ DE RANCÉ
par Hyacinthe RIGAUD.
(CHATEAU DE CHANTILLY)

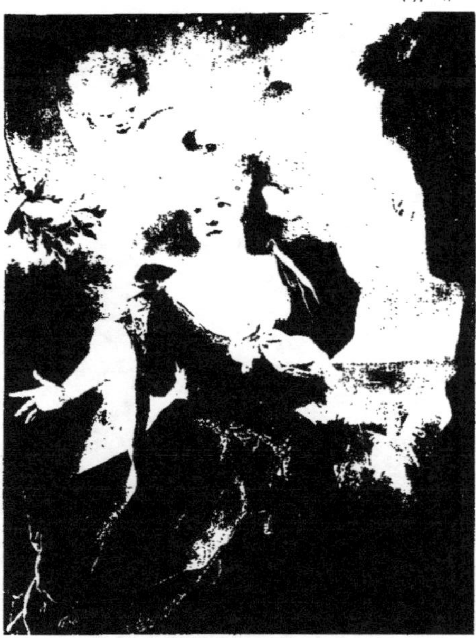

PORTRAIT DE LA DUCLOS
par Nicolas de LARGILLIÈRE
(CHATEAU DE CHANTILLY)

donné par Mme de Maintenon dont le Cabinet, à Meudon, est orné
d'*Abigaïl qui porte des vivres à David* par Louis de Boullogne, de *la
Reine de Saba portant des présents à Salomon* par Poerson, de *Moïse et
les filles de Jéthro*, par Ubeleski, de *Moïse sauvé des eaux* par Nicolas
Colombel. Mais la peinture du Nouveau Testament portait aussi en
elle-même des éléments d'évolution assez puissants. Le type des
Madeleines élégantes et des Vierges doucereuses inspiré du Guide
et de l'Albane est toujours à la mode : on le retrouve par exemple,
— si la gravure est fidèle, car l'original est perdu, — dans la Vierge
de *l'Annonciation* (fig. n° 19) peinte par Ant. Coypel à la chapelle
de Versailles ; Bon Boullogne[1] et ses élèves n'en connaissent pas
d'autre, et une simple exagération de sa joliesse et de sa mièvrerie
suffit à le transformer en type moderne, mondain et galant.

C'est dans la *Sainte Thérèse* de Santerre, posée en 1709 à la
chapelle de Versailles, que les critiques du xviiⁱ siècle notent pour
la première fois des intentions libertines[2] : « Les caractères des têtes
sont si beaux, écrit d'Argenville, l'expression et l'action en sont si
vives, qu'aux personnes scrupuleuses ce tableau paraît dangereux,
et même les ecclésiastiques évitent de célébrer nos saints mystères
à l'autel de cette chapelle[3] ». Si l'œuvre n'avait pas pris en quelque
sorte la valeur d'un manifeste pour les contemporains, nous ne la
citerions même plus : elle est maladroitement composée, médiocre-
ment peinte et, en somme, assez peu audacieuse; presque tous les
autres tableaux de Santerre lui-même sont plus élégants, plus
libertins, et il y avait infiniment plus de jeunesse, plus de grâce
mondaine sous l'austérité des voiles, plus de vie et plus de passion, sans que personne l'ait remarqué, dans la *Sainte Thérèse* de
Mignard peinte quelques années plus tôt. Mais c'est après 1709
que les imaginations galantes deviennent très abondantes dans
les tableaux d'église. Quand Gillot se présente à l'Académie le
26 juillet 1710, de Troy, directeur de la Compagnie, lui propose

---

1. On présenta un jour à Monsieur, frère du roi, une toile de Boullogne sous
le nom du Guide. Avant de l'acheter, le prince la montra à Mignard qui confirma,
paraît-il, l'attribution (Abbé de Fontenai, *Dict. des artistes*, 1776, t. I, p. 237).
L'anecdote serait-elle controuvée et n'aurait-elle qu'une valeur symbolique, elle serait
encore intéressante.

2. On peut s'étonner du titre de peinture de chevalet appliqué à une toile des
dimensions de la *Sainte Thérèse*, mais, pour les contemporains, est tableau de chevalet « tout ce qui n'est point plafond, galerie et autres grands ouvrages de cette
nature qui ne peuvent estre finis comme un tableau qu'un peintre travaille chez luy
à loisir et qu'il fait entier luy-même » (*Mercure galant*, mars 1690, p. 208-209).

3. D'Argenville, édition de 1762, t. IV, p. 260.

comme sujet de réception *le Christ dans le temps qu'il va être attaché à la croix*[1]. L'original est malheureusement relégué dans l'église de Noailles et de Poix[2], mais Huquier l'a gravé dans les *Scènes de la vie du Christ* dessinées par Gillot[3], et nous voyons par sa planche que la composition manque de gravité et les figures de dignité. Malgré sa piété sincère, Watteau traite aussi les thèmes les plus austères du Nouveau Testament avec une aimable désinvolture[4]. Ses vierges sont des femmes aimables et ses anachorètes au désert de bons acteurs d'opéra. Nous n'avons à Paris qu'une œuvre religieuse de sa main, mais elle est importante[5] : c'est la *Sainte Geneviève* de l'église Saint-Médard. La petite sainte, assise sous un arbre, tout de blanc vêtue, sa houlette à la main, entourée de ses moutons qui paissent ou qui dorment, semble une bergère galante échappée d'une églogue. La *Sainte Famille*[6] donnée par le maître à l'abbé de Noirterre en échange d'une toile de Rubens est en Russie; mais les gravures de Marie-Jeanne Renard du Bos, de Wust ou d'Aveline (fig. 26) nous apprennent que la Vierge était une jolie fille des Fêtes galantes et que l'enfant ressemblait à un Amour. Huquier nous a conservé le souvenir d'un *Pénitent* peu contrit méditant dans un désert trop fleuri (fig. n° 25). Quant aux autres toiles religieuses de Watteau — assez peu nombreuses d'ailleurs — nous ne les connaissons que par leur passage dans des ventes ou par des mentions d'historiens.

Les tableaux d'église les plus importants de François Le Moyne sont postérieurs à 1721. Cependant à la mort de Watteau le jeune artiste a déjà peint un *Saint Jean-Baptiste au désert* pour Saint-Eustache, deux *Tentations*, l'une conservée dans une église près d'Amiens, l'autre datée de 1715, trois toiles pour la cathédrale de Sens : les *Noces de Cana*, la *Promesse de l'Eucharistie*, le *Baptême du Christ* (1717). Une *Assomption* récemment retrouvée au prieuré de

---

1. *Proc.-verb.*, t. IV, p. 109.

2. Voy. A. Valabrègue, *Claude Gillot* dans la *Gazette des Beaux-Arts*, 1899, t. II, p. 116-117.

3. C'est la seule série connue de gravures religieuses d'après Gillot.

4. Watteau peintre de scènes religieuses ne doit rien à Gillot. Les deux hommes sont brouillés depuis longtemps quand Gillot donne son morceau de réception. L'éducation de Watteau d'ailleurs l'a assoupli dès sa jeunesse aux sujets sacrés : il en a peint chez Gérin qui travaille surtout pour les églises, puis au pont Notre-Dame.

5. Il semble qu'on peut définitivement la lui attribuer. Voy. P. Mantz, *Watteau*, 1892, Appendice.

6. On signalait en 1853, au château de Bonn, une autre *Sainte Famille* dont deux répliques sont aux Musées d'Angers et de Quimper. On trouvera dans Virgile Josz, *Watteau*, p. 413, l'énumération des peintures religieuses connues de Watteau.

Saint-Julien-Chapteuil caractérise bien son art à cette époque[1].
L'évêque du Puy, voulant donner un tableau au prieur de Saint-
Julien en 1718, demanda au duc d'Antin de lui désigner un artiste
et le surintendant choisit naturellement Le Moyne qu'il protégeait.
Dans la figure de la Vierge celui-ci reproduisit les traits de sa
mère, la jolie Françoise Dauvin, et autour d'elle il peignit des anges.

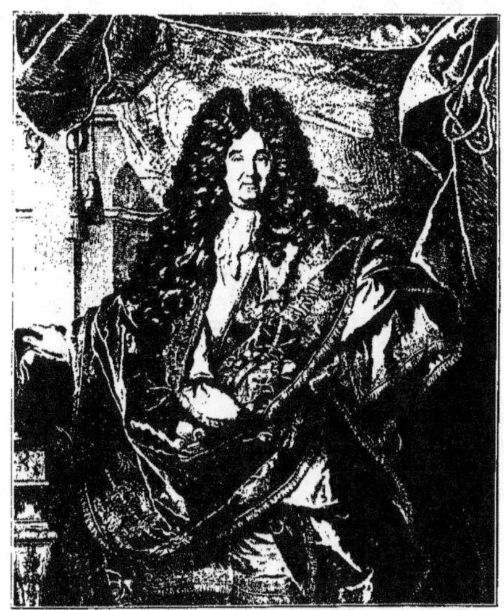

Gravé par Drevet.

FIG. 55. — HYACINTHE RIGAUD. — PORTRAIT DE DANGEAU.
(Musée de Versailles.)

— des amours joufflus, — qui portent des roses, qui jettent des roses;
dans le coin gauche il disposa encore des roses sur le tombeau
ouvert. Sa composition, d'une harmonie souriante, est essentiellement profane. Vers la fin de sa vie, quand sa raison chancela, il se

1. M. Léon Giron, qui l'a retrouvée, lui a consacré une intéressante étude : *Une
Assomption* de François Le Moyne dans la *Réun. des Soc. des Beaux-Arts des dép.*
1898, p. 639 et suiv.

24

souvint de la jolie mondaine qui triomphait parmi des amours et des fleurs au fond du prieuré et il se repentit de l'avoir peinte. Un chercheur a découvert récemment cette note sur un fragment de répertoire du prieuré : « Monsieur Nonotte nous mande de la part de M. Lemoine pour que soit lacérée ou brûlée la Vierge Marie dont Monseigneur l'évêque de la Roche-Aymon a fait don au prieuré en 1718 ». Le prieur heureusement n'y consentit pas : le sacrifice eût été inutile; il était trop tard pour enrayer le mouvement. Jusqu'en 1760, l'art sacré n'est plus qu'un prétexte aux fantaisies les moins liturgiques : Nattier peint Mme de Châteauroux en Madeleine comme il l'aurait peinte en Vénus; quand la Reine désire en 1752 une *Madeleine au désert* pour l'autel d'un oratoire aux Carmélites de Compiègne, M. de Vandière la demande à Ch.-Ant. Coypel, et l'artiste, pour faire sa cour, donne à la pénitente les traits de Madame Henriette de France, morte au début de l'année. Vers la fin du siècle les imaginations galantes disparaissent de la peinture religieuse, mais le réalisme y persiste. En somme, tous les éléments dont sera formé l'art sacré de la Régence à la fin de l'Ancien Régime caractérisent déjà les œuvres des premières années du XVIIIe siècle.

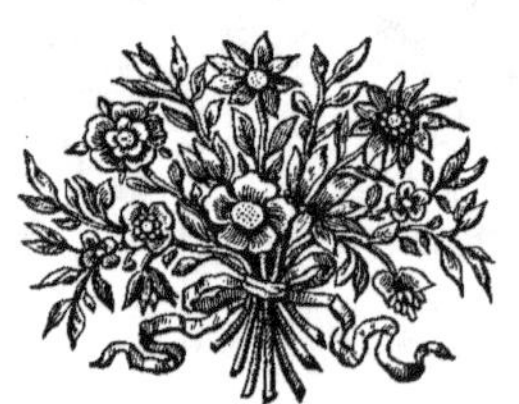

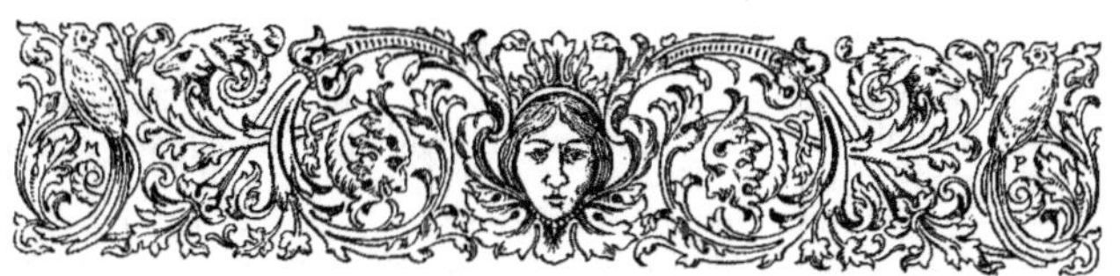

CHAPITRE X

LA PEINTURE D'HISTOIRE

II

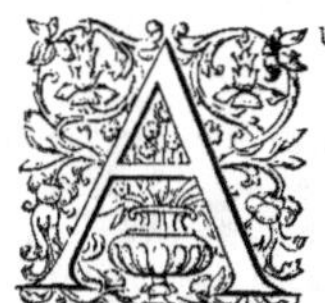

u XVIIe siècle la mythologie classique est inséparable de l'art, de la littérature, de la vie même. Une bonne éducation est incomplète sans la connaissance approfondie des dieux : Bayle écrit en 1675 à son frère cadet : « Pour la fable, il la faut posséder *ad unguem*[2] »; un écolier sortant du collège sait mieux les aventures d'Hercule que les événements de l'histoire nationale. Selon Taine, c'est l'absence du sentiment chrétien dans la littérature qui impose aux écrivains la théogonie païenne[3]; mais cette explication est mauvaise, car le merveilleux païen tient une aussi grande place dans l'art que dans la poésie, malgré l'abondance de la peinture religieuse; bien mieux, tandis que la querelle des Anciens et des

1. Voyez pour l'illustration de ce chapitre de la page 94 à la page 140, fig. nº 27 à 42.
2. Cité par Delaporte, *Du merveilleux dans la littérature du XVIIe siècle*, p. 12.
3. « On vit alors, écrit-il, le spectacle le plus extraordinaire et le plus ridicule : la poésie séparée de la religion dont elle est le fond naturel et l'aliment intime, un ciel païen introduit dans un monde chrétien, l'Olympe restauré, non par sympathie sensuelle comme à la Renaissance, ou par sympathie archéologique, comme aujourd'hui, mais par convenance pour remplir un autre vide... »

Modernes marque la décadence des dieux en littérature, le débat des poussinistes et des rubénistes ne diminue pas la production mythologique : il la rend seulement réaliste et galante d'idéaliste et de pompeuse qu'elle était.

Pendant la première moitié du xviiᵉ siècle les peintres français ne virent dans la mythologie, comme les Italiens de la Renaissance, qu'une source d'anecdotes aimables, de groupements harmonieux, de nudités élégantes ou de scènes libertines; mais Le Brun imposa un rôle nouveau aux dieux antiques : il les mit au service de la gloire du souverain et inscrivit des symboles modernes dans les vieilles légendes. Apollon devint le roi protecteur des arts, Mars, le roi à la guerre, Neptune, le roi chef de la flotte, Jupiter, le roi tout-puissant et victorieux. La fable de *Clytie changée en girasol*, qui décorait aux Tuileries la grande antichambre, invitait, selon Brice, les courtisans à suivre fidèlement Louis XIV. En sculpture, Charles Perrault imagina, sous l'inspiration du Premier Peintre, un *Apollon se couchant dans le sein de Thétis après avoir fait le tour du monde* pour symboliser le roi se reposant à Versailles après avoir comblé l'univers de bienfaits[1]. La fantaisie, la grâce, la fraîcheur disparurent alors de la mythologie : Le Brun ignora presque complètement un des dieux les mieux aimés de ses prédécesseurs, Bacchus, parce que sa légende était inutile à la gloire du roi. On ne connaît qu'un *Bacchus*[2] dans l'œuvre de Le Brun; encore le commença-t-il à la prière du prince de Condé et ne l'acheva-t-il jamais[3]. Mais cet ostracisme ne dura pas; avant même la mort du Premier Peintre, Bacchus reparut dans l'art : dès 1688 Louvois chargea Bon Boullogne de peindre, pour Trianon[4], sa légende que presque tous les artistes interprétèrent de 1690 à 1721. La Fosse composa deux *Triomphe de Bacchus*[5], et il imagina l'*Automne* sous la figure de *Bacchus accompagné d'Ariane*, dans le grand salon de Marly[6]; les Musées de Lyon, d'Avignon, de Dijon conservent des *Bacchus amoureux d'Ariane* par Antoine Coypel qui représenta aussi l'*Alliance de Bacchus et de l'Amour* et *Silène lié et barbouillé de lie* (Musée de Reims). On connaît encore des *Bacchus* de

---

1. Sculpté par Girardon et trois collaborateurs. Voy. Delaporte, *Le merveilleux dans la littérature au XVIIᵉ siècle*, p. 28.

2. *Bacchus rencontrant Ariane dans l'île de Naxos.* H. Jouin, *Ch. Le Brun*, p. 511.

3. C'est cette toile que Christophe l'aîné eut « la témérité d'achever et de retoucher » en 1691 (*Proc.-verb.*, t. III, p. 67).

4. Voy. Engerand, *Inventaire de Bailly*, p. 443-444.

5. Un de ces tableaux est au Louvre, l'autre au Musée d'Orléans; celui du Louvre fut sans doute peint au début du xviiiᵉ siècle pour Meudon.

6. Aujourd'hui au Musée de Dijon.

Michel-Ange Houasse, de François de Troy, de Michel Serre. Au Salon de 1699 Ubeleski exposa la *Naissance du dieu* et son *Arrivée à Naxos;* au Salon de 1704, Louis de Boullogne, Vernansal, Ph. Lallemant et Bon Boullogne envoyèrent des *Bacchus,* Bertin, une *Bacchanale,* Henri de Favanne, *Silène réveillé par la Nymphe Églé qui lui barbouille le visage de mûres.* Quand Watteau peindra les *Saisons* dans une salle à manger de l'hôtel Crozat il imaginera l'*Automne* sous les traits de Bacchus servi par Ganymède, et le souvenir du dieu, sinon le dieu lui-même, reparaîtra trois fois au moins dans son œuvre mythologique, dans les *Enfants de Bacchus,* les *Enfants de Silène,* les *Jardins de Bacchus.* Les plus timides de ces interprétations sont déjà libres : le *Triomphe de Bacchus* par Charles de La Fosse, au Musée du Louvre, est encore conçu avec une mesure et une dignité qu'on ne trouvera plus longtemps dans les sujets mythologiques, mais les enfants y sont déjà potelés, les femmes vivantes, charnues, souriantes, colorées de tons frais. Une volée d'amours roses éclaire la mauvaise petite toile d'Ant. Coypel, au Musée d'Avignon, l'*Arrivée à Naxos.* La fantaisie tient tant de place dans le *Vénus et Bacchus,* de Louis de Boullogne (Musée de Troyes), qu'avant de rendre à cette œuvre son titre mythologique exact, on a pu longtemps n'y voir qu'une allégorie du vin et de l'amour sans personnages précis[1].

Toute la mythologie redevient vite galante après la mort de Le Brun. Ses successeurs n'empruntent au Premier Peintre que le mépris des réalités et des intentions antiques; ils inscrivent encore des allégories dans les légendes, mais presque toujours des allégories libertines. Une sélection s'opère entre les mythes : les aventures graves, ennuyeuses ou d'une philosophie trop élevée disparaissent du répertoire artistique devant la représentation du couple amoureux sous toutes ses formes classiques: *Mars et Vénus, Apollon et Iris, Didon et Énée*[2]. Les sujets d'histoire ancienne non my-

---

1. Les représentations de Vénus sont encore plus fréquentes; il est vrai qu'elles avaient été moins rares à l'époque précédente : Le Brun lui-même peint quatre fois la déesse, mais avec une froideur insupportable; Fénelon écrit en parlant d'une de ses interprétations : « Ce tableau me paraît peu touchant; la Vénus même n'est pas assez Vénus » (Fénelon, *Jugement sur différents tableaux,* édition Lebel, t. XIX, p. 463.)

2. Ce couple, les artistes vont le chercher même dans le merveilleux féerique qu'ils négligent presque toujours cependant, parce qu'ils n'imaginent pas aisément les lutins, les démons, les fées, les enchanteurs, sous une forme matérielle. Ils représentent les épisodes amoureux empruntés à la *Jérusalem délivrée :* *Renaud et Armide, Tancrède et Clorinde* ou au *Roland furieux : Angélique et Médor,* mais ces héros n'ont pour eux que la valeur de figures classiques. Ils les imaginent physiquement comme des demi-dieux antiques et ils les entourent des

thologique deviennent également très rares parce qu'ils sont
ennuyeux. La seconde moitié du XVIIᵉ siècle les avait aimés au
contraire ; ils servaient les desseins du Premier Peintre : toutes les
aventures de rois victorieux, de rois cléments, de rois généreux
devenaient aisément des hommages à la gloire, à la clémence, à la
munificence de Louis XIV. Au Salon de 1673, ils sont encore nom-

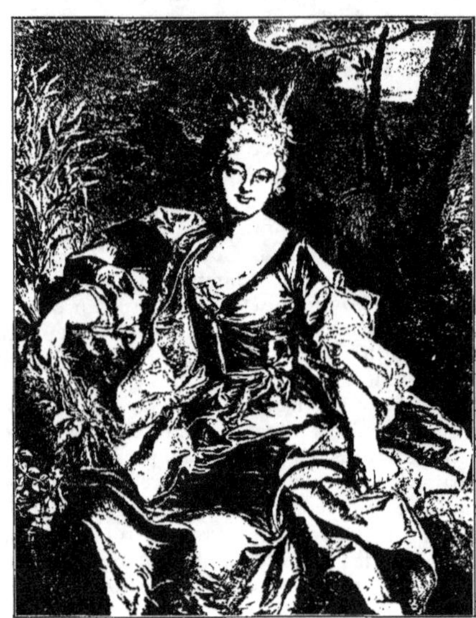

Gravé par P. Drevet.

FIG. 56. — HYACINTHE RIGAUD. — PORTRAIT DE MADAME LE BRET DE LA BRIFFE.

breux; on les compte aisément au contraire aux expositions de
1699 et de 1704. C'est à peine si Corneille l'aîné envoie une *Aspasie*

personnages traditionnels de la mythologie païenne. Voy. par exemple, les deux
toiles d'Ant. Coypel, *Armide prête à frapper Renaud* et *Renaud et Armide dans
les embûches que leur tend l'Amour* (fig. nº 38), dont nous avons les gravures par
Dupuis et par Audran. On y rencontre Cupidon, des Amours, une Naïade à queue
de poisson, un Fleuve à longue barbe, Apollon lui-même. Voy. aussi : Jean Raoux;
Angélique et Médor (fig. nº 39).

chez *Périclès;* Paillet, une *Dame romaine passant le Tibre* et *Artémise combattant sur les vaisseaux de Xerxès;* S. Guillebault, le *Rapt des Sabines* à la solennité de 1699[1]; et F. de Troy, *Marc-Antoine et Cléopâtre* (peut-être des portraits); Nic. Colombel, la *Tolérance de Fabius;* Bon Boullogne une *Lucrèce*[2] à celle de 1704. De Piles recommande en vain aux artistes de consulter l'*Histoire romaine* de Coeffeteau, les *Hommes illustres* de Plutarque, la *Colonne Trajane* et les Discours qui l'expliquent[3] : ceux-ci n'en tirent aucun profit.

Ils ne lisent pas non plus, d'ailleurs, la *Religion des anciens Romains* de Du Choul ou la *Mythologie* de César Ripa que leur indique aussi de Piles comme les meilleures sources de sujets mythologiques[4], et répètent simplement les légendes transmises d'atelier en atelier par la tradition. Quelques-uns à peine connaissent les traductions d'*Ovide :* Louis de Boullogne, par exemple, qui emprunte directement aux *Métamorphoses* l'épisode de l'*Enlèvement d'Europe* pour Trianon[5]. Ant. Coypel est peut-être le seul à consulter sérieusement les sources; il étudie l'*Énéide* avant de travailler au Palais-Royal, l'*Iliade* pour composer ses cartons des Gobelins en 1716; sa *Vénus sur les eaux* (fig. n° 36) et son *Amour réfugié dans la maison d'Anacréon* illustrent le texte du poète alexandrin[6]; quand il peint pour Meudon *Alceste qu'Hercule ramène des Enfers,* Mme Dacier traduit pour lui le cinquième acte de la tragédie d'*Euripide*[7]. Mais, pour affecter de l'érudition, il n'en trahit pas moins l'antiquité véritable. Dans son œuvre, comme dans l'œuvre

1. Les esquisses du *Ptolémée Philadelphe...,* de l'*Alexandre Sévère...,* du *Solon...,* du *Trajan...,* exposées par Noël Coypel en 1699, sont de vieilles œuvres peintes depuis longtemps aux voussures du salon de la Reine à Versailles et payées même avant 1690.

2. Les sujets d'histoire antique que l'on trouve le plus souvent entre 1690 et 1721 sont des épisodes galants tels que le *Lai d'Aristote* par Ch. de La Fosse, au Musée de Montpellier, ou *Apelle peignant Campaspe* de Nicolas Vleughels, son morceau de réception en 1716.

3. *Remarques sur l'Art de peinture* de Dufresnoy, édit. de 1767, p. 131 et suiv.

4. Il y avait d'autres ouvrages encore où les peintres pouvaient aisément puiser : l'*Histoire poétique pour l'intelligence des poètes et auteurs anciens* du père Gaultruche, par exemple, publiée en 1658, et qui comptait vingt éditions en 1715, et le *Pantheum mythicum, seu fabulosa deorum historia* du père Pomey, de 1697, écrit en latin, mais illustré.

5. « Le sujet que je prand pour les tableaux que je dois faire..., écrit-il, est tiré du second livre des *Métamorphoses d'Ovide.* » (Engerand, *Inventaire de Bailly,* p. 448.)

6. Sous la gravure de la *Vénus sur les eaux* de Desplaces, par exemple, on lit : Anacréon, Ode LI.

7. Ch.-Ant. Coypel, *Vie des Premiers Peintres du Roi,* t. II, p. 15-16.

de tous ses contemporains, les divinités antiques perdent jusqu'à
leur caractère physique traditionnel, Jupiter sa majesté, Junon son
ennui résigné, Minerve sa sagesse grave, Apollon sa beauté paisible.
Tous les dieux prennent la grâce efféminée de Bacchus, toutes les
déesses la mollesse voluptueuse de Vénus. C'est à peine si les attributs essentiels sans lesquels toutes les figures se confondraient sont
respectés : un simple carquois désigne Diane ; un luth, Apollon ; une
couronne de pampres, Bacchus ; quelques fruits, Pomone. Seul le
cortège des amours potelés de Vénus augmente à mesure qu'on
avance dans le siècle. Presque toujours les corps sont nus, et
quand parfois des draperies les vêtent, elles sont de pure fantaisie,
malgré les leçons des statues antiques, des recueils de costumes[1],
des tableaux du Poussin. Le temps n'est pas loin où l'on affublera
les divinités de chemises modernes relevées fort haut et de robes
excessivement décolletées. Ce singulier Olympe exprime exactement le goût des contemporains et ne choque presque personne ;
c'est à peine si quelques plaisanteries accueillent les œuvres d'Antoine Coypel : on propose le titre d'*Énéide travestie* pour sa galerie
du Palais-Royal et un Italien se découvre devant ses cartons de tapisserie d'après l'*Iliade* en disant plaisamment : « Bonjour, Monsieur
Achille ; salut, Monsieur Agamemnon. »

A Trianon, à partir de 1688, avec des toiles religieuses de
Mignard et de Le Brun, des paysages d'Allegrain, de Martin, de
Cotelle, des fleurs de Belin de Fontenay et de Monnoyer, le roi fait
poser d'assez nombreuses mythologies. Sans doute la désignation
de certains hommes, le choix de plusieurs sujets, l'exécution de
quelques œuvres rappellent encore que Le Brun n'est pas mort :
Houasse, par exemple, aurait pu peindre trente ans plus tôt son
ennuyeuse *Histoire de Minerve* en treize toiles[2], et si les sujets de
Verdier, *les Amours de Jupiter et d'Io*, sont moins austères, l'artiste
les traite aussi avec une insupportable froideur[3]. Mais dans beaucoup de commandes, au contraire, un rajeunissement est déjà sensible. Ainsi de Sève est chargé de représenter les *Amours de Vénus et
d'Adonis* que Le Brun et Colbert n'auraient jamais admis dans

1. Tels que *les Costumes des Grecs et des Romains* de Sébastien Le Clerc et les
Camées antiques d'Élisabeth-Sophie Chéron.

2. Il en reste à Trianon des fragments caractéristiques. On trouvera l'histoire
de cette série d'œuvres dans Engerand, *Inv. de Bailly*, p. 404 et suiv.

3. Voy. l'histoire de ces tableaux dans Engerand, *Inv. de Bailly*, p. 460, 461,
462. Une des toiles est au Louvre, une autre à Trianon.

un palais royal[1]. La gracieuse légende de *Zéphyre et de Flore*, qui va devenir un des thèmes favoris du xviiie siècle, est interprétée déjà par plusieurs artistes : Ant. Coypel accompagne les amants d'un amour portant un flambeau[2] ; Jouvenet représente Zéphyre offrant des fleurs à Flore étendue sur un lit, entourée de nymphes[3] ; Corneille peint le couple escorté de nymphes qui élèvent une corbeille de fleurs, et d'amours qui penchent une corne d'abondance[4]. *L'Enlèvement d'Europe*, et *Jupiter transformé en taureau caressé par Europe* commandés à Louis de Boullogne pour l'escalier du château sont déjà des œuvres très libertines. Ces tableaux ont

1. L'artiste, trop vieux d'ailleurs, peut à peine ébaucher la série, et la commande passe à Verdier qui peint trois toiles, et à Louis de Boullogne qui en donne deux. Bon Boullogne peint aussi pour Trianon *Vénus accompagnée de l'Amour qui aiguise ses flèches* (Voy. pour l'abandon des ébauches par de Sève, le document publié en 1892 dans les *Nouv. Arch. de l'Art franç.*, p. 78, par M. J.-J. Guiffrey, d'après les *Archives Nationales* O¹ 1794, où on lit : « Surseoir, n'y ayant point d'achevés. Il y en a sept ébauchés. » Sur les toiles de L. de Boullogne, voy. Engerand, *Inv. de Bailly*, p. 447; sur celles de Verdier, *Ibid.*, p. 462). Il paraît certain que plusieurs tableaux commandés pour Trianon ne furent jamais peints. Au début de la guerre de la ligue d'Augsbourg on arrêta sans doute ou, au moins, on ralentit les commandes faites en 1688 pour les reprendre en 1693 (Voy. *Nouv. Arch. de l'Art franç.*, 1892, p. 77 et suiv. : J.-J. Guiffrey, *Peintures commandées sous Louis XIV pour Trianon-sous-Bois*) : un certain nombre de commandes furent alors annulées; mais il est presque impossible de déterminer lesquelles. Les documents d'archives sont contradictoires ; ainsi Verdier ne touche, d'après les *Comptes*, que 200^{ll}, le 23 janvier 1689, pour sa série des *Amours de Jupiter et de Io* (Guiffrey, *Comptes*, t. III, p. 287); il est certain cependant qu'il en exécuta plusieurs morceaux, puisque l'*Inventaire de Bailly* en signale quatre et que Piganiol confirme Bailly.

2. Ce tableau fait partie des collections du Louvre, mais n'est pas exposé. Ant. Coypel peint au moins deux autres *Zéphyrs*, l'un pour l'hôtel Lambert, l'autre en 1699 pour le grand salon de Marly, où il avait été chargé de figurer le *Printemps*. — Au Salon de 1699, Noël Coypel expose un *Zéphyre et Flore* entourés d'amours plafonnants et L. de Boullogne envoie le même sujet à la même exposition. En 1704, c'est Bon Boullogne et L. de Boullogne, de nouveau, qui interprètent la légende. Bailly signale en 1709 (p. 402) au nom de La Fosse, au Luxembourg, dans la chambre de Mademoiselle, « un tableau en plafond représentant *Zéphyre que couronne Flore*, assise sur un nuage, accompagnée de deux enfans; l'un tient un panier de fleurs et l'autre verse de l'eau avec un arrosoir d'or ». — On voit aussi à Fontainebleau, un *Zéphyre et Flore* sur un nuage, accompagnés d'un amour qui leur présente des fleurs, porté aux inconnus de l'école française, mais qui est de Nicolas Bertin. Et ce ne sont là que les tableaux peints pour le roi ou exposés aux Salons. Nous ne connaissons pas tous ceux qui décorèrent les boudoirs et les alcôves.

3. Signalé par Piganiol, *Description de Versailles*, t. II, p. 217, dans la salle qui faisait suite à l'ancienne chambre à coucher du dauphin et où Jouvenet avait peint deux dessus de porte représentant des *Enfants*, et Nicolas Bertin *Vertumne et Pomone*, autre forme du couple amoureux.

4. Voy. l'ordonnance de payement dans Engerand, *Inv. de Bailly*, p. 412-413. Les toiles sont signalées dans Piganiol, *Description de Versailles*, t. I, p. 219. Au-dessus des portes deux petits *Zéphyrs* de Boullogne se faisaient pendant.

25

disparu ; mais un curieux rapport manuscrit de Boullogne en décrit les projets : « Dans le premier et le plus grand tableau je feré Europe caressant le taureau et ses compagnes qui la veullent mettre dessu après avoir fait des festons et des guirlandes de fleure don il orne la teste et le corp du taureau. Se sujet me parois assé agreable à trester. Dans le second, je peindré Europe qui est enlevez par le taureau et déjà avancé en mer avec de petit Amour qui le guide et

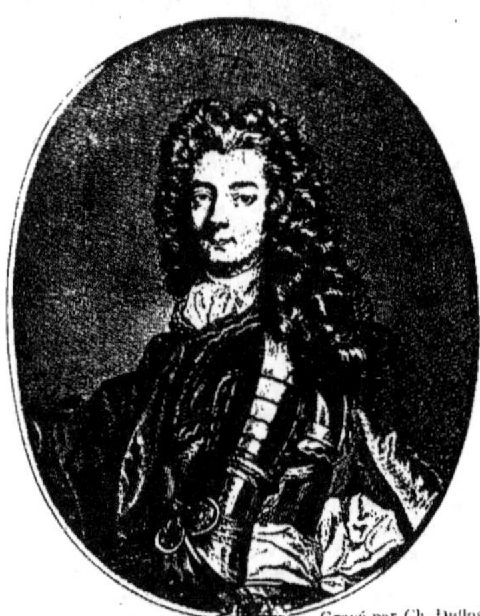

Gravé par Ch. Dutlos.

FIG. 57.

NICOLAS DE LARGILLIÈRE. — PORTRAIT DE J. F. P. DE BONNE DE CRÉQUI, DUC DE LESDIGUIÈRES.

ses compagnes paresteron sur le bord de la mer, surprize et afligé de son ravisement. Je croit que ses deux sujets ne seront pas désagréable à peindre[1] ». Ce texte est important : il indique que dès 1688 les artistes choisissent euxmêmes leurs sujets[2], — Le Brun tout-puissant leur refusait cette liberté, — et qu'un peintre jeune, comme Boullogne, imagine dès lors, sans hésiter, des mythologies amoureuses.

La décoration de Trianon offre un témoignage plus caractéristique encore de l'évolution qui s'accomplit. Noël et Antoine Coypel sont chargés tous deux d'interpréter la légende d'Apollon pour le palais, et tandis que Noël néglige les épisodes galants et peint *Apollon couronné par la Victoire après la défaite du serpent Python* et deux petits tableaux ovales : *Apollon qui garde les troupeaux d'Admète, Apollon qui reçoit de Mercure son carquois et ses flèches*[3], Antoine au

1. Engerand, *Inv. de Bailly*, p. 449, d'après les *Archives Nationales* O¹ 1974.
2. On trouvera d'autres preuves de ceci dans les projets publiés d'après les manuscrits des *Archives Nationales* (O¹ 1794) par J.-J. Guiffrey, dans les *Nouv. Arch. de l'Art franç.*, 1892, p. 77 et suiv.
3. Dans la salle de Repos. Le tableau qui se trouvait sur la cheminée est aujourd'hui au Musée de Bordeaux ; les deux petits tableaux ovales sont au château de

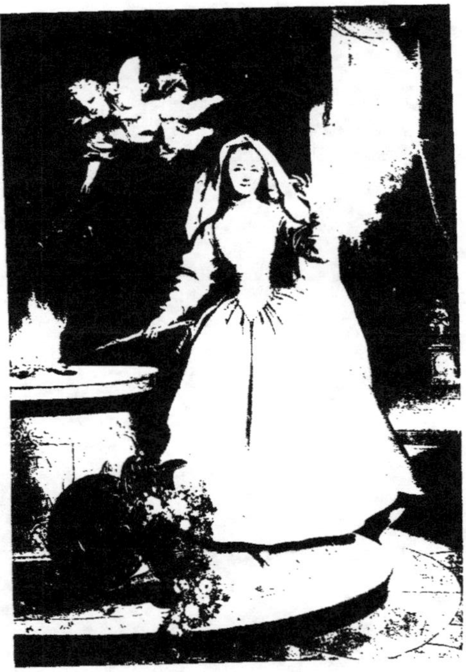

PORTRAIT DE MARIE-FRANÇOISE PERDRIGEON, DAME BOUCHER
par Jean RAOUX
(MUSÉE DE VERSAILLES)

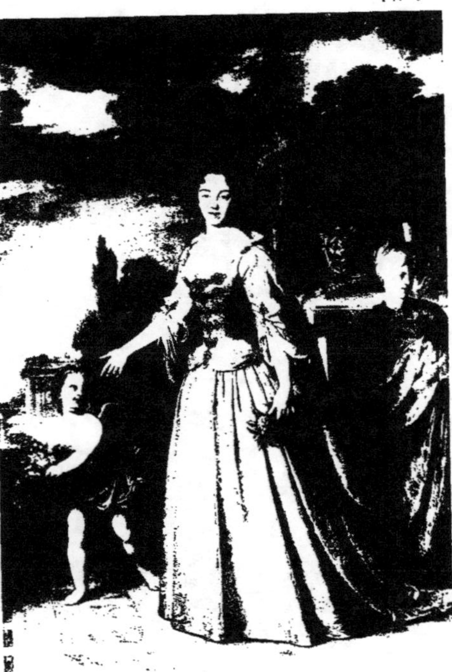

PORTRAIT DE MARIE-ADÉLAIDE DE SAVOIE
(Duchesse de Bourgogne)
par J.-B. SANTERRE
(MUSÉE DE VERSAILLES)

contraire s'intéresse uniquement à la légende amoureuse du dieu et propose à la surintendance de représenter : *Apollon, tout fier de la victoire qu'il a remportée sur le serpent Python, rencontre l'Amour, le brave, mais le petit dieu menace de se venger, Apollon à la poursuite de Daphné, Apollon se déguise en berger pour mieux séduire Issé, Apollon amoureux de Leucothoé prend la forme de sa mère pour s'en approcher*[1]. Si deux artistes devaient se ressembler cependant, c'étaient bien Noël et Antoine Coypel. Antoine est l'élève de Noël, et celui-ci, quoiqu'il ait collaboré avec Le Brun, a toujours gardé son indépendance et a goûté les Flamands avant tous ses contemporains ; mais, d'une génération différente, les deux hommes ne parlent déjà plus le même langage en 1688.

L'exécution des tableaux de Trianon est aussi nouvelle que leur invention. Si quelques morceaux sont encore ennuyeux et froids, d'une composition rigoureusement balancée, d'un dessin sec, d'une couleur pauvre, dans la décoration du palais, d'autres sont au contraire déjà très colorés, vivants et souriants. Dans l'*Apollon et Thétis* de La Fosse, la nudité de Thétis est amoureusement caressée, les chairs sont roses, la tonalité est fraîche ; Boucher ne renierait pas les amours et les colombes de la *Vénus et Adonis* de L. de Boullogne (n° 61) ; la toile de Bon Boullogne, *Vénus et Amours qui aiguisent des flèches*, est importante entre toutes malgré sa médiocrité : peinte dans la manière des derniers Bolonais, elle témoigne que le Guide et l'Albane contribuent au rajeunissement de la peinture mythologique. Ces maîtres collaborent avec les Flamands à détacher nos artistes des compositions sévères et donnent aux hommes de la Régence des exemples dont le libertinage ne sera pas dépassé.

Si l'évolution de la mythologie n'était pas inévitable dès 1688,

Compiègne. *Apollon couronné par la Victoire* était un sujet favori de Noël Coypel, sans doute parce qu'il symbolisait Louis XIV victorieux. « Le 31 décembre 1891, un tableau attribué à Coypel et intitulé *Le Triomphe d'Apollon* était envoyé par l'État au Musée d'Amboise... Deux autres tableaux de Coypel, *Triomphe d'Apollon*... et *Apollon couronné par la Victoire*... étaient placés le 20 juin 1853 dans la Vénerie de l'Empereur. En 1872, un tableau de Noël Coypel, *Triomphe d'Apollon*... était également envoyé au Musée de Bordeaux. » (Engerand, *Inventaire de Bailly*, p. 393.)

1. Il ne les exécute sans doute pas tous, au moins M. Engerand le croit, et avec raison, semble-t-il. On ne trouve trace que d'un *Apollon et Daphné*, la seule toile achevée en 1693 lorsque Villacerf donna au peintre l'ordre de surseoir à l'exécution de la commande. (Voy. Engerand, *Inventaire de Bailly*, p. 455-456.) Il y eut encore à Trianon d'autres peintures réprésentant l'histoire d'Apollon. Ch. de La Fosse peignit dans le Cabinet du Couchant *Apollon et Thétis*, encore en place. Jouvenet donna le même sujet, aujourd'hui au Musée de Caen, et Louis de Boullogne peignit deux autres scènes de la légende du dieu, aujourd'hui à Fontainebleau.

ce n'est pas dans un palais royal, au temps où Mme de Maintenon est toute-puissante, qu'on en noterait les premiers symptômes. Il était impossible cependant qu'elle s'accomplît définitivement sans provoquer quelque opposition à la Cour. Les sujets les plus libres, voilés sous le masque mythologique, ne choquèrent pas d'abord Louis XIV, mais l'audace des interprétations inquiéta sa dévotion dès la livraison des premières commandes ; aussi plusieurs toiles achevées ne furent-elles jamais posées[1] : *Apollon et Daphné* d'Ant. Coypel, par exemple, et le *Triomphe de Bacchus* de Bon Boullogne, sont signalés dès 1709 au Cabinet des tableaux de Versailles[2]. Les séries commencées par les deux peintres furent même interrompues en pleine exécution.

Après 1688, Louis XIV n'ordonne plus une seule décoration mythologique importante pour lui-même ; il apporte cependant un concours inattendu, et involontaire, à la jeune école. En 1699 il donne à la petite duchesse de Bourgogne, âgée de douze ans et demi, la Ménagerie du parc de Versailles[3], et « fait la dépense de la faire accommoder comme elle le souhaitera »[4]. Mansart commande pour cette décoration des arabesques, des paysages, des animaux, quelques peintures de genre, mais surtout des mythologies ; et le roi écrit en marge d'un des projets qui lui sont soumis : « Il me paroist... que les sujets sont trop sérieux... il faut qu'il y ait de la jeunesse meslée dans ce que l'on fera ». Cette simple phrase condamne l'art de Le Brun. Pour rajeunir les sujets mythologiques, les artistes représentent la jeunesse des dieux au lieu de leur maturité, et cette jeunesse est essentiellement amoureuse ; pour rajeunir l'exécution, ils adoptent l'interprétation galante, la couleur vive ou voluptueuse des peintres vénitiens ou des peintres flamands : aussi trois tableaux à peine rappellent encore l'art de Le Brun à la Ménagerie : deux scènes de la *Légende de Minerve et d'Arachné* par l'ennuyeux Ubeleski, et

1. Toutes les toiles de la décoration primitive ne sont plus en place ; mais il en reste assez cependant pour permettre de se former une opinion. Quelques morceaux ont été transportés dans divers palais nationaux, à Compiègne par exemple, ou dans les musées de provinces. On trouvera le détail de cette répartition dans Engerand, *Inventaire de Bailly*, passim.

2. Voy. Engerand, *Inv. de Bailly*, p. 455-456, pour l'*Apollon et Daphné* de Coypel, et *Ibid.*, p. 443-444, pour la toile de Bon Boullogne, aujourd'hui au Musée de Caen. Louis XIV semble s'être aussi débarrassé des tableaux de Louis de Boullogne représentant l'*Enlèvement d'Europe* : ils ne restèrent pas à Trianon en tout cas ; le premier fut donné le 12 novembre 1707 à la duchesse d'Orléans, le deuxième passa au Cabinet des tableaux de Versailles. (Voy. Engerand, *Inv. de Bailly*, p. 448.)

3. Pour l'histoire de la Ménagerie, voir *Revue d'histoire de Versailles*, 1899, p. 81 et suiv., Marquet de Vasselot : *La Ménagerie du château de Versailles, la grotte et les pavillons*.

4. Voy. Dangeau, *Journal*, t. VI, p. 349.

la *Querelle de Neptune et de Minerve* par Poerson[1]. Toutes les autres compositions sont gracieuses et galantes : Louis de Silvestre et Colombel peignent *Arion sur le dauphin jouant de la lyre* et *Orphée*[2] dans la quatrième pièce de l'appartement d'été ; Vernansal donne *Actéon changé en cerf* pour la première pièce de l'appartement d'hiver[3] ; dans la deuxième, consacrée à Vénus, Louis de Boullogne représente *Vénus et Vulcain* et *Vénus donnant des armes à Énée*[4], Bon Boullogne, la *Naissance de Vénus* et *Vénus à sa toilette*[5], Antoine Coypel, *Vénus dans une conque portée par trois Tritons*[6] ; dans la quatrième enfin, avec les toiles d'Ubeleski et de Poerson, on trouve le *Triomphe* et la *Mort de Niobé* par Blanchard[7]. Le choix des artistes lui-même est significatif : Blanchard est le premier apôtre du coloris en France,

1. Le tableau de Poerson est aujourd'hui au Musée de Fontainebleau.

2. M. Engerand dans l'*Inventaire de Bailly*, p. 457, note à l'actif d'Antoine Coypel « *Un Jeune homme sur un dauphin jouant de la lyre et deux Nayades auprès*, figures de 9 à 10 pouces, ayant de hauteur 18 pouces sur 22 pouces 1/2 de large, dans sa bordure dorée ovale. Versailles, Ménagerie. » Ce tableau, dit-il, a été omis par Bailly dans l'inventaire de 1709, mais se trouve porté à celui de 1706. C'est une erreur. Bailly n'a pas omis l'œuvre en 1709. S'il ne l'a pas indiquée, c'est qu'il ne le voulait pas, c'est qu'il avait commis une erreur en 1706. A l'article Louis de Silvestre de l'Inventaire publié par M. Engerand, p. 503, on trouve « un tableau représentant *Arion monté sur un dauphin jouant de la lyre*, figures de 11 à 12 pouces ayant de hauteur 18 pouces sur 22 de largeur. Ménagerie. » Si les deux toiles ne devaient pas être confondues, le même sujet aurait été traité par deux artistes dans les mêmes dimensions pour la même décoration. En réalité, il ne l'a été qu'une fois et par Silvestre. La mention de 1709 n'est qu'une rectification de celle de 1706. D'abord les *Comptes* n'indiquent pas d'*Arion* au nom d'Antoine Coypel, tandis qu'au nom de Silvestre, le 29 août 1703 (*Comptes des Bâtiments*, t. IV, p. 962), on lit : « Au sieur Sylvestre, peintre, pour un tableau représentant *Arion* qu'il a fait et posé à la Ménagerie de Versailles pendant l'année 1701 : 250⁺⁺ ». Piganiol, ensuite, dans sa description de la Ménagerie, n'attribue à Coypel aucun *Arion ;* mais il dit (*Description de Versailles*, édit., 1751, p. 205) : « Dans la quatrième (pièce de l'appartement d'été), il y a deux tableaux dont l'un représente *Arion jouant de la lyre et porté par un dauphin.* Ce tableau est tout gracieux. On est surtout charmé de l'élégance du dessin et de l'harmonie des couleurs. Il est de Silvestre le jeune ; il a 1 pied 6 pouces sur 1 pied 10 pouces 1/2 de large ». Ni l'Inventaire, ni Piganiol n'indiquent la forme ovale de l'œuvre, mais celle-ci faisait pendant à un *Orphée jouant de la lyre* que l'Inventaire de 1709 donne comme étant ovale. Il faut donc modifier une fois de plus l'attribution du tableau conservé au château de Compiègne : l'œuvre n'est pas de Noël-Nicolas Coypel comme on l'a cru longtemps, ni d'Antoine comme le voudrait M. Engerand, mais de Louis de Silvestre.

3. Piganiol, *Description de Versailles*, t. II, p. 205, et Engerand, *Inventaire de Bailly*, p. 465.

4. Piganiol, *Ibid.*, t. II, p. 206 ; Engerand, *Ibid.*, p. 450.

5. Piganiol, *Ibid.*, t. II, p. 206 ; Engerand, *Ibid.*, p. 442-443. Tous deux sont à Fontainebleau.

6. Piganiol, *Ibid.*, t. II, p. 206 ; Engerand, *Ibid.*, p. 457. A Compiègne, attribué à Noël-Nicolas Coypel.

7. Piganiol, *Ibid.*, t. II, p. 207 ; Engerand, *Ibid.*, p. 418.

Antoine Coypel traduit les idées du duc de Chartres, Silvestre a vingt-cinq ans, Bon et Louis Boullogne, les plus neutres, s'accommodent aussi volontiers des anecdotes galantes que des aventures héroïques[1]. Les toiles de Coypel et de Silvestre pour la Ménagerie sont déjà si aimables qu'on les a longtemps attribuées sans trop d'invraisemblance à Noël-Nicolas Coypel, qui peint vers 1730 de jolies divinités dans le goût de Boucher. L'évolution de la peinture mythologique, en puissance à Trianon, est en grande partie accomplie à la Ménagerie.

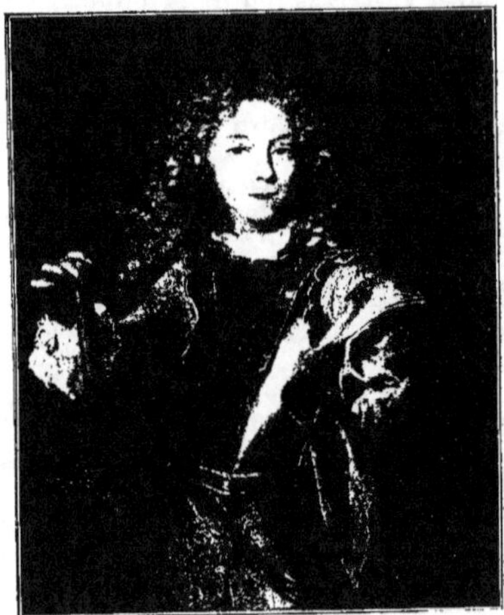

FIG. 58. — HYACINTHE RIGAUD. — PORTRAIT DE J. F. P. DE BONNE DE CRÉQUI, DUC DE LESDIGUIÈRES. (Musée du Louvre.)

Dès lors le goût du duc de Chartres et du dauphin triomphe définitivement du goût de Louis XIV. Cette victoire est manifeste dès la commande des tableaux pour Meudon. En principe, le roi devait pourvoir à toute la décoration du château. S'il avait réalisé ce projet, le choix des sujets et leur exécution eussent été sans doute moins caractéristiques; mais, faute d'argent, la surintendance put à peine commander quelques œuvres : *Hercule ramenant Alceste des Enfers* à Antoine Coypel[2], *Céphale et Procris* à Louis de Boullogne[3], *Hercule entre le Vice et la Vertu* à La Fosse[4], *Latone et ses deux fils qui se vengent des paysans de Lycie* à Jouvenet[5]; ce sont les

1. Ubeleski lui-même choisit assez souvent ses sujets dans la mythologie aimable. Au Salon de 1699, il expose la *Naissance de Bacchus, Bacchus et Ariane,* la *Naissance de Vénus;* à celui de 1704, *Vertumne et Pomone, Vénus sollicitant de Vulcain des armes pour Énée,* l'*Enlèvement d'Europe.*
2. Voy. *Comptes,* t. IV, p. 675-791. Gravé par Desplaces.
3. *Ibid.,* p. 675.
4. *Ibid.,* p. 675-732.
5. *Ibid.,* p. 675-732. On connaît au moins deux *Latone* de Jouvenet : l'une au Musée d'Eu, l'autre au Musée du Mans.

seules toiles du château dont tout libertinage, toutes nudités, tous symboles bachiques soient bannis. A défaut du roi le dauphin ordonne lui-même la décoration. Il emprunte d'abord des toiles au cabinet des tableaux de Versailles et choisit surtout des mythologies aimables : le *Bacchus* de Vinci, le *Femme avec Amour et satyre* d'A. Carrache, *Renaud et Armide* du Dominiquin, *Acis et Galathée* de Michel Corneille[1], et les deux œuvres que son père avait bannies de Trianon, l'*Apollon et Daphné* d'Ant. Coypel, et le *Triomphe de Bacchus* de Bon Boullogne. Il commande aussi des tableaux qu'il paye sur sa cassette particulière, et ce sont presque uniquement des scènes bachiques ou des mythologies galantes, d'autant plus significatives qu'elles prennent place à côté des dernières toiles commandées par le roi et qu'elles sont l'œuvre des mêmes peintres. La Fosse donne le *Triomphe de Bacchus*[2]; Jouvenet, la *Naissance de Bacchus*[3]; Bon Boullogne, *Bacchus, Cérès et Flore*[4] pour l'antichambre du château. Dans la garderobe on pose l'*Enlèvement d'Orythie par Borée, Zéphyre et Flore* attribués à tort à Joseph Christophe par l'inventaire de 1733[5]; ces deux toiles sont probablement de Nicolas Bertin, puisque les *Comptes* portent à l'actif de ce peintre, en 1709, « deux petits tableaux pour la garde-robe de Monseigneur[6] », et que d'Argenville le fils, qui n'indique aucun tableau de Christophe à Meudon, signale, au contraire, dans la garde-robe — sans les décrire d'ailleurs — deux toiles de Bertin[7]. Antoine Coypel enfin compose pour le château des mythologies aussi galantes que son *Alceste* l'était peu : *Mars aux forges de Lemnos à l'instant où il se moque des armes de Cupidon et où le dieutelet par une flèche traîtresse le rend amoureux de Vénus, Silène barbouillé de mûres par la nymphe Églé, Psyché et l'Amour qui s'envole*. Pour Meudon, dit Ch.-Antoine Coypel, « M. Coypel fit choix de plusieurs sujets piquans que la poésie depuis nombre de siècles offrait à la peinture et que la peinture n'avoit pas encore représentés[8] ». Les originaux sont perdus ou conservés à l'étranger[9], mais nous savons par les gra-

1. Engerand, *Inventaire de Bailly*, p. 412 et 414.
2. *Ibid.*, p. 401.
3. *Ibid.*, p. 402.
4. *Ibid.*, p. 445.
5. *Ibid.*, p. 501.
6. *Comptes*, t. V, p. 382.
7. D'Argenville, *Voyage pittoresque des Environs de Paris*, p. 22. *Zéphyre et Flore* est actuellement à Fontainebleau, de forme octogonale. D'Argenville l'indique comme ovale, mais la différence n'est pas suffisante pour détruire l'identification.
8. *Vie des premiers peintres du roi*, t. II, p. 15.
9. Les deux toiles de *Psyché* sont à l'Ermitage.

vures de Château et de Tardieu que jamais Coypel ne réalisa mieux son aimable conception de la mythologie : les nudités élégantes de l'Amour et de Psyché sont relevées déjà d'une pointe de libertinage, les chairs de Silène sont grasses, et l'attitude de la nymphe Églé singulièrement audacieuse.

A peine Coypel a-t-il terminé ses peintures pour Monseigneur que le jeune duc d'Orléans lui confie la décoration de la grande galerie du Palais-Royal. « Il désirait que l'histoire d'Énée fût représentée... et il était impatient de voir le premier crayon des idées que fournirait à un excellent peintre un poème tel que *l'Énéide*[1] ». La *Liquidation des comptes de communauté du Régent* date par erreur cette commande du vivant de Monsieur[2]. L'esquisse du plafond représentant *Vénus suppliant Jupiter en faveur d'Énée devant les dieux assemblés* (fig. n°s 27 et 31) est commencée pendant l'été 1702, les études de détail sont exécutées l'hiver suivant, et à la fin de l'été 1703 l'œuvre est en place. Les quatre voussures : *Junon commandant à Éole de déchaîner la tempête* (fig. n° 28 et hors texte n° 4), *Neptune ordonne à Éole de calmer les flots*, les *vaisseaux d'Énée métamorphosés en nymphes* et *Vulcain montrant à Vénus les armes d'Énée* sont terminées dès 1705[3]. Les autres compositions, au contraire : *Énée emportant son père Anchise* (fig. hors texte n° 1), *Didon dans le temple aperçoit Énée* (fig. n° 30), *Énée détourné par Mercure de s'établir à Carthage* (fig. hors texte n° 1), la *Mort de Didon* (fig. n° 29), la *Descente d'Énée aux Enfers* (fig. n°s 33, 34 et hors texte n° 3), *Junon excitant Turnus à faire la guerre à Énée*, la *Mort de Pallas*, la *Mort de Turnus* (fig. hors texte n° 1), sont postérieures à la mort de Louis XIV[4] :

1. *Vie des premiers peintres du roi*, t. II, p. 17. La légende du héros était depuis longtemps familière aux artistes français. Au xviie siècle, Claude Lorrain avait illustré de lumineux paysages avec les aventures d'Énée; la National Gallery conserve un *Didon et Énée cherchant un refuge contre l'orage*, du Poussin; Le Brun emprunte cinq toiles au moins à la légende (Voy. Jouin, *Charles Le Brun*, p. 507, 508, 515) et Coypel lui-même expose déjà au Salon de 1699 *Vénus donnant des armes à Énée*.

2. *Archives Nationales*, R^4 1066, folio 232, on lit : « Enfin le sieur Coypel a fait plusieurs ouvrages de peinture en la grande gallerie du Palais-Royal au temps de lad. A. R. Monsieur, à cause desquels ouvrages, il s'est trouvé qu'il étoit dû aud. sieur Coypel la somme de 60,000^++, pour laquelle S. A. R. deffunct Mgr le duc d'Orléans lui a constitué par contrat et passé devant Bellanger, notaire à Paris, le 1er janvier 1706, une rente de 3,000^++ qui existe actuellement et dont les arrérages sont payés à lui ou à ceux qui le représentent. » Voir aussi folio 235.

3. *Vie des premiers peintres du roi*, t. II, p. 22.

4. Cela fait en tout douze morceaux. D'Argenville, dans l'*Abrégé de la vie des peintres* 1762, t. IV, p. 342, commet donc une erreur quand il dit qu'au Palais-Royal, Coypel « a représenté à l'huile quatorze sujets de l'*Énéide*, dont sept peints sur toile couvrent les murs, en face des croisées ; les sept autres ornent le plafond qui est cintré. »

en 1716, dit Ch.-Antoine Coypel, Coypel partagea « son temps entre les grands morceaux qui lui restaient à faire pour la galerie du Palais-Royal et une nouvelle suite de tableaux des principaux sujets de l'*Iliade* [1] ».

Dans une décoration peinte en 1705 pour le duc d'Orléans on s'attendrait à trouver des imaginations plus aimables, plus galantes encore que dans les tableaux de Meudon; Coypel s'efforce au contraire d'être sérieux et même austère dans ses compositions du Palais-Royal. Il néglige comme à dessein l'histoire amoureuse de Didon et d'Énée, choisit les épisodes héroïques de leur légende, surcharge maladroitement ses sujets et tente vainement de donner à ses figures des attitudes majestueuses. Ainsi, dans la *Mort de Pallas* où il veut évoquer la pompe de funérailles guerrières, il accumule gauchement les personnages, les accessoires inutiles et tombe dans des détails ridicules : le cheval de Pallas, par exemple, l'air attristé, suit le corps de son maître. Dans *Junon commandant à Éole de déchaîner les vents* (fig. n° 28), Junon essaye, sans y parvenir, d'atteindre à la majesté, et dans la même toile, les petits dieux du vent cherchent en vain l'extrême force. A peine retrouve-t-on les qualités de grâce et d'abandon du peintre dans quelques figures isolées ou dans quelques groupes, dans les trois suivantes au minois fripon, au

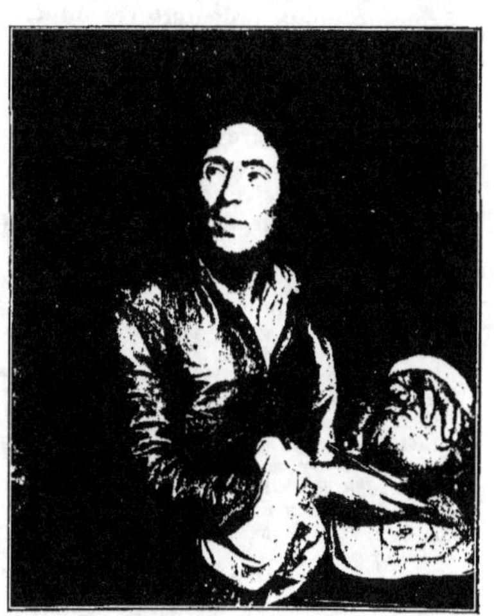

FIG. 59. — GABRIEL REVEL. — PORTRAIT DE JEAN DUBOIS, SCULPTEUR DIJONNAIS.

(Musée de Dijon.)

---

1. *Vie des premiers peintres du roi*, t. II, p. 33. — Toute la partie terminée en 1705 était probablement à l'huile sur enduit; les tableaux de 1716, au contraire, étaient tous sur toile. Aucun texte ne signale cette différence d'exécution; mais, tandis que le plafond et les voussures disparaissent à la fin du XVIIIe siècle avec les constructions, toute la

regard espiègle, assises sur les marches du trône où Didon reçoit Énée (fig. n° 30), dans les Nymphes qui accompagnent Junon déchaînant les vents (fig. n° 28), dans les Naïades qui entourent Neptune arrêtant la tempête ou dans les Amours de *Vulcain montrant à Vénus les armes d'Énée*, spirituels petits dieux, joueurs et potelés. Encore n'est-ce pas dans les originaux qui subsistent, ou dans les gravures, que l'on goûte bien le charme de ces morceaux, mais dans les nombreux croquis préparatoires de Coypel conservés au Musée du Louvre (fig. n°ˢ 31,32, 33 et 34). Dans ces études sincères l'artiste s'abandonne sans contrainte à son goût pour les figures aimables, il invente des attitudes d'une souplesse, d'une variété charmantes et combine très heureusement les trois crayons pour rendre le moelleux et le frissonnement des chairs.

Ces dessins rendent plus sensible encore la froideur des compositions[1] et laissent clairement entendre que le peintre a volontairement contraint son génie naturel dans la décoration du Palais-Royal. On discerne assez facilement la raison de son effort maladroit. Coypel était premier peintre du duc d'Orléans et tenait auprès du prince

décoration murale est sauvée : la plupart des toiles, sept exactement, sont alors portées à Saint-Cloud. Une brochure anonyme, *Curiosités du château de Saint-Cloud*, à Paris, MDCCLXXXIII, de l'imprimerie d'Houry, signale à Saint-Cloud le salon d'Énée contenant sept peintures d'Ant. Coypel provenant du Palais-Royal : *Énée emportant son père Anchise ; le Moment où Didon, dans le temple, aperçoit Énée qu'un nuage dérobait à sa vue ; la Mort de Didon ; Jupiter apparaissant à Énée ; la Descente aux Enfers ; la Mort de Pallas ; la Mort de Turnus.* Il nous reste quelques-uns de ces morceaux et quelques esquisses préliminaires : à Nantes, par exemple, *Didon aperçoit Énée* ; à Grenoble, *Énée arrivant à la Cour de Didon* (esquisse) ; *Vénus demandant des armes pour Énée* ; *l'Olympe* (esquisse), à Angers ; à Montpellier, *Énée emportant Anchise* ; *Mort de Didon.* Toutes les compositions ont été gravées par Tardieu, B. Picart, Thomassin, Surugue, Desplaces, Beauvais, Poilly, Duchange. Les planches existent encore à la chalcographie du Louvre.

1. Malgré leur infériorité, les peintures du Palais-Royal enthousiasment les contemporains, et *l'Histoire d'Énée* est plus que jamais le thème favori des artistes au début du XVIII° siècle. Une scène surtout tente les peintres : *Vénus demandant à Vulcain des armes pour Énée.* Ubeleski, François Marot et Jouvenet l'exposent en 1704 ; Samuel Massé la donne comme morceau de réception en 1705 ; Nicolas Vleughels la peint aussi. On la trouve à deux reprises sous le pinceau de La Fosse, qui compose également une *Déification d'Énée* et *Énée blessé retourne à la bataille* (ces deux dernières œuvres aux musées de Toulouse et de Nantes). Le livret du Salon de 1704 indique encore *Énée et Didon dans un festin*, de Fr. de Troy ; *Vénus envoyant Énée à Carthage*, de Vernansal et de Pierre Gobert. La même année, Sébastien Le Clerc propose la *Purification d'Énée* comme morceau de réception. Michel Corneille peint aussi *Énée sauvant sa famille ; l'Hymen de Didon et d'Énée ; la Déification d'Énée* (autrefois dans la galerie du comte de Brühl à Dresde, gravés par Moitte), et Colombel, *Énée enlevé au ciel par Vénus.* Les sculpeurs sont atteints par la contagion. On voit au Salon de 1704 des *Énée* de Regnauldin et de Cornu ; Lepautre et Cayot en sculptent dans le même temps.

la place que Le Brun avait occupée auprès de Louis XIV: il ordonnait
les acquisitions de tableaux, dessinait les meubles et les serrures,
dirigeait toute la décoration du Palais-Royal[1]. Mais son ambition
s'accrut avec sa fortune; il rêva d'être Premier Peintre du roi, et
comme Le Brun, arbitre de l'École entière. Pour y parvenir, il
voulut flatter les goûts du vieux monarque et dans les grandes peintures qui pouvaient tomber sous ses yeux, il évita soigneusement
les mythologies amoureuses, s'efforça même de peindre comme un
contemporain de Le Brun[2]. Ce calcul est certain. Si Coypel avait été
sincèrement converti à la mythologie traditionnelle et ennuyeuse
en 1705, il n'aurait pas peint, en 1708, le *Triomphe des Amours sur
les Dieux* au plafond de la Chancellerie d'Orléans, cette œuvre
aimable, souriante et spirituelle, que Charles-Antoine Coypel décrit
ainsi : « On y remarque un de ces petits dieux qui s'élève en riant
sur l'aigle de Jupiter; mais celui qui ose entreprendre de se saisir de
la foudre se brûle, se repent et s'enfuit. Un autre, plus opiniâtre,
s'apperçoit avec dépit que tous ses traits se brisent contre l'Égide de
Minerve et tente inutilement de nouveaux efforts. Le Tems arrête
par l'aile le téméraire qui vient d'enlever son horloge et sa faulx[3] »
Coypel pouvait sans se compromettre s'abandonner ici à sa passion
pour le joli, pour le galant : la Chancellerie d'Orléans était habitée
par Mlle de Séry, une des maîtresses du Régent[4].

Le *Triomphe des Amours sur les Dieux* paraît être la seule œuvre de
mythologie galante peinte par Coypel pour le duc d'Orléans. Il ne
semble pas que l'artiste ait donné à son protecteur des petites
toiles comme *Vénus et Flore*, *Vénus sur les eaux*, l'*Arrivée de Bacchus à
Naxos* qu'il avait composées pour Monsieur avant 1701 : nous sommes,
il est vrai, assez mal renseignés sur ce point. Dubois de Saint-Gelais

---

1. Champier et Sandoz, *le Palais-Royal*, t. I, p. 260. Dans le *Catalogue de la
vente du cabinet de Ch.-Ant. Coypel* par Mariette, on note, n° 352, des « desseins
coloriés pour des meubles qui ont été exécutés au Palais-Royal et dont l'invention
est de M. Antoine Coypel. »

2. Ch.-Ant. Coypel dit que son père vit, dans la décoration du Palais-Royal, une
belle occasion de « donner des preuves *de l'abondance et de l'élévation* de son génie »
(*Vie des premiers peintres*, t. II, p. 18). Les efforts de l'artiste restèrent infructueux
d'ailleurs : le poste de Premier Peintre, vacant depuis la mort de Mignard, ne fut pas
pourvu, par économie, jusqu'à la mort de Louis XIV. Le Régent, quand il arriva au
pouvoir, le rétablit en faveur de Coypel.

3. *Vie des premiers peintres*, t. II, p. 25.

4. La question de savoir si l'hôtel connu sous le nom de Chancellerie d'Orléans,
rue de Valois et rue des Bons-Enfants, est bien celui qu'habita Mlle de Séry est
discutée dans tous ses détails par M. Champier dans *Le Palais-Royal*, t. I, p. 215 et
suiv. Il semble bien qu'on puisse la résoudre par l'affirmative.

qui décrit la galerie du Régent en 1727 y signale à peine trois tableaux contemporains[1] et pas une mythologie. Il y avait certainement
d'autres œuvres modernes au Palais-Royal pendant la Régence :
nous en connaissons que Saint-Gelais ne cite pas[2]; cependant il est
possible que Coypel ait été trop occupé à de grandes commandes après 1703 pour composer des œuvres de chevalet. Ce n'est
qu'une hypothèse, mais Charles-Antoine Coypel semble la confirmer quand il écrit : « Ce fut dans ce temps [du vivant de Mon-
sieur] que notre Peintre produisit nombre de tableaux de chevalet[3] ».
D'ailleurs, le duc d'Orléans n'impose pas son goût par une infinité de commandes, comme Louis XIV, et si les biographes notent
sans cesse les caresses dont il accable les peintres, ils ne peuvent
presque jamais indiquer les travaux qu'il leur confie.

Les dieux galants qu'Antoine Coypel et ses contemporains
peignent à Trianon, à la Ménagerie, à Meudon et à la Chancellerie
d'Orléans préparent les dieux libertins qu'imaginera Watteau
après 1710; l'œuvre mythologique de Watteau marque pourtant
une étape nouvelle dans l'histoire du genre. La composition gar-
dait encore une certaine retenue en 1710, la fantaisie restait dis-
crète, d'habiles concessions à la tradition voilaient les audaces
qu'on n'avouait pas encore volontiers en public. Personne n'ignorait à la cour qu'Antoine Coypel avait peint dans l'*Olympe*, au
Palais-Royal, les plus jolies femmes de son temps, mais ceux
qui voulurent voir des portraits dans les déesses furent déçus, dit
son fils, car l'artiste prit un tel soin d'idéaliser les têtes qu'on ne
reconnut plus les modèles. Watteau n'a plus ces scrupules, — peut-
être parce qu'il a peu fréquenté l'École académique. Les interprétations traditionnelles ne le préoccupent pas plus que l'opinion du
roi. D'instinct il choisit les sujets où dominent les nudités féminines
et les groupes galants : l'*Amour désarmé*, l'*Amour mal accompagné*,
l'*Enlèvement d'Europe*, le *Triomphe de Vénus*, l'*Antiope*, et il les traite
avec un réalisme naïf et supérieurement élégant. Très simplement
il va jusqu'aux limites extrêmes du libertinage. Jamais l'exactitude
archéologique ne le préoccupe; voyez le *Jugement de Pâris* au Musée

---

1. Dubois de Saint-Gelais, *Description des tableaux du Palais-Royal*. Paris,
1727, in-12. Les trois tableaux sont : *le Portrait de la Palatine*, de Rigaud; *le Régent
et Mme de Parabère*, de Santerre; *la Danse villageoise*, de Watteau.

2. Par exemple, le *Télémaque chez Calypso*, de Jean Raoux. D'autre part,
Ch.-Ant. Coypel, dans la *Vie des premiers peintres*, t. II, p. 15, écrit : « Ce portrait
(par Antoine Coypel) est aujourd'hui dans le Cabinet de M. le duc d'Orléans, avec
des tableaux de *Tobie* et d'*Athalie*, peints de la même main ».

3. *Vie des premiers peintres*, t. II, p. 8.

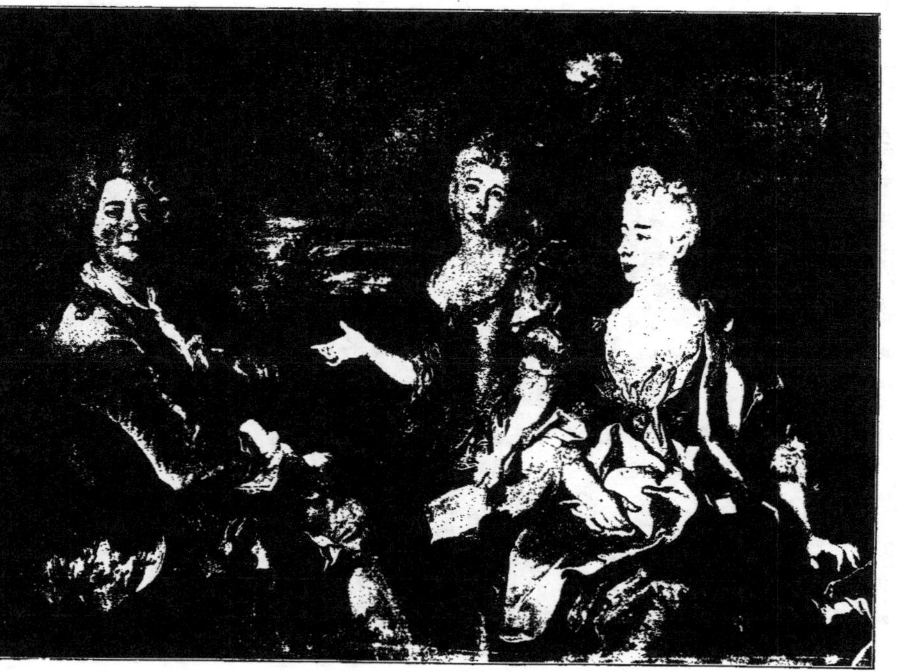

FIG. 60. — NICOLAS DE LARGILLIÈRE. — PORTRAIT DU PEINTRE ET DE SA FAMILLE. (Musée du Louvre.)

du Louvre (fig. n° 42), par exemple : seuls, les attributs de Minerve donnent à la composition un caractère mythologique ; Junon, sur un nuage, est vêtue en marquise coquette et Vénus ôte ou remet une chemise qui eût bien surpris les Grecs. Le Vertumne — dans *Vertumne et Pomone* (fig. n° 41) — a des allures inquiétantes d'entremetteuse. Parfois un accessoire brossé à la hâte indique seul qu'une jeune femme très moderne figure une déesse altière. Songerait-on à Diane devant cette jolie baigneuse nue, assise au bord de l'eau, si un carquois et des flèches n'étaient pas posés près d'elle (fig. n° 40)[1].

En réalité, pour Watteau, la peinture mythologique n'est déjà plus qu'une forme de la peinture de genre. Bien que cette conception ne choque pas les contemporains, aucun d'eux ne l'adopte avant 1721. Après cette date, au contraire, tandis que quelques peintres continuent la tradition d'Antoine Coypel et gardent une apparence de dignité aux scènes les plus audacieuses, les autres imitent Watteau et peignent sans contrainte les anecdotes les plus libertines. Mais comme les meilleurs d'entre eux, Boucher et Fragonard même, n'ont ni l'esprit, ni la délicatesse, ni le génie du Maître, leurs œuvres donnent souvent dans le grossier.

1. Il est probable que les jolies filles déshabillées des mythologies de Watteau ne sont pas plus que les Docteurs et les Mezzetins, des figurées imaginées. Le même modèle a sans doute posé pour la Pomone de *Vertumne et Pomone* (fig. n° 41), et pour la Vénus de la *Naissance de Vénus*. Dans la petite *Source* qui regarde derrière elle avec une ingénuité un peu vicieuse on a cru reconnaître la nièce de M. de Julienne. Watteau n'était pas incapable de cette audace ; il est probable cependant qu'il représenta surtout des femmes de condition moins élevée. Quand il habitait aux Fossés de la Doctrine chrétienne, sa servante était pour lui un modèle agréable et complaisant.

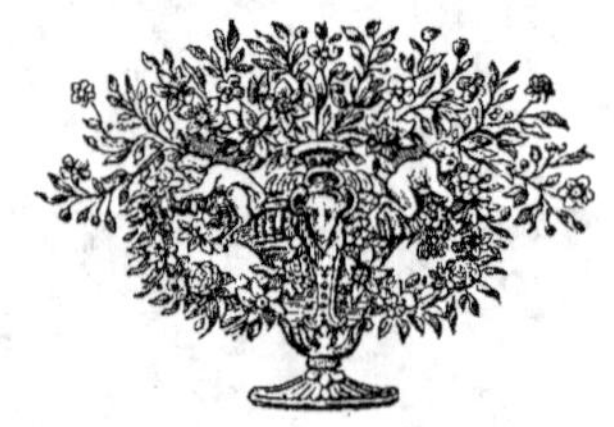

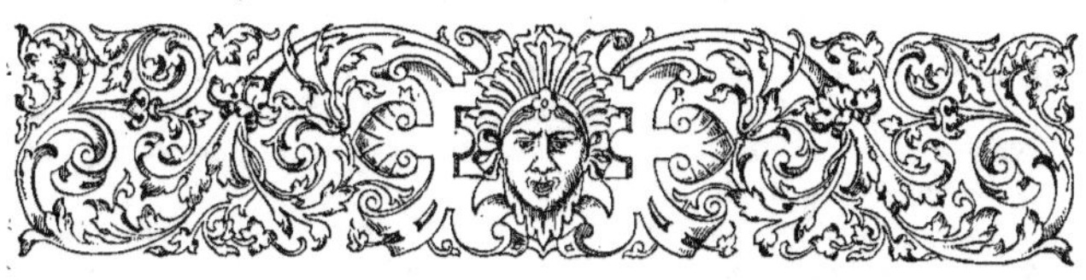

CHAPITRE XI

LA PEINTURE D'HISTOIRE

III

HISTOIRE CONTEMPORAINE ET PEINTURE DE BATAILLES[1]

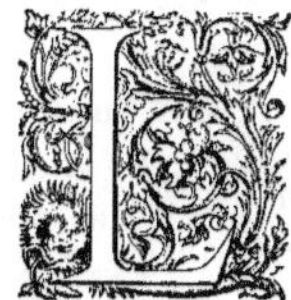es représentations d'événements contemporains, très nombreuses dans la production artistique du vivant de Le Brun, deviennent rares après 1690. Seuls le roi et la Ville en commandent encore dans la dernière partie du règne; M. d'Aubigny qui fait inscrire par Henri de Favanne les grands faits du règne de Philippe V aux murs du château de Chantelou est une exception[2]. Sous l'ancien régime d'ailleurs, au temps de Louis XIV surtout, la peinture d'histoire contemporaine ne peut vivre sans succès militaires et sans prospérité intérieure, car elle est strictement réservée à l'exaltation du monarque. Or après 1690 les années sont tristes pour le souverain. Depuis longtemps déjà l'Académie ne consacre plus ses concours annuels à l'illustration des victoires royales et les peintres cherchent en vain des sujets pour leurs morceaux de réception dans les événements contemporains : c'est à peine si en 1702 François

1. Voy. les illustrations de ce chapitre de la page 145 à la page 163, fig. n°s 45 à 48.
2. *Mém. inéd.*, t. II, p. 241-243. Autre exception : le prince de Condé faisant peindre à Chantilly les hauts faits de son père.

Marot peut célébrer *la Paix de Ryswick sous l'allégorie d'Apollon ramenant au ciel la Paix, accompagnée de l'Abondance, pour protéger les lettres et les arts*[1], et Henri de Favanne en 1704, *l'Espagne offrant la Couronne au duc d'Anjou*[2].

De 1690 à 1715 la vie de Louis XIV ne sert de thème qu'à une seule série de compositions importantes[3] : une suite aux cartons de l'*Histoire du Roi*, par Le Brun, commandée à onze artistes en 1710. Antoine Dieu est chargé de peindre la *Naissance du dauphin;* Joseph Christophe, le *Baptême du dauphin;* Bertin, le *Mariage du duc de Bourgogne;* Ubeleski, le *Lit de Justice;* Houasse, la *Réception des Ambassadeurs siamois;* Marot, l'*Ordre de Saint-Michel;* Dulin, l'*Établissement de l'Hôtel des Invalides;* Hallé, l'*Audience du doge de Gênes ;* Vernansal, *Louis XIV en actions de grâce après sa maladie;* Silvestre, l'*Arrivée en France du roi et de la reine d'Angleterre;* J.-F. de Troy, la *Promotion de l'Ordre du Saint-Esprit*[4]. Les esquisses sont composées l'année même de la commande et les artistes touchent aussitôt une provision de 200[++]; les cartons définitifs sont payés (3,800[++]) en 1715-1716, et la livraison a immédiatement précédé le règlement[5]. Silvestre, de Troy, Ubeleski, Marot n'achèvent sans doute jamais leurs tableaux ; après 1710, en effet, on n'entend plus parler de leurs esquisses ; peut-être la surintendance les décommande-t-elle comme elle a décommandé, pendant la guerre de la ligue d'Augsbourg, une partie

1. *Proc.-verb.*, t. III, p. 339, séance du 24 mars 1702. Le tableau est au Musée de Tours.

2. *Proc.-verb.*, t. III, p. 400-401, séance du 23 août 1704. Le tableau est au château de Versailles, au-dessus de la porte du salon d'Apollon. Nicolas Guérin, dans sa *Description de l'Académie* en 1715, donne, page 204-206, une description de cette allégorie compliquée.

3. On trouve encore moins de tableaux d'histoire nationale rétrospective que d'histoire contemporaine. Les peintres de l'ancien régime ont, d'ailleurs, presque toujours négligé l'histoire nationale rétrospective. S'ils ont mis à profit la vie de saint Louis, c'est en sa qualité de saint, non en sa qualité de roi. La petite allégorie, peinte en 1701 par Louis de Boullogne et représentant *la Protection accordée aux lettres et aux arts par François I*[er] est à signaler comme une rareté : elle est actuellement à Fontainebleau.

4. Il faut rapprocher de ces œuvres un tableau de Jouvenet (le n° 20 du Musée de Nîmes) représentant *la Mort du Dauphin*. Il n'était certainement pas destiné au roi ; on ne peignait pas ces sujets dans les séries officielles. Peut-être Jouvenet le composa-t-il simplement pour un graveur. Une multitude de gravures réproduisaient les événements importants, et nous verrons qu'on les exécutait souvent d'après des tableaux peints uniquement pour cet usage.

5. Voy. par exemple, dans les *Comptes* de 1716 : « Au s[r] Christophe, peintre, 3,800[++] pour, avec 200[++] à luy ordonnées le 10 may 1710, faire le parfait payement de 4,000[++] pour un tableau représentant le *Baptême de Mgr le dauphin*, qu'il a fait pour le service du roy pendant 1715 ». Dulin même ne livre et n'est payé qu'en 1717.

des peintures de Trianon. La série subit encore d'autres modifications avant son achèvement : le carton primitivement demandé à Dulin est définitivement confié à Antoine Dieu; R.-A. Houasse meurt après avoir peint son esquisse et Louis Dumesnil est chargé de l'agrandir[1].

Presque tous les peintres qui collaborent à l'*Histoire du Roi* sont jeunes en 1710 et appartiennent à une génération élevée déjà dans le goût du réalisme : cependant ils continuent très exactement, très respectueusement l'œuvre de Le Brun[2] dans cette série. La *Naissance* et le *Mariage du duc de Bourgogne* d'Antoine Dieu, son *Baptême* de Joseph Christophe, l'*Établissement des Invalides* de Pierre Dulin, conservés à Versailles, sont des œuvres ennuyeuses et médiocres, à peine plus vivantes et plus fraîches que le *Mariage de Louis XIV* par Le Brun ou la *Visite du Roi aux Gobelins* par de Sève, d'après Le Brun, exposés dans des salles voisines. C'est que dans l'interprétation des cérémonies officielles la tradition et le protocole s'imposent aux peintres plus longtemps que dans les autres genres. Watteau lui-même ne sait pas encore échapper à leur contrainte : dans une petite toile, le *Roi mettant au duc de Bourgogne le cordon bleu du Saint-Esprit*[3] (fig. n° 45), gravée par Nicolas de Larmessin et reproduite presque exactement par Antoine Dieu dans sa *Naissance du dauphin*, il n'ose pas s'abandonner à sa fantaisie qui lui eût inspiré peut-être une œuvre charmante ; il s'efforce d'être noble et n'est qu'ennuyeux ; il est de plus très

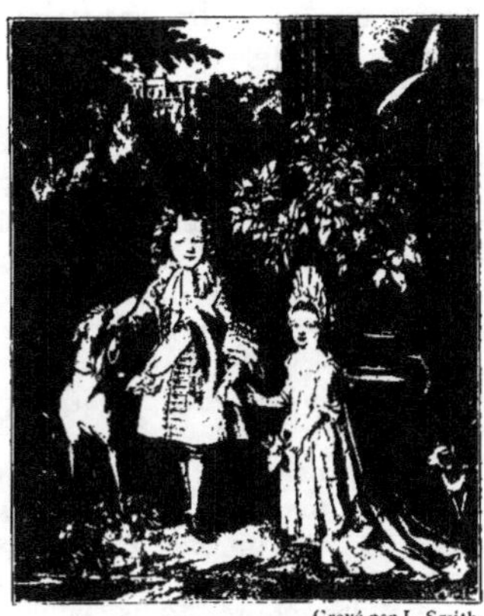

Gravé par I. Smith.

FIG. 61. — NICOLAS DE LARGILLIÈRE.
LE PRINCE DE GALLES ET LA PRINCESSE SA SŒUR.

---

1. Les Gobelins n'exécutent jamais que trois pièces de la série : l'*Établissement des Invalides*, la *Satisfaction du doge de Gènes*, le *Baptême du dauphin* et celles-ci ne sont tissées qu'une fois, en 1716 (Gerspach, *Répertoire des... Gobelins*, 1893, in-8, p. 64.)

2. Le *Baptême du dauphin*, de Joseph Christophe, ne serait même que la copie d'une esquisse composée par le Premier Peintre. (Gerspach, *Ibid.*, p. 64.)

3. Autrefois dans le cabinet de M. de Julienne.

maladroit : bien que la scène se passe en 1682, il peint un Louis XIV
très vieux, et il habille ses personnages à la mode de 1710, sans
songer que les costumes ont changé depuis trente ans[1].

Libérés de la tradition les tableaux d'histoire contemporaine
auraient sans doute été très vivants, au début du XVIIIe siècle. La jolie
esquisse d'Antoine Coypel, la *Réception des Ambassadeurs de Perse*,
au musée de Versailles, en fournit la preuve. Dans la Galerie
des Glaces, les envoyés s'inclinent devant Louis XIV, impassible
sur son trône, leurs visages penchés curieusement colorés par les
reflets des tapis verts; la foule des courtisans se presse, au fond,
contre les glaces, et la lumière accroche des taches claires aux
chamarrures des hommes et aux coiffures des femmes. L'œuvre
est d'une jeunesse, d'une liberté, d'un coloris tellement inattendus
en 1715 dans un tableau d'histoire contemporaine, que longtemps on
en a refusé la paternité à Antoine Coypel pour l'attribuer à Jean
François de Troy[2]. Le doute n'est pourtant pas possible : la scène
est prise sur le vif, et nous savons qu'à l'audience du 19 février 1715
Coypel se trouvait au bas du trône « pour faire le tableau de la
cérémonie ». Il n'était pas encore Premier Peintre, mais il remplis-
sait les fonctions de la charge; seul il avait qualité pour assister à la
réception : de Troy, tout jeune encore, n'y pouvait être admis.
Coypel, d'ailleurs, ne peignit sans doute jamais le tableau que pré-
parait cette esquisse, puisque les *Comptes* ne le mentionnent pas. On
ne doit pas trop le regretter : gêné par la tradition et par le protocole, il eût probablement contraint son inspiration.

Mais peut-être Louis Dumesnil a-t-il emprunté la composition de
Coypel dans son carton de l'*Histoire du Roi*. A la mort de Houasse
en 1710, Dumesnil avait obtenu, nous le savons, la commande de
l'*Audience des Ambassadeurs siamois*, et comme son tableau n'était
pas encore exécuté en 1715, le sujet en fut modifié après la cérémonie du 19 février, et c'est le *feu Roy Louis XIV qui donne audience
à l'Ambassadeur de Perse dans la grande galerie du château de Versailles* que l'artiste livra en 1716[3]. Seuls le carton original, une gravure, une description précise — et nous n'avons aucun de ces élé-

---

1. P. Mantz, dans son *Watteau*, 1892, p. 154 et suiv., a indiqué les erreurs
matérielles que contient le tableau de Watteau et a présenté des hypothèses vraisemblables au sujet des circonstances dans lesquelles il fut peint.

2. C'est sous ce nom qu'elle était cataloguée dans la collection Rothan avant
d'arriver à Versailles.

3. Engerand, *Inventaire des tableaux commandés et achetés...*, p. 171, d'après l'*État
des ouvrages de peinture faits pour le service du roy depuis 1716 jusqu'en 1729*
(Arch. Nat., O¹ 1934 ").

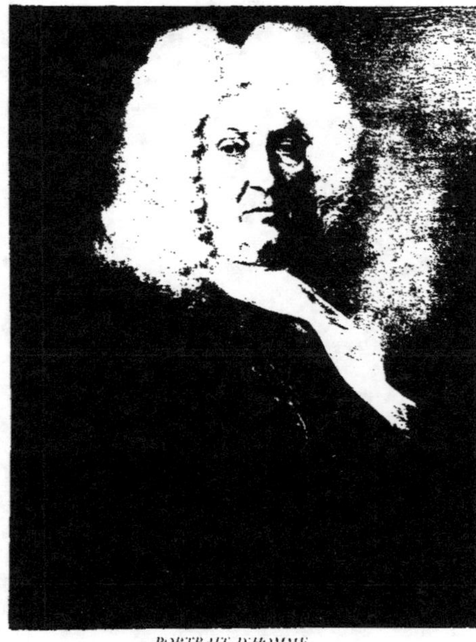

PORTRAIT D'HOMME
attribué à Nicolas de LARGILLIÈRE
(MUSÉE DE LILLE)

JOUEUSE DE MANDOLINE
par Alexis GRIMOU
(MUSÉE DE BORDEAUX)

ments — prouveraient irréfutablement que Dumesnil travailla sur l'esquisse de Coypel, mais l'hypothèse est très vraisemblable : le Musée de Saintes possède, en effet, une réplique de la petite toile de Versailles[1] qui pourrait fort bien être de la main de Dumesnil, et nous savons déjà que plusieurs artistes médiocres travaillèrent sur des dessins de maîtres pour l'*Histoire du Roi* : Joseph Christophe mit simplement à l'échelle le *Baptême du dauphin* de Le Brun, et, dans la *Réception des Ambassadeurs siamois* Houasse devait reproduire un projet du Premier Peintre signalé dans l'Inventaire de 1691[2].

Ce fut Largillière qui peignit sans doute les meilleurs tableaux d'histoire contemporaine de ce temps : le *Festin donné par la Municipalité à Louis XIV en 1687*; le *Mariage du duc de Bourgogne avec Marie-Adélaïde de Savoie* (1697) (fig. n° 44)[3]; l'*Avènement du duc d'Anjou à la couronne d'Espagne*, peut-être les *Fiançailles de Louis XV avec Marie-Anne Victoire*. Nous n'avons plus à Paris que la petite

1. Comparée à une photographie du tableau de Versailles, cette réplique semble absolument identique. Seules, les dimensions changent : elles sont à Versailles o m. 70 sur 1 m. 53; à Saintes, o m. 92 sur 1 m. 30. Le tableau de Saintes, qui ne porte ni signature, ni marque d'inventaire, est entré au musée avec le legs Lemercier.

2. Voy. Engerand, *Inventaire de Bailly*, p. 327. C'est en 1686 que les ambassadeurs avaient été reçus. (*Mercure galant*, novembre 1686.) Louis XIV, et après lui le Régent font volontiers représenter les ambassadeurs exotiques qui viennent à la cour. Avant les *Ambassadeurs siamois* de Le Brun, Ant. Coypel, tout jeune encore, peint (en 1682 probablement) une curieuse petite œuvre : *les Ambassadeurs de Perse à l'Opéra*. (Musée de Versailles. Voy. sur cette toile, Engerand, *Inventaire de Bailly*, p. 456, et J.-J. Marquet de Vasselot, *Revue de l'Art anc. et mod.*, 1898, t. I, p. 456 : *Une œuvre inconnue d'Antoine Coypel*.) Coypel encore est chargé en 1721 de dessiner, pour les Gobelins, la *Réception de Mehemet Effendi, ambassadeur de la Sublime Porte*. Mais il est vieux à cette date ; il vient de perdre sa femme, de perdre sa fortune dans la débâcle de la Banque, il va bientôt mourir et travaille peu : il peut à peine commencer les études préliminaires (*Nouveau Mercure*, 1721). C'est peut-être aussi en 1721 que Ch. Parrocel peint *l'Entrée aux Tuileries de Mehemet Effendi*... Ce n'est pas seulement le pittoresque des groupements, la somptuosité des costumes qui plaisent à Louis XIV dans ces sujets, il importe aussi à la politique du roi et à son orgueil de perpétuer le souvenir des hommages rendus à sa puissance par les Orientaux.

3. Ce *Mariage du duc de Bourgogne* est un des sujets d'histoire contemporaine les plus traités du temps. Nous en connaissons au moins trois représentations importantes : celle de Largillière, dont il nous reste la gravure exécutée par Née; celle d'Ant. Dieu, commandée en 1710 pour les Gobelins, celle de François de Troy, enfin, qu'on a longtemps confondue avec celle de A. Dieu et où le duc, en costume de cour, entouré de nombreux témoins, donnait la main à Marie-Adélaïde de Savoie et recevait la bénédiction nuptiale du cardinal de Coislin. On ne sait pour qui fut exécuté ce tableau qui n'est pas mentionné aux *Comptes* et dont on ne connaît plus qu'une esquisse, exposée en 1879 à l'Exposition des Portraits nationaux au Trocadéro. Voy. Jouin, *Notice... des peintures, sculptures... exposées dans les galeries des portraits nationaux au palais du Trocadéro*, p. 35-36.

·esquisse du *Festin offert à Louis XIV*[1] (fig. nᵒ 43), mais nous pouvons supposer que l'artiste, élevé en Flandre, admirateur passionné de Rubens, portraitiste de premier ordre, anima les personnages jusqu'alors compassés et froids, et les colora des tons vibrants et chauds qu'il aimait. Il avait à surmonter une difficulté inconnue aux peintres travaillant directement pour le roi : comme eux il glorifiait le prince, mais il devait représenter en même temps, et en bonne place, les magistrats municipaux qui commandaient ses œuvres et qui les payaient. Il courait le risque de compliquer sa composition ou d'en rompre l'unité; mais il résolut toujours le problème avec une élégante habileté. Dans le *Festin offert à Louis XIV* par exemple, il montra les magistrats au premier plan, discutant les apprêts de la fête, groupés comme les administrateurs d'hospice ou comme les syndics des tableaux hollandais, et, au fond sur une tapisserie tendue, il représenta le festin[2]. Il figura de même l'*Avènement du duc d'Anjou* sur une tenture autour de laquelle est groupée la Municipalité. Cependant, même dans ses œuvres, le réalisme ne s'impose pas encore sans réserves à la peinture d'histoire contemporaine et l'allégorie tient une place excessive. Par le marché passé avec la Ville pour l'*Avènement du duc d'Anjou*, il s'engage à peindre un tableau « avec toutes les allégories convenant au sujet »; une surabondance d'emblèmes devait encadrer les *Fiançailles de Louis XV; la Ville de Paris recevant l'Abondance dans son sein*[3], aux Minimes autrefois, était une composition exclusivement symbolique. Tout le xviiiᵉ siècle abusera de la sorte des allégories dans un genre qui semblait les exclure[4], et ce n'est pas Le Brun qu'il faut en accuser, mais Rubens.

1. Il en existe un autre exemplaire de dimensions plus grandes à l'Ermitage de Saint-Pétersbourg.

2. Entre l'esquisse primitive du Louvre et le rendu définitif que nous connaissons par la gravure de Chenu, Largillière modifie un peu, dans les détails, la disposition de ses groupes et surtout de ses accessoires : ainsi la table autour de laquelle sont installés les échevins dans l'esquisse n'existe plus dans la gravure.

3. On n'a plus guère parlé de cette œuvre depuis que Lenoir l'a cataloguée dans l'*Inventaire des peintures transportées au Musée des Petits-Augustins* (*Bulletin archéologique du Comité historique des Arts*, t. III, 1845, nᵒ 410) : il est probable qu'elle n'existe plus. Le même Inventaire note sous le nᵒ 433, au nom de Rigaud, un tableau mutilé représentant *les Échevins assemblés* et dont je n'ai pas non plus retrouvé la trace. Ce tableau était peut-être de Largillière, Rigaud, en effet, ne semble pas avoir travaillé pour la Municipalité. Pour la même raison, nous l'avons déjà vu, le petit dessin du Louvre, représentant un échevin ou un prévôt des marchands reçu par la Ville, qui est attribué à Rigaud, doit être rendu à Largillière.

4. On note alors des exemples d'allégories très curieux. C'est d'abord le morceau de réception à l'Académie d'Henri de Favanne déjà cité; c'est ensuite un tableau porté aux *Comptes* en 1690 et que Michel Corneille peignit pour la Galerie des

Du Bos signale déjà les dangers de la mythologie obscure et touffue qui encadrait la *Vie de Marie de Médicis* au Luxembourg : « Je suis... persuadé, dit-il, que ce magnifique tableau qui représente l'*Accouchement de Marie de Médicis* plairait davantage, si Rubens au lieu de génies et autres figures allégoriques... y avait fait paraître celles des femmes de ce temps-là qui pouvaient assister aux couches de la Reine »[1] et, critiquant l'*Arrivée de la Reine à Marseille*, il écrit : « Marie de Médicis n'a jamais dû se rencontrer en un même lieu avec des Tritons... si Rubens avait besoin de figures nues pour faire valoir son dessin et son coloris, il pouvait introduire dans son tableau des forçats aidant au débarquement et les mettre en telle attitude qu'il aurait voulu »[2]; mais personne n'écoute du Bos. Dès 1682 pourtant, l'Académie s'est aperçue que l'allégorie, aux mains d'artistes médiocres, devenait vite incompréhensible, mais elle n'a pas usé de son autorité pour détourner les peintres du procédé traditionnel; elle a simplement décrété « que ceux qui représenteront des sujects allégoriques dans leurs tableaux de réception donneront un petit mémoire expliquant le sujet, pour estre exprimé derrière le tableau[3] ». De Piles, dans son *Cours de peinture par principes*, n'est pas plus sévère; il conseille seulement aux auteurs d'allégories obscures d'expliquer leur pensée par une courte inscription[4]. Cette tolérance porte ses fruits : bientôt paraîtront des recueils d'allégories à l'usage des peintres comme ceux de Dandré Bardon et de Charles-Nicolas Cochin.

Les rares tableaux d'histoire contemporaine débarrassés de toute mythologie symbolique, au début du xviiie siècle, sont presque toujours l'œuvre d'artistes peu connus, étrangers à l'Académie et ne travaillant pas pour la surintendance. Ainsi Pierre-Denis Martin peint vers 1724 *Louis XV sortant de son lit de Justice après la mort de Louis XIV* et *Louis XV allant en cortège à Reims pour le couronnement*[5], deux toiles charmantes de vie et de vérité. Le roi

Batailles de Chantilly où il se trouve encore. Cette œuvre est connue sous le nom de *Repentir* et symbolise le repentir du grand Condé après qu'il eut trahi la France pour l'Espagne. Le prince foule aux pieds le nom des batailles où il a vaincu pour l'Espagne. Près de lui, deux Renommées tenant des trompettes ; à l'une il commande de proclamer son repentir, à l'autre de taire sa trahison, etc. On trouvera la description détaillée de la composition dans Gruyer, *La Peinture à Chantilly*, École française, p. 327.

1. Du Bos, *Réflexions critiques...*, t. I, p. 177-178.
2. *Ibid.*, p. 179.
3. *Proc.-verb.*, 2 janvier 1682, t. II, p. 212-213.
4. De Piles, *Cours de peinture par principes*, édit. de 1767, p. 55.
5. La surintendance n'achète ces œuvres qu'en 1735-1737. Voy. Engerand, *Inventaire des acquisitions*, p. 299-300.

ne tient pas même la première place dans ces compositions; la foule
qui se presse, curieuse, autour du cortège officiel, intéresse surtout
Martin. Avec une consciencieuse minutie, avec une impitoyable
précision, il détaille les costumes de tous ses personnages, les
harnachements de ses chevaux, les pierres de ses bâtiments, et,
loin d'être ennuyeux et froid, il réalise deux petites œuvres pleines

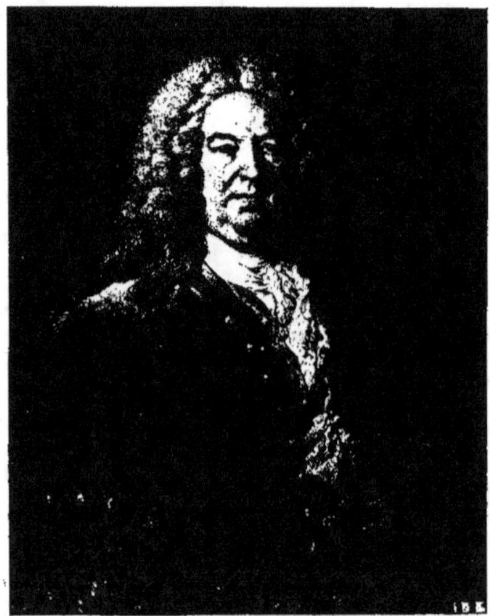

Cliché communiqué par M. G. Brière.

FIG. 62. — ÉCOLE DE LARGILLIÈRE. — PORTRAIT D'HOMME [1].
(Musée de Dijon, Collection Trimolet.)

de liberté, de vie, de gaîté. Des artistes, presque tous très inférieurs à
Martin, et dont le nom nous est rarement parvenu, peignent aussi
sans allégories — pour des graveurs le plus souvent — des épisodes de la vie officielle; mais leurs compositions sont rarement
exactes : ils n'ont presque jamais assisté aux scènes qu'ils repré-

1. Ce portrait, attribué à Rigaud par le catalogue du Musée de Dijon, a été rendu,
à juste titre semble-t-il, à l'école de Largillière par M. G. Brière.

sentent; ils s'efforcent bien de faire ressembler les personnages officiels, mais ils n'y parviennent pas, faute de documents, faute aussi de talent. Le Musée de Versailles conserve plusieurs de leurs œuvres : le *Serment de Dangeau comme grand maître des ordres de Notre-Dame-du-Mont-Carmel et de Saint-Lazare* par Ant. Pezey (n° 164), ou le *Conseil de Régence* (n° 4366), ou *Louis XV recevant pour la première fois les remontrances du Parlement*... Une seule d'entre elles mérite quelque attention, une esquisse : le *Premier lit de Justice tenu par Louis XV* (n° 172). Dans la grande chambre du Parlement reproduite avec une exactitude scrupuleuse, tous les membres de l'assemblée, en perruque, vêtus de l'ample robe noire, sont assis; le petit roi, sur un trône, dans l'angle droit de la pièce, préside la séance, entouré de ses précepteurs et de ses gouvernantes; des gentilshommes et des soldats se pressent au premier plan à gauche; des seigneurs et des dames de la cour occupent deux tribunes à mi-hauteur des murs[1] (fig. n° 46). La composition, bien ordonnée, d'une exécution vigoureuse, est attribuée à Louis Dumesnil; mais une bonne gravure de Poilly qui la reproduit porte cette indication : « Dessiné sur le lieu par F. Delamonce ». Quoiqu'il y ait « dessiné » et non « peint », il faut adopter le nom de Delamonce[2]. D'une part, aucun document sérieux n'indique celui de Dumesnil; d'autre part, l'auteur a certainement assisté à la cérémonie, sans quoi son esquisse ne serait ni si exacte ni si vivante[3]. Le mot

1. La collection Rohan-Guéménée, à Vienne, possède le même sujet avec des variantes sans importance dans la composition, mais d'une exécution plus poussée. Les têtes des personnages, par exemple, à peine indiquées à Versailles, sont traitées en portraits dans le tableau de Vienne.

2. Les biographes ont tour à tour attribué la toile de Versailles à un Delamonce ou à Dumesnil. Nagler, dans l'*Allgemeines Künstler Lexikon*, Dussieux, dans *Les artistes français à l'étranger* (3ᵉ édit.), p. 166, écrivent le nom de Jean Delamonce, père de Frédéric Delamonce. Dussieux n'a donc pas vu la planche de Poilly quoiqu'il la signale. M. Charvet qui, dans les *Réunions des Sociétés des Beaux-Arts des départements*, 1892, p. 176 et suiv., consacre un intéressant article au Delamonce, ne connaît pas non plus la gravure; aussi commet-il quelques graves erreurs Il se rend bien compte que la composition ne peut être attribuée à Jean Delamonce, mort en 1708, mais il ne croit pas que Frédéric en soit l'auteur, puisque, selon lui, Frédéric était parti en Italie peu après la mort de son père. Aussi crée-t-il un troisième et mystérieux Delamonce auquel il accorde généreusement toutes les œuvres de Jean et de Frédéric qu'il ne peut identifier exactement. La gravure de Poilly que nous reproduisons ici (fig. n° 46) suffit à prouver que Frédéric Delamonce n'était pas en Italie en 1715 et qu'il est bien l'auteur du *Lit de Justice*.

3. On peut s'étonner que cet artiste secondaire ait été admis à une cérémonie officielle alors que Coypel vivait et qu'il allait enfin obtenir le titre de Premier Peintre convoité depuis si longtemps. Peut-être est-ce Poilly qui obtint pour lui la permission d'assister au Lit de Justice en s'engageant à publier une gravure qui populariserait le premier acte de la vie publique du jeune roi.

« dessiné » s'explique d'ailleurs : il eût été difficile de couvrir la toile entière en une journée[1]. Malgré toutes ses qualités, le tableau de Delamonce n'est cependant qu'une œuvre secondaire, et il ne retiendrait pas si la peinture d'histoire contemporaine était plus riche.

La peinture de batailles est peut-être plus pauvre encore au début du XVIII° siècle, cependant son développement est plus intéressant. Deux écoles de bataillistes sont en présence vers 1690, représentées par deux hommes : Van der Meulen, qui meurt en 1690, et Joseph Parrocel. La première illustre surtout les sièges des villes ; la composition de ses œuvres varie peu : sur le devant, un groupe de personnages, le roi et sa cour, l'état-major d'un général ou quelques soldats[2] ; au fond, la vue cavalière d'une cité aussi minutieusement reproduite que possible ; entre ces plans extrêmes, des bataillons méticuleusement alignés et déployés dans une plaine, reproduisant la disposition exacte des troupes dans l'épisode représenté : c'est l'école française. La seconde peint le tumulte des corps à corps, les mêlées de cavaliers, le désarroi des paniques ; elle ne respecte la vérité ni des lieux ni des costumes ; pour rendre ses héros plus terribles, elle les coiffe de casques, les revêt de cuirasses, les arme de glaives : c'est l'école italienne, celle du Tintoret dans la *Bataille de Lépante*, celle de Salvator Rosa, celle du Bourguignon, son élève et le maître de Joseph Parrocel.

Du temps de Le Brun, alors que l'italianisme l'emporte à peu près partout, l'école française triomphe dans la peinture de batailles. Quoique Van der Meulen, son meilleur représentant, soit Flamand, Le Brun l'emploie toujours[3], tandis qu'il n'occupe jamais Parrocel. Dès 1685, au contraire, Louvois commande à celui-ci huit tableaux pour l'antichambre du roi[4]. Au moment même où le réalisme flamand combat victorieusement dans les autres genres la convention italienne, celle-ci s'impose à la peinture de batailles.

---

1. Le dessin original existe : il est conservé au musée Carnavalet. Très poussé il était certainement destiné à la gravure. Voy. Ch. Sellier et P. Dorbec, *Guide explicatif du musée Carnavalet*. Paris, 1903, in-8, p. 173, n° 555.

2. Presque toujours des cavaliers. L'infanterie n'est pas en honneur dans la peinture de batailles du XVII° siècle.

3. D'ailleurs, c'est Colbert et Le Brun qui lui imposent le genre où il s'illustre. Pendant tout le temps qu'il a vécu en Flandre, avant de venir à Paris, Van der Meulen n'a jamais peint de vues topographiques de batailles, mais au contraire des défilés de troupes, des campements, des combats de cavalerie.

4. Parrocel eut aussi à décorer un des réfectoires des Invalides, les trois autres restant confiés à Van der Meulen.

Après 1690, les batailles disparaissent des commandes officielles. Aussi l'école de Van der Meulen meurt-elle rapidement[1] : elle n'existe que par le roi et pour le roi; jamais un amateur n'aurait décoré son hôtel de vues cavalières des villes investies. Les artistes qui peignent ces sujets sont, en quelque sorte, des fonctionnaires. Jean-Baptiste Martin a même été commis de Vauban[2] avant d'être adjoint à Van der Meulen; il travaille rarement pour des particuliers et jamais il n'est académicien. Si l'administration ne l'emploie pas, il perd toutes ses ressources; aussi, à défaut de commandes, le roi lui doit un poste ou une pension. Dès 1691 il le nomme en effet directeur des Gobelins, sous les ordres de Mignard. Martin conserve bien jusqu'à sa mort sa charge de « peintre des conquêtes du roi », mais ce n'est plus qu'un titre dont l'ironie est cruelle pour Louis XIV vieilli et malheureux.

L'école de Parrocel, au contraire, peut fort bien vivre sans commandes officielles : au Salon de 1699 Parrocel expose seize tableaux, dont plusieurs batailles; cependant son atelier n'est pas très florissant au début du XVIIIe siècle. Ignace Parrocel, son neveu, qui peint exclusivement des mêlées tumultueuses, est contraint de

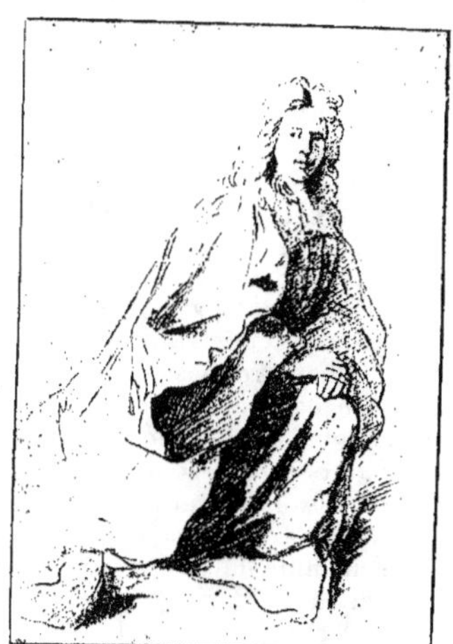

FIG. 63. — FRANÇOIS DE TROY. — ÉTUDE POUR UNE FIGURE D'ÉCHEVIN.
(Musée du Louvre. Dessins.)

1. Van der Meulen est mort à temps; son règne était achevé. Sauveur le Comte, son meilleur élève, disparaît lui-même en 1694. (Ce n'est sans doute que l'année de sa mort qu'il achève son œuvre la plus importante : les peintures de la galerie des Batailles à Chantilly. Voy. Gruyer, *La peinture à Chantilly*, École française, p. 222 et suiv.). En 1691 le roi emmène pour la dernière fois deux peintres, J.-B. et P.-D. Martin en campagne (*Comptes*, t. III, p. 720). Après cette date les Martin représentent encore quelques batailles pour Marly, très peu sans doute, et nous ignorons lesquelles (les *Comptes* ne donnant jamais les titres exacts de leurs œuvres); Joseph Parrocel illustre une fois de plus le *Passage du Rhin*, l'épisode des guerres du règne le plus souvent reproduit : c'est la seule œuvre pour laquelle il émarge aux *Comptes* après 1690.
2. Mariette, *Abecedario*, t. III, p. 270 et suiv.

28

s'expatrier et de travailler en Autriche, en Italie ou en Flandre[1]. Charles Parrocel, son propre fils, découragé, abandonne quelques années la peinture pour s'engager dans la cavalerie vers 1705-1706[2]. Il reprend bientôt ses pinceaux, d'ailleurs, peut-être sur les conseils du duc d'Antin lui-même. L'administration des Bâtiments s'inquiète en effet de la disette de bataillistes au début du XVIIIe siècle. En 1712, lors d'un voyage en Italie, Charles Parrocel est admis à la pension du roi, et d'Antin écrit à Poerson, le 3 août 1713 : « Je souhaite, comme vous me le mandez, que le sieur Parocel profite de la grâce que je lui ay faite. Je ne luy demande pour cela que de se bien perfectionner dans son talent qui commence à devenir rare en France[3] ».

Si l'école de Joseph Parrocel survit à la crise où succombe celle de Van der Meulen, c'est qu'elle s'accommode sans peine au goût du temps. D'inspiration toute italienne d'abord, elle est modifiée normalement par les influences septentrionales (fig. n° 48). Dans quelques œuvres, Joseph Parrocel campe déjà des cavaliers et compose des groupes qui pourraient avoir été dessinés par Wouwermann (dans les deux esquisses du Louvre, n°s 676 et 677, par exemple). Les imaginations des petits maîtres flamands qui représentent plus volontiers les soldats au cabaret qu'à la bataille le séduisent parfois aussi : au Salon de 1699, il envoie un *Corps de garde où jouent des soldats*[4]. Sous son pinceau la peinture de batailles s'achemine déjà vers la peinture de genre : il est le précurseur de Watteau.

De 1709 à 1721, il n'y a qu'un peintre de batailles en France : Watteau. Cette proposition n'est pas paradoxale. La première œuvre de Watteau en 1709, c'est le *Détachement faisant halte*. L'artiste a grandi dans la Flandre parsemée de camps, sillonnée de troupes, et les visions militaires le hantent d'autant plus en 1709 que la malheureuse province est de nouveau à feu et à sang. On s'est battu à Oudenarde en 1708; le prince Eugène et Marlborough menacent la frontière du Nord, investissent, puis prennent Tournai; on va se battre à Malplaquet. A peine le *Détachement* vendu 60[ll] à Sirois, Watteau part pour Valenciennes. Quand il revient en 1711, il a rencontré de nouveaux soldats, traversé de nouveaux campe-

1. En Autriche, il travaille pour l'Empereur et pour le prince Eugène, dont il illustre les victoires. Il meurt en 1722 à Mons où le duc d'Arenberg l'a appelé.
2. *Mém. inéd.*, t. II, p. 405-406.
3. *Corresp. des direct.*, t. IV, p. 232.
4. Au même Salon, Bon Boullogne exposa le même sujet.

ments et il a peint ou il va peindre la *Halte* promise à Sirois avant
son voyage, les *Recrues allant joindre le Régiment*, les *Fatigues* et les
Délassements de la guerre, le *Défilé*, l'*Escorte d'équipages*, le *Retour de
campagne*, et le *Camp volant* (fig. n° 47).

Joseph Parrocel n'a jamais suivi de campagne ; Watteau ne peint
au contraire que des scènes qu'il a vues ou même croquées sur le
vif[1]. Mais il ne va pas, comme Callot, représenter en une suite
d'œuvres réfléchies la synthèse et l'horreur de la guerre, ou, comme
Parrocel, évoquer des mêlées, des poursuites, des égorgements. Il
n'aime ni les spectacles brutaux, ni les gestes violents; sa guerre
n'est pas terrible, on s'y bat fort peu[2] : c'est plutôt l'envers de la
guerre. En Flandre il n'a regardé que les soldats dormant, fumant,
buvant, jouant, caressant des filles faciles, que le désordre amusant
des camps dressés à la hâte après l'étape, que le troupeau en désarroi
au retour d'une campagne, avec son cortège de femmes, de mulets,
de bagages, que les pauvres recrues, l'échine courbée sous le balu-
chon trop lourd, harassées avant d'avoir rejoint l'armée. Les *Fatigues
de la guerre*, pour lui, ce ne sont ni les attaques furieuses, ni les sièges
laborieux, ni les veillées anxieuses, c'est la lutte contre le vent qui
gonfle les manteaux, qui soufflète les visages, qui contrarie la troupe
en marche; le *Délassement de la guerre*, c'est le repos heureux à
l'ombre, sous une tente, devant une chope flamande, entre un ton-
neau et une fille[3].

1. Watteau imagina cependant deux tableaux de batailles, *le Pillement d'un village*
et *la Revanche des paysans*, peints en 1720, lors de son séjour en Angleterre et qui
diffèrent de ses autres œuvres. Il essaie, sans y réussir, de peindre de vraies batailles
dans ces deux toiles; Callot, avant lui, avait traité ces sujets dans les *Misères de la
guerre*.—M. de Fourcaud, dans son étude sur Watteau, *Revue de l'Art ancien et moderne*,
1901, t. II, p. 163, écrit que le graveur français Fr. Baron, établi à Londres quand
Watteau y vint en 1719, avait gravé ces deux œuvres à Paris longtemps avant le voyage
d'Angleterre, avant même 1712. On ne peut se ranger à cette opinion. Rien ne permet
de supposer que Watteau ait connu Baron avant 1712. Et les deux œuvres sont trop
différentes des tableaux de batailles peints par le Maître au début de sa carrière pour
qu'on puisse les dater de la même époque. Il semble bien qu'il faut y voir de simples
morceaux de pratique faits sur commande et où la verve et l'imagination du peintre sont contraints.
2. Dans un seul des tableaux militaires de Watteau, dans *le Défilé*, on trouve
une vraie bataille. Pendant que les soldats défilent au premier plan, on se bat dans
le lointain et une poudrière éclate. Mais tout cela n'est pas bien terrible. Et le soldat
qui jette son fourniment en plein combat pour se reposer, et la paysanne — jolie
comme une marquise — qui porte encore la cruche dont elle a distribué l'eau aux
hommes, suffisent à donner à l'œuvre le sens des autres scènes militaires du Maître.
3. Presque toutes ces scènes ont été gravées; quatre originaux à peine existent
encore : le *Détachement faisant halte* chez le baron Ed. de Rotschild, les *Fatigues*
et les *Délassements de la guerre* au Musée de l'Ermitage, l'*Escorte d'équipages* chez
M. Eug. Carrière.

Jamais la verve de Watteau n'a été plus à l'aise, jamais sa fantaisie plus imprévue que dans les sujets militaires. Ces tableaux charmants d'esprit et de vérité sont, de plus, fort importants dans l'histoire de la peinture de batailles : ils relient l'œuvre de Joseph Parrocel à celle de Charles Parrocel. Bien des toiles de Charles Parrocel : *La Halte des gardes françaises*, par exemple, *La Halte des gardes suisses*, *Le Détachement de cavalerie* sont de la veine du *Camp volant* ou du *Détachement faisant halte*. Même quand il représente des chocs et des mêlées dans la manière de son père, l'artiste atténue la brutalité des touches et il colore ses figures et ses fonds de tons chauds empruntés à la palette de Watteau. Il s'est parfois inspiré directement du Maître : son *Livre des différentes attitudes de la Cavalerie et de l'Infanterie* est exactement composé sur le modèle des *Figures de différents caractères* : le format est semblable, la disposition des pages identique. Bien mieux; les trente-trois planches qui terminent le recueil, ces trente-trois soldats en différentes attitudes sont tout simplement des croquis de Watteau gravés déjà pour les *Figures de différents caractères*.

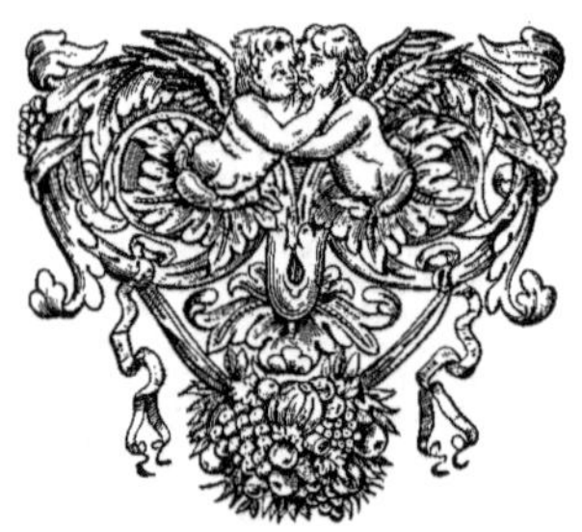

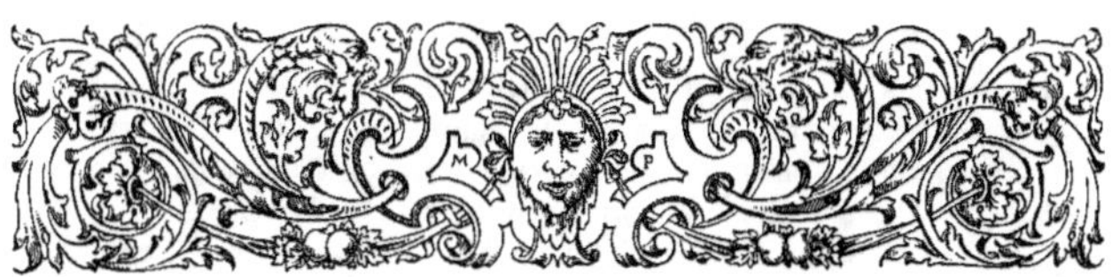

CHAPITRE XII

PAYSAGE — NATURE MORTE — ANIMAUX[1]

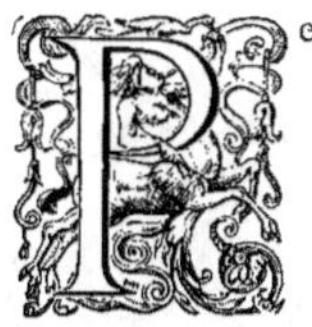eu d'artistes, à la mort de Le Brun, peignent simplement un coin de nature harmonieux, une heure du jour, un chatoiement de lumière. Le *Coucher de soleil* de Jouvenet, dont nous avons la gravure par Duboc, est une exception. La règle est l'imitation servile du Poussin, parfois de Claude Lorrain[1]. De Piles formule dans son *Cours de peinture par principes* des lois qui résument toutes les erreurs du XVIIe siècle : il y a, dit-il, deux styles dans le paysage, l'héroïque et le champêtre ou pastoral. Le style héroïque met en œuvre tous les éléments nobles de la nature : « Les fabriques n'y sont que temples, que pyramides, que sépultures antiques, qu'autels consacrés aux divinités, que maisons de plaisance d'une régulière architecture, et si la nature n'y est pas exprimée comme le hazard nous la fait voir tous les jours, elle y est du moins représentée

1. Voyez les illustrations de ce chapitre de la page 165 à la page 177, fig. n°s 49 à 53.

2. La France et l'Italie sont alors très inférieures à la Flandre et aux Pays-Bas dans l'art du paysage. Cependant la plupart des paysagistes du Nord qui passent en France comme Francisque Millet, Jean Cossiau, Nicolas Spheyman, ou en Italie, comme Bambeerg et Karl du Jardin, se laissent gagner à la culture et à la discipline des pays qu'ils visitent.

comme on s'imagine qu'elle devroit être[1] ». Plus souple, le style
pastoral n'est pas moins factice : les campagnes cultivées n'y ont pas
de place, mais seulement les sites abandonnés aux caprices de la
nature : « Dans ce style les sites souffrent toutes sortes de variétés ;
ils y sont quelquefois assez étendus pour... attirer les troupeaux des
bergers, et quelquefois assez sauvages pour servir de retraites aux
solitaires et de sûretés aux animaux sauvages[2] ».

Héroïque ou pastoral, le paysage relève du genre historique ;
une scène s'y déroule toujours dont les personnages sont choisis parmi les figures traditionnelles de la grande peinture : des
cavaliers allant au combat, des divinités mythologiques, des solitaires, des Madelaines, des Fuites en Égypte illustrent les sites
héroïques ; des bergers, des chevriers, fils dégénérés des bergers
d'Arcadie, animent la « nature » pastorale. Cependant presque tous
les peintres d'histoire méprisent le paysage ; R.-A. Houasse qui s'y
occupe assez volontiers est une exception[3]. De Piles écrit en vain
que le genre est le plus agréable de tous, parce qu'il est le plus
varié, « parce que de toutes les productions de l'art et de la nature il
n'y en a aucune qui ne puisse entrer dans la composition de ses
tableaux[4] » : il ne convainc pas ses contemporains. Pour peu qu'il
sache composer une scène, un artiste la développe toujours aux
dépens du fond afin d'entrer à l'Académie avec le titre de peintre
d'histoire qui seul lui permet d'aspirer aux grades.

Au début du XVIIIe siècle, le paysage héroïque est en décadence.
Quelques morceaux de réception, l'œuvre de Pierre Patel le fils[5],
des tableaux isolés, comme le *Moïse sauvé* d'Allegrain à l'Ermitage,
relèvent seuls de lui avec les fonds de tableaux d'histoire. C'est
dans ce dernier domaine que le genre a conservé son caractère traditionnel le plus pur depuis Poussin. Poussin encadrait toutes ses
compositions de sites romains : il peignit *Orphée et Eurydice* au bord
du Tibre, près du pont et du château Saint-Ange ; la pyramide de

1. De Piles, *Cours de peinture par principes*, éd. de 1767, p. 158.
2. *Ibid.*, p. 159.
3. Il nous reste la nomenclature d'une dizaine de paysages qu'il peignit pour le
roi. Voy. Engerand, *Inventaire de Bailly*, p. 407-409.
4. De Piles, *Cours de peinture par principes*, 1767, p. 157 et 158.
5. L'*Inventaire de Bailly* indique, par exemple, au nom de Patel : *Un paysage
et sur le devant une fontaine avec des morceaux d'architecture réunis et deux petites
figures*. Et l'*Inventaire des tableaux commandés et achetés par le roi* : *Un paysage
sur le devant duquel on voit un morceau d'architecture et le petit Moïse exposé sur
les eaux*.

Sextius se dresse dans le coin gauche du *Jeune Pyrrhus sauvé;* les architectures des *Aveugles de Jéricho,* d'*Esther*, de *Rebecca*, des *Philistins malades de la peste,* de bien d'autres œuvres encore, sont empruntées aux monuments romains. Le Brun reprit exactement les fonds de Poussin : dans l'*Entrée du Christ à Jérusalem,* par exemple, on trouve des palais à double, à triple galerie, des portiques, la pyramide

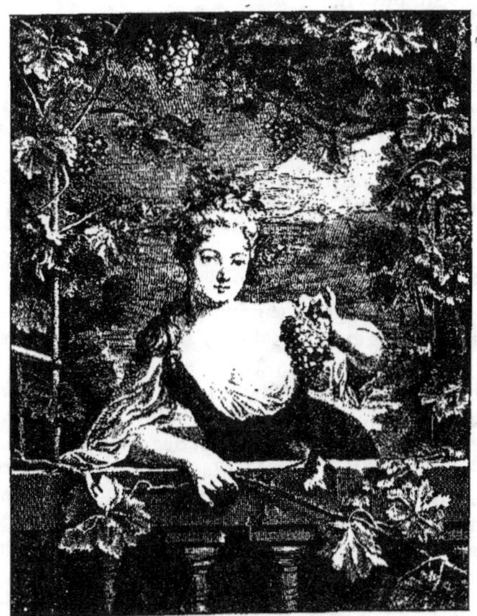

Gravé par Château.

FIG. 64. — LOUIS DE BOULLOGNE. — PORTRAIT DE FEMME ET ALLÉGORIE DE L'AUTOMNE.

de Sextius. Tous les disciples du Premier Peintre cherchèrent en Italie, comme lui, les fonds de leurs tableaux d'histoire : derrière son *Ptolémée Philadelphe rendant la liberté aux Juifs,* Noël Coypel accumula au hasard tous les monuments romains qui pouvaient matériellement tenir dans sa toile : le palais de Venise, la pyramide de Sextius, l'obélisque de la place Saint-Pierre, le Panthéon d'Agrippa, le Colisée; la pyramide du *Moïse sauvé des eaux* d'Antoine Coypel est encore la pyramide de Sextius, et le monument qui s'élève au bout d'un pont dans la même œuvre, c'est le Panthéon d'Agrippa à peine transformé. Mais peindre Rome pour Poussin, c'était représenter une nature qu'il avait étudiée, qu'il avait aimée toute sa vie : c'était faire œuvre de paysagiste sincère; pour les artistes qui passent en Italie quelques années seulement ou peu de mois, c'est, au contraire, substituer la tradition à l'observation, c'est fausser la conception normale du paysage.

Sans être beaucoup plus riche que le style héroïque, le style pastoral occupe plus d'artistes de 1700 à 1720 : Francisque Millet le fils, Étienne et Gabriel Allegrain, P.-D. de Chavanne, N. Spheyman, Georges Faucus, Jean Cossiau s'y consacrent. Les tableaux de ces peintres sont rares dans les musées, et nous identifions très difficilement ceux qui nous restent : ils ne sont presque jamais signés et représentent toujours des sites sans caractère, composés selon une tradition immuable.

Les toiles signées d'Étienne et de Gabriel Allegrain sont assez nombreuses cependant pour valoir à ces artistes la première place dans l'École[1]. Les Allegrain (fig. n° 49) ont été très injustement tenus dans l'oubli par les critiques du xviii° siècle : leur imagination était riche, ils composaient avec goût, leurs œuvres seraient même de premier ordre souvent si elles étaient plus lumineuses. Le coloris est leur partie faible; bien qu'Étienne ne meurt qu'en 1736 et Gabriel en 1748, leur palette est grise et terne encore comme s'ils avaient ignoré les Flamands. Les autres représentants du style pastoral sont beaucoup plus médiocres. Si l'on en croit Mariette[2], Jean-Francisque Millet (Francisque le fils) n'est qu'un très pauvre artiste, malgré l'exemple et les leçons de son père, un des meilleurs paysagistes de la génération précédente, peintre à la vision large, au style simple, au dessin correct. Pierre Domenchin de Chavanne vaut moins encore selon les historiens : nous ne connaissons pas d'œuvre authentique de sa main[3]. Cossiau et Faucus travaillent tous deux dans le style du Guaspre : le premier passe sans doute fort peu de temps en France[4]; l'œuvre gravé du second ne suffit pas à juger son œuvre peint[5].

---

1. Il n'est malheureusement presque jamais possible de répartir les œuvres entre le père et le fils. Ils n'inscrivaient pas leurs prénoms sur leurs tableaux et travaillaient dans la même manière.

2. *Abecedario*, t. III, p. 3g5.

3. Nous avons seulement le catalogue de quelques toiles qu'il peignit pour le roi. (Engerand, *Inventaire de Bailly*, p. 544.)

4. Nagler, *Allgemeines Künstler Lexikon*, t. III, p. 137.

5. Mariette l'estimait assez. (*Abecedario*, t. II, p. 235 et 251.)

Quant à Spheyman, son nom même serait inconnu s'il n'avait
exécuté pour le roi quelques tableaux signalés dans l'*Inventaire de
Bailly*[1].

Entre ces mains débiles le paysage semble déchoir[2]; en réalité,
il se transforme et son domaine s'agrandit. Le nombre des paysagistes diminue, mais celui des paysages augmente. La nature charme
maintenant tous les peintres qui, au fond des tableaux d'histoire et des
tableaux de genre, derrière les portraits, en de petites études isolées,
représentent des coins riants de l'Ile-de-France. Autrefois une couleur traditionnelle était réservée aux feuilles, aux troncs, aux ciels, à
la terre; ni les heures du jour, ni la qualité de l'éclairage ne préoccupaient les peintres : maintenant chaque paysage est enveloppé dans
son atmosphère, baigné dans sa lumière propre. L'étude des Flamands
contribue sans doute à cette transformation[3]; mais il ne faut pas
oublier non plus que les petits peintres de la maîtrise n'ont jamais
cessé de peindre au xviiᵉ siècle des paysages réalistes, tels que les vues
de Paris conservées au Musée Carnavalet. Les œuvres de ces artistes
modestes ont été trop longtemps méprisées : elles ont inspiré un
artiste tel qu'Oudry qui s'en souvient dans ce petit tableau d'une vie

1. Engerand, *Inventaire de Bailly*, p. 542-544; Piganiol, *Description de Versailles*, t. II, p. 204.

2. Pour être tout à fait complet, il faut citer encore deux paysagistes plus obscurs
peut-être que les précédents, quoiqu'ils aient appartenu à l'Académie : J.-B. Féret,
dont le Musée de Grenoble, seul, conserve une mauvaise toile et sur qui tous renseignements font défaut; enfin, Louis de Silvestre, le premier des deux fils d'Israël
Silvestre portant ce prénom, dont on connaît seulement les dates de naissance, de
réception à l'Académie, de mariage et de mort.

3. Nos peintres ignorent, au contraire, les paysagistes hollandais. De Piles ne
cite pas même les noms de Ruisdael et d'Hobbema dans la *Vie des plus célèbres
peintres*. La connaissance des maîtres hollandais eût peut-être empêché la disparition de la marine en France après la mort de Claude Lorrain. Vers 1690 un seul
peintre de marine travaille à Paris, et c'est un étranger, Jean-Charles Donat Van
Beecq, d'Amsterdam, reçu à l'Académie en 1681. De 1690 à 1721 les *Comptes* n'enregistrent qu'une seule œuvre de marine française, *Un port de mer*, pour lequel le
peintre d'architecture Michel Boyer touche 280ᵗᵗ en 1711. Les flots que Largillière
représente derrière le *Portrait de la Duclos* n'ont qu'un intérêt décoratif. Quand Jouvenet compose la *Pêche miraculeuse*, il fait, dit-on, le voyage de Dieppe pour observer
des pêcheurs sur le vif; mais il oublie de regarder la mer. Il la dissimule le plus
possible dans sa toile, et la peint fort maladroitement. Le *Naufrage* de Watteau n'est
qu'une fantaisie où la peinture de marine n'a rien à voir... Il existe bien en 1721 un
peintre français, spécialiste de la marine, âgé de 26 ans déjà et en pleine production :
Adrien Manglard, élève de Van der Cabel. Mais il vit en Italie; l'Académie ne l'accueille qu'en 1736 et sa réputation est toujours médiocre en France (Voy. Mariette,
Abecedario, t. III, p. 237). C'est à lui cependant qu'on doit la renaissance de la peinture de marine : Joseph Vernet, le meilleur représentant du genre pendant la
deuxième moitié du xviiiᵉ siècle, est son élève.

saisissante, d'une exécution délicate : *Le petit Pont et l'Hotel-Dieu après l'incendie de mai 1718*[1].

Le meilleur paysagiste contemporain, Jean Forest, essaye de concilier le style héroïque et le réalisme flamand. Il n'ose pas encore s'attaquer à la composition traditionnelle et peint toujours des décors sévères où prient des moines solitaires, où méditent des Madeleines repentantes; mais, cette erreur initiale mise à part, il est réaliste et coloriste. A son retour d'Italie, il dessine des sites sur nature en Provence et en Franche-Comté. Aux tonalités ternes il s'efforce de substituer une matière éclatante : ses biographes notent qu'en Italie les palettes somptueuses du Titien et de Giorgione l'ont surtout séduit. Nous ne pouvons plus apprécier son coloris : ses œuvres ont noirci au point qu'on n'en distingue presque plus les sujets : mais s'il n'avait pas été rubéniste, de Piles ne lui aurait jamais accordé son amitié, de La Fosse ne lui aurait pas donné sa nièce en mariage et l'Académie, conquise à l'art flamand, ne lui aurait pas réservé un accueil dont elle n'était pas prodigue, lorsqu'il demanda à y être admis de nouveau, le 25 avril 1699, après sa conversion au catholicisme : « L'Académie, disent les *Procès-Verbaux*..., lui a donné la place dans les assemblées qu'avait autrefois M. Vandermeulen[2] ». Le rapprochement de ces deux noms n'est probablement pas fortuit : Van der Meulen est le premier représentant du paysage flamand en France; Forest est considéré comme son successeur direct.

En réalité, il ne l'est pas. Les éléments qu'il tente de concilier sont inconciliables et la composition de ses œuvres reste toujours factice ; aussi ne fait-il pas école : seul Charles Hérault travaille dans sa manière : encore faut-il accepter sur ce point le témoignage de Mariette[3], car nous n'avons pas une œuvre authentique de Charles Hérault.

Le compromis tenté par Forest pouvait d'autant moins réussir que le style héroïque, auquel s'attaquait l'artiste, était le plus sévèrement défendu contre tout rajeunissement. Plus souple, le style pastoral aurait plus facilement cédé à l'influence ambiante. Il y céda dans la suite : les bergeries du XVIIIe siècle s'encadreront souvent de

---

1. Cette œuvre est entrée au Musée Carnavalet en 1891 avec la collection Baur. Carnavalet possédait déjà une réplique du sujet de la main même d'Oudry. Les deux tableaux sont signés.

2. *Proc.-verb.*, t. III, p. 259.

3. « On estime aussy les paysages de Charles Hérault imitateur de la manière de Forest ». *Abecedario*, t. II, p. 251.

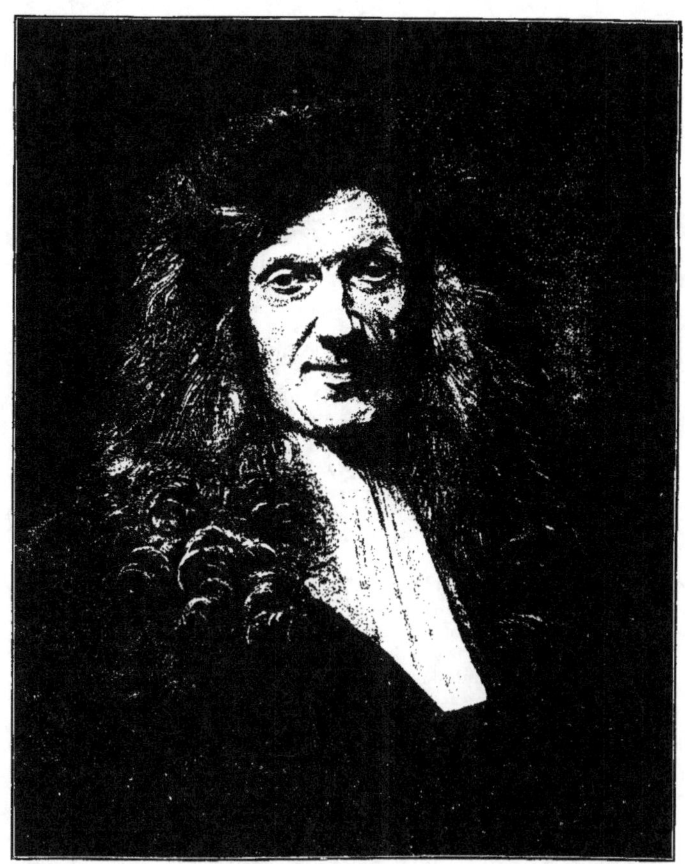

FIG. 65. — JEAN JOUVENET. — PORTRAIT DE FAGON, PREMIER MÉDECIN DU ROI.

(Musée du Louvre)

paysages simples, vrais et colorés, mais quand cette évolution s'accomplira les peintres interprèteront depuis longtemps la nature avec sincérité. Pour s'imposer en France, le paysage flamand ne combat pas le paysage italien : il l'ignore, et il a déjà conquis l'école entière qu'on remarque à peine sa présence. Le Brun lui-même assure son succès en protégeant Van der Meulen qui ne peint pas une bataille, pas un siège de ville, sans avoir croqué le décor sur le terrain[1]. Van der Meulen n'entend rien sans doute au jargon des paysagistes de son temps qui croient à la valeur des mots techniques, qui ne parlent que de sites, de fabriques, de terrasses, d'accidents[2]... mais il s'efforce de rendre l'infinie variété des saisons et des heures, les colorations chaudes et veloutées des campagnes du Nord sous des ciels gris. Seul de son temps peut-être, il observe la loi de la perspective aérienne ; sur trois pouces de toile il déroule des plaines à perte de vue, donne aux lointains leur valeur et noie les horizons sous de délicates brumes bleutées. Sans autre souci que l'exactitude, il atteint à la grandeur mieux que tous les fabricants de nature héroïque qui la recherchaient obstinément.

Van der Meulen meurt en 1690, mais ses disciples directs, Sauveur le Comte, J.-B. Martin et P.-D. Martin, continuent son œuvre. Comme il n'y a plus de victoires à commémorer, ils peignent de simples paysages. Leur manière est admise dans les commandes du roi au même titre que la formule traditionnelle ; elle séduit sans peine la jeune génération, élevée déjà dans le goût de la simplicité, de la « rusticité » dira Diderot, et bientôt tous les artistes croquent des coins de nature comme ils croquent des silhouettes, notent un joli ciel comme ils notent un geste agréable : ils font du paysage sans le savoir, comme M. Jourdain faisait de la prose. Le sentiment de la nature, qui ne reparaît dans la société et dans la littérature qu'avec Rousseau, retrouve sa place dans l'art dès le début du XVIIIe siècle.

Si Van der Meulen avait inspiré une nouvelle tradition, il eût été aussi néfaste que Poussin au développement du paysage. Personne, heureusement, ne songe à l'imiter servilement. Tous les peintres après lui s'efforcent d'interpréter la nature selon leur tem-

---

1. On conserve encore à la manufacture des Gobelins un grand nombre de croquis exécutés par Van der Meulen, et nous connaissons tous les voyages qu'entreprit le peintre pour illustrer les conquêtes du roi. Voy. *Mémoire de Van der Meulen, des travaux qu'il exécuta pour le roi depuis 1666 jusqu'à 1686 environ*, publié dans les *Nouv. Arch. de l'art franç.*, année 1883, et dans l'*Inventaire de Bailly*, p. 426 et suiv., par M. Engerand.

2. De Piles, *Cours de peinture par principes* 1767, p. 161 et suiv.

pérament. Leurs biographes nous apprennent qu'ils partent à la découverte des campagnes voisines : Desportes allait souvent travailler aux champs et il y portait « ses pinceaux et sa palette toute chargée dans des boîtes de fer-blanc, il avait une canne avec un bout d'acier long et pointu pour la tenir ferme dans le terrain, et, dans la pomme d'acier qui s'ouvrait, s'emboîtait à vis un petit châssis du même métal auquel s'attachait le portefeuille et le papier ». Les paysages qu'il croquait dans ses excursions étaient si fidèles que « le feu roy y reconnaissait avec plaisir les endroits connus où il chassait le plus souvent, et M. Fagon, son premier médecin, se plaisait à lui désigner... toutes les plantes qui y sont fidèlement représentées[1] ». Le grand plaisir d'Oudry, « les dimanches et fêtes, était d'aller dans la forêt de Saint-Germain, à Chantilly et au bois de Boulogne étudier le paysage, des troncs d'arbres, des plantes, des percées de ciels d'orage, des horizons[2] ». Les paysagistes de la génération précédente ne se souciaient guère de travailler ainsi sur le vif; aussi n'ont-ils pas découvert les gris subtils, les gris précieux d'Oudry qui révèlent une observation si pénétrante des reflets du ciel sur les arbres, une connaissance si parfaite des mirages de l'air; aussi n'ont-ils jamais compris le charme des paysages heureux de l'Ile-de-France, des sites harmonieux aux lignes doucement infléchies, aux lointains souriants que peint Desportes avec cette passion naïve de paysan qu'il garde toute sa vie à la terre[3].

Les paysages de Watteau sont-ils pris sur le vif? On a prétendu que les campagnes de ses tableaux étaient toutes imaginées[4]; mais interrogeons les textes. Pendant son séjour au Luxembourg, dit Caylus, le maître dessinait sans cesse les arbres de ce beau jardin[5]. Dans une

1. *Mém. inéd.*, t. II, p. 109-110. Un assez grand nombre d'études de paysages par Desportes sont conservées à la manufacture de Sèvres.

2. *Ibid.*, t. II, p. 377.

3. Les peintres d'histoire eux-mêmes se laissent rapidement séduire par les sites familiers. Voyez la *Vie de saint Benoit* par Louis de Silvestre et Louis Galloche, dont nous avons parlé plus haut (p. 80); un paysage très simple encadre *Saint Benoit ressuscitant l'enfant mort* (Louvre) (fig. n° 20). Les portraitistes abandonnent aussi les plantations décoratives au milieu desquelles ils posaient leurs figures. Dans sa jeunesse Rigaud demande parfois des fonds à Van der Meulen, il représente Desportes dans un paysage de Claude Audran, illustré d'animaux par Desportes lui-même. Largillière s'est peint avec sa femme et sa fille, dans une campagne merveilleuse, patinée par l'automne, au milieu des arbres roux (fig. n° 60). C'est la silhouette de l'abbaye et des jardins de Chelles que J.-B. Santerre dessine derrière le portrait de Louise-Adélaïde d'Orléans, à Versailles.

4. Voy. Virgile Josz, *Watteau*, p. 121 et 122, et *passim*.

5. Caylus, *Vie de Watteau*, dans Goncourt, *L'Art du XVIII° siècle*, 1° série, p. 23.

lettre à Julienne, en 1720, Watteau indique lui-même qu'en pleine maturité il consultait toujours la nature : « Je vous montrerai, écrit-il à son ami, quelques bagatelles comme les *Paysages de Nogent*, que vous estimez assez par cette raison que j'en fis les pensées en présence de madame de Julienne[1] ». Dans ses premiers tableaux, les scènes militaires peintes à son retour de Valenciennes, il est obsédé par le souvenir des campagnes flamandes ; derrière les haltes d'armées, devant les troupes en marche, il déroule de longues plaines caressées par une buée lumineuse et où des arbres vigoureux, d'un vert humide, se dressent. Plus tard, chez Julienne, chez Crozat, il aime et il peint les parcs aux bosquets bien taillés, où les statues mettent leur note claire, les balustrades leur rythme élégant, et qui s'ouvrent sur des perspectives radieuses. Les sites de ses tableaux sont souvent exactement connus : Boucher a gravé, d'après lui, une *Vue de Vincennes*; Julienne possédait les *Champs-Élysées*, dont nous n'avons plus que la gravure par Tardieu ; les *Charmes de la vie*, gravés par Aveline, représentaient aussi les Champs-Élysées vus de la galerie des Tuileries ; la *Perspective* (fig. n° 76), c'est le parc de Crozat à Montmorency ; au fond de la plaine, derrière la *Sainte Geneviève* de Saint-Médard, on voit une silhouette de Paris ; les paysages du *Marais*, de l'*Abreuvoir* sont empruntés aux Porcherons : « Ces deux veues..., écrit Mariette, ont été peintes par Watteau, d'après nature, dans le temps qu'il demeuroit aux Porcherons[2] ».

Sans doute les paysages des Fêtes galantes ne sont pas exactement pris sur nature : Watteau n'eût jamais trouvé de campagnes assez harmonieuses, assez amoureuses, assez nonchalantes pour encadrer son rêve. Mais la discipline du paysage « réaliste » n'exige pas la reproduction minutieuse d'un espace donné : elle admet toutes les interprétations, et les sites représentés par Watteau sont toujours des variations poétiques sur les campagnes qu'il connaît et qu'il

---

1. *Arch. de l'Art franç.*, t. II, p. 211.

2. *Abecedario*, t. VI, p. 110. Pour d'autres œuvres les recherches n'ont pas donné de résultats aussi certains. Dans le *Ruisseau coulant au pied de bâtisses* (n° 23 des Figures de différents caractères), (fig. n° 50) par exemple, Ed. de Goncourt reconnait un coin de la Bièvre au quartier des Gobelins (*Catalogue de l'œuvre de Watteau*, p. 244). M. de Fourcaud (*Revue de l'Art ancien et moderne*, 1901, t. II, p. 108) appuie cette opinion : il rappelle que Julienne avait ses ateliers dans le quartier et que Watteau peut fort bien y avoir fréquenté. M. Paul Foucart pense, au contraire, que ce croquis fut dessiné pendant le voyage à Valenciennes de 1709 et qu'il représente « la traversée de l'Escaut entre les murs de clôture et les pauvres logis projetant çà et là des parties d'encorbellement au-dessus de la rivière » (*Réun. des Soc. des Beaux-Arts des dép.*, 1892, p. 548). Les deux hypothèses sont vraisemblables. L'étude, en tous cas, semble bien exécutée sur nature.

aime. Dans un livre récent, M. G. Séailles a exposé en termes
excellents le caractère et la qualité des paysages des Fêtes
galantes : « Il [Watteau] a senti de la nature ce qui s'accordait à
son rêve, et il l'a regardée d'un œil de peintre, et il l'a aimée en
poète ! Ici comme dans ses figures, fidèle aux conditions de son
art, il mêle intimement la poésie et l'observation, et c'est de sensa-

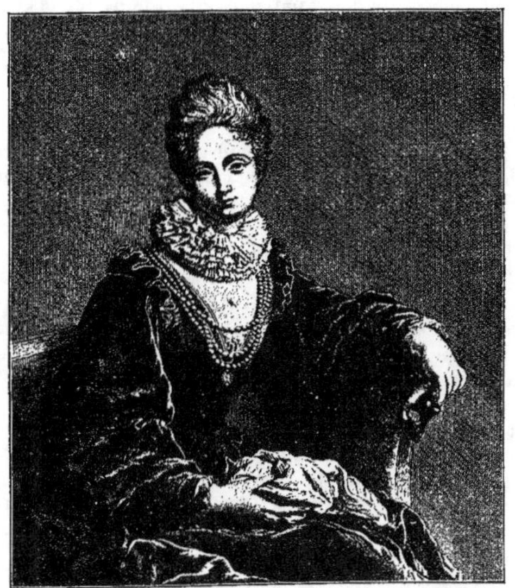

Gravé par Château.

FIG. 66. — JEAN-BAPTISTE SANTERRE. — PORTRAIT DE FEMME.

tions directes, c'est d'éléments réels qu'il compose le décor idéal
de ses fêtes galantes.

« Si Watteau n'a pas notre sentiment de la nature, c'est à elle
qu'il demande ses inspirations, son paysage attend la présence de
l'homme, n'a de sens que par elle, mais ce qu'il a d'agrément, de
mesure, n'en altère ni la vérité, ni même la grandeur...

« Rattachés à ses études attentives (de la nature), remplis de traits choisis mais observés, ses paysages ne sont pas des fantaisies superficielles, imaginées de toute pièce pour varier le fonds des scènes qui s'y encadrent. Sans doute il les accorde à ses personnages, il les subordonne à ses fins décoratives, mais il ne les improvise pas, il les compose des impressions où se résume en son souvenir le charme des choses...

« De ses visions premières il a gardé l'amour des grands ciels, de l'air, de l'espace ; dans ses parcs jamais il ne ferme les ombrages, il enfonce les perspectives, il laisse le chemin libre à la lumière qui vient de l'horizon... ; parfois il développe toute une campagne aux vastes étendues, parfois, à la lisière d'un bois il ouvre la plaine où dans un bouquet d'arbres apparaît un village que domine un clocher pointu[1]. »

Les belles années que vit le paysage au début du XVIII° siècle durent peu : la convention reparaît vite dans l'interprétation de la nature. L'œuvre de Watteau était d'un exemple dangereux. La simplicité des éléments qu'elle met en œuvre, la vérité des effets qu'elle traduit, la puissance des synthèses qu'elle exprime échappent à ses imitateurs : les visions du Maître deviennent de vulgaires plantations décoratives pour son école, le paysage, abâtardi de nouveau, tombe en défaveur auprès du public, et Gersaint, au souvenir sans doute du beau temps de son ami Watteau, se lamente : « On sent assez de nos jours combien on a trop négligé depuis quelque temps la partie du paysage. Il ne se forme dans aucun pays nul élève en ce genre qui est agréable et très souvent nécessaire pour les autres parties de la peinture. Rarement nos meilleurs maîtres s'appliquent-ils à cette étude ; ils ne regardent que comme un amusement et comme un délassement les morceaux de paysage auxquels ils veulent bien par hasard passer quelques moments. Il n'est pas commun d'en voir sortir de leurs mains. » Si Gersaint ne fait pas le procès des paysagistes de profession, mais de tous les artistes, c'est qu'un progrès au moins reste acquis : la nature n'est plus dédaigneusement abandonnée à quelques peintres d'histoire impuissants : tous les artistes continuent à l'interpréter pendant le XVIII° siècle. La séparation entre le paysage et la grande peinture est définitive et ce divorce a pour conséquence la transformation de la peinture de nature morte.

Quoi qu'en aient dit les critiques du XVIII° siècle, Chardin n'est pas né directement des petits maîtres flamands : la peinture de

____

1. G. Séailles, *Watteau*, Paris, 1903 ; Laurens, édit., p. 87 et suiv.

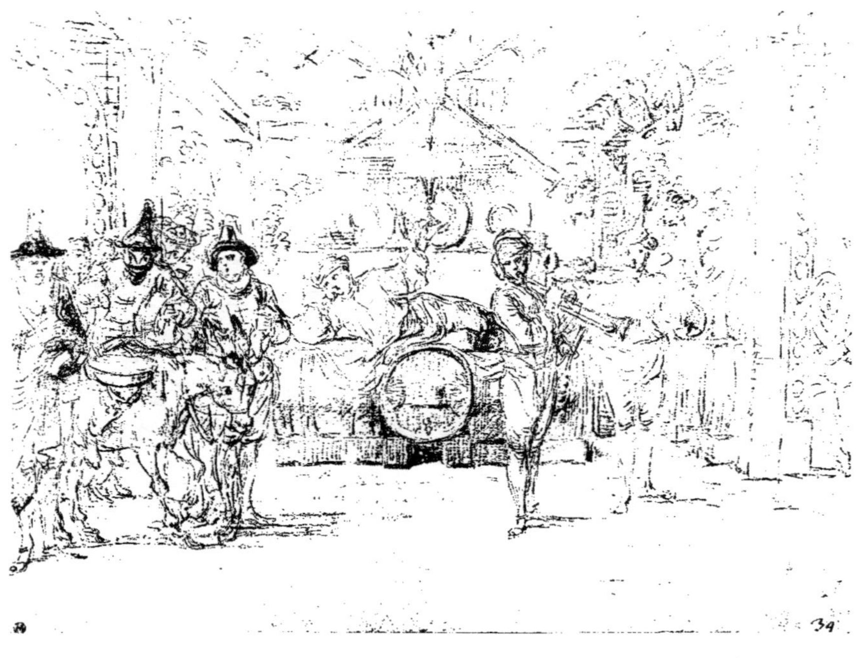

Scène de théâtre
Dessin par Claude Gillot
(Musée du Louvre)

nature morte existait en France avant lui. Monnoyer a été son principal représentant au XVIIe siècle et Desportes, puis Oudry rattachent Monnoyer à Chardin. Les historiens ont méconnu cette filiation parce qu'ils ont longtemps considéré la nature morte du XVIIe siècle comme une peinture exclusivement ornementale[1]. Les éléments décoratifs dominent en effet dans les tableaux de Monnoyer. L'artiste ne fait état que des objets nobles, des beaux meubles, des armes richement ciselées, des étoffes précieuses, des vases d'or et d'argent, des fleurs surtout — peut-être parce que Louis XIV est grand amateur de jardins[2]. Mais il ne traite jamais la fleur pour elle-même[3]; ses gerbes sont majestueuses comme des héros de Le Brun et sortent en un désordre étudié de vases d'or ou d'argent ciselé, de potiches de jade, de coupes de cristal posées sur des tapis somptueux, ou sur des damas brochés dont les plis lourds glissent de consoles trop ornées. La vraisemblance lui importe si peu qu'il représente sur la même toile des corbeilles de fruits d'automne et des bouquets de fleurs printanières[4]. Son coloris est exact, mais dans le sens le plus étroit et le moins pittoresque; jamais il ne soupçonne que dans un bouquet chaque fleur modifie ses voisines : la science des reflets dont Chardin tirera un si merveilleux parti lui est inconnue. Ses successeurs, Baptiste Monnoyer, son fils, Belin de Fontenay, son gendre, François, fils de Nicolas Baudesson, maintiennent encore sa tradition en 1715 : ils ne font aucune concession au réalisme, parce qu'ils sont unis aux fleuristes de la génération précédente par des liens de famille étroits, mais des artistes étrangers aux dynasties

1. Les fleuristes sont surtout occupés à des décorations par le roi. Quand ils ne travaillent pas pour les Gobelins, ils composent des dessus de portes ou de cheminées. Ils collaborent aussi avec les peintres d'histoire, avec les portraitistes qui encadrent volontiers de guirlandes leurs figures et leurs compositions. De La Fosse, par exemple, emploie souvent Monnoyer qui travaille avec lui à Londres, chez lord Montagu, et qui peint les guirlandes entourant son *Annonciation de la Vierge* du Louvre et sa *Salutation angélique,* jadis à Chantilly. On peut signaler encore la collaboration de Monnoyer avec Houasse (Voy. Engerand, *Inventaire de Bailly*, p. 479-480) et celle de Belin de Fontenay avec Jouvenet dans le *Printemps et l'Hiver* au grand Trianon, n°s 101 et 102. Les guirlandes qui entourent les cartons de l'*Histoire de don Quichotte* aux Gobelins, commencées par Belin de Fontenay, sont l'expression la plus parfaite de la décoration florale au début du XVIIIe siècle.

2. A Versailles, à Trianon, les massifs de tubéreuses, de jacinthes, de jasmins toujours fleuris abondent. Les Tuileries sont décorées de palissades de grenadiers, de jasmins et les parterres en broderies y alternent avec les parterres de fleurs. (Voy. Guiffrey, *Comptes*, t. I. Introd., p. xxxix.)

3. Pas plus que ses contemporains : A.-B. Dubois, Denis Parmentier, Jean Garnier, Pierre Dupuis, les sœurs Boullogne, Claude Huilliot, Nicolas Baudesson.

4. Ch. Blanc, *École française*, t. I, J.-B. Monnoyer.

établies ne pouvaient plus à cette époque admettre leur manière. Desportes, et après lui Oudry, transforment la nature morte, élargissent son cadre [1].

Dans la Conférence sur le Coloris qu'il prononce à l'Académie, Oudry rapporte ce souvenir de jeunesse. Largillière lui ayant commandé un jour de peindre des fleurs, il disposa dans un vase un bouquet bigarré ; mais Largillière lui dit : « C'est pour vous former dans la couleur que je vous ai proposé cette étude-là... Croyez-vous que le choix que vous venez de faire soit bien propre pour remplir cet objet ? Allez chercher un paquet de fleurs qui soient toutes blanches ». Quand l'élève revint avec la gerbe blanche, le maître lui fit remarquer que du côté de l'ombre les fleurs sont brunes, que sur un fond de lumière elles se détachent en demi-teintes et que les plus blanches sont moins blanches que le blanc pur ; il lui montra que les bruns sont aussi divers et aussi subtils, lui indiqua les endroits qui s'éclairent de reflets, et lui exposa la science du clair-obscur ; il lui ordonna enfin de peindre après avoir placé sur la table, à côté des fleurs, deux ou trois objets d'un blanc différent comme termes de comparaison. Oudry se mit au travail, et il nous dit son étonnement à voir les fleurs éclatantes naître d'un ensemble de demi-teintes, et la seule magie des ombres donner sa forme, son relief à la gerbe. Jamais Monnoyer, jamais Belin de Fontenay ne s'étaient préoccupé des principes que Largillière enseigne à Oudry et que connaissait déjà Desportes. Par contre, Desportes et Oudry ne peignent plus exclusivement les meubles riches et les fleurs cultivées de leurs prédécesseurs : ils représentent volontiers des objets familiers empruntés aux intérieurs bourgeois ; avec un quartier de viande, un fruit près d'un gobelet sur une nappe blanche, un poisson sur un plat de cuivre, un lièvre, des perdrix mortes ils composent un tableau : Desportes exécute pour le Régent trois trumeaux représentant du gibier, des légumes et de la viande piquée prête à mettre en broche [2]. Les fleurs deviennent de plus en plus rares sous son pinceau.

---

1. Ils trouvent sans doute, dans la maîtrise, d'obscurs auxiliaires : ce Spoëde par exemple, qui peignit surtout la nature morte et qu'on a déjà considéré comme un ancêtre de Chardin.

2. « En 1717, [le duc d'Orléans] lui demanda pour une pièce du Palais-Royal où il faisait quelquefois par divertissement de légers essais de cuisine, trois tableaux dont il donna lui-même les sujets. L'un devait être de gibier en plume, l'autre de toutes sortes de légumes et le troisième de viandes prêtes à mettre en broche. Tous les trois furent extrêmement applaudis et le dernier surtout, original dans son espèce, fit dire à son Altesse Royale qu'il fallait que le peintre eût été dix ans chez la Guerbois pour piquer si bien » (*Mém. inéd.*, t. II, p. 107).

Cependant la tradition qu'il combat est trop fortement enracinée pour qu'il puisse s'en libérer complètement. Par certaines imaginations, par quelques détails il rappelle encore Monnoyer[1]. Parfois il donne une importance excessive aux fleurs dont il émaille ses paysages (la touffe de roses des *Chiens et épagneuls chassant* (Louvre), le bouquet de fleurs de *Folle et Mitte, chiennes de Louis XIV*); il se laisse séduire aussi, de temps en temps, par des sujets purement décoratifs, tels que les *Bécasses, fleurs et fruits autour d'une fontaine* du Musée de Lyon[2] (n° 282) (1717). Chardin ne commettra plus ces erreurs parce qu'il accomplit un nouveau progrès sur la génération qui le précède; mais Desportes ne pouvait les éviter. Il n'en a pas moins l'honneur d'avoir le premier réagi contre la convention imposée pendant cinquante ans à la peinture de nature morte. Ce n'est d'ailleurs pas son seul titre à occuper une des premières places dans l'École au début du XVIIIe siècle: nous savons déjà qu'il compte parmi les meilleurs paysagistes de son temps ; il est aussi le premier peintre d'animaux en France.

Avant lui les peintres français ne connaissaient guère qu'un seul animal, le cheval — et un cheval conventionnel, toujours piaffant, à l'allure superbe, à la tête trop petite. Depuis longtemps, au contraire, la grande école flamande des Snyders, des Rubens, des Breughel, des Fyt, des Pierre Boel, des Van Duÿnum avait compris que le règne animal avec ses spectacles de force et de grâce, ses harmonies imprévues de lignes, ses rythmes souples de mouvements, sa richesse de coloris, offrait aux artistes un admirable champ d'études. Nicasius tenta dès 1644 d'enrichir l'école française de cette ressource nouvelle[3] : il remporta quelques succès personnels à Paris, mais ne fit pas école. Desportes, son seul élève, entra chez lui par

1. Parmi les tableaux ayant appartenu à Desportes et que son neveu vendit au roi en 1784 se trouvait une toile de Monnoyer contre cinquante-deux de Snyders et de Nicasius. Ceci indique assez exactement la part d'influence de Monnoyer dans l'œuvre de Desportes.

2. Peut-être n'aurait-il pas fait tant de concessions à la tradition sans de pressantes raisons matérielles. Dans sa jeunesse il travailla beaucoup pour l'Angleterre où depuis Monnoyer la nature morte décorative était très à la mode. Avant même son voyage à Londres en 1712, il peignit des *Fleurs* pour les lords Bolingbrocke, Stanhope, Vidvoot, etc. Il était trop pauvre pour dédaigner cette clientèle, et, pour la garder, il dut adopter les sujets et la manière qu'elle aimait.

3. Reçu à l'Académie le 27 octobre 1664, mort le 16 septembre 1678. A côté de Nicasius, il faut citer un autre animalier du Nord, très obscur, établi en France au cours du XVIIe siècle : Becker, dit Van Beeck ou Van Boucle, élève de Snyders, comme Nicasius. Nicasius exécuta la première décoration de la Ménagerie de Versailles dont un certain nombre de morceaux sont encore conservés au Louvre, mais sans être exposés.

hasard. Le hasard d'ailleurs avait bien fait les choses : de tous les
artistes du temps, Desportes seul était capable de comprendre Nicasius
et d'imposer en France la grande tradition de Snyders. Fils de paysan,
sa jeunesse s'était écoulée dans les champs, parmi les bêtes; sans un
peintre dans sa famille, il était libre de préjugés académiques. Il
ne put cependant exercer son talent au sortir de l'École et dut se rési-

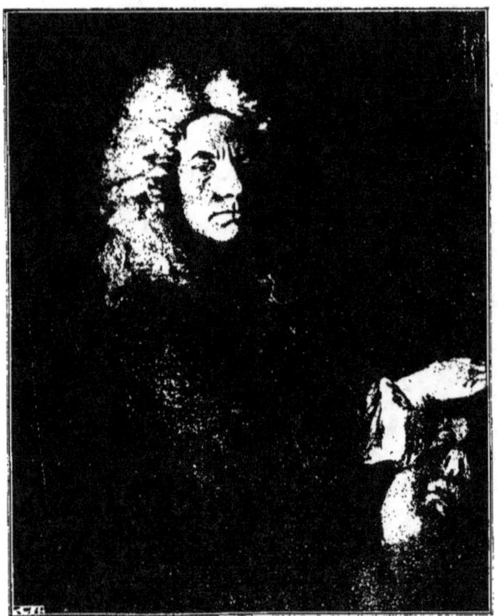

FIG. 67. — ANTOINE WATTEAU. — PORTRAIT D'ANTOINE PATER.
(Musée de Valenciennes.)

gner d'abord à peindre le portrait. Il partit pour la Pologne, et quand
il en revint, en 1696, il vit, écrit son fils, « nos grands portraitistes
qui étaient ses amis; il eut la modestie de croire qu'il ne pourrait les
égaler... reprit son premier talent, que *lui seul* exerçait alors[1] », et
illustra d'animaux les décorations de Claude Audran au château
d'Anet pour le duc de Vendôme, à Clichy, pour le Grand Prieur,

1. *Mém. inéd.*, t. II, p. 103

à l'hôtel de Bouillon, à la Ménagerie de Versailles surtout. Ces œuvres de jeunesse ont disparu, mais voici le jugement que Desportes le fils porte sur elles : « Il [Desportes] composait et plaçait lui-même à son gré dans ces grotesques toutes sortes d'espèces d'animaux ingénieusement groupés avec les ornements, et artistement peints sur fond blanc et or. On y voit partout un génie aisé, fécond et enjoué avec des expressions pleines d'esprit et de gentillesse, surtout dans les fables dont les animaux sont les principaux acteurs. Ceux qu'il a peints semblent tenir les propos que leur prête

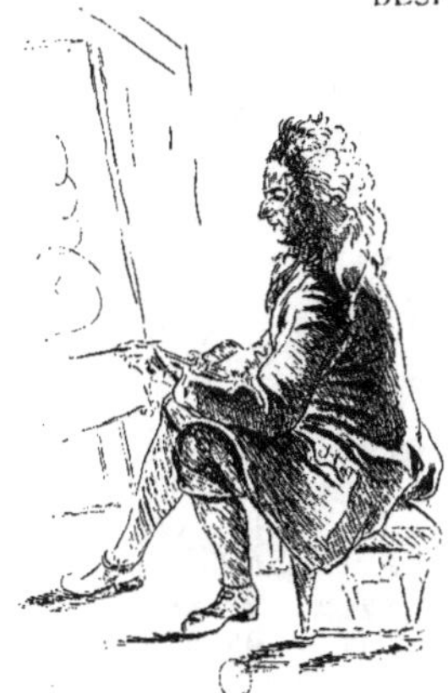

FIG. 68. — ANTOINE WATTEAU. PORTRAIT DE PEINTRE AGÉ. (Figures de différents caractères.)

le naïf La Fontaine[1] ». Ces débuts sont discrets, presque timides : il fallait former, assouplir le goût du public. La protection du roi que Desportes obtint en 1702 lui facilita singulièrement cette tâche. L'artiste représenta d'abord pour Louis XIV « deux belles chiennes de chasse en arrêt sur des faisans et des perdrix dans un paysage charmant[2] », puis il peignit tous les chiens de la meute royale, toutes les bêtes de la Ménagerie et commença bientôt à composer de grandes chasses à la Snyders, des meutes courant les cerfs,

1. *Mém. inéd.*, t. II, p. 104.
2. *Ibid.*, t. II, p. 104.

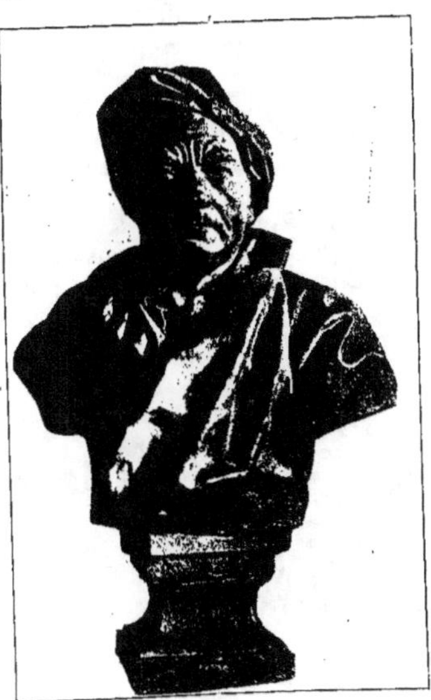

FIG. 69. — JACQUES SALY. — BUSTE D'ANTOINE PATER. (Musée de Valenciennes.)

des sangliers acculés éventrant les chiens, de sauvages combats de fauves : c'est dans ces œuvres surtout, dit son fils, « que son génie se déployait avec plaisir[1] ». En 1704, il envoya à l'exposition la *Chasse au sanglier*, le *Cerf aux abois* qui faisaient partie, sans doute, de la série des cinq grandes chasses commandées par Monseigneur pour Meudon. Son triomphe dès lors fut complet : le duc d'Orléans, tous les princes, toutes les princesses de la famille royale l'occupèrent; tous les amateurs de Paris, de province voulurent un tableau de sa main[2], et il peignit sa merveilleuse série de chasses où il égala presque Snyders, mais sans l'imiter. Il ne s'inspira jamais que de la nature; même à la fin de sa carrière, dit Mariette, bien qu'il eût tourné toute sa vie dans le même cercle, il ne peignait rien sans avoir pris un croquis sur le vif[3]. Il travaillait volontiers dans les chenils du roi, et, pour en obtenir l'accès, il subissait les rebuffades des valets d'écurie, « gens très peu curieux de peinture et dont on achète difficilement la complaisance[4] ». Pour dessiner des lions et des tigres, il courait les foires et s'enfermait « dans des loges incommodes et mal éclairées[5] » de ménageries.

Après lui, l'école d'animaliers fut plus remarquable par la qualité que par le nombre des artistes qui la composèrent. Les amateurs français n'aimèrent jamais les tableaux d'animaux comme les avaient aimés les Flamands du XVIIᵉ siècle : ils les acceptèrent seulement, et d'assez mauvaise grâce le plus souvent. Aussi Oudry, animalier de tempérament, ne profita pas des succès de Desportes, il dut batailler à son tour pour s'imposer au public, et si décidé fût-il « à suivre le genre des animaux,... le peu d'occupation qu'il eut dans les premiers temps l'obligea de se charger de tout ce qui se présentait[6] ».

---

1. *Mém. inéd.*, t. II, p. 108.
2. *Ibid.*, p. 108.
3. Voy. Mariette, *Abecedario*, t. II, p. 97, et aussi *État des tableaux et études de François Desportes... destinés... pour le service de la manufacture royalle... de Sèvres*, publié par M. Engerand, dans l'*Inventaire des tableaux commandés et achetés...*, p. 614 et suiv. Le plus grand nombre de ces études se trouve encore à la manufacture de Sèvres.
4. *Mém. inéd.*, t. II, p. 109.
5. *Ibid.*, t. II, p. 109.
6. *Ibid.*, t. II, p. 368.

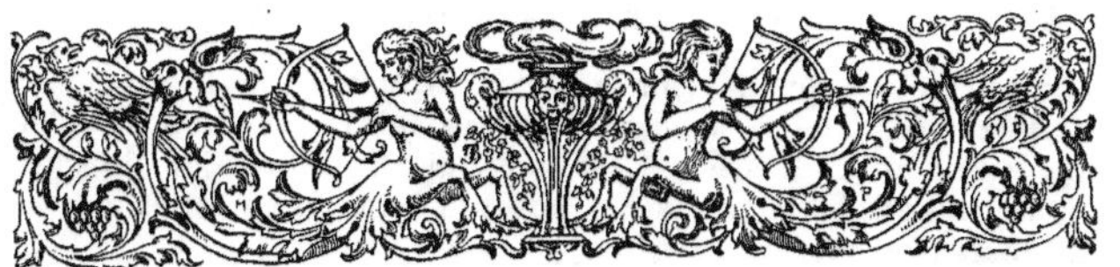

CHAPITRE XIII

LE PORTRAIT[1]

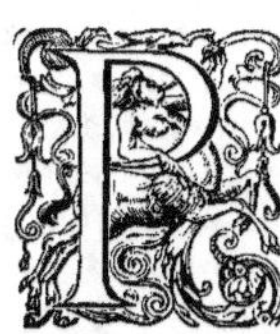endant tout le XVIIe siècle le portrait est très en faveur en France, mais c'est après 1680 que le genre atteint à son plus grand éclat : François de Troy, Largillière, Rigaud, Joseph Vivien vivent alors leurs plus belles années, Jean-Marc Nattier commence à travailler; les portraitistes secondaires, Robert Tournières, J.-B. Santerre, Pierre Gobert, Jean Grimou suffiraient à assurer la gloire de l'École; les meilleurs peintres d'histoire, enfin, privés des grandes commandes royales, peignent aussi le portrait[2]. Le succès du genre s'explique : le portraitiste, dit Richelet, « gagne de quoi faire bouillir son pot, parce qu'il n'y a pas de bourgeoise un peu coquette et un peu à son aise qui ne veuille avoir son portrait »[3]; et un portrait est

1. Voy. les illustrations de ce chapitre de la page 181 à la page 241, fig. n°s 54 à 70.
2. H. Lemonnier, *L'art français au temps de Richelieu et de Mazarin*, p. 341.
3. Les spécialistes du portrait sont même encore assez rares, quoique depuis la fondation de l'Académie, le portrait forme un genre distinct. Avant de Troy, Largillière et Rigaud, le seul nom à retenir est celui de Claude Lefebvre. Même au début du XVIIIe siècle, le nombre des spécialistes du portrait est encore restreint. On lit dans les *Mém. inéd.* (t. II, p. 258) : « M. de Troy (Jean-François) avait vingt-sept ans quand il arriva à Paris (1707). Il y trouva son père entièrement livré au portrait. Il n'était pas encore d'usage que les peintres s'attachassent uniquement à ce genre ».
4. Richelet, *Dictionnaire de la langue française*, éd. de 1728, t. III, p. 220.

toujours suivi de plusieurs copies : « On reconnaît aisément les femmes coquettes à la manière de s'habiller, au monde qu'elles reçoivent chez elles, à leurs domestiques, à leur façon de parler, mais on les reconnoist aussi au nombre de copies qu'elles font faire de leurs portraits[1] ».

Le Brun lui-même aimait le portrait : c'est lui qui décida Claude Lefebvre à se consacrer exclusivement aux études de figures[2]; au début de sa carrière, Rigaud voulait partir pour l'Italie après avoir obtenu, en 1682, le premier prix au concours académique, mais Le Brun l'en dissuada et lui conseilla de s'appliquer au portrait[3]; et comme Largillière, sollicité de retourner en Angleterre, allait quitter la France, c'est encore Le Brun qui le retint par des mots que l'artiste rappelait volontiers plus tard : « Mon ami, quand on peut briller dans son pays, pourquoi porter ses talents ailleurs[4] ». Aucun de ses contemporains n'a été plus préoccupé du visage humain que le Premier Peintre : il a prononcé des conférences sur l'*Expression des passions*, sur la *Physionomie de l'homme comparée à celle des animaux*, et il a peint lui-même des portraits[5] avec la plus grande simplicité. Si la pose de ses personnages est souvent majestueuse, si leur costume a cette ampleur, qui faisait dire au duc de Grammont devant le manteau d'un Louis XIV : « Voilà un manteau que l'on peut nommer une hyperbole de velours[6] », c'est que la boursouflure est la signature du siècle : Le Brun ne l'exagère jamais. Ses successeurs ne seront pas plus réalistes, ils seront seulement plus coloristes que lui. Ses figures sont encore un peu austères, un peu ternes, et tel est son pouvoir qu'il impose d'abord sa palette aux jeunes peintres dont le coloris sera bientôt le plus éclatant. Ainsi les œuvres de Largillière à ses débuts sont sages, presque timides : il n'y a ni caprice, ni fraîcheur dans le portrait du duc de La Feuillade, par exemple, mort en 1691[7], et Le Brun, peint en 1686, est d'une

1. Furetiriana, Paris, 1696, in-12, p. 248.
2. *Mém. inéd.*, t. I, p. 402.
3. « L'illustre M. Le Brun... ayant vu plusieurs portraits de la main de ce jeune peintre, et les trouvant d'une force au-dessus de son âge, lui conseilla de s'y appliquer entièrement. Le conseil d'un si grand maître lui fit prendre le parti de renoncer au voyage d'Italie. » (*Mém. inéd.*, t. II, p. 115.)
4. D'Argenville, 1762, t. IV, p. 296. L'authenticité de l'anecdote n'est pas douteuse : c'est Largillière lui-même qui l'a contée à d'Argenville.
5. On en connaît une soixantaine de sa main. Le catalogue en a été donné par M. Jouin : *Charles Le Brun*, p. 517 et suiv.
6. Marquis de la Châtre, *Nouveaux entretiens des jeux d'esprit et de mémoire*.
7. A Avignon, Musée Calvet, n° 159.

majesté un peu froide que ne tempèrent encore ni la fantaisie ni la grâce que l'artiste prodiguera après 1690[1].

Si tous les portraitistes se groupaient autour de Le Brun, à la fin du XVIIe siècle, le portrait ne devrait absolument rien à l'étranger, puisque le Premier Peintre lui-même proscrit l'italianisme de la représentation des figures humaines. Mais une école rivale pros-

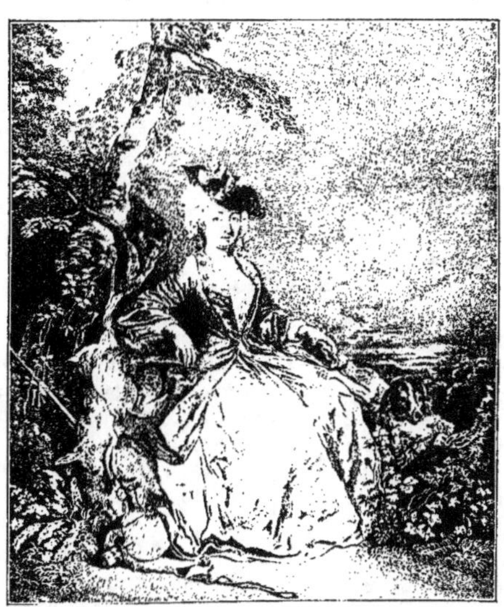

Gravé par B. Audran.

FIG. 70. — ANTOINE WATTEAU. — RETOUR DE CHASSE.
(PORTRAIT D'UNE FILLE DE SIROIS.)

père, sous la direction de Mignard, qui peint surtout les figures mythologiques[2] d'importation italienne. La mode d'affubler les femmes de la Cour et de la ville d'oripeaux mythologiques se répand

1. Dans le même ordre d'idées, il faut signaler ce portrait d'un élève et de son précepteur, daté de 1685, que Paul Mantz vit à Bruges en 1873 et qui ne témoigne, dit-il, ni des tons éclatants, ni de la palette fleurie dont l'artiste, plus tard, devait faire un tel usage. (Paul Mantz, *Largillière, Gazette des Beaux-Arts*, 1893, t. II, p. 94-95.)

2. Le Brun ne peint qu'exceptionnellement des portraits mythologiques. M. Jouin en cite cinq à peine dans son œuvre.

31

en France au temps ou la théogonie païenne apparaît dans les relations
sociales et dans les œuvres littéraires. Dès le début du XVIIe siècle
les peintres chargent leurs modèles des attributs allégoriques dont
les parent madrigaux et lettres[1]. D'ailleurs, ils n'empruntent
à l'Italie que le travestissement et les accessoires. Au moins jusqu'à
Largillière, leurs figures restent exactes et vivantes. Malgré son surnom de « Romain », Mignard lui-même n'est jamais séduit par
l'idéalisme fade des mauvais portraitistes de la Renaissance, mais
ses œuvres et celles de ses élèves n'en sont pas moins très différentes des productions de Le Brun et de ses disciples : celles-là sont
un peu monotones, un peu grises, un peu tristes, celles-ci, colorées et variées, portent en germe déjà tous les caprices, toutes les
fantaisies du XVIIIe siècle. Les deux écoles ne sont pas opposées
cependant. A travers les cinq siècles de notre histoire artistique on
ne trouverait pas deux œuvres contradictoires dans le répertoire
des portraitistes français, auxquels il faut vraiment reconnaître,
comme le veut Delaborde, « un fonds de qualités instinctives, de
privilèges d'intelligence transmis avec le sang, et, jusqu'à un certain point, de doctrines permanentes[2] ».

Quel est, après 1690, le sort du portrait selon Le Brun et
du portrait selon Mignard? Rigaud s'inspire directement de Le
Brun; Largillière doit plus à Mignard. Rigaud vit une carrière
plus brillante, ses succès personnels sont plus éclatants, mais il
n'exerce presque aucune action sur ses contemporains; Largillière
ne connaît jamais les triomphes de son rival, mais son influence
s'étend sur presque tout le XVIIIe siècle.

Rigaud arrive à Paris en 1681 après avoir étudié à Montpellier
et travaillé à Lyon. Il entre aussitôt dans l'atelier de Le Brun et il se
souviendra toute sa vie des leçons qu'il y reçoit. Nul mieux que lui
ne met en pratique la science des draperies dont de Piles donne
minutieusement les principes, mais nul aussi ne méconnaît davantage les sages restrictions du critique : « Les draperies agitées ne
conviennent que dans les lieux qu'on suppose à découvert ou dans
les grands mouvemens... La trop grande quantité d'étoffe dans
un vêtement embarrasse la figure[3]. » Artiste de premier ordre
cependant, il élargit la manière de Le Brun, il en tire des ressources

1. Voy. H. Lemonnier, *L'art français du temps de Richelieu et de Mazarin*, p. 342.
2. *Revue des Deux-Mondes*, 1856, 2e période, t. V, p. 771.
3. De Piles, *Cours de peinture par principes*, édit. de 1767, p. 96 et suiv.

nouvelles et lui donne son suprême éclat. Plus que le Premier
Peintre, plus que Claude Lefebvre même, il est portraitiste d'instinct,
de vocation.

Mais pourquoi, dans la plus grande partie de son œuvre au
moins, est-il resté fidèle à la conception de la deuxième moitié du
XVII° siècle ? Il connaît les Flamands et les Hollandais : « Dès qu'il
fut bien déterminé à se renfermer dans ce talent [le portrait], dit
Hulst, il se mit à l'étudier encore plus particulièrement qu'il n'avoit
fait jusqu'alors et avec un zèle tout nouveau. Van Dyck fut pendant
quelque temps son guide unique[1] »; il analyse aussi, il comprend et
il aime Rembrandt : en 1703, lors de son projet de mariage avec la
demoiselle Châtillon, il possédait, nous le savons, huit tableaux de
Van Dyck et sept de Rembrandt[2]; mais s'il emprunte à ces peintres
quelques éléments qu'ignorait Le Brun et qu'il aurait condamnés :
un coloris chaud, puissant, varié, et la science du clair-obscur[3], il
n'adopte qu'assez rarement leur manière simple, sans boursouflures,
sans exagérations.

C'est sa fortune rapide qui l'engage et le maintient dans la voie
qu'il suivra toute sa vie. Comme tous ses confrères il trouve ses
premiers modèles dans la classe moyenne de la société. A son arrivée
à Paris, en 1681, des bourgeois seuls posent d'abord devant lui[4];
mais, dès 1682, il s'élève jusqu'à la noblesse de robe avec le président
Molé et sa bru; en 1683 il peint ses premiers gentilshommes, le
marquis de Châtillon, le marquis de Florensac, etc.; en 1685 le haut
clergé avec Hyacinthe Seroni[5], archevêque d'Albi, et le doyen de
Saint-Germain commence à l'employer; en 1688, enfin, il est
chargé du portrait de Monsieur et du duc de Chartres : « L'exemple
de ces princes, écrit-il lui-même, fut bientôt suivi de la plupart des

1. *Mém. inéd.*, t. II, p. 131.
2. *Nouv. Arch. de l'art franç.*, 1891, p. 50 et suiv. *Contrat de mariage et testament du peintre H. Rigaud.*
3. Les hommes du XVIII° siècle notent déjà le « clair-obscur à la Rembrandt »
de son propre portrait peint en 1698, *Mém. inéd.*, t. II, p. 180 : *Catalogue de
l'œuvre gravée du sieur Hyacinthe Rigaud.*
4. Voy. *Mém. inéd.*, t. II, p. 142 et suiv., *État général des portraits et autres
tableaux sortis du pinceau de l'illustre M. Rigaud...*
5. Peut-être même ce portrait est-il antérieur. Hulst écrit (*Mém. inéd.*, t. II,
p. 145, note I) : « Quoique ce portrait soit placé ici dans le registre original, il y a
lieu de croire qu'il est plus ancien de deux ou de trois années; M. Rigaud m'ayant dit
lui-même que c'étoit là le premier portrait qu'il eût fait de cette grandeur, c'est-
à-dire figure jusqu'aux genoux, ce que d'ailleurs sa composition semble dénoter assez.
Cependant ce prix de 330[lt] semble insinuer le contraire. L'on voit que ce n'est pas
celui de ses premières années. »

personnes les plus distinguées de la Cour et de la Ville[1]. » En 1696, écrit Saint-Simon, il est déjà « le premier peintre de l'Europe pour la ressemblance des hommes et pour une peinture forte et durable[2] ». Le portrait de Monseigneur devant Philippsbourg attire sur lui l'attention du roi qui le charge, en 1700, de peindre Philippe Ier avant son départ pour l'Espagne : « Cet ouvrage donna lieu au roi d'Espagne de prier le roi son grand-père, de lui donner aussi son portrait peint de la même main, ce que Sa Majesté lui accorda. Rigaud eut l'honneur de le commencer l'année suivante[3]. » Le succès de cette œuvre lui assure définitivement le privilège de tous les portraits officiels : « Les princes, les cardinaux, les archevêques, les évêques, les ducs, les maréchaux de France, les magistrats et les grands seigneurs qu'il a peints sont en si grand nombre que le détail qu'on en pourroit faire seroit trop long[4]. » Cette clientèle contribue à sa gloire, mais elle lui impose aussi « cette grandeur et cette magnificence qui caractérisent la majesté des rois et la dignité des grands[5] ». La société, en effet, est fondée sur la hiérarchie, c'est en prodiguant les brevets et les fonctions que le roi établit son pouvoir sur la noblesse; les dignités flattent la vanité, occupent le désœuvrement des courtisans, et l'artiste ne saurait oublier ni leurs insignes, ni la majesté qu'elles confèrent : « Il faut, écrit de Piles, que... les portraits semblent nous parler d'eux-mêmes et nous dire par exemple : tiens, regarde-moi; je suis ce Roi invincible environné de majesté, je suis ce valeureux capitaine qui porte la terreur partout..., je suis ce grand ministre qui ai connu tous les ressorts de la politique, je suis ce magistrat d'une sagesse et d'une intégrité consommée... Enfin les attitudes sont le langage des portraits et l'habile peintre n'y doit pas faire une médiocre attention[6]. » Plus que tout autre, Rigaud est leur esclave : il obéit à un protocole qu'il n'a pas créé et qu'il ne peut pas modifier. Son idéal n'est pourtant pas uniquement de « dire la haute situation du personnage » qu'il représente, « de faire étalage de son mobilier et de ses vêtements[7] ».

---

1. *Mém. inéd.*, t. II, p. 116. *Abrégé de la vie de Hyacinthe Rigaud jusqu'en 1716* (rédigé sans doute par lui-même).

2. Saint-Simon, t. III, p. 254.

3. *Mém. inéd.*, t. II, p. 118-119.

4. *Ibid.*, p. 122. D'Argenville précise : « Il a peint cinq Monarques, tous les Princes du sang royal et les personnages les plus distingués de l'Europe », 1762 t. IV, p. 317.

5. *Mercure de France*, 1744, I, p. 7. Article de Collin de Vermont sur Rigaud.

6. De Piles, *Cours de peinture par principes*, édit. de 1767, p. 219.

7. Marcel Reymond, *Le Musée de Lyon*. Paris, 1887. in-8°, p. 172.

Il s'attache toujours, au contraire, à pénétrer le caractère de ses
modèles, à marquer leur individualité. D'ailleurs, s'il avait négligé la
ressemblance, il n'aurait jamais été le peintre officiel de la Cour du
grand roi. Le portrait officiel doit, en effet, reproduire les traits avec
la plus grande exactitude : « Pour les héros, dit de Piles, ou pour ceux
qui tiennent quelque rang dans le monde ou qui se font distinguer
par leurs dignités, par leurs vertus ou par leurs grandes qualités, on
ne sauroit apporter trop d'exactitude dans l'imitation de leur visage,
soit que les parties s'y rencontrent belles ou bien qu'elles y soient
défectueuses; car ces sortes de portraits sont des marques authen-

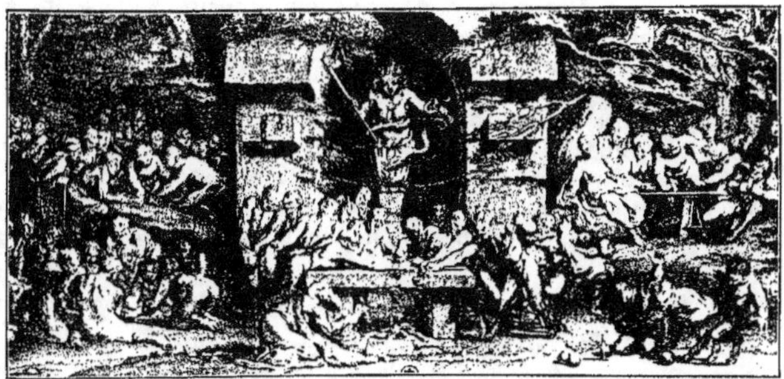

Gravé par Audran.

FIG. 71. — CLAUDE GILLOT. — LA PASSION DU JEU.

tiques qui doivent être consacrées à la postérité et, dans cette vue,
tout est précieux dans les portraits, si tout y est fidèle[1]. »

Rigaud même est plus profondément réaliste que ses prédécesseurs[2]. Les portraits abondent dans son œuvre qui témoignent de
sa passion à pénétrer le secret des visages. Quand il peint Louis XIV

1. De Piles, *Cours de peinture par principes*, édit. de 1767, p. 212.
2. La monotonie apparente des têtes de Rigaud tient à des détails dont le siècle
plus que l'artiste est responsable. L'inévitable perruque in-folio, par exemple, qui
coiffe tous les modèles, leur imprime une ressemblance fatigante. M. Estienne, horloger de Caen, qui écrit en 1697 une *Lettre sur les Portraits*, le remarque déjà :
« Aujourd'hui, dit-il, que l'usage des portraits est devenu si universel, toutes les dif-
férences de couleur sont confondues sous une livrée, car les ornements artificiels
rendent toutes les coiffures semblables » (Publiée dans le *Trésor de la littérature*, Caen,
1741). A plus forte raison, cette monotomie nous frappe-t-elle, nous qui n'avons plus
l'habitude des perruques, et surtout chez Rigaud qui a presque toujours peint des
hommes.

en 1701, il n'ajoute pas seulement quelques victoires à son front comme jadis Mignard, il y appesantit des années lourdes: le port reste majestueux, mais les traits sont bouffis, les chairs molles; du découragement, de la lassitude marquent l'expression; l'impassible beauté se délabre[1]. Peut-on imaginer, d'autre part, visage plus fin, plus élégant, plus aimablement maladif que celui du petit *Jean-François-Paul de Bonne de Créqui, duc de Lesdiguières?* (Louvre, n° 792) (fig. n° 58), peint à huit ans, son manteau bleu rejeté sur le bras gauche, la main droite appuyée sur un bâton de commandement, avec ses grands yeux enfantins un peu tristes et ses lèvres trop pâles, qui portent déjà le stigmate de la consomption prochaine. Drapé de velours, paré d'hermine, Philippe V est encore dans tout l'éclat de sa jeune majesté en 1700, mais Rigaud voit déjà sur son visage l'ennui que le prince déraciné traînera toute sa vie, et il marque, dans son portrait, cette expression de mélancolie, de tristesse résignée que Jean Ranc et L.-M. Van Loo noteront encore trente ans plus tard[2].

Les portraitistes du temps représenteront surtout des femmes. Rigaud, au contraire, en peint assez peu[3]; il est trop sincère pour plaire à ses contemporaines qui ne tiennent pas à une ressemblance

---

1. Ce portrait fait donc exception à la règle que formule **M.** Rocheblave quand il écrit dans *L'Art français au XVII° siècle, dans ses rapports avec la littérature* (*Littérature française* de Petit de Julleville, t. V, p. 706) que les portraits de Louis XIV n'étaient jamais ressemblants. **M.** Rocheblave, dans son étude, fait en même temps cette remarque que, pendant tout le siècle, il ne s'éleva que deux protestations contre la fantaisie des portraits de Louis XIV. L'une est de La Bruyère, qui écrit dans son discours de réception à l'Académie : « Provinces éloignées, provinces voisines, ce prince humain et bienfaisant que les peintres et sculpteurs nous défigurent, vous tend les bras, vous regarde avec des yeux tendres et pleins de douceur ». L'autre est de **M.** de Marolles, dans son *Livre des Peintres* :

> Le Brun, Bernin, Varin, l'habillent à l'antique.
> Mignard l'habille ainsi quand il est à cheval,
> Les bras nuds et les pieds presque nuds bien ou mal,
> Sans étrieux encore, ce qu'on tient héroïque.
>
> Je ne l'entens pas bien, n'aimant pas trop l'histoire.
> Pour dépeindre au public le prince tel qu'il est,
> Faut-il être menteur sans y prendre intérêt.
> Quel tort la vérité ferait-elle à sa gloire ?

2. Les portraits de Jean Ranc sont au Prado. Voy. n°° 2058, 2059, 2061 et 2068ª du *Catalogo de los cuadros del Museo Nacional de pintura y escultura*, por don Pedro de Madrazo, éd. de 1904. Les portraits de Van Loo sont au Prado, voy. *Ibid.*, n°° 2018 et 2018 *b;* et au Musée de Versailles, voy. Catalogue Soulié, n° 4378.

3. Saint-Simon déjà, quand il écrit qu'en 1696 Rigaud était le « premier peintre d'Europe pour la ressemblance », a bien soin d'ajouter « des hommes », indiquant, par cette restriction, que le Maître est moins bon portraitiste de femmes.

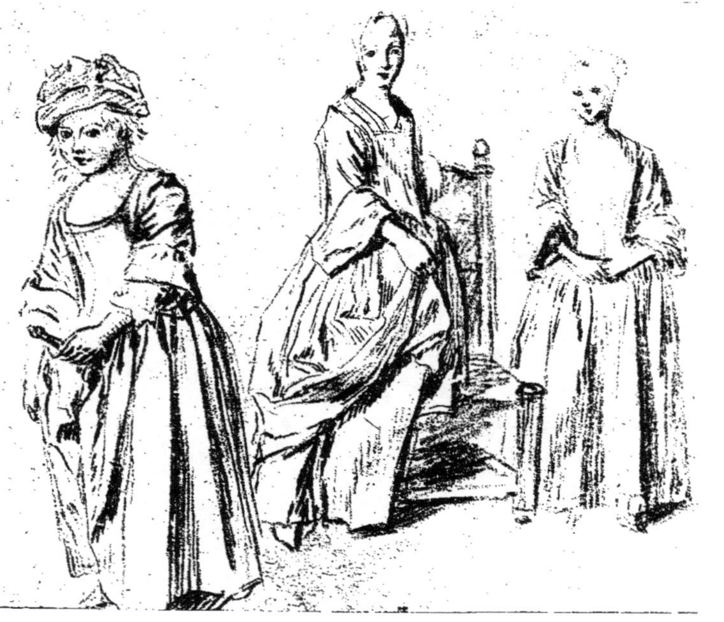

Étude de jeunes filles
Dessin par J. A. Watteau
(Musée du Louvre)

très exacte : « J'ai vu des dames, écrit de Piles, qui m'ont dit nettement qu'elles n'estimoient pas les Peintres qui faisoient si fort ressembler et qu'elles aimeroient mieux qu'on leur donnât moins de ressemblance et plus de beauté. » « Il est certain, ajoute le critique, qu'on leur doit là-dessus quelque complaisance et je ne doute pas qu'on ne les puisse faire ressembler sans leur déplaire[1]. » Ces exigences pèsent pourtant aux artistes; Antoine Coypel le laisse entendre : « Je dirois même si j'osois, écrit-il, que les Dames sont mille fois plus gracieuses avec leur teint naturel qu'avec tout l'art et les couleurs qu'elles prodiguent pour peindre leurs visages et qui désespèrent les Peintres qui sont obligés de les imiter pour leur plaire... Nous ne pouvons pas... suivre fidèlement [la nature], parce que nous ne la voyons que contrefaite et masquée. Cependant notre objet est de l'imiter. Cela est triste[2]. » Coypel consent fort bien d'ailleurs à peindre les portraits qu'il condamne; Rigaud ne s'y résout jamais. « Si je peins [les femmes] telles qu'elles sont, dit-il naïvement, elles ne se trouvent pas assez belles; si je les flatte trop, elles ne ressembleront pas[3] ». Les portraits mythologiques sont très rares dans son œuvre — quoiqu'on l'ait accusé d'avoir assuré leur vogue[4] — et ils sont toujours gauches, sous son pinceau, dépourvus du charme et de la fantaisie qui rendent seuls les déguisements acceptables[5].

1. De Piles, *Cours de peinture par principes*, p. 211.

2. Ant. Coypel, *Discours...*, p. 80.

3. Un autre mot qu'on lui attribue encore traduit mieux sa franchise vis-à-vis des femmes. Il peignait une fois une femme du monde qui se fardait beaucoup ; et comme cette dame lui faisait remarquer qu'il ne rendait pas toute la fraîcheur de son teint il répondit : « C'est étonnant; mon rouge vient pourtant du même marchand que le vôtre ». Loin de les flatter, Rigaud a une tendance très marquée à vieillir ses modèles féminins. On en trouverait une preuve dans le portrait qu'il fit, en 1713, de Mme de Parabère, toute jeune, âgée de vingt ans à peine, et à laquelle il donne trente ans au moins, comme en témoigne la gravure de Valée. Le portrait original se trouve chez M. de Sancy-Parabère, au château de Borant (Oise); il est accompagné d'une lettre de Rigaud en annonçant l'envoi et datée de 1713. (Voy. *Gaz. des Beaux-Arts*, 1897, t. II p. 340. F. Engerand, *Un portrait prétendu de Madame de Parabère au Musée de Caen.*)

4. Dans la *Revue des Deux-Mondes*, 1856, 2ᵉ période, t. V, p. 779, *La peinture de portraits en France*, Delaborde écrit : « Rigaud avait peint avec plus ou moins d'à-propos des princesses ou des femmes de la Cour entourées d'attributs empruntés à l'Olympe. Il n'y eut si mince bourgeoise à qui l'on ne décernât les honneurs d'une semblable apothéose. »

5. Les plus importants, parmi ces portraits mythologiques de Rigaud, sont ceux de Marie Legendre de Villedieu en Flore, d'Anne Varice de Vallière en Pomone, accompagnée d'un Vertumne, de Marguerite-Henriette Le Bret de la Briffe en Cérès, armée d'une faucille et chargée d'épis (fig. nº 56). Ils sont froids et ennuyeux. Puisque le Maître a peint si peu de portraits mythologiques, il n'est pas possible de l'identifier, comme on l'a voulu, avec le Renard de la fable du marquis de Calvière, *le*

Toutes les fois que sa sincérité n'a pas été contrainte, Rigaud a peint de très belles figures de femmes. Les deux portraits de sa mère, Marie Serre, de profil à droite et de trois quarts à gauche sur la même, toile[1] (fig. n° 54), par exemple, sont des œuvres admirables de simplicité et de vie avec leurs traits accentués, leurs yeux un peu durs, leur bouche légèrement pincée; pas de draperies autour du buste, pas de portique au fond; le modèle s'est paré simplement de sa chemisette blanche, de son corsage noir, de son beau bonnet violet des dimanches : le peintre ne songe pas à déguiser, sous prétexte de l'embellir, cette mère qu'il ne laissera pas, quand elle viendra à Paris, quitter son costume national, disant : « Je ne veux pas qu'on me change ma mère[2] ». Quand il représente la princesse Palatine, il n'est tenu, non plus, à aucune complaisance, puisque son portrait est une œuvre officielle où la ressemblance doit être strictement respectée; aussi n'imagine-t-on pas visage plus vigoureusement, plus puissamment laid que celui qu'il dessine avec ses lourds traits masculins et ses yeux brutalement bons[3]. Quelques années plus tard, sous la Régence, Largillière représentera encore la princesse, âgée de plus de soixante ans, et toujours coquette; pour la flatter, il l'habillera en nymphe très décolletée, des fleurs dans les cheveux, accoudée sur une urne (fig. hors texte n° 7); mais malgré toute sa souplesse et tout son talent, il n'évoquera, au lieu d'une image agréable, qu'une mascarade attristante.

Débarrassé des entraves que le protocole impose à son génie, Rigaud n'eût sans doute composé que des œuvres charmantes de spontanéité et de vérité. Dès qu'il échappe à l'étiquette, il peint

---

Renard et le Singe peintres. Le Singe c'est le portraitiste naïf qui suit la nature : c'est de Troy, selon les commentateurs. Le Renard c'est l'artiste habile et flatteur; mais il est inadmissible que ce soit Rigaud. Voy. *Rev. univ. des Arts,* t. XVII, p. 200.

1. Peints pour servir de modèle à Coysevox qui devait représenter Marie Serre en buste. Rigaud avait même exécuté trois portraits à cette occasion en 1695. Le troisième était de face ; je ne sais ce qu'il est devenu. Le buste de Coysevox fut exécuté : Rigaud, à sa mort, le laissa à l'Académie.

2. De ce portrait on peut rapprocher celui de la femme de Rigaud, Élisabeth de Gouy que nous connaissons par la gravure de J.-G. Wille en 1744. La tête est excellente, très vigoureuse, très simple. Elle fut peinte en 1707 ou 1708 (Voy. *Mém. inéd.,* t. II, p. 199). Malheureusement, Rigaud n'acheva l'œuvre que trente ans plus tard, et il la défigura en enveloppant le buste, dont on ne voit pas les mains, dans une affreuse draperie faite de pratique.

3. Il y a quelques autres portraits officiels de femmes par Rigaud de la même qualité que celui-ci et que nous connaissons au moins par des gravures : la duchesse de Nemours, par exemple, peinte en 1705, gravée en 1707 par Drevet, Mlle de Montpensier, peinte en 1689, gravée en 1710 ou 1712 par Vermeulen.

avec une grande simplicité. Dans tous ses portraits d'amis, d'artistes, de savants, d'hommes de lettres[1] les modèles peignent, sculptent, écrivent, causent dans l'intimité de l'atelier, du cabinet, les costumes sont vrais, les attitudes familières; dans ses propres portraits, il s'est représenté souvent lui-même avec une curieuse affectation de négligence, vêtu d'un vieux pourpoint bordé de mauvaise fourrure, le col déboutonné, la tête coiffée d'un étrange bonnet[2]. Les historiens du XIXᵉ siècle ont été généralement trop sévères pour lui parce qu'ils l'ont mal connu. Ils ont oublié, entre autres éléments de critique, la longueur de sa carrière. Rigaud peint de 1681 à 1743, pendant soixante-deux ans : ses premiers portraits sont hésitants; la pratique tient trop de place dans les derniers. Seules, les toiles exécutées de 1690 à 1720 sont à retenir dans son œuvre. De 1690 à 1700, il travaille avec acharnement à la conquête de la place qu'il convoite, et, après le portrait de Louis XIV, il produit pendant vingt ans en pleine maturité, en plein épanouissement. Sur les cent soixante-cinq pièces qui composent son œuvre gravé[3], *dix* à peine reproduisent des toiles peintes *avant 1690*, *vingt-cinq* des portraits exécutés *de 1721 à 1743* et *cent trente* des figures datant *de 1690 à 1721.*

Rigaud est, il est vrai, assez difficile à étudier : il a beaucoup travaillé pour les cours étrangères, et son œuvre est dispersé à travers l'Europe. Et puis combien sont authentiques parmi les centaines de toiles inscrites à son catalogue dans les musées et dans les collections? On peut identifier ses portraits par la signature ou par la collation avec une gravure : mais le premier moyen seul présente des garanties sérieuses. Un tableau identique à une gravure portant le nom de Rigaud n'est pas nécessairement un original. Dès ses débuts, en effet, l'artiste, obligé de fournir trois ou quatre copies du même portrait[4], les confie à des élèves qui travaillent unique-

---

1. « On serait trop long si l'on voulait nommer ici tous les savants hommes dans les arts, sciences et belles lettres que Rigaud a peints par pure générosité et par le seul cas qu'il fait du mérite et de la vertu. » (*Mém. inéd.*, t. II, p. 116.)

2. Le portrait exposé il y a peu de temps encore au Louvre, dans la salle XV, nº 796, était surtout caractéristique. Mais il y en a d'autres : celui de 1692 qu'Édelinck grava en 1698, celui de 1698 qu'Édelinck grava en 1700, celui de 1712 que Drevet grava en 1714. Dans le grand portrait officiel de 1742, la composition seule est de Rigaud, la tête fut prise sur les portraits antérieurs.

3. *Catalogue de l'œuvre gravé du sieur Hyacinthe Rigaud rangé selon l'ordre des temps qu'ont été faits les tableaux d'après lesquels les estampes qui composent cet ouvrage ont été gravées...* (*Mém inéd*, t. II, p. 169 et suiv.)

4. Voy. *État général des portraits et autres tableaux sortis du pinceau de l'illustre M. Rigaud.* (*Mém. inéd.*, t. II, p. 142 et suiv.)

ment pour lui et connaissent admirablement sa manière[1]. Ses tableaux signés même ne sont pas toujours entièrement de sa main. Le *Bossuet*, du Musée du Louvre (fig. hors texte n° 7), porte sa griffe authentique sur le dos d'un livre, au pied de la table : c'est donc bien le portrait original[2]. Mais sur un signet placé dans un autre livre posé à terre, on lit un autre nom, Sévin : Sévin a collaboré à l'œuvre puisqu'il la signe. Ce peintre n'est d'ailleurs pas tout à fait inconnu : il s'appelle exactement Charles Sévin de la Pennaye; né à Fontainebleau en 1685 il est mort à Paris en 1741[3]. Une pièce officielle établit ses relations suivies avec Rigaud : le 9 février 1733, le Maître, en récompense de ses services, probablement, lui fait donation d'une action de la Compagnie des Indes[4]. Nous ne connaissons pas une toile originale de sa main : mais il ne manquait sans doute pas de talent puisque Rigaud lui témoignait assez d'estime, dès 1705 (il avait à peine vingt ans), pour l'autoriser à signer avec lui une œuvre importante.

Si la postérité est trop sévère pour Rigaud, ses contemporains, au contraire, lui rendent pleine justice : ils le tiennent pour le meilleur portraitiste et pour l'un des plus grands artistes de son temps. Cependant ils ne s'inspirent jamais de ses œuvres parce qu'ils n'y trouvent pas la grâce affectée qu'exigent leurs clients. Rigaud ne forme qu'un seul élève de quelque importance : le fils de son ancien maître, Jean Ranc, qui devient son neveu par alliance. Encore Ranc est-il plus intéressant par sa carrière que par son talent. Il manque de vigueur et d'originalité; son pinceau est mou et sans accent. En France, il eût sans doute vécu sans grand éclat, mais Rigaud l'envoya

---

1. Les erreurs sont d'autant plus aisées que le Maître retouchait souvent les copies avant de les livrer. Dans l'*État général*, il est question de copies simples et de copies retouchées.

2. Ce portrait appartint d'abord à l'abbé Bossuet, le neveu. Le Louvre l'acheta en 1821 à la vente Crawford.

3. Il n'a rien de commun avec le peintre tournaisien P.-P. Sévin, dont la famille et la vie ont été étudiées dans les *Réun. des Soc. des Beaux-Arts des dép.*, t. XVIII, p. 135 : *les Sévin, peintres, dessinateurs et décorateurs*, par L. Charvet.

4. L'acte de donation est publié dans les *Nouv. Arch. de l'art franç.*, 1891, p. 73-74. Sévin n'avait droit qu'à l'usufruit. Comme il mourut le 18 mars 1741, Rigaud rentra en possession de l'action. Il paraît plus que probable que Sévin resta quarante ans au moins chez Rigaud, et non près de trente, comme le dit M. Th. Lhuillier, dans une note à son article sur *Claude Lefebvre* (*Réun. des Soc. des Beaux-Arts des dép.*, t. XVI). C'est à tort, d'ailleurs, que M. Lhuillier reporte à 1749 la mort de Sévin, puisqu'on possède l'acte de décès, publié en 1891, dans les *Nouv. Arch. de l'art franç.*, et daté de 1741. Dans l'année 1883, p. 375 de la même publication, l'inventaire de Ch. Sévin est analysé. On y note que le peintre n'était pas marié et qu'il fit son testament le 8 juillet 1739.

à Philippe V qui demandait un premier peintre. Ranc, comblé d'honneurs malgré sa médiocrité, demeura en Espagne jusqu'à sa mort, et représenta à plusieurs reprises le roi, Isabelle Farnèse, les Infants et les Infantes. Selon son plus récent biographe, il aurait subi, vers la fin de sa vie, l'influence de Vélasquez[1] ; en tous cas ses œuvres conservées au Prado n'en laissent rien paraître. Les autres disciples de Rigaud valent à peine d'être nommés : c'est Jean Legros, le frère du

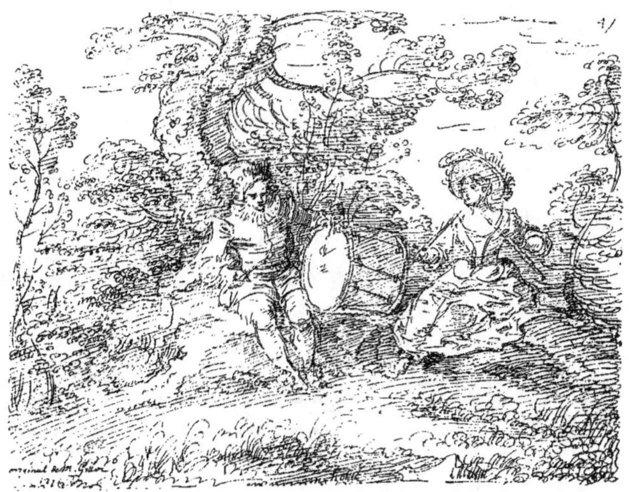

FIG. 72. — CLAUDE GILLOT. — PERSONNAGES DE THÉATRE.
(Musée du Louvre. Dessins.)

sculpteur Pierre Legros (1672-1745), admis à l'Académie en 1725 sur les portraits de Coustou et de Hallé, et c'est Louis-René de Vialy qui « a peint les portraits de dom Philippe, infant d'Espagne, et, en 1716, Louis XV (?), la princesse d'Armagnac en Vestale, la maison de Saint-Pierre et le grand prieur d'Orléans ». D'Argenville cite encore, faute de mieux, de pauvres copistes qui travaillaient, sans doute à la

1. Ch. Ponsonailhe, *Les deux Ranc*. (*Réun. des Soc. des Beaux-Arts des dép.*, 1891, p. 192.)

journée, dans l'atelier du maître : Prieur, Bayeul, de Launay, Descourt[1]. A la mort de Ranc, en 1735, Rigaud n'a plus un élève à qui confier le poste de premier peintre du roi d'Espagne, et il est contraint de l'offrir à Louis-Michel Van Loo qui n'a jamais subi son influence[2]. A cette époque il est complètement isolé dans l'École : les portraitistes du xviiiᵉ siècle ne travaillent pas seulement en dehors de lui, mais presque contre lui : au contraire, jusqu'à la réaction davidienne, ils relèvent tous de Largillière.

Si la destinée des deux rivaux est si dissemblable, c'est que leur éducation et leur tempérament sont très différents[3]. Rigaud n'a connu Van Dyck qu'après avoir subi une sévère instruction académique ; Largillière vit ses premières années à Anvers et ignore l'École à l'âge de la formation artistique : tous les peintres flamands, Van Dyck surtout, dont il a vu tant d'œuvres en Angleterre et dont l'élève Pierre Lely est son maître, le préparent merveilleusement à charmer un temps qui, fatigué d'un art trop austère, aspire avant tout à la liberté et à la fantaisie. Une discipline inflexible domine la vie de Rigaud ; Largillière ne s'embarrasse jamais de principes. Du vivant de Le Brun, il a sagement atténué l'éclat de sa palette flamande ; plus tard la mode est à la couleur, il suit la mode. Mariette note déjà son extrême souplesse : « Jamais peintre n'a été plus universel que M. de Largillière. Il a donné des preuves de son habi-

1. D'Argenville, édit. de 1762, t. IV, p. 323. Il faut, pour être tout à fait complet, joindre à ces noms celui de Nicolas Desportes, le neveu de Desportes qui, en même temps que chez son oncle, travailla chez Rigaud, vieux déjà. Il ne tira profit que de l'enseignement du premier de ces maîtres.

2. Un seul portraitiste contemporain qui n'est pas élève de Rigaud travaille un peu dans sa manière. C'est Robert Tournières, le beau-père de François Le Moyne. Il peint des portraits sévères, dignes, moins redondants peut-être que ceux de Rigaud, mais aussi moins vigoureux. En province, il faut noter l'action de Rigaud sur des artistes tels que Gabriel Revel, par exemple, dont nous reproduisons ici une œuvre conservée au Musée de Dijon (fig. nº 59). A l'étranger, l'influence de Rigaud est relativement plus considérable qu'en France. Plusieurs artistes s'inspirent des portraits peints par le maître pour les différentes cours d'Europe et restent, au xviiiᵉ siècle, fidèles à sa manière. Pour n'en donner qu'un exemple, le peintre Johann Georg Ziesenis (1716-1777), de l'école danoise allemande, s'inspire fortement de ses œuvres comme en témoignent ses portraits du stathouder Guillaume V et de sa femme, la princesse Frédérique-Sophie-Wilhelmine, au Musée de La Haye.

3. On a institué, sur la question de savoir quel était le plus grand des deux peintres, des discussions parfaitement stériles, parce qu'elles sont tout à fait subjectives. La formule dans laquelle Charles Blanc croit résumer définitivement la comparaison des deux artistes le montre bien : « ...L'on peut dire que Largillière est le Van der Helst de la France, alors que Rigaud n'en est pas tout à fait le Van Dyck. » (*Histoire des peintres de toutes les Écoles : École française*, t. I, *Biographie de Largillière*, p. 8.)

leté dans tous les genres de peinture »[1]. Vers la fin de sa carrière, au temps de sa plus grande réputation, Rigaud reçoit un jour la visite d'un étranger qui lui demande le portrait de son père peint depuis quarante ans et qui n'a jamais été réclamé. L'artiste retrouve la toile, et comme l'inconnu veut la payer, il regarde au dos l'année de l'exécution qu'il avait coutume d'inscrire et demande 50 [u] : l'œuvre était du temps où il se contentait de ces petits prix[2]. Largillière n'aurait pas montré ce désintéressement; il aime l'argent avant tout et se consacre au portrait par intérêt plus que par vocation. « Son plus grand travail, écrit Mariette, a toujours été le portrait *comme le plus utile*[3]. » Il dédaigne les modèles officiels parce qu'ils payent mal : il eut, dit d'Argenville, « peu de liaison avec la Cour de France auprès de laquelle il n'a jamais fait aucune démarche. Il aimoit mieux, à ce qu'il m'a dit plusieurs fois, travailler pour le public; les soins en étaient moins grands *et le payement plus prompt*[4] ». Aux nobles même il préfère les magistrats, les officiers municipaux, les gouverneurs de villes. A la seule exposition de 1704, il envoie les portraits de *M. du Porc, auditeur des Comptes*, de *M. Aubry, lieutenant général de Touraine*, de *M. de La Martellière, maître des requêtes*, de *M. de Mitantier, ancien greffier en chef de l'Hôtel de Ville*, de *M. Stoup, lieutenant général*, de *Monsieur le lieutenant criminel* et de *M. Delpeche, avocat à la Cour des Aides*. Par les chefs de la noblesse de robe et les magistrats municipaux il gagne la haute bourgeoisie, où la réputation s'établit vite et où les prix se maintiennent bien.

Largillière diffère déjà de Rigaud dans ses portraits d'hommes. Il corrige par une souplesse de composition et d'exécution très

1. Mariette, *Abecedario*, t. III, p. 61.
2. D'Argenville, édit. de 1762, t. IV, p. 318. Il faut cependant signaler des lettres de Rigaud à Gaspard de Gueydan, d'Aix en Provence, dans lesquelles il refuse d'exécuter un portrait à un prix qu'il juge insuffisant. Ces lettres ont été publiées par M. Gibert dans le *Bulletin archéologique du Comité des travaux historiques*, 1890, p. 299 : *Dix portraits et dix-neuf lettres de Rigaud et de Largillière*.
3. *Abecedario*, t. III, p. 61.
4. D'Argenville, édit. de 1762, t. IV, p. 298. Largillière a beaucoup produit. Mariette estime à 1,200 ou 1,500 le nombre de ses portraits qu'on pouvait voir à Paris. Il ne nous en reste plus qu'un petit nombre et nous manquons plus encore de documents pour les identifier que pour identifier ceux de Rigaud. Le seul renseignement — et il est bien vague — permettant de les classer d'après leur valeur est donné par d'Argenville, 1762, t. IV, p. 229 et suiv. « On auroit souhaité qu'il eût cessé de travailler les dix dernières années de sa vie ». Largillière a peint la famille royale d'Angleterre et quelques membres de la famille de France, le duc de Bourges, le comte de Toulouse, le duc du Maine, mais il n'est si médiocre portraitiste du temps qui n'en ait peint au moins autant de portraits officiels.

nouvelle[1] la traditionnelle majesté des attitudes; ses fonds perdent toute sévérité; il ouvre des fenêtres derrière les figures, sur des visions fraîches de paysages; ses modèles vivent dans leur milieu familier[2]. Mais il peint surtout des femmes. Si les portraits d'hommes sont en majorité dans son catalogue, c'est que beaucoup de ses toiles dorment encore, ignorées le plus souvent, au fond d'hôtels de province, comme l'indique Paul Mantz[3].

Un peintre, avant lui, s'était déjà consacré aux portraits féminins : François de Troy. Pendant les trente dernières années du XVIIe siècle, — il avait été le favori des princesses. Le roi l'avait envoyé à Munich peindre Christine de Bavière qu'on songeait à marier au dauphin. Il avait travaillé pour Mme de Montespan, puis pour Mme de Maintenon. Les critiques du XVIIIe siècle l'ont placé sur le même plan que Rigaud et que Largillière : Fénelon, dans sa *Lettre à l'Académie*, Hulst, dans sa *Vie de Rigaud*[4], lui accordent ce rang; Mariette lui décerne des éloges dont il n'est pas prodigue : « J'ay veu de ses portraits, dit-il, dignes d'entrer en parallèle avec les ouvrages les plus fameux du Van Dyck et du Titien[5] », et Dandré-Bardon[6] renchérit : « On disoit de lui qu'il peignoit les yeux comme le Guide, les nés comme Van Dyck et les bouches comme Corrège »; mais ces louanges sont excessives : François de Troy est un peintre délicat, à l'imagination jolie, au coloris aimable, résumant

1. Les portraits d'hommes commencent aussi à diminuer de dimensions chez Largillière. L'artiste aime déjà les bustes inscrits dans un ovale, qui deviendront très fréquents au XVIIIe siècle.

2. La question des fonds est alors une des plus importantes de l'art du portrait. Assez souvent les fonds n'étaient pas exécutés par les portraitistes. Rigaud lui-même les confiait parfois à des confrères. Ainsi les fonds des portraits de Mlle Grimaldi, de Guldenleuw, amiral de Suède, de M. et Mme de Croissy (1696), furent peints par Parrocel (Voy. *Mém. inéd.*, t. II. p. 164); Desportes fit « présent à M. Mansart, surintendant des Bâtiments, de son portrait en chasseur, fait par le célèbre Rigaud avec deux chiens et quantité de gibier peints de sa main et le paysage du fond par Cl. Audran. (D'Argenville, 1762, t. IV, p. 334.)

3. *Gazette des Beaux-Arts*, 1894, t. II, p. 304. Les figures de femmes sont rares aussi dans son œuvre gravé, mais il ne faut pas en tirer de conclusion. Les portraits ont été beaucoup moins souvent gravés au XVIIe et au XVIIIe siècle qu'on ne le croit. Les peintres n'avaient aucun intérêt à laisser reproduire leurs œuvres, car les gravures remplaçaient alors les copies qu'on leur commandait presque toujours à plusieurs exemplaires : on gravait les personnages officiels pour satisfaire la curiosité publique, les hommes de lettres pour placer leurs portraits en tête de leurs œuvres, les artistes quelquefois, mais c'est tout.

4. *Mém. inéd.*, t. II, p. 130.

5. *Abecedario*, t. II, p. 99.

6. Dandré-Bardon, *Traité de peinture, suivi d'un catalogue des artistes de l'École française*, 1765, t. II, p. 150.

simplement les qualités et les défauts de son temps[1] ; sans doute, il fournit à Largillière des indications dont l'habile homme saura tirer profit; mais il n'est son égal ni pour le goût, ni pour la virtuosité, ni pour l'audace[2].

Toutes les qualités de l'École du XVIIIe siècle, toute sa fantaisie, toute sa grâce, s'épanouissent au contraire dans les portraits féminins de Largillière. L'artiste n'habille plus ses modèles de brocarts fastueux, il ne les pare plus de bijoux éclatants, il ne leur impose plus une attitude prétentieuse : il les peint pour la souplesse de leur corps, pour la fraîcheur de leur teint, pour l'esprit de leur visage. La galanterie aimable, la jolie sensualité que la Régence exigera de tous les peintres de femmes sont déjà sensibles dans ses figures. Ses modèles sont même parfois court-vêtus; mais il voile toujours ses audaces sous des déguisements mythologiques; il puise dans l'Olympe au gré des clients; toutes les déesses lui sont bonnes : il écrit en 1730 à Gaspard de Gueydan, avocat général d'Aix, qui lui demande de peindre sa femme : « J'aprouve fort, Monsieur, vostre chois pour une nayade; l'on peut jeter les yeux aussy sur une Flore, une Iris sur des nuéz... Tous ces sujets ont des atribus qui décore[3] ».

Cette dernière phrase est à retenir. Les détails de costume, les attributs prendront souvent une place excessive chez les élèves et les successeurs de Largillière; mais dans son œuvre ils n'ont encore qu'une valeur décorative. Le maître n'oublie jamais que le portraitiste doit subordonner l'accessoire à la figure; il ne voile pas l'individualité de ses modèles sous l'accumulation des détails; il rapproche le portrait de la peinture de fantaisie, mais il ne franchit que très rarement la limite qui sépare les deux genres, et toujours volontairement, dans un but précis. S'il s'attarde à la mise en scène dans son portrait de *la Duclos en Ariane* par exemple, c'est qu'il ne veut pas seulement représenter la comédienne, mais aussi un épisode de la pièce de Thomas Corneille. Amoureuse de Thésée, Ariane voit Phèdre lui ravir le héros : debout au bord de la mer, les bras en croix, les yeux au ciel, elle implore Cupidon qui vole au-dessus d'elle; au fond, le navire qui emporte Thésée s'éloigne; sur la rive, Bacchus approche. L'actrice n'est, en réalité, qu'un personnage de la

---

1. Mariette croit retrouver chez lui (*Abecedario*, t. II, p. 100) la note un peu âpre de son maître Claude Lefebvre. On la cherche en vain dans ses œuvres qui subsistent encore.

2. Il forma des élèves. En dehors de son fils, les plus connus sont André Bouys et A.-S. Belle.

3. Gibert, *Bulletin archéologique du Comité des travaux historiques*, 1890, p. 311.

scène qui se déroule autour d'elle : c'est Ariane sous les traits de la
Duclos, plutôt que la Duclos sous le costume d'Ariane[1] (fig. hors
texte n° 8).

Largillière ne modifie pas seulement la composition traditionnelle des portraits, il inaugure aussi une qualité nouvelle de coloris.
Sa palette est plus claire, plus gaie que celle de ses prédécesseurs,
son pinceau plus moelleux, ses carnations plus fraîches, ses étoffes
plus vives, ses fonds souvent plus ensoleillés : il initie ses contemporains aux harmonies souriantes dont le goût assure le succès du
pastel. C'est au début du xviii\u00b0 siècle, en effet, que ce genre commence
à triompher en France. Aux Expositions de 1673 et de 1699, Jean
Garnier seul, un obscur fleuriste, avait envoyé un pastel; en 1704,
au contraire, Joseph Vivien en expose une vingtaine. A son entrée à
l'Académie, en 1701, il reçoit le titre de peintre en pastels, et ce
sont des pastels qu'il présente comme morceaux de réception[2]. Les
critiques du xviii\u00b0 siècle, Mariette et d'Argenville par exemple[3],
attribuent sa vogue aux portraits en pied, de grandeur naturelle,
qu'il composa le premier; mais il la doit plutôt à la fraîcheur, au
moelleux, au satinage élégant qu'il sut donner à ses figures[4].

Si Largillière possède les meilleures qualités de son temps,
il n'échappe pas à son plus grand défaut : la virtuosité de son pinceau
est souvent excessive, sa pratique trop parfaite, les carnations de
presque toutes ses figures sont de même qualité; l'expression des
regards, très aiguë, devient vite monotone dans ses portraits parce
qu'il l'obtient toujours par le même procédé : l'exagération du
point lumineux. Les biographes du xviii\u00b0 siècle notent déjà cette
habileté dangereuse : « A force d'avoir vu et examiné avec
attention la nature, écrit Mariette, de l'avoir copiée exactement

---

1. Il existe deux exemplaires de ce portrait. L'un fut peint pour la Duclos elle-
même, presque de grandeur naturelle : elle le légua à la Comédie-Française où il se
trouve encore. L'autre, beaucoup plus petit, chez Titon du Tillet autrefois, est aujour-
d'hui à Chantilly. Nous le reproduisons ici (fig. hors texte n° 8).

2. *Proc.-verb.*, 30 juillet 1701, t. III, p. 320. C'était la deuxième fois que des
pastels étaient acceptés comme morceaux de réception. Dumonstier en avait déjà
donné en 1665. (*Proc.-verb.*, t. I, p. 276.)

3. Mariette, *Abecedario*, t. VI, p. 89, et d'Argenville, 1762, t. IV, p. 305.

4. Il y eut aussi au succès du pastel une raison qui n'a rien d'artistique, mais
qui est importante dans ce temps. De Piles nous l'indique (*Éléments de peinture
pratique*, éd. de 1767, p. 20): « Cette sorte de peinture est beaucoup en vogue présentement pour les portraits. Elle est fort commode, en ce qu'elle ne salit point les mains
et ne tache point les habits comme celle à l'huile ». Cette propreté de manipula-
tion compte dans un siècle où, de plus en plus, la peinture tend à devenir un métier
« mondain » et où les sculpteurs sont exclus encore de la société parce que la malpropreté du travail de la glaise les assimile à des artisans.

pendant plusieurs années..., il ne se servoit presque plus des modèles, de mannequins, ou de choses réelles devant les yeux[1] ». Mariette s'émerveille de ce résultat, mais d'Argenville en marque les conséquences fâcheuses : « Quelquefois, en approchant ces peintures du naturel, la nature s'échappe et l'habile homme paroît maniéré[2] ».

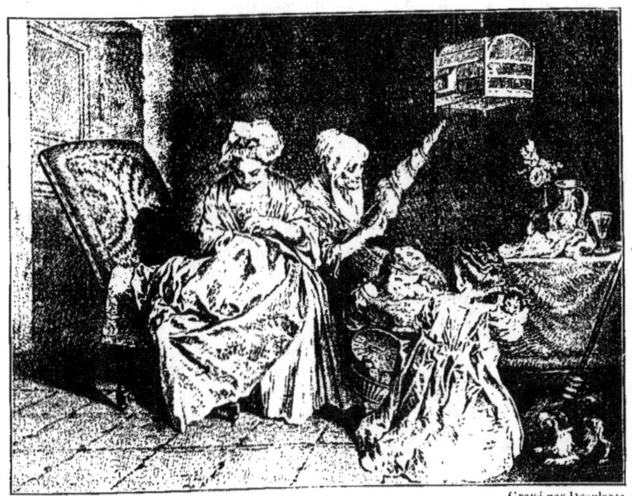

Gravé par Desplaces.

FIG. 73. — ANTOINE WATTEAU. — L'OCCUPATION SELON L'AGE.

Les contemporains et les successeurs de Largillière[3] ne gardent plus sa mesure dans le portrait mythologique ; ils abusent des costumes antiques et ne représentent pas une femme, bientôt, sans la

1. *Abecedario*, t. III, p. 61.
2. D'Argenville, t. IV, p. 299. Au contraire, d'Argenville, qui avait connu Largillière et Rigaud, dit que Rigaud « pouvoit être nommé le peintre de la nature ; il ne peignait rien que d'après elle..., étoffes, habillements, jusqu'à une épée, un livre, tout était devant ses yeux, et la vérité brillait dans tout ce qu'il faisait ».
3. Bien qu'il inspire tout le XVIIIe siècle, Largillière forme encore moins d'élèves que Rigaud. Son meilleur disciple, Oudry, peindra surtout les paysages et les animaux. Jacques Van Schuppen, le plus connu des portraitistes qui suivent ses leçons, ne doit sa petite réputation qu'à ses qualités d'administrateur ; Mariette, qui l'a connu en Autriche, le juge très sévèrement : c'est, dit-il, un esprit lourd, un piètre dessinateur qui

transformer en déesse. A la fin du XVIIe siècle, en 1688, La Bruyère
s'était élevé contre ces déguisements. « Les mêmes modes que les
hommes suivent si volontiers, dit-il, ils affectent de les négliger dans
leurs portraits... Ils leur préfèrent une parure arbitraire, une draperie indifférente... Ils aiment des attitudes forcées ou immodestes...
qui font une Diane d'une femme de ville, comme d'une femme simple
et timide une Amazone, une Pallas, une Laïs d'une honnête fille... [1] »;
plus tard, La Font de Saint-Yenne protestera également contre
l'abus des travestissements [2] : mais de 1700 à 1730, il n'y a pas un
amateur, pas un critique pour le combattre. De Piles, pour l'expliquer, nous dit que les modes étant fort sujettes à changer en France,
les habits modernes deviennent ridicules après six ans, tandis que les
ajustements de fantaisie durent toujours [3]. Les variations du goût
contrarient en effet les peintres (on citait récemment des portraits de
Frans Hals, de Quesnel, une gravure d'Abraham Bosse, surchargés de
repentirs imposés par la mode [4]), mais il n'est pas utile d'invoquer
ce motif pour expliquer le succès du portrait mythologique au
début du XVIIIe siècle : les peintres pillent l'Olympe parce qu'ils y
trouvent des prétextes à fantaisies, à licences, à flatteries. Mais ils
oublient trop souvent que leur premier devoir est de faire ressembler,
et leurs modèles ne le leur rappellent jamais. « L'amour propre..., dit
La Font de Saint-Yenne, a eu l'art de présenter aux yeux, et surtout à
ceux des dames, des miroirs d'elles-mêmes d'autant plus enchanteurs
qu'ils sont moins vrais... En effet, quel spectacle est comparable
pour une beauté réelle ou imaginaire, à celui de se voir éternelle-

ne dépasse jamais une pénible ressemblance matérielle (*Abecedario*, t. VI, p. 8). Jean
Delyens, le chevalier Descombes, Meusnier le fils, Jans le tapissier, et Millot qui complètent l'atelier du maître (d'Argenville, 1762, t. IV, p. 203) sont des artistes médiocres
ou complètement nuls. Tous les jeunes gens aspirent encore au titre d'historien et
suivent les leçons de Coypel ou des Boullogne. Le portrait est toujours un pis-aller
auquel on se résigne tard, contraint par le besoin. Jean-Marc Nattier lui-même veut
d'abord se consacrer à la peinture d'histoire (« Son goût naturel le portait à suivre le
genre de l'histoire » écrit Mme Tocqué sa fille, *Mém. inéd.*, t. II, p. 354) : vers 1718-
1720, il est surtout connu par la *Bataille de Pultawa*, peinte pour Pierre le Grand,
par la *Pétrification de Phinée et de ses compagnons* (son morceau de réception). Il faut
la débâcle du Système, les soins d'un lourd procès, la charge d'une femme pauvre
pour le déterminer à suivre le genre du portrait (*Mém. inéd.*, t. II, p. 354 à 356).

 1. Labruyère, *Caractères*, chapitre du portrait, § 14.

 2. La Font de Saint-Yenne, *Réflexions sur quelques causes de l'état présent de la
peinture en France*, éd. de 1752, p. 211 et suiv. A la protestation de La Font de Saint-
Yenne, il faut ajouter celle de Cochin qui visera directement Nattier. Elle a été
publiée en 1757 dans le *Recueil de quelques pièces concernant les arts*.

 3. De Piles, *Cours de peinture par principes*, éd. de 1767, p. 221.

 4. H. Bouchot, *Du suranné en iconographie* (*Gazette des Beaux-Arts*, 1904,
t. I, p. 211).

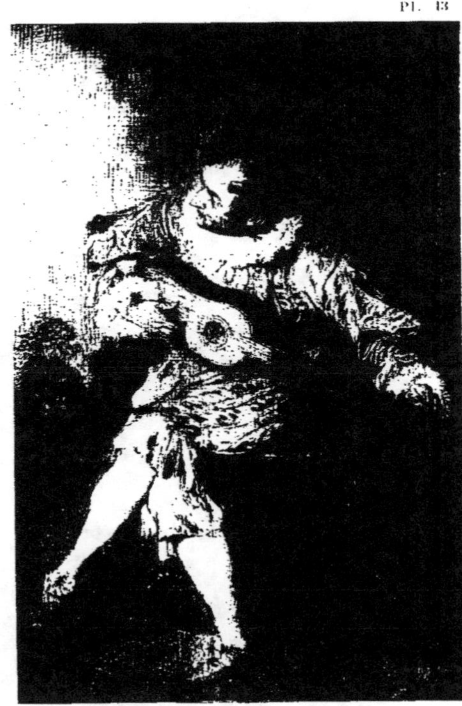

L'AMANTE INQUIÈTE
par Antoine WATTEAU
(CHATEAU DE CHANTILLY).

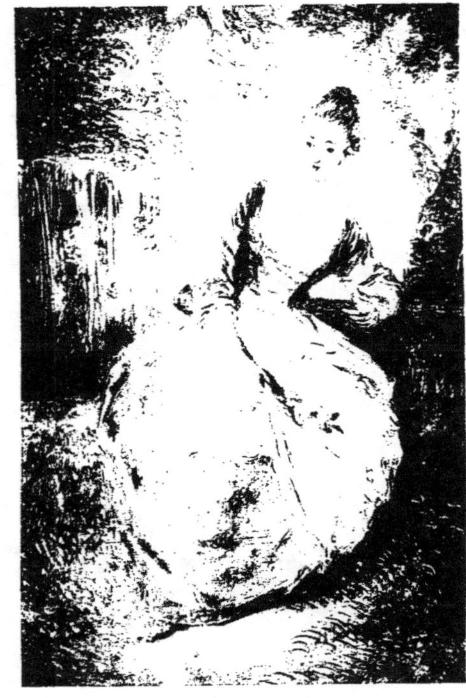

LE DONNEUR DE SÉRÉNADE
par Antoine WATTEAU
(CHATEAU DE CHANTILLY).

ment avec les grâces et la coupe d'Hébé,... d'étaler tous les jours sous l'habit de Flore les charmes naissants du Printemps... ou bien, parée des attributs de la déesse des forêts, un carquois sur le dos, ses cheveux agités avec grâce, un trait à la main, comment ne pas se croire la rivale de ce dieu charmant qui blesse tous les cœurs[1]. » Le meilleur portraitiste est donc celui qui représente le plus agréablement une Hébé, une Diane, ou une Flore. Nattier excellera à cet exercice : c'est le grand secret de son triomphe; mais sa carrière ne commence réellement qu'après la mort de Watteau. Pour toute la génération qui le précède, dont Jean Raoux est le meilleur représentant, le portrait n'est déjà plus qu'un tableau de genre.

L'accessoire tient une telle place dans les œuvres de Raoux que d'Argenville, qui les étudie, n'en loue ni l'expression, ni la ressemblance, ni la vie, mais les fonds et « les belles fleurs qui y sont répandues comme d'agréables digressions[2] ». Raoux aimait les figures historiées, ajoute le biographe, au point « qu'il n'aurait pas peint un portrait en buste, quelque somme qu'on lui en eût offert ». Il a représenté beaucoup de filles d'Opéra, *Mademoiselle Journet en Diane d'Iphigénie, Mademoiselle Quinaut en Amphitrite traînée par des chevaux, Mademoiselle Prevost en bacchante, Mademoiselle Sylvia en Thalie*... Dans les figures de théâtre il pouvait sans inconvénient donner aux détails décoratifs une place prépondérante, comme Largillière dans le portrait de la Duclos; mais il n'aurait pas dû généraliser cette pratique[3]. Quant à ses contemporains, ils peignent des œuvres d'autant plus médiocres que leur imagination et leur science sont presque toujours très indigentes : ils ne connaissent qu'un petit nombre de divinités ou de personnages antiques, et ils les reprennent sans cesse, et ils les adaptent à tous les modèles[4]. Leurs compositions sont parfois agréables, mais souvent monotones. Le métier tient tant de place dans leur facture qu'on identifie difficilement leurs tableaux non signés sur de simples similitudes de manières:

---

1. La Font de Saint-Yenne, *Réflexions sur quelques causes de l'état présent de la peinture en France*, p. 211.

2. D'Argenville, édit. de 1762, t. IV, p. 376.

3. « Il peint à l'envi, dit d'Argenville (1762, t. IV, p. 378), les dames de la Cour en Cérès, en Pomones, en Vénus, en Dianes, d'autres en Vestales. »

4. Ainsi Raoux est surtout le peintre des Vestales. Il a représenté en Vestales, Mme Boucher deux fois (Musées de Bordeaux et de Versailles, fig. hors texte n° 9), Mme de Senosan (Musée de Montpellier). Il y a des Vestales de lui au Musée de Béziers, d'autres encore, à mi-corps, s'apprêtant à faire un sacrifice, se trouvaient chez le Grand Prieur, d'autres dans la collection de Frédéric le Grand; d'autres ont passé à la vente Pierre Vigné de Vigny. (*Réun. des Soc. des Beaux-Arts des dép.*, 1894, p. 645.)

ainsi l'œuvre presque entière d'un artiste honorable, Pierre Gobert, était attribuée, récemment encore, à tous les peintres du temps — sauf à son auteur[1].

Seul Jean-Baptiste Santerre donne au portrait mythologique un caractère personnel. Il n'adopte pas les costumes antiques pour suivre la mode, mais au contraire, par une affectation d'originalité : « Il ne voulut plus s'engager à faire ressembler parfaitement : il peignit des têtes de fantaisie où il mettait les traits les plus agréables de ceux pour qui il les faisait[2] ». S'il habille Mme de Parabère en Minerve (Musée de Versailles), il délaisse volontiers les déesses cataloguées et les attributs traditionnels, pour diviniser la *Peinture*, la *Géométrie*, le *Sommeil* ou la *Rêverie*. Sous la figure de M. Perrichon, notaire et amateur à Lyon, accompagné de sa famille, il représente les *Cinq Sens*. Laborieux et lent, sans grand génie naturel, il imprègne ses œuvres d'une grâce un peu trop précise, d'une élégance un peu trop froide ; d'ailleurs il donne plus encore que ses contemporains dans la peinture de genre, puisqu'il ne prend même pas l'engagement de « faire ressembler ».

Quand leurs modèles ne trônent pas dans l'Olympe, les peintres les occupent volontiers à de petites scènes réalistes et galantes. Largillière déjà, au lieu de poser côte à côte les personnages de ses portraits de famille, les groupait volontiers en des scènes vivantes et bien composées : la famille de M. Bouton de Dicucourt, garde général des fermes de Franche-Comté, par exemple (Musée de Besançon), donne un concert ; le Maître lui-même, revenant de la chasse, assis dans son parc en face de sa femme, écoute sa fille chanter (Musée du

---

1. Voy. Engerand, *Pierre Gobert*, dans *l'Artiste*, 1897, t. I, p. 161. Aux portraits que M. Engerand rend à Gobert, on peut ajouter au Musée du Prado, un *Louis XV enfant* (n° 1995 du catalogue Madrazzo, édit. de 1904). Le jeune roi joue avec un chien et un singe ; il porte un bonnet à plumes bleues ; sur sa robe brodée, le cordon du Saint-Esprit. On lit dans le coin à gauche : « Ludovicus Delphinus Franciæ. Aetatis suæ mense quarto supra annum quartum Gobert pinxit. Mense Junii, 1704 ». Ce portrait présente de grandes ressemblances avec celui que signale, d'autre part, M. Engerand, sous le n° 8, dans *l'Inventaire des tableaux commandés et achetés par le roi*, p. 214, note, d'après l'inventaire de Jeaurat. Il y a d'autres portraitistes secondaires dont nous ne pouvons encore identifier aucune ou presque aucune œuvre. Ainsi Jean Garnier, dont nous savons seulement qu'il fut reçu à l'Académie en 1682 sur un portrait de Louis XIV, qu'il avait le double talent des fleurs et du portrait et qu'il fut pastelliste ; ainsi Philippe Vignon, qui mourut à 37 ans en 1703, après avoir été reçu à l'Académie en 1687 sur les portraits de Buyster et de Mauperché et qui peignit Mlles de Blois et de Nantes ; ainsi Jean Nocret, dont il reste seulement le portrait de son père et Jean Tortebat, etc., etc.

2. *Rev. univ. des Arts*, t. XII, p. 242. *Notice sur le peintre Santerre*, Réimpression du *Mercure de France* de septembre 1718.

Louvre) (fig. n° 60). Mais, chez Largillière, l'anecdote n'est jamais qu'un lien discret, elle n'attire pas l'attention aux dépens des personnages ; chez ses contemporains, au contraire, les figures isolées même jouent un rôle, et ce rôle préoccupe plus les peintres que la ressemblance du modèle. C'est dans l'œuvre de Santerre que le portrait anecdotique se développe d'abord et qu'il revêt aussi ses formes les plus variées. Tantôt Santerre suit simplement sa fantaisie : il représente Mme de Bolotte en Espagnolette ou Louise-Adélaïde d'Orléans en bergère, coiffée d'un chapeau de paille, lisant un livre pendant que ses moutons paissent dans la prairie ; tantôt il emprunte ses types à la vie contemporaine : si la *Femme turque* du Musée de Perpignan est bien son œuvre, c'est à lui que remonte la mode des pachas et des sultanes, entretenue par les ambassades orientales du XVIII° siècle[1]. Il est regrettable que sa *Liseuse à la chandelle*, sa *Cacheleuse*, sa *Donneuse de billets* soient perdues[2] : elles inauguraient, si l'on en juge par les titres, une importante série d'œuvres dont la plus connue est la *Liseuse* de Raoux, au Musée du Louvre, cette jeune femme en corsage bleu à manches jaunes, de trois quarts à droite, lisant une lettre qu'elle tient à deux mains. Raoux est comme Santerre un fervent de ces sujets : il peint une *Jeune fille surprise par sa grand'-mère au moment où elle lit une lettre*[3] (Musée de Marseille), une *Liseuse* (Musée de Toulon), une *Jeune fille qui cachète un billet* (Musée de Béziers)… Ces figures séduisent les contemporains parce qu'elles prêtent aux interprétations galantes : les billets que lisent ou que cachètent les jeunes femmes attentives sont, à n'en pas douter, des billets d'amour.

Parfois l'originalité de Santerre se traduit dans des œuvres d'une fantaisie plus réaliste encore. Après la *Jeune amoureuse* pensive auprès de laquelle sont posés des accessoires familiers, une cruche d'eau et un petit pain (Musée de Reims, n° 91), l'artiste imagine la *Cuisinière* du Musée de Bordeaux, la *Cuisinière épluchant des carottes* du Musée de Nantes ou cette *Coupeuse de choux*, dont le Musée de Reims possède une bonne copie ancienne[4]. Un seul

1. Voy. A. Boppe, *La mode des portraits turcs au XVIII° siècle* (*Rev. de l'Art anc. et mod.*, 1902, t. II, p. 212 et suiv.)

2. Signalées par Moreri, *Grand Dictionnaire historique*, t. IX, p. 146-147.

3. Le Musée de Marseille conserve aussi une *Liseuse* de François de Troy. Il existe au Musée de Toulouse une *Jeune fille lisant*, attribuée à Grimou, mais qui ressemble singulièrement à une peinture de Raoux. C'est, en tout cas, une œuvre fort jolie, fine et délicate de dessin, d'un moelleux remarquable, avec un effet de clair-obscur très heureux.

4. D'autres œuvres de Santerre, dont nous n'avons plus que le titre, seraient à rapprocher de celles-ci : *le Tireur d'épée*, *le Ramoneur*, *le Fumeur*, etc.

contemporain fait preuve d'un égal souci du réalisme : Alexis Grimou. Il a été « regardé comme un second Rembrandt », dit Mariette,
qui n'entend pas d'ailleurs lui faire un bien grand compliment, car
il ajoute : « mais il n'a pas été plus loin[1] ». Grimou peint volontiers
ses modèles en fumeurs et en buveurs et il s'inspire souvent des
œuvres mêmes de Santerre. Un biographe du xviiie siècle, Malafaire,
auteur d'un *Dictionnaire des Peintres* qui ne parut jamais, écrit dans
une notice du *Mercure de France* consacrée à Santerre, le 22 septembre
1718, qu' « un peintre nommé Grimoule a parfaitement bien copié
plusieurs de ses ouvrages[2] ». Cette indication résout un problème
particulier ; elle permet de concilier l'attribution à Santerre de
la *Jeune Femme en costume vénitien* du Louvre (n° 836) et l'attribution
à Grimou de la même figure, d'une exécution à peine inférieure, au
Musée d'Avignon (n° 130) : il faut simplement ajouter à la seconde :
« Copie de Santerre[3] ».

Watteau occupe une place importante parmi les portraitistes de
son temps. Presque jamais les figures de ses tableaux ne sont imaginées. Il se représente souvent lui-même dans ses compositions :
on le reconnaît, par exemple, dans le flûtiste de l'*Accord parfait*, dans
le naufragé du *Naufrage* (fig. n° 52), dans la victime de *Qu'ai-je fait, assas-
sins maudits ?* Il note aussi les silhouettes de ses amis dans ce livre
relié où, dit Caylus, il dessinait sans cesse des études[4], et il les
reproduit dans les Fêtes galantes. Si nous connaissions mieux ses
familiers, nous pourrions sans doute mettre un nom sur tous ses
personnages. Le Mezettin guitariste, accompagné de deux jeunes
femmes et d'un jeune homme, c'est, Mariette nous l'apprend, Sirois,
qui reparaît sous le même déguisement, accoudé au dossier d'une
chaise, écoutant un musicien, dans les *Charmes de la vie*. Le Gilles
des *Comédiens italiens* ressemble fort au sculpteur Van Clève. D'après
une note de Mariette sur l'exemplaire de l'œuvre de Watteau à la
bibliothèque de l'Arsenal, Géronte avec ses longs cheveux, sa
calotte et sa canne, c'est l'abbé Haranger. Voici Vleughels sur des
feuilles de croquis destinées sans doute aux Fêtes galantes, et M. de

---

1. Mariette, *Abecedario*, t. II, p. 335.
2. *Revue universelle des Arts*, t. XII, p. 243 ; réimpression du *Mercure de France*
de septembre 1718.
3. Nous avons trouvé chez un marchand de tableaux de la rue de l'Odéon une
seconde réplique de cette œuvre, attribuée par son possesseur à l'école d'Alexis Grimou. Elle n'était pas sensiblement inférieure à celle d'Avignon, et pouvait parfaitement être de la main de Grimou. Nous ne savons ce qu'elle est devenue.
4. Voy. Goncourt, *L'art du XVIIIe siècle*, première série, p. 38.

Bougy en berger galant d'abord, jouant de la basse de viole dans le *Concert champêtre*, puis en Crispin, glorieux comme un valet de comédie, dans les *Études*[1]. Tous les personnages de la *Conversation* sont probablement des amis de Watteau, mais Ant. de La Roque et M. de Julienne seuls ont pu être identifiés[2]. Dans le *Peintre âgé travaillant devant son chevalet* des *Figures de différents caractères* (n° 227) (fig. n° 68), on a cru reconnaître Antoine Pater, le père du peintre, mais cette identification est peu vraisemblable. Antoine Pater était sculpteur; pourquoi Watteau l'aurait-il représenté un pinceau à la main? Le Musée de Valenciennes conserve d'ailleurs un portrait authentique de Pater par Watteau[3] (fig. n° 67) qui ne ressemble pas plus au *Peintre âgé* que le buste de l'artiste par Saly au même Musée (fig. n° 69). Watteau n'a pu peindre ou dessiner Pater après 1716, puisqu'il se brouille avec lui à cette date : le sculpteur n'est alors âgé que de quarante-cinq ans; comment le reconnaître dans le personnage des *Figures* beaucoup plus décrépi que le modèle de Saly, vieux de soixante-dix ans cependant.

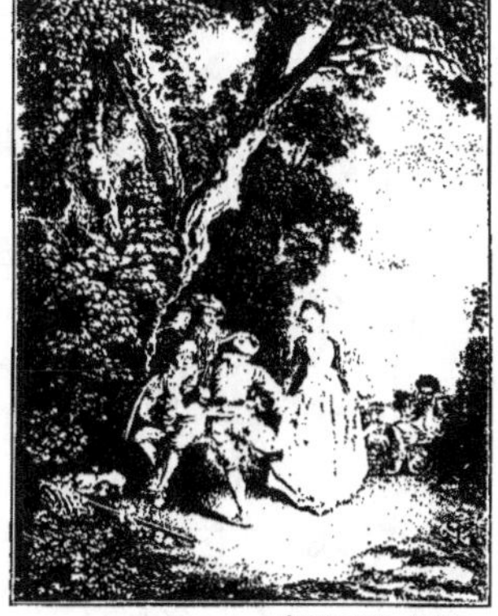

Gravé par B. Audran.

FIG. 74. — ANTOINE WATTEAU.
LA DANSE PAYSANNE.

Bien qu'il habille des personnages connus de costumes imaginés et qu'il les astreigne à des occupations inhabituelles, Watteau ne commet pas les mêmes erreurs que Raoux et que Santerre. Ce ne

---

1. Toutes ces identifications ont été faites dans un excellent article par M. Gaston Schefer, *Les portraits dans l'œuvre de Watteau* (*Gaz. des Beaux-Arts*, 1896, t. II, p. 177).

2. Encore la ressemblance est-elle assez douteuse pour ces deux-là. C'est Goncourt qui a cru reconnaître M. de Julienne, au fond, assis, mais M. Schefer (*Gaz. des Beaux-Arts*, 1896, t. II, p. 182) remarque avec raison « que la corpulence du personnage concorde peu avec le Julienne du *Bocage agréable* ». Quant à de La Roque, c'est la béquille qui permet d'identifier son portrait : on sait que de La Roque était revenu infirme de la campagne de Flandre.

3. Voir sur ce portrait, Julien Potier, *Catalogue du Musée de Valenciennes*, ainsi que, dans la *Revue Occidentale*, t. XIII, p. 405, une note de Foucart, et un article du même dans la *Réun. des Soc. des Beaux-Arts des dép.*, 1892, p. 529 : *Antoine Watteau à Valenciennes*.

sont pas, en effet, des portraits qu'il veut peindre, mais des scènes de genre; en déguisant ses modèles, en donnant à leurs costumes et à leurs attributs une place importante, il ne viole pas les règles essentielles du genre qu'il traite; au contraire, en animant de figures étudiées sur le vif ses sujets de fantaisie, il leur donne une valeur plus générale et plus humaine.

Chaque fois qu'il a voulu peindre de véritables portraits, Watteau les a conçus avec beaucoup de simplicité, de sincérité et de force, selon la vraie tradition française[1]. Nous savons, par les originaux ou par des gravures, qu'il savait répandre une vie intense dans l'attitude et imprimer une vive expression aux visages : voyez le portrait de Rebel (gravé par Moyreau), d'Antoine de La Roque (gravé par Lépicié), son propre portrait[2] (gravé par Boucher) en tête des *Figures de différents caractères*[3]. La belle et rude figure de Pater le père suffirait à assurer au Maître une des premières places parmi ses contemporains, parmi tous les portraitistes français même. Le genre, en effet, est encore en plein épanouissement à la mort de Watteau. D'ailleurs sa décadence commencera bientôt malgré les Nattier et les de Troy, les Chardin et les La Tour. Dès le milieu du siècle, quelques critiques clairvoyants la noteront; l'abbé Raynal, par exemple, écrira en 1749 : « Nous avons un grand nombre [de portraitistes] qui excellent, mais sans remplacer Rigaud ni Largillière. »

---

1. A l'occasion, d'ailleurs, tous les autres portraitistes savaient retrouver la vraie tradition et peindre des portraits simples, vivants et sincères. Il n'y a pas un artiste du temps dont on n'en puisse citer quelques-uns : c'est, par exemple, le portrait de Santerre par lui-même (Musée du Louvre), d'une élégance si souple, ou celui de Marie-Adélaïde de Savoie (fig. hors texte n° 9); c'est la longue série des figures de sculpteurs et de peintres exécutées comme morceaux de réception à l'Académie, c'est, pour prendre une œuvre d'historien, le portrait de Fagon par Jouvenet (fig. n° 65), d'une observation si profonde et d'une vie si intense.

2. On connaît d'assez nombreux portraits de Watteau par lui-même : le Maître s'est représenté debout, sa palette à la main, à côté de Julienne assis, jouant du violoncelle. Une autre fois, il s'est peint couché sur son lit. Sous la gravure d'un portrait, gravé par Crespy, on lit :

> Avec un air aisé, si vif et si nouveau,
> Watteau dans ce qu'il peint montre tant de génie
> Que le moindre sujet de son heureux pinceau
> Des grâces, des amours, semblent tenir la vie.

Bien des fois enfin il s'est silhouetté dans les Fêtes galantes.

3. Si M. de Fourcaud a raison de croire que la *Femme aux roses* gravée par Liotard ne représente pas la Rosalba, âgée de près de cinquante ans lors de son voyage à Paris, il a tort, peut-être, de voir dans cette œuvre « un prototype naturel et pur des allégories à sentiments de Greuze, du genre de la *Cruche cassée* ». La *Femme aux roses* est très vraisemblablement un portrait dont nous ne connaissons pas le modèle.

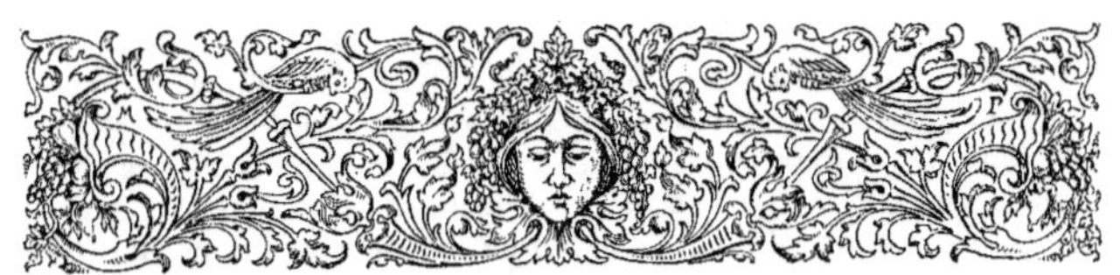

CHAPITRE XIV

LA PEINTURE DE GENRE[1]

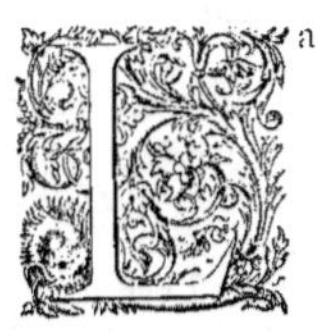a peinture de genre qui semble naître en France au début du XVIIIe siècle est, en réalité, beaucoup plus ancienne. Dès le milieu du XVIIe siècle, des artistes tels que les Le Nain et Sébastien Bourdon s'y consacrent. Même au temps de Le Brun elle ne disparaît pas, mais, excommuniée par l'Académie, elle se réfugie chez les petits peintres de la maîtrise[2] dont le talent médiocre ne lui donne pas d'éclat. Après 1690 elle prend au contraire la première place dans l'École, et en dépit des critiques chagrins, malgré l'hostilité de l'administration, elle dominera tout le XVIIIe siècle[3]. L'étude assidue

1. Voyez les illustrations de ce chapitre de la page 251 à la page 295, fig. n° 72 à 80.

2. Voyez par exemple les petites œuvres du Musée Carnavalet. C'est pour les éventails, le plus souvent, qu'on peignait des sujets populaires, des scènes de la rue. L'éventail est tellement à la mode qu'Addison, qui vit de 1672 à 1719, note que, de son temps, une femme sans éventail est aussi gênée qu'un homme sans épée. Ce sont, peut-être, les ballets à sujets populaires, tels que le ballet des Proverbes, le ballet des Rues, le ballet du bureau d'Adresses qui mirent ces scènes à la mode pour l'illustration des éventails. (Voy. *Bulletin des Musées*, 1891, p. 135, 136.)

3. Ses manifestations sont alors très variées. On lit dans un curieux rapport du comte d'Angiviller (1783) que les genres — on disait alors *les genres* — sont toutes « les parties de la peinture qui ne sont pas de l'histoire ». (*Arch. nat.*, O¹ 1913, publié dans Engerand, *Inventaire des tableaux commandés et achetés...*, p. XXX et suiv.)

des Flamands par nos peintres, la victoire des rubénistes contribuent certainement à son succès, mais ils ne l'expliquent pas complètement. Ni les Flamands, ni les Hollandais n'ont connu ces anecdotes amoureuses, si nombreuses au répertoire du XVIIIᵉ siècle. Sans doute, les Hollandais, Metsu par exemple, ont représenté des militaires en visite chez des courtisanes et des couples amoureux ; sans doute, dans les kermesses de Rubens, dans les cabarets de Téniers, de grosses commères à la chair heureuse se laissent caresser par des drôles ivres de bière, mais ces scènes brutales et banales sont relativement rares dans la production septentrionale et elles n'ont aucune ressemblance avec nos sujets galants.

La peinture de genre renaissante trouve chez Gillot, chez Watteau, chez leurs successeurs directs et chez leurs imitateurs son expression la plus parfaite au XVIIIᵉ siècle, mais elle aurait vécu sans ces Maîtres ; elle commence même à s'épanouir avant eux. Elle apparaît dès la restauration de la Ménagerie. Nous n'avons plus malheureusement les œuvres composées par Simpol, Bertin, Christophe pour la décoration de cette maison; mais nous connaissons leur caractère par leur titre et par leur description que nous a laissée Bailly. Simpol peint de *Jeunes enfants qui jouent à un jeu que l'on nomme le tiers*, des *Enfants qui jouent à cache-cache tu l'as*, Bertin, *Cinq enfants qui jouent avec une brouette dont il y en a un qui pleure*, et *Quatre enfants dont un tient un chien, un autre un bâton à sa main, ayant une épée au côté*, Christophe, enfin, de *Jeunes enfants qui se jouent sur une bascule* [1]. Tous ces bambins sont des Cupidons dégénérés; ils conservent les formes potelées, le sourire malin, parfois les ailes du petit dieu, mais ils n'ont plus son caractère mythologique. Les peintres de la Ménagerie ne les ont pas inventés : Titien, avant eux, les avait peints par grappes, s'embrassant, se disputant, jouant, dans l'*Offrande à Vénus;* l'Albane avait été surnommé *il pittore degli Amorini* [2], et, au ciel de l'*Échange d'Élisabeth de France et d'Anne d'Autriche*, Rubens

---

1. Jouvenet avait peint pour Trianon, vers 1690, ces mêmes enfants dans deux toiles intitulées *le Printemps* et *l'Hiver*, encore exposées au palais, nᵒˢ 101 et 102 du catalogue Soulié. (Bailly les mentionne sous les titres de *Deux enfants qui jouent avec des fleurs*, *Deux enfants qui renversent un vase doré*). Les enfants reparaîtront encore en 1720 dans la décoration de la Salle des Machines où Bertin et Cazes représentent des *Enfants qui jouent*, et Christophe, Galloche, Vernansal la *Comédie*, la *Musique*, la *Tragédie* sous la figure d'enfants. Si Simpol n'est pas employé à la Salle des Machines, c'est peut-être qu'il était mort. On perd sa trace à partir de 1709.

2. On trouverait bien d'autres enfants encore chez le Guide, chez Carrache, chez Jules Romain, par exemple dans la *Danza di Putti* de la Galerie Torlonia à Rome.

aussi avait emprisonné l'Abondance dans une ronde d'enfants ; mais Christophe, Bertin, Simpol les occupent à des jeux modernes, ce que n'avaient encore jamais fait leurs prédécesseurs. Le répertoire des décorateurs de la Ménagerie est déjà assez varié. Dans la deuxième pièce de l'appartement d'été, Hallé peint une *Jeune fille qui pêche à la ligne* et une *Jeune fille qui danse*[1], à laquelle fait pendant une *Jeune fille sur une escarpolette* de Christophe. Simpol représente *l'Huître et les Plaideurs*, et Christophe *la Fortune et le Jeune enfant* dans la dernière pièce de l'appartement d'hiver. La Fontaine inspire dès lors les peintres de genre comme les peintres d'animaux : Nicolas Bertin lui empruntera bientôt *l'Homme et la Citrouille* (à la galerie de Dresde), *l'Ours et l'amateur de jardins* et le *Paysan qui a offensé son seigneur* (à l'Ermitage[2]).

Bien que les expositions soient essentiellement académiques, et que l'Académie, gardienne de la tradition, combatte la peinture de genre au nom des principes, quelques sujets de fantaisie apparaissent aux Salons de 1699 et de 1704, tant est puissante déjà la mode qui les impose. En 1699, Ubeleski expose une *Vieille qui remet un billet à une jeune fille jouant de la viole*, une *Femme qui joue du tambour de basque*, et Bon Boullogne, une *Jeune fille essayant de rattraper un oiseau envolé*, la *Diseuse de bonne aventure*[3], un *Corps de garde où jouent des soldats* et une *Jeune fille qui cherche des puces à sa compagne* ; en 1704, Bon Boullogne envoie un *Amour embrassant un pigeon*, et Ubeleski quatre *Joueurs d'instruments*, Christophe continue sa série de tableaux d'enfants, avec une *Chasse aux canards par de jeunes garçons* et le *Jeu de gage touché*, Jean Cotelle donne une *Bambochade*, François

1. M. Engerand, dans *l'Inventaire de Bailly*, p. 636-637, restitue très heureusement ces toiles à l'un des Hallé, peut-être Claude-Guy. Sa démonstration est fondée sur des arguments qui ne semblent pas pouvoir être contestés. Il faut noter que ces œuvres sont un peu postérieures à la plupart des peintures de la Ménagerie : l'ordonnance de paiement qui les concerne est de 1704, et indique qu'elles ont été peintes en 1702. Elles sont au nombre des rares tableaux de la Ménagerie que nous ayons conservés. A Compiègne, classées aux inconnus de l'École française.

2. Le goût de la fable et celui de la peinture de genre se développent parallèlement. A peine La Motte a-t-il publié son recueil de fables en 1719, que les artistes s'en emparent. Gillot dessine pour lui d'aimables illustrations conservées pour la plupart à Chantilly. (Le Louvre en possède aussi.) Un peu plus tard, Charles-Antoine Coypel lui consacre une série de dessins. (Cabinet des Estampes, *Œuvre de Charles-Antoine Coypel.*)

3. Voici la description de ce tableau d'après Florent le Comte, *Cabinet des singularitez... 1700, in-12, t. III, p. 252 : « Dans ce tableau l'on voit encore un petit enfant de qualité qu'un petit chien caresse malgré la jalousie d'un chat qui paroît sur une table et qui ne luy promet point poires molles. »

Marot, une *Dame à qui on présente du café* et un *Joueur de luth*, Van
Schuppen, une *Fille sur une escarpolette*, Mlle Chéron, enfin, *Deux
jeunes filles qui accordent un clavecin*. Aucun de ces artistes ne s'intitule encore peintre de genre; tous — sauf le paysagiste Cotelle —
font profession de se consacrer à l'histoire et ils entourent, aux expositions, leurs petites toiles anecdotiques de grandes œuvres allégoriques, mythologiques ou religieuses. Cependant on ne trouverait plus
un peintre bientôt, si sévère soit-il, qui, en dépit des traditions et
des leçons académiques, ne peigne quelqu'œuvre de genre : La
Fosse reprend un vieux thème favori de l'art du moyen âge oublié
depuis la Renaissance, *le Lai d'Aristote*[1], et il montre la courtisane
Campaspe, nue, chevauchant le philosophe et le menaçant d'un
fouet, tandis qu'une servante, un flambeau à la main, éclaire la
scène; Ant. Coypel représente : *Une Jeune esclave chrétienne qui se
défigure avec des charbons ardents*[2], et *l'Amour réfugié dans la maison
d'Anacréon*[3].

Bon Boullogne est le principal artisan du triomphe des sujets
de fantaisie : Raoux, Tournières, Christophe, Cazes, Bertin, Santerre, c'est-à-dire presque tous les peintres de genre antérieurs ou
étrangers à l'école de Watteau, se forment sous sa direction. Ni ses
origines, ni son éducation ne le destinent cependant au rôle de
précurseur : il est fils et élève de Louis de Boullogne, un des fonda-
teurs de l'Académie, qui lui a toujours prêché la religion de la
grande peinture, l'adoration des Bolonais; mais il est doué d'un tempérament merveilleusement souple : « C'est... un Protée dans l'art
de la peinture, écrit d'Argenville, un homme qui s'est transformé en
toutes les manières, un peintre qui a saisi si parfaitement tous les
différens goûts qu'il a trompé les plus habiles gens[4] » : sa vive intelligence lui fait pressentir l'avenir, obscur encore pour ses contemporains, et il forme ses élèves aux nécessités qu'il prévoit. Il
aurait certainement peint lui-même un plus grand nombre de toiles
de genre[5] s'il n'avait encore trouvé de grandes commandes lucra-
tives (pour les Invalides et pour la chapelle de Versailles par exemple),
qui l'occupèrent presque toute sa vie. C'était, dit Dubois de Saint-
Gelais en annonçant sa mort dans l'*Histoire journalière de Paris*,

1. Au Musée de Montpellier. Voy. *Inventaire des richesses d'art de la France.
Province. Monuments civils*, t. I, p. 210.
2. Au Musée de Valenciennes.
3. Le tableau est perdu, gravé par Desplaces.
4. Édit. de 1762, t. IV, p. 243.
5. On ne connaît de sa main que celles qu'il exposa en 1699 et en 1704.

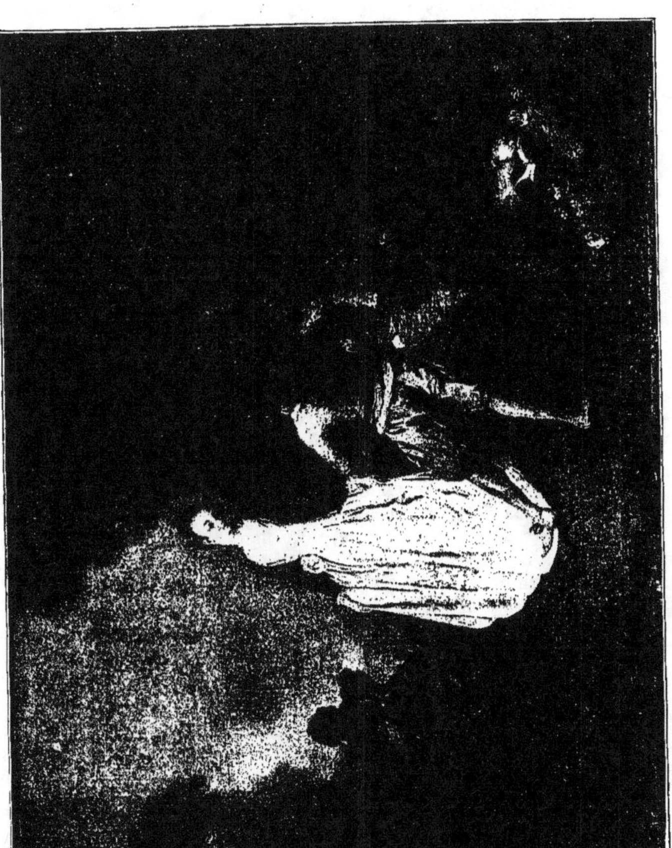

FIG. 75. — ANTOINE WATTEAU. — LA DANSE PAYSANNE. (Musée de Dijon.)

c'était « un peintre gracieux et plein de feu, qui faisoit le grand comme le petit[1] ».

Sans le témoignage formel des biographes, de d'Argenville surtout, on ne songerait pas à faire sortir du même atelier Christophe, Cazes, Bertin, Tournières, Raoux et Santerre : ils ne ressemblent pas à leur maître et ne se ressemblent pas entre eux. Boullogne n'impose pas une direction commune à ses disciples parce qu'il n'a pas lui-même de tempérament original. P.-J. Cazes, seul, s'assimile tout son enseignement. Un biographe l'appelle son « élève chéri[2] » ; il était mâle dans les tableaux d'histoire, aimable dans les tableaux de genre : « Également propre aux tableaux de chevalet, écrit l'abbé de Fontenai, il a possédé le talent de peindre en grand et en petit, chose assez rare dans un même homme » ; Dubois de Saint-Gelais, on s'en souvient, employait presque les mêmes mots à propos de Bon Boullogne : « Il faisoit le grand comme le petit ». Joseph Christophe, d'imagination très pauvre, ne représente toute sa vie que des enfants jouant, semblables à ceux de la Ménagerie ; aux Salons de 1738 et de 1739 il expose encore un *Enfant sur une chaise accompagné de ses camarades dont l'un est tombé avec un tambour de basque*, des *Jeux d'enfants* et des *Enfants parant un mouton de fleurs*. Nicolas Bertin, au contraire, fervent d'abord des mêmes sujets que Christophe[3], se transforme vite. Nous l'avons déjà vu mettre à contribution les fables de la Fontaine ; il emprunte aussi des inspirations aux *Métamorphoses* d'Ovide qu'il interprète dans de petites toiles si fines, si poussées qu'elles semblent émaillées ; les scènes très simples de la vie contemporaine l'intéressent également : le Musée de Rennes possède des *Faucheurs au repos* (dessinés à la sanguine) de sa main. D'Argenville note « qu'il réussissait beaucoup mieux dans les petits tableaux que dans les grands » : il traite les sujets d'histoire même comme des sujets galants[4]. Tournières est surtout un fervent des Hollan-

---

1. Dubois de Saint-Gelais, *Histoire journalière de Paris*. Réimprimée sous la direction de M. Maurice Tourneux pour la Société des Bibliophiles français, 1885, p. 195.

2. Fontenai, *Dictionnaire des Artistes*, t. I, p. 343.

3. Le Musée de Stockholm possède une toile de sa main représentant une *Jeune fille et un jeune garçon jouant avec un oiseau en cage*.

4. *Joseph et la femme de Putiphar, Suzanne et les vieillards* (Musée d'Amsterdam nᵒˢ 115 et 116) semblent des scènes de genre. Il est d'autant plus difficile d'étudier Bertin que la plupart de ses œuvres sont à l'étranger. S'il refusa d'aller en Bavière (Voy. Dussieux, *Artistes français à l'étranger*, 3ᵉ édit., p. 167), il travailla à plusieurs reprises pour l'électeur, et fut aussi un des peintres favoris de l'électeur de Mayence qui, d'après d'Argenville, possédait ses meilleurs ouvrages.

dais[1] : c'est à Gérard Dow ou à Schalcken qu'il demande le plus
volontiers les sujets de ses petites toiles, intéressantes surtout par
leur éclairage original. En octobre 1716 il est reçu par l'Académie au
titre de peintre d'histoire sur une petite œuvre d'inspiration hollandaise, *l'Invention du dessin par Dibutade cernant d'un trait sur le mur
l'ombre de son ami dormant* : c'est la première fois que la peinture
d'histoire et la peinture de genre sont officiellement confondues à
l'Académie. « Animé par l'heureux succès de ces petits tableaux,
écrit d'Argenville, Tournières abandonna les grands et s'attacha
uniquement à peindre des portraits historiés ou des *sujets de caprices*[2]. »
Il nous reste plusieurs de ces sujets de caprices : *Racine déjeunant
avec Chapelle et foulant aux pieds Aristote et les Classiques*[3], par exemple
(au Musée de Caen), ou bien la toile connue sous le nom de *Maison
d'Auteuil*, ou bien encore *Crébillon lisant une pièce de Molière en présence de Dufresny et de Bodin* (au Musée de Versailles) : ce sont des
compositions assez médiocres qui ne valent pas, à beaucoup près, les
portraits de Tournières et qui justifient le jugement sévère de
Mariette : « Tournières a voulu imiter la manière de peindre de
Gérard Dow, mais il s'en faut bien qu'il ait atteint à la même perfection. Son pinceau est lourd et sa couleur sale en comparaison de
celle du peintre hollandais[4] ». Quant à J.-B. Santerre, il confond le
portrait et la peinture de fantaisie dans les demi-figures que nous
avons étudiées : aucun lien apparent ne le rattache à Bon Boullogne.

Raoux se consacre très jeune aux sujets de genre : le Grand
Prieur de Vendôme lui commande les *Quatre Ages de la vie*[5] dès son
voyage d'Italie, et, au lieu de peindre une fois de plus les allégories traditionnelles, il imagine de symboliser les Ages par des
scènes contemporaines et des épisodes de la vie intime. Dans l'*Enfance*, une nourrice donne le sein, un bébé mange sa soupe, un autre
apprend à marcher, des fillettes et des garçonnets jouent à la poupée,
à la balle, aux bulles de savon, à colin-maillard, au volant ; l'un d'eux
pleure ; d'autres apprennent à lire. Dans l'*Adolescence,* une galante
conversation s'engage dans un coin ; un gentilhomme, dans l'autre,
suivi d'un nègre et d'un bouffon, se promène avec sa maîtresse ; des

1. Tournières trouve à nourrir son goût pour les Hollandais chez Boullogne
puisque Boullogne aime Rembrandt et que son *Corps de garde* et sa *Jeune fille cherchant une puce* du Salon de 1699 sont d'inspiration hollandaise.
2. D'Argenville, 1762, t. IV, p. 363.
3. Voy. L. Gonse, *Les Chefs-d'œuvre des Musées de France. La Peinture*, p. 94.
4. *Abecedario*, t. V, p. 344.
5. Je ne sais où sont les originaux : ils ont été gravés par Moyreau.

jeunes gens jouent aux cartes; d'autres sont attablés à un souper tandis que des musiciens, près d'eux, donnent un concert sur une terrasse. Quelques vieillards de la *Vieillesse*, regardent avec effroi le sablier qui se vide, un autre compte son or, un autre va prier à l'église, un autre encore interrompt une lecture pour embrasser sa fille ; plus loin, une horrible mégère se farde. Cette accumulation, sur une seule toile, de sujets arbitrairement choisis, indépendants entre eux est très maladroite, et les *Quatre Ages* sont des œuvres d'art médiocres. Ils n'en sont pas moins importants dans l'histoire de la peinture de genre naissante : jamais encore la vie moderne n'avait été si franchement, si consciemment interprétée. L'enseignement de Bon Boullogne n'est d'ailleurs pas plus sensible dans ces compositions que dans les autres tableaux essentiels de Raoux. On n'en retrouve la trace que dans une toile secondaire de l'artiste, une *Jeune fille qui cherche une puce à une autre jeune fille qui fait rôtir des marrons*[1], appartenant au xviiie siècle à un amateur, M. Porlier, grand admirateur de Raoux. Bon Boullogne, on s'en souvient, avait exposé déjà cet étrange sujet en 1699 ; et le tableau de M. Porlier n'est pas celui de Boullogne attribué à Raoux par erreur : si les deux œuvres ont disparu, il nous en reste des descriptions assez précises : une des jeunes filles de Raoux faisait cuire des marrons ; les deux figures de Bon Boullogne, au contraire, étaient peintes à mi-corps[2].

« Les conversations, les fêtes galantes, les Heures du jour, les Saisons, les Éléments, les cinq Sens, les quatre Parties du monde... les Grâces personnifiées, des sujets de caprice », tels sont, d'après d'Argenville[3], les thèmes favoris de Raoux. La plupart de ces compositions sont perdues, mais leur titre laisse entendre qu'après avoir subi l'action de Boullogne, Raoux subit celle de Watteau[4] : les conversations, les fêtes galantes sont du domaine de Watteau. Watteau et Raoux se connurent d'ailleurs. L'un est agréé à l'Académie

---

1. *Mercure de France*, février 1734, p. 347.

2. Florent le Comte, *Cabinet des singularitez...*, t. III, p. 252 : « *Deux filles à demi-corps dont l'une tâche d'attraper une puce qu'elle voit sur la chemise de l'autre* ». Ce tableau passa en 1737 à la vente de la comtesse de Verrue.

3. D'Argenville, 1762, t. IV, p. 378.

4. Voici quelques titres caractéristiques de ses œuvres ayant passé dans des ventes : Vente Choiseul (1772), *Intérieur d'un temple dédié à Priape*, qui passe ensuite à la vente de Conti (1777). Vente Dubarry (1774), *Femmes au clavecin*. Vente Lambert et Duportail, 1787, *Cinq figures dans un parc*. Vente Nogaret (1782), *Jeune baigneuse s'essuyant les jambes au bord de l'eau* (à rapprocher de *Diane au bain* de Watteau, fig. n° 40). Il faut noter encore parmi les tableaux qui se trouvaient du temps de Frédéric le Grand à Sans-Souci, Potsdam et Charlottenbourg, une *Diseuse de bonne aventure* : Boullogne d'un côté, Watteau de l'autre traitent aussi ce sujet.

le 30 juillet 1712[1], l'autre le 27 juillet 1715[2], et comme le 9 janvier 1717 ils n'ont pas encore fourni leur morceau de réception, la Compagnie, s'occupant des « Delays accordés aux Aspirans[3] », donne un mois à l'un, et deux mois à l'autre: ils n'apportent cependant leurs toiles que huit mois plus tard, *mais le même jour tous deux*, le 28 août 1717[4]. Ils prennent donc séance ensemble, et Raoux, peintre de genre de tempérament, dut mieux comprendre et admirer mieux que tous ses nouveaux collègues l'*Embarquement pour Cythère*. Peut-être continue-t-il à fréquenter Watteau dès 1717, mais nous n'en avons pas de preuve; en tous cas il le retrouve en 1720. Watteau part pour Londres cette année-là, et reste en Angleterre jusqu'en 1721[5]; Jean Raoux passe également huit mois à Londres en 1720 : si les deux artistes n'ont pas voyagé ensemble, ils se sont certainement rencontrés chez les peintres et chez les graveurs français établis en Angleterre, chez Nicolas Dorigny, chez Louis Laguerre, chez Bernard Baron ou chez Philippe Mercier. Ceci est important. Les tableaux de la Ménagerie, des Salons, de Bon Boullogne et de ses élèves semblent d'abord tout à fait étrangers les uns aux autres. S'ils tendent vers un même but, leurs auteurs eux-mêmes n'en ont pas conscience. Jusqu'à l'*Embarquement pour Cythère* on peut nier le sens et méconnaître l'importance du mouvement qui se prépare. L'œuvre de Watteau lui donne toute sa valeur, et Raoux forme le lien qui unit Watteau aux peintres de genre qui l'ont précédé.

Watteau occupe le premier rang parmi les peintres de genre du xviiie siècle; mais Claude Gillot, son maître, tient une place importante à ses côtés. Si Watteau n'avait pas connu Gillot, son œuvre eût été différente, et peut-être moins significative. Gillot emploie déjà la plupart des éléments que son disciple va mettre en œuvre. Il peint des fantaisies décoratives, des scènes de la vie quotidienne, des tableaux des rues, quelques paysanneries galantes

1. *Proc.-verb.*, t. IV, p. 150.
2. Cette présentation n'est pas portée au procès-verbal du 27 juillet 1715, mais elle est indiquée à celui du 28 août 1717.
3. *Proc.-verb.*, t. IV, p 239.
4. *Ibid.*, p. 252.
5. Ce sont les dates que donne Gersaint. Voy. *Abecedario*, t. VI, p. 131-132 et suiv.; Josz, *Watteau*, p. 433, indique, sans preuve d'ailleurs, que Watteau séjourna à Londres de l'automne 1719 à l'été 1720. — Raoux connut sans doute aussi Gillot. Les deux hommes étaient fort assidus aux coulisses de l'Opéra, selon les biographes, et il est très peu vraisemblable qu'ils ne s'y soient pas rencontrés.

peut-être[1], des épisodes empruntés au théâtre italien comme le *Triomphe d'Arlequin Dieu Pan*[2], des scènes d'opéras galants, *Thésée*, *Bellérophon*, *Armide*, enfin des singeries comme le *Singe malade* ou les *Jeux de singes* gravés par Caylus. Il n'est pas l'égal de Watteau cependant, car il ne voit guère que l'anecdote dans ce répertoire : son goût est proprement pour les grotesques et pour les bambochades. De plus, crayonneur adroit et léger, il est inégal et gauche dès qu'il peint. L'exécution maladroite alourdit la fantaisie, souvent aimable, de sa pensée. A peine rencontre-t-il de temps en temps, par un hasard heureux, ce type d'hommes et de femmes un peu grêles, un peu longs, mais suprêmement élégants, qui sera le type favori de Watteau...[3].

Gillot serait inexplicable si les petits peintres de la maîtrise n'avaient pas perpétué, même au temps de Le Brun, les traditions de Callot et de Le Nain; mais ses origines directes restent mystérieuses[4]. Ce n'est pas son père — son premier maître — qui lui a donné l'exemple d'un art souriant, divers et fantaisiste. Le chevalier de La Touche, l'auteur de la seule biographie de Claude Gillot écrite au XVIII° siècle[5], dit que « l'exacte probité [de ce père], la régularité de sa conduite, l'égalité de son humeur et sa piété solide le distinguaient encore plus que la pratique de son art qui ne l'élevait pas au-dessus des peintres médiocres ». Il envoie son fils à Paris chez Jean-Baptiste Corneille, médiocre peintre d'histoire, capable tout au plus d'enseigner la composition et la pratique matérielle de la peinture. Les biographes ont donc eu raison de rappeler, à propos de Gillot, le mot de Diderot — un autre Langrois — sur ses compa-

---

1. A. Valabrègue, dans *Claude Gillot, Gaz. des Beaux-Arts*, 1899, t. I, p. 385 et suiv., donne la description des principales œuvres de l'artiste et indique l'endroit où elles se trouvent.

2. Mariette écrit à propos de ce tableau, *Abecedario*, t. II, p. 306-307: « C'est un des premiers tableaux faits dans ce style qui, ayant trouvé une infinité d'approbateurs, a donné naissance à tant d'autres qui sont faits depuis dans le même genre. »

3. Dès le début de sa carrière, même dans ses petites œuvres hâtives, Watteau témoigne déjà d'une science innée de peintre, d'une virtuosité de coloriste, d'un sens de l'élégance et d'un charme qui le placent aussitôt au-dessus de Gillot. La comparaison va s'imposer, pour nous, entre bien des œuvres à sujets semblables des deux artistes; elle ne tournera jamais à l'avantage de Gillot.

4. Gillot étudia certainement Callot, Breughel, Téniers, mais on ne sait comment il les connut. L'influence de Callot sur Gillot a été très nettement démontrée dans l'article de Ph. Burty, dans *l'Art du XIX° siècle*, 1857, t. II, p. 234.

5. La notice du chevalier de La Touche a été publiée pour la première fois dans le *Magasin encyclopédique*, 1806, t. III, par M. Amanton. Ch. Blanc, qui en fait usage dans *la Vie des peintres*, l'attribue par erreur à son éditeur. Elle a été mise à profit aussi en 1883 et 1899 par A. Valabrègue, dans ses deux études sur Cl. Gillot, parues dans *l'Artiste* et dans la *Gazette des Beaux-Arts*.

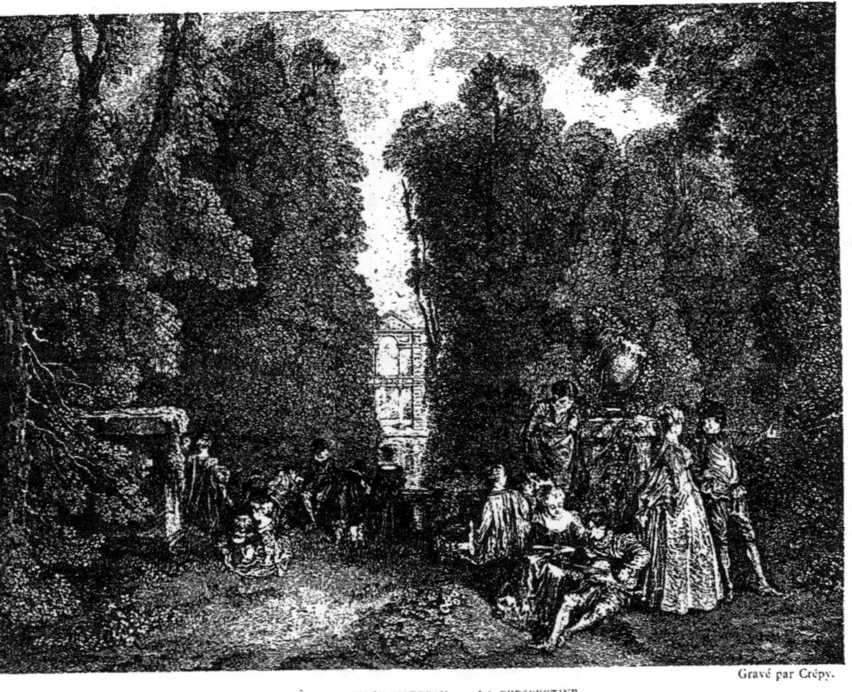

Gravé par Crépy.

FIG. 76. — ANTOINE WATTEAU. — LA PERSPECTIVE.

triotes : « La tête d'un Langrois est sur ses épaules comme un coq d'église au haut d'un clocher : elle n'est jamais fixe dans un point, et, si elle revient à celui qu'elle a quitté, ce n'est point pour s'y arrêter. » La curiosité de l'artiste toujours en éveil, sa perpétuelle mobilité d'esprit lui inspirent, plus qu'une volonté consciente, les sujets les plus divers. Les circonstances de sa vie sont malheureusement peu connues ; (le chevalier de La Touche qui seul eût pu nous les dire ne s'y arrête guère) ; les rares détails certains de son existence, sa passion pour les coulisses et pour l'Opéra dont il dessine un temps les costumes, les décors et les machines [1], son goût pour la débauche expliquent bien un peu la variété et le libertinage de son œuvre [2] ; mais que d'obscurités encore ! Ce ne sont pas les origines de Watteau qui sont mystérieuses comme on le croit volontiers, ce sont celles de Gillot. Watteau trouve chez son maître les sujets qu'il n'a pas connus en Flandre et il puise dans son propre génie les éléments de sa réalisation merveilleuse ; mais où, mais comment Gillot s'est-il formé ?

Si Watteau est encore mal connu, c'est qu'on n'a tenu compte dans son étude que des circonstances de sa vie et des influences exercées sur lui par son milieu, alors que son tempérament nerveux et maladif, d'une part, son génie, de l'autre, justifient dans son œuvre tout ce qu n'expliquent ni ses origines artistiques, ni son temps, ni son entourage. A mesure qu'il avance en âge, le Maître oublie tous ses initiateurs et s'abandonne entièrement à sa nature. Cependant il ne faut pas s'astreindre, pour l'étudier, à la règle inflexible d'une chronologie étroite. On établit aisément des groupements généraux dans son œuvre, (la plupart des scènes militaires par exemple sont contemporaines du voyage à Valenciennes), mais bien des dates restent encore incertaines. Ainsi rien ne prouve que le *Départ des comédiens italiens* soit de 1716 [3]. La satire est violente, a-t-on dit, et Gillot lui-même, Gillot le frondeur, n'eût certainement pas osé braver ouvertement avant la Régence M. d'Argenson et ses exempts. S'il est vraisemblable que le tableau ne fut en effet gravé qu'après 1715, il ne manquait pas de mécontents pour le commander et pour

1. Mariette, *Abecedario*, t. II, p. 307.
2. Peut-être la peinture décorative de Berain, si différente pourtant de la peinture de Gillot, lui fournit-elle une partie de son inspiration. Il y avait déjà dans les arabesques de Berain, incidemment c'est vrai, et raides, froids, ennuyeux, lourds encore, quelques personnages de théâtre, quelques satyres et quelques singes. Gillot qui songea sans doute à être décorateur avant d'être peintre de genre, les y chercha probablement et les transforma selon son tempérament.
3. Virgile Josz, *Watteau*, p. 67.

l'exposer du vivant même de Louis XIV, en dépit de tous les exempts de M. d'Argenson. Les *Chinoiseries* de la Muette, qu'on a longtemps datées du séjour chez Audran, viennent d'être reportées aux premières années de la Régence[1], sous prétexte qu'elles auraient été gravées sous le nom d'Audran si Watteau les avait peintes chez son maître; mais ici encore les gravures ne prouvent rien, elles peuvent être postérieures de dix ans à l'exécution des originaux : en réalité, la date des *Chinoiseries* est inconnue. Elle importe peu d'ailleurs : Watteau ne produit que pendant une douzaine d'années; c'est d'après leurs affinités qu'il faut grouper ses œuvres.

Les anecdotes de goût flamand, les scènes d'intérieur, les coins de cabaret à la Téniers, les vues de foires et de kermesses à la Rubens, les croquis des rues expriment sa conception primitive[2]. Cette inspiration initiale, le maître ne la doit pas à sa famille[3], comme presque tous ses contemporains, mais à son pays. Les influences qu'il subit dans son enfance sont communes à tous les artistes de Valenciennes. La cité, prise par Louis XIV, est restée essentiellement flamande. Comme Douai, comme Saint-Omer, comme tant d'autres petites villes du Nord, elle est depuis la Renaissance un centre artistique très actif. Ses églises abritent de grandes œuvres : à Saint-Jacques, la *Décollation* de Van Dyck, à Notre-Dame-de-la-Chaussée, une *Descente de croix* de Rubens, un *Calvaire* de Janssens, une *Parabole* de Crayer aux Dominicains, et, dans les autres églises des Rubens encore, encore des Crayer, et des Otto Venius, et des Paul de Vos. Grasse et joyeuse, malgré le malheur des temps, la vie des Flandres s'épanouit en de petites toiles aux murs des demeures bourgeoises. Watteau voit les

1. G. Sénilles, *Watteau*, p. 55.
2. Elles ne sont pas toutes des premières années. En 1721, il peint encore l'*Enseigne* de Gersaint.
3. Récemment consultées encore par M. Virgile Josz, les archives de Valenciennes ont été assez prodigues de détails sur l'ascendance de Watteau. La famille du maître était de bourgeoisie moyenne, assez aisée; on retrouve sa trace dès la fin du xv⁰ siècle. A la fin du xviᵉ siècle, la famille se divise en deux branches entre lesquelles ne subsistent plus que des liens éloignés de parenté à la fin du xviiᵉ siècle, Georges Watteau, un des membres de la branche dont n'est pas Antoine, est établi maître peintre à cette époque et tient école, mais Antoine ne passe jamais par son atelier. Le père d'Antoine, qui était maître couvreur, ne put lui transmettre aucun goût artistique. Il est certain que la vocation de l'enfant ne rencontra pas d'opposition formelle auprès de sa famille, peut-être parce que, malingre comme il l'était, il eût fait un mauvais couvreur; mais ses biographes nous assurent que les siens ne le virent pas avec plaisir embrasser la profession de peintre; son goût fut donc plutôt contrarié. On lira avec profit sur la question des origines familiales de Watteau, le premier chapitre du *Watteau* de Virgile Josz.

grandes œuvres et les œuvrettes et, malgré les leçons de son premier maître Gérin, sans même s'essayer aux compositions religieuses, il peint des kermesses et des bourrées. En 1702 il arrive à Paris. Les premières années qu'il y passe sont stériles. Ni Métayer, ni « ce corsaire qui avait chez lui une dizaine d'esclaves » et qui lui donnait 3 ^{tt} par semaine et la soupe par charité ne lui apprennent rien. Sa rencontre avec Spoëde est le seul incident notable de ces jours de détresse. Spoëde « à peu près des mêmes cantons » que lui, est sorti déjà de la lourde misère et son amitié le réconforte, le soutient, l'aide à sortir de l'ornière dont sa volonté seule ne l'aurait peut-être pas tiré [1].

C'est sans doute vers 1704-1705 que Watteau entre chez Gillot. On a longtemps retardé la rencontre des deux hommes jusqu'à 1710, mais cette date est invraisemblable, malgré le témoignage de Julienne. Watteau avait vingt-six ans en 1710 et son odyssée chez les marchands du Pont-Neuf aurait duré huit ans... Chez Gillot son existence matérielle devient moins précaire et il prend enfin conscience de lui-même. Il y a là un hasard merveilleux : Gillot est le seul artiste qui puisse favoriser le développement du génie de Watteau et Watteau le rencontre.

Peut-être parce qu'il a vu les noces, les kermesses, les beuveries, les tabagies, les fêtes flamandes conservées dans le Cabinet royal dès 1709, peut-être parce qu'il connaît les onze Téniers, les quatre François Micris, les trois Gaspard Netscher, les quatre Gérard Dow, les trois Jean Miel, le Pierre Breughel, les trois Pierre de Laer, le Pierre Van Mol, les trois Schalcken du duc d'Orléans, peut-être aussi tout simplement d'instinct, Gillot, le premier au XVIIIe siècle, comprend qu'il y a place en France pour un répertoire artistique nouveau, et il peint *le Marché* (de la collection Walferdin, vendu en 1880) par exemple, ou bien *les Apprêts du marché*, le *Repas villageois*, la *Baraque de l'Empirique* [2] (vendus en 1873 avec la collection Warocquier). Il ouvre donc la voie à Watteau ; il

<hr>

1. Sur les relations, de Watteau et de Spoëde, on pourra consulter P. Mantz, *Watteau*, p. 51, et Josz, *Watteau*, p. 55 à 58.

2. Cette dernière œuvre surtout est caractéristique avec ses tréteaux et ses charlatans devant qui se presse la foule bigarrée des foires, « bourgeois de la ville, gentilhommes venus d'un château du voisinage, moines au visage grave, mendiants et éclopés. Un valet porte une cruche. Un marchand d'orviétan, mis à la mode du Levant, se promène avec un cimeterre au dos. Voici un carrosse qui passe près de la baraque. Plus loin, deux ânes harnachés font tinter leurs sonnettes ». (A. Valabrègue, *Claude Gillot, Gazette des Beaux-Arts*, 1899, t. I, p. 393.) Plusieurs gravures exécutées par Caylus sur des dessins de Gillot représentent des scènes de la vie contemporaine : par exemple, les *Scieurs de long*, les *Danseurs champêtres*, la *Guimbarde du montreur de marionnettes*.

l'encourage à peindre ces petits sujets de fantaisie; mais il ne les lui révèle pas — Watteau les connaissait depuis son enfance, — il ne lui enseigne pas non plus le coloris; c'est au contact de Rubens que Watteau va se révéler coloriste de génie.

Claude Audran[1], qui l'accueille après Gillot, est concierge du Luxembourg, et *la Vie de Marie de Médicis* par Rubens décore la grande galerie du palais. Watteau ne connaît encore que quelques œuvres du Maître d'Anvers, entrevues à Valenciennes, dans la pénombre des églises; à peine au Luxembourg, il est séduit par les compositions éclatantes de lumière et de vie, et il les étudie passionnément, et il les copie avec ferveur. Dès cette époque il admire d'autres chefs-d'œuvre de Rubens. Avant son départ pour Valenciennes, séduit par le voyage d'Italie comme tous ses contemporains, il concourt à l'Académie pour le grand prix en 1709[2], et suit quelque temps au moins les leçons de l'École puisque les élèves seuls sont admis en loge. Entre autres exercices pédagogiques, les étudiants copient les tableaux du Cabinet royal conservés à Paris ; la *Kermesse* de Rubens est du nombre et Watteau la préfère sans doute à toutes les autres œuvres. Il en dessine les groupes en des croquis que nous avons encore : les deux femmes allaitant leur enfant, le paysan et la paysanne dansant (Musée du Louvre, collection His de la Salle), et l'homme renversant à demi une femme sous son étreinte[3] (autrefois dans la collection Schwiter). Peut-être même s'inspire-t-il de la *Kermesse* dans une de ses toiles les plus importantes, la *Signature du contrat de la noce de village*[4] animée des mêmes Flamands heureux, et datant du voyage à Valenciennes, c'est-à-dire du temps où il achève à peine l'étude du tableau de Rubens qui, ne l'oublions pas, s'appelait la *Noce de village*, quand le roi l'acheta au marquis d'Hauterive[5].

La dévotion de Watteau pour Rubens ne se dément jamais :

1. La vie de Claude Audran est complètement inconnue. Cette absence de détails est d'autant plus regrettable que le maître est très important : il donna aux Gobelins des cartons qui comptent parmi les meilleurs de la manufacture et il transforma complètement l'art des arabesques.

2. C'est un artiste parfaitement inconnu aujourd'hui, Ant. Grison, qui le remporta. Au concours de 1709 on avait proposé deux sujets : *Le Retour de David à Jérusalem après la défaite de Goliath* et *David accordant le pardon à Abigaïl*. Grison avait peint le premier, Watteau le second.

3. Watteau a reproduit ce groupe, en changeant simplement les costumes, dans la *Surprise*.

4. Elle fut peinte pour les d'Arenberg et gravée par Cardon. Elle est conservée à Bruxelles.

5. Guiffrey, *Comptes*, t. II, p. 663-664.

nous en avons de nombreux témoignages : Watteau « copioit et étudioit avec avidité les plus beaux ouvrages de Rubens », écrit Caylus[1]. Dans une lettre, le Maître lui-même prie Julienne de lui laisser quelque temps encore une correspondance manuscrite de Rubens dont il n'a pas eu le temps d'achever la lecture[2], et dans une autre il exprime sa joie profonde à posséder une toile de Rubens que l'abbé de Noirterre lui a envoyée : « Depuis ce moment où je l'ai reçue, dit-il, je ne puis rester en repos, et mes yeux ne se lassent pas de se retourner vers le pupître où je l'ai placée comme dessus un tabernacle[3] ». Aussi la robe de *la Finette* n'a-t-elle « rien à envier à la robe blanche de la *Conclusion de la paix*, au satin de la reine du *Débarquement à Marseille*, à cette autre robe que porte la Vierge de l'inoubliable *Éducation* d'Anvers[4] ». Jusque dans la manière de jeter les plis, souvent, jusque dans la forme même des vêtements, Watteau se souvient de Rubens : c'est une femme de Rubens que la Promeneuse du *Passe-temps* avec ses habits de satin et son vaste chapeau à plumes[5].

Dès ses débuts, le maître connaît aussi et imite parfois les petits peintres des Pays-Bas. Dans la *Vraie Gaieté*, par exemple, des personnages de Van Ostade boivent au milieu d'un paysage à la Van Ostade[6]. Le coloris et le clair-obscur de la *Récureuse*, au Musée de

---

1. E. de Goncourt, *L'Art du XVIIIe siècle*, Première série, p. 23.
2. *Arch. de l'Art franç.*, t. II, p. 210.
3. *Ibid.*, t. II, p. 212.
4. Josz, *Watteau*, p. 87.
5. Aujourd'hui à l'Ermitage. Il ne faut pas oublier non plus que Watteau a dessiné le *Portrait de Rubens âgé de trente ans* gravé en fac-similé par Gilles Demarteau. Quelques toiles des débuts, le *Départ des troupes* ou la *Halte d'armée*, par exemple, peints pour Sirois, sont presque monochromes ; aussi a-t-on supposé que Watteau ne comprit pas, n'aima pas Rubens dès le Luxembourg. On admet comme une période d'incubation, mais l'hypothèse est superflue. Il est certain que Watteau, moins maître de sa palette à ses débuts, moins sûr de son métier, n'a pas tiré d'un coup tout le profit possible de Rubens. De plus, bien qu'il faille accueillir avec méfiance les affirmations de Caylus, le biographe n'a pas inventé cet abus d'huile grasse dont il parle. « cette malpropreté de pratique » qui ont dû faire tourner les couleurs de Watteau et qui ont fait sans doute un tort considérable à ses tableaux. Ces négligences suffiraient à expliquer le peu d'éclat des tableaux de Sirois.
6. Il n'en reste plus que la gravure de Le Hardy de Famars. C'est M. Josz qui a noté la similitude de la *Vraie Gaieté* avec les œuvres de Van Ostade (*Watteau*, p. 116). « La goton qui se balance, dit-il, c'est la commère assise de la *Fête villageoise* du Musée de Cassel, même tête, même nez, mêmes yeux. Ici, seulement, elle a dégrafé son corsage. Et le compère qui lui tient la main et qui l'entraîne a sur le chef le bonnet emplumé et sur les épaules la jaque des paysans de Gueldre ou de Frise — et ce feutre de l'homme, à droite, cet extraordinaire chapeau qui est toute une signature chez Ostade est, après combien d'autres, celui du fumeur debout des *Joueurs de cartes* de la collection J.-L. Van Lissingen. »

Strasbourg, sont également d'inspiration hollandaise[1]. Faute d'avoir connu la *Récureuse*, un historien a supposé que la *Vraie Gaieté* n'était pas née spontanément de la fantaisie du peintre, mais que mourant de faim à ses débuts, Watteau s'était accommodé de cette « petite besogne basse qui lui permit de toucher quelques écus[2] ». L'hypothèse est inadmissible puisque l'œuvre n'est pas isolée; elle est d'ailleurs inutile. Si l'art des petits peintres hollandais n'a pas encore

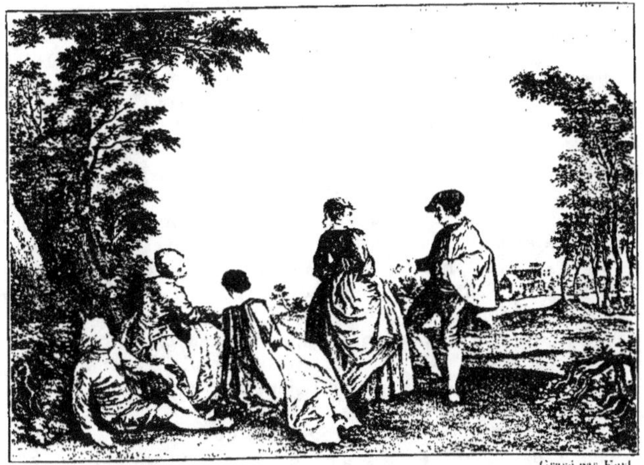

Gravé par Keyl.

FIG. 77. — ANTOINE WATTEAU. — LA PROPOSITION EMBARRASSANTE.

droit de cité à Paris au début du XVIII⁰ siècle, Watteau, qui vient de Flandre, le connaît certainement et peut fort bien avoir été séduit par sa vie et par sa liberté.

Quoique les influences combinées qu'il subit soient très lour-

1. Sur ce tableau peu connu de Watteau, voici les renseignements qui nous ont été fournis par les conservateurs du Musée de Strasbourg, MM. Seyboth et Binder. La toile mesure 53 centimètres sur 45. Elle a été vendue en 1890 par M. Warneck, de Paris, à M. Bode, directeur des Musées royaux de Berlin, pour le Musée de Strasbourg. Elle provient d'une collection anglaise et a, de tout temps, été attribuée à Watteau.

2. Josz, *op. cit.*, p. 111.

des, Watteau reste toujours original. Il ne demande que des indications à ses maîtres, il analyse leurs procédés, mais il ne les copie pas. Peint-il une foire ? Ce n'est pas *la Kermesse* de Rubens, c'est *la Foire du Lendit* (1711)[1]. S'il représente des ivrognes, comme dans le *Retour de guinguette*[2], il ne les emprunte pas à Téniers, il les croque sous les charmilles des Porcherons[3]. A Valenciennes déjà, dit Gersaint, « il profitait de tous ses instants de liberté pour aller dessiner sur la place les différentes scènes comiques qui se donnent ordinairement au public, les marchands d'orviétan, et les charlatans qui courent le pays[4]... ». Il gardera toute sa vie un goût très vif pour les scènes des rues. Chez Audran il peint la *Marmotte*, — un de ces Savoyards qui couraient les villes montrant des marmottes savantes[5] —, et, plus tard, *la Fileuse, le Rémouleur, la Marchande de fruits*[6]... Il « s'est attaché aux habillemens vrais, écrit Dubois de Saint-Gelais, en sorte que ses Tableaux peuvent être regardés comme l'Histoire des Modes de son tems[7] ».

Ses premières œuvres ne laissent pas encore prévoir la merveilleuse féerie qui va naître sous son pinceau, mais chez Gillot déjà il enrichit son répertoire d'un élément nouveau : le théâtre italien. Gillot, le premier au XVIIIe siècle, met en scène Scaramouche, Arlequin et Pantalon, au temps où l'expulsion de la troupe italienne prive le public d'un plaisir favori. Ses bouffons esquissent des gestes drôles et forment des groupes amusants, mais ils n'ont aucune valeur satirique ou poétique. Ils inspirent Watteau cependant, puisque le maître n'a pu en connaître d'autres[8] ni à Paris ni à Valenciennes. L'entrepreneur de décors même, chez lequel il aurait travaillé dans sa ville natale et qu'il aurait suivi à Paris, n'a jamais existé que dans l'imagination de Julienne[9] : il n'y a pas

1. Voy. la lettre de Sirois du 23 novembre 1711.
2. Gravé par P. Chédel.
3. C'est là aussi, nous l'avons vu, que, d'après Mariette, il prend les paysages du *Marais* et de l'*Abreuvoir*.
4. *Notice de Gersaint* pour le Catalogue Quentin de Lorangère, rééditée dans le t. VI de l'*Abecedario*, p. 123.
5. Il le donne à son maître. Voy. la gravure par Audran. L'original est à l'Ermitage.
6. *Figures de différents caractères, passim.*
7. Dubois de Saint-Gelais, *Description des tableaux du Palais-Royal*, p. 75.
8. Antérieurement, il y en avait eu : dans l'œuvre d'Abraham Bosse déjà on trouve des personnages de l'hôtel de Bourgogne. Palaprat parle d'un peintre florentin Antonio Verrio, établi à Paris, et qui était devenu le grand ami, camarade et compère de la troupe italienne. (Cité par A. Valabrègue, *Cl. Gillot*, 1883, p. 31.)
9. *Abecedario*, t. VI, p. 114.

en 1702 de décorateur à Valenciennes où le premier théâtre date de 1725[1]?

Watteau apporte d'abord aux sujets de théâtre la même conscience, la même précision qu'à ses petites œuvres d'inspiration flamande. Mais il n'a jamais vu les comédiens italiens (la troupe exilée ne rentre à Paris qu'en 1716) : il connaît seulement les modèles de Gillot, et très vite il s'aperçoit de leur médiocrité, très vite il songe à d'autres réalisations. Il peut broder d'autant plus aisément que la vision matérielle des individus ne l'obsède pas; aussi ses acteurs deviennent-ils bientôt des personnages imaginés qui incarnent ses fantaisies[2].

Dès lors, il élargit le cadre de son œuvre entière. Au lieu de peindre naïvement tout ce qu'il voit, il réfléchit, il choisit, il interprète, il compose. La multitude de figures qui encombrait ses premières œuvres disparaît. Bien que sa pensée soit plus complexe, cinq ou six personnages lui suffisent pour l'exprimer; mais, au lieu d'être rapidement silhouettés, ils sont profondément, intimement étudiés : ils ont déjà une valeur générale, humaine, et nous acheminent vers *l'Indifférent* ou *la Finette* du Louvre, vers *l'Amante inquiète* (fig. hors texte n° 13) ou *le Donneur de Sérénade* (fig. hors texte n° 13) de Chantilly, empreints d'un si grand amour sentimental ou d'un si joli amour narquois[3]. *L'Occupation selon l'âge* (fig. n° 73), par exemple, est déjà très différente des *Quatre Ages de la vie* interprétés par Raoux : au milieu du décor très simple de la chambre bourgeoise, l'aïeule, dans son fauteuil, file le lin; la jeune mère, assise près d'elle, raccommode une robe; deux enfants jouent à terre, avec un chat, un chien, et des pelotes de laine; au plafond, l'oiseau familier volète dans sa cage; sur la table, près d'un broc et d'un verre une rose se fane; un balai traîne dans un coin[4].

---

1. Voy. Josz, *Watteau*, p. 39-40-41.

2. On le remarque dans un de ses premiers sujets de théâtre, les *Jaloux*, dont la date, par hasard, nous est connue. Mariette nous dit que cette œuvre était au nombre de celles que Watteau présenta en 1712 pour être agréé à l'Académie. Les *Jaloux* ont été gravés par Scotin.

3. Si l'on doutait encore de l'action du théâtre italien sur la peinture primitive de Watteau, on en trouverait une nouvelle preuve dans l'apparition de comédiens italiens à des scènes où ils n'ont que faire : Gilles, dans une danse, fait vis-à-vis à une paysanne, Mezettin pince de la guitare pendant qu'un couple amoureux s'enfonce sous la feuillée, l'amoureux lui-même emprunte au répertoire un habit de théâtre. Il y a fusion inconsciente, identification complète entre les personnages de théâtre et les silhouettes sorties de l'imagination du peintre.

4. Ce tableau a été gravé par Dupuis. Il est à rapprocher des *Quatre Ages de la vie* que Gillot symbolise tour à tour par des singes et des satyres.

Dans toute une série de tableaux, comme *la Contredanse* gravée par Brion, *la Proposition embarrassante* gravée par Tardieu (fig. n° 77), *le Passe-temps* gravé par Audran et surtout *le Plaisir pastoral* (fig. hors texte n° 14) de Chantilly, la conception première de Watteau, sans disparaître complètement, est élargie, transformée déjà par une fantaisie nouvelle. Si plusieurs personnages du *Plaisir pastoral* sont encore des rustres pris aux champs : le vieux joueur de flûte, par exemple, ou le berger qui presse brutalement la bergère, d'autres, au contraire, annoncent déjà et réalisent presque les types parfaits de l'*Embarquement*, mi-comédiens, mi-grands seigneurs, suprêmement élégants : le danseur et la danseuse du premier plan, le jeune homme un peu mièvre étendu sur l'herbe, la « balanceuse » entrevue dans un coin, sur son escarpolette. Cette balanceuse, Watteau l'a beaucoup aimée ; il l'a peinte dans les *Agréments de l'Été*, dans une des *Arabesques*, dans un paysage de J. de Lajoue[1] : c'est à lui que tout le xviiie siècle va l'emprunter ; mais il ne l'a pas imaginée : Christophe, on s'en souvient, l'avait déjà représentée à la Ménagerie, et Van Schuppen avait exposé au Salon de 1704 une *Jeune fille assise sur une escarpolette*.

Les danseurs et le musicien du *Plaisir pastoral* sont les éléments essentiels qu'on retrouve dans presque toutes les œuvres de transition : la *Danse*, le *Bal*, la *Danse autour d'un May*, la *Danse champêtre*, la *Danse dans le pavillon*, la *Danse de paysans*, la *Leçon de musique*, la *Leçon de guitare*, la *Gamme d'amour* et tant d'autres[2]. Watteau emprunte-t-il ces figures à l'Opéra? Il y fréquente, à n'en pas douter, conduit par son ami de La Roque, dont la *Médée* est représentée en 1713[3]. Mais ses danseurs ne sont pas des danseurs de ballet, ses musiciens ne sont pas des musiciens d'orchestre... Il ne cherche pas non plus son inspiration à la ville, quoique la danse y fasse fureur dans ce commencement de

1. Nous n'avons plus ce tableau, mais il passa en 1779 à la vente de l'abbé de Gevigney, n° 532 du catalogue. On y voyait « une immense balançoire entre les arbres, sur laquelle est assise une jeune fille et qu'un jeune homme fait voltiger ».

2. Dubois de Saint-Gelais déjà, dans la notice qu'il consacre à Watteau (*Description des tableaux du Palais-Royal*, p. 75), note le charme et l'importance des « figures dansantes », qui « sont admirables pour la légèreté, pour la justesse des mouvements et pour la beauté des attitudes ».

3. Les relations de Watteau avec La Roque, cet ancien officier de gens d'armes qui, blessé, quitte l'armée et consacre sa retraite au théâtre et au journalisme, ont été soigneusement étudiées par tous les historiens de Watteau, surtout par M. Virgile Josz. Watteau peignit un portrait de La Roque gravé par Lépicié et on retrouve encore La Roque, nous l'avons vu, dans la gravure du tableau intitulé la *Conversation*. — Peut-être Watteau a-t-il été à l'Opéra dès son passage chez Gillot. On se souvient que Gillot eut, pendant un temps, la conduite des machines, décorations et habits du théâtre : rien ne prouve que ce ne fut pas à l'époque où Watteau travaillait chez lui.

siècle : ses personnages ne sont pas des mondains. Si Gillot avait peint la *Danse paysanne* exposée sous son nom au Musée de Dijon (fig. n° 75), on pourrait admettre que son disciple a simplement pris modèle sur lui. La *Danse paysanne*, c'est la danse d'un couple amoureux dont la femme rêveuse évoque d'autres femmes que nous connaissons bien; à droite, un musicien assis près d'une panetière et d'une houlette joue de la vielle; deux hommes, derrière lui, regardent les danseurs : au fond, dans l'échappée des arbres, une bergère assise près de ses moutons repousse, sans conviction, le galant berger qui la presse. Mais l'œuvre est de Watteau lui-même[1], comme le prouve la gravure d'Audran portant le nom du peintre (fig. n° 74)... En réalité, les danseurs et les musiciens sont familiers au Maître depuis ses débuts : ce sont les seuls personnages des kermesses et des cabarets qui trouvent grâce devant lui quand il abandonne les lourdeaux de ses premières années : il affine seulement leur silhouette, il allège leur geste; au lieu de grossières bourrées, il leur fait danser des pavanes élégantes, des menuets précieux et remplace par une guitare leur cornemuse trop champêtre.

Même s'il n'avait pas connu les sujets du théâtre italien, Watteau ne serait pas resté longtemps fidèle à sa première manière. Il n'aime pas les rustres qu'il représente d'abord; son tempérament le porte vers la grâce, vers l'élégance, vers un sentimentalisme joliment ironique, et la vie, autour de lui, l'invite à plus de raffinement. Il n'est plus confiné d'ailleurs dans d'odieuses petites besognes. Il va être agréé à l'Académie; chez Gillot, chez Audran il a connu des peintres et des poètes; Gersaint, le marchand de tableaux, est son ami[2]. Peut-être est-il déjà lié avec Julienne, avec Caylus[3]. Chez Crozat, enfin, il s'initie à l'art somptueux de Venise; Crozat possède quatre cents tableaux, cent trente et un dessins du Titien, cent six de Véronèse, et Watteau les étudie dès le temps où il peint les *Quatre Saisons* dans l'hôtel de l'amateur. Le profit qu'il en tire est

1. Voy. *Gazette des Beaux-Arts*, 1904, t. I, p. 372. P. Marcel, *Une œuvre de Watteau au Musée de Dijon*. Depuis la publication de cet article, nous avons retrouvé deux documents concernant cette œuvre. D'abord une gravure en manière noire la reproduisant, mais dont nous ignorons l'auteur, l'estampe étant complètement rognée; en second lieu, une mauvaise copie exécutée au xviiie siècle, arrangée en dessus de porte, et provenant, selon le marchand qui la possédait, d'un château des environs de Chambéry.

2. Gersaint est le gendre de Sirois, l'acheteur des deux premières scènes militaires connues de Watteau : c'est lui qui présenta l'artiste à Crozat.

3. « Ce fut quelque tems après cette justice que l'Académie rendit à Wateau (de l'agréer) (1712) que je fis connaissance avec lui. » (Caylus, dans Goncourt, *op. cit.*, p. 27.)

très grand[1]. Comme tous ses contemporains il croyait encore l'éclat du coloris inséparable d'un réalisme étroit; Titien, Véronèse et Tintoret lui enseignent que la couleur est compatible avec l'idéalisme : la féerie des Fêtes galantes va commencer.

Les Fêtes galantes! c'est dans les *Procès-verbaux* de l'Académie, lors de la réception de Watteau, que ce terme paraît pour la première fois. On l'imagine par hasard et on ne le comprend même pas, puisqu'on le biffe après l'avoir écrit[2]; mais la postérité l'a repris : il exprime admirablement toute la production du Maître dans sa maturité. Sur le thème de l'amour Watteau va broder de merveilleuses imaginations : danses encore ou promenades sous les futaies, serments échangés à voix basse, rêveries d'amoureuses solitaires, sérénades d'amoureux pressants, harmonieux enlacements de couples au départ pour Cythère, pudeurs qui s'effarouchent à peine, tendresses qui se cherchent, bouches qui se livrent... Il variera les épisodes, les détails à l'infini, et ce seront les *Entretiens amoureux*, l'*Enchanteur*, la *Surprise*, le *Lorgneur*, la *Lorgneuse*, les *Deux Cousines*, la *Partie carrée*, la *Leçon d'amour*, l'*Amour paisible*, enfin le symbole et le type : l'*Embarquement pour Cythère*.

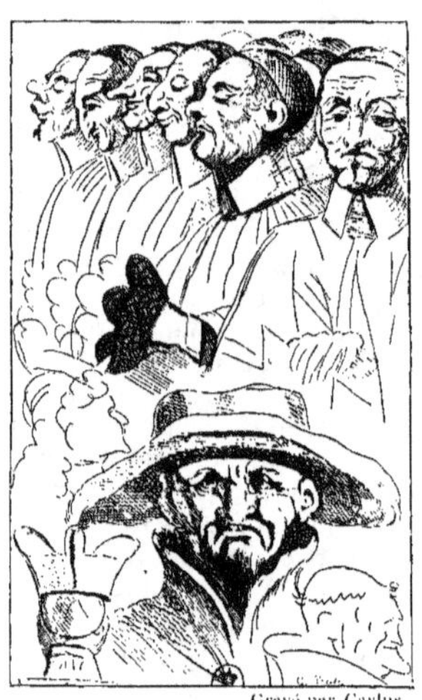

Gravé par Caylus.

FIG. 78. — JEAN JOUVENET. — CARICATURES.

Plus trace des petites scènes réalistes du début dans cet incomparable poème. L'artiste cependant s'inspire toujours de la nature et de la vie; ses familiers, les gens qui passent lui servent de modèle : « Il avait, dit Caylus, des habits galants, et quelques-uns de comiques

---

1. Véronèse surtout le séduit, et il le copie comme il avait copié la *Kermesse* de Rubens. Une feuille de croquis du Louvre représente des silhouettes qu'il dessina d'après le maître. On voyait aussi autrefois dans la collection du baron de Schwiter une *Sainte Catherine* de Véronèse interprétée à la sanguine par Watteau (reproduite dans le *Watteau* de Dargenty.)

2. *Proc.-verb.*, t. IV, p. 252, séance du 28 août 1717. Avant Watteau, Gillot, lors de sa réception, reçoit déjà à l'Académie un titre nouveau assez caractéristique. Il est qualifié par les *Procès-verbaux* de « peintre de sujets modernes ».

dont il revêtait les personnages de l'un et l'autre sexe, selon qu'il
en trouvait qui voulaient bien se tenir, et qu'il prenait dans les attitudes que la nature lui présentait, préférant les plus simples aux
autres[1] ». Très rarement il imagine ses personnages; il transforme
seulement selon son rêve les hommes et les femmes qui l'entourent :
« Sa servante qui était belle, écrit d'Argenville, lui servait de modèle.
Il l'a peinte en danseuse avec un fond de paysage très frais[2] ».
Peut-être même lui pose-t-elle les statues de ses bosquets, car ce ne
sont pas des figures de marbre, mais des femmes à la peau satinée,
aux lignes élégantes, à la grâce un peu mièvre que l'on voit dans ses
parcs, sur des piédestaux, au milieu des feuillages.

Les accessoires qu'il emploie à ses métamorphoses sont très
simples : tantôt il demande au paysage pastoral les frais habits des
bergers et des bergères d'églogue, tantôt il emprunte au théâtre les
costumes traditionnels des comédiens. A mesure qu'il avance dans
sa carrière, il aime davantage le théâtre. En même temps que de La
Roque, il fréquente peut-être Pellegrin dont les pièces sont jouées à
la foire Saint-Laurent; Le Sage est sans doute aussi de ses amis :
Sirois écrit dans sa lettre du 23 novembre 1711 : « M. Lesage lui a
procuré la commande de deux pendants tirés du *Diable boiteux*. Il
n'espère qu'on les aura, car Watteau peint à sa fantaisie et n'aime les
sujets commandés[3] »... Il est lié avec des comédiens et se plaît à les
peindre : à défaut des originaux, nous avons des gravures d'après
ses portraits de La Thorillière, de Dumirail, de Poisson en comédiens,
de la Desmares dans le rôle de la Pèlerine. Son goût pour la scène
se traduit enfin par ces compositions où il groupe simplement des
acteurs, la *Troupe italienne*, les *Comédiens italiens*, les *Comédiens
français*, l'*Amour au Théâtre Français*, l'*Amour au Théâtre Italien*[4].

1. Caylus, *Vie d'Ant. Watteau*, dans Goncourt, *L'Art du XVIIIe siècle*, 1re série,
p. 38-39.
2. D'Argenville, 1762, t. IV, p. 407-408.
3. Je fais état de cette lettre bien connue qui a été publiée pour la première fois
dans le catalogue de la vente B. Fillon. Tous les historiens l'ont reproduite; mais
j'avoue qu'il me reste à son sujet la méfiance qu'exprimait déjà Ed. de Goncourt
et que j'aurais vivement désiré pouvoir en démontrer plus certainement l'authenticité.
Tout ce que l'on sait des rapports de Le Sage avec les artistes reste aussi indécis et
douteux. Je trouve, par exemple, dans les *Mémoires inédits*, t. II, p. 4, que La Fosse
peignit « deux plafonds dans la maison de M. Lejuge, rue du Grand-Chantier ». Les
éditeurs insinuent en note, mais sans preuve, que ce Lejuge pourrait bien être Le Sage.
4. Dans un certain nombre de Fêtes galantes, les personnages de théâtre sont
seuls : par exemple, dans *Coquettes qui pour voir galants au rendez-vous...*, la *Partie
carrée*, l'*Ile enchantée*, *Belle n'écoutez rien...*, *Pour garder l'honneur d'une belle...*, les
Entretiens badins, *Arlequin amoureux*, etc. Dans d'autres, comme l'*Enchanteur*, le
Lorgneur, la *Gamme d'amour*, *Pierrot content*, il y a mélange de personnages de

Rarement d'ailleurs une œuvre dramatique déterminée inspire directement une de ses Fêtes galantes. Le *Galant Jardinier* gravé par Favannes, n'est pas né de la pièce de Dancourt jouée sous ce titre ; *les Fêtes vénitiennes*, ballet-opéra de Danchet et Campra, n'expliquent pas le tableau des *Fêtes vénitiennes*. Des sujets comme les *Jaloux*, l'*Adonis*, le *Rendez-vous* sont tirés peut-être de pièces de théâtre, mais desquelles ? M. de Fourcaud, qui a minutieusement comparé la littérature dramatique du temps à l'œuvre de Watteau, a retrouvé, dans des comédies ou des opéras, l'origine de deux tableaux seulement[1]. L'une de ces œuvres : *M. de Pourceaugnac poursuivi par ses prétendues femmes et ses prétendus enfants*, est très secondaire ; mais l'autre est le chef-d'œuvre suprême : l'*Embarquement pour Cythère*. L'*Embarquement* est inspiré des *Trois Cousines* de Dancourt, représentées pour la première fois le 18 octobre 1700 par les comédiens du roi. Watteau connaît la pièce ; il l'a vu jouée par Charlotte Desmares, puisqu'il peint la comédienne sous le costume de la Pèlerine du dénouement. Dancourt met en scène une meunière de Créteil, veuve, vivant avec ses deux filles et sa nièce, qui veut se remarier et néglige de pourvoir ses enfants. Les jeunes filles ont des amoureux qui pour forcer la vieille à les unir préparent un enlèvement général, un pèlerinage de toute la jeunesse du pays. Watteau n'a pas trouvé là son sujet tout composé, mais des images, des vers l'ont certainement frappé : l'exode des amants, par exemple,

> Tout le long de la rivière,
> Chacun par la main
> Mène en chantant sa bergère.

ou la mise en scène du divertissement final, indiquée par ces mots : « Les garçons et les filles du village, vêtus en pèlerins et en pèlerines, se disposent à faire un pèlerinage au temple de l'Amour » ; ou bien encore ces chants :

> Au temple du Fils de Vénus
> Chacun fait son pèlerinage.
> . . . .
> Vénus à l'île de Cythère
> En pèlerinage avec nous.

théâtre et d'individus réels ou de fantaisie. Dans d'autres enfin dominent les personnages réels, par exemple, dans la *Surprise*, la *Famille*, les *Deux Cousines*, *Pour nous prouver que cette belle...*, la *Collation*, les *Champs-Élysées*, la *Conversation*, la *Leçon d'amour* et la *Diseuse de bonne aventure*. Watteau met-il quelque intention ironique à déguiser plutôt les hommes que les femmes ? Dans bien des Fêtes où celles-là restent de gracieuses Parisiennes de 1715 joliment parées, d'une grâce nonchalante, ceux-ci portent la toque et le manteau rayé : voyez l'*Enchanteur*.

1. Voy. *Revue de l'Art ancien et moderne*, 1904, t. I, p. 135 et 193. Nous ne pouvons que résumer ici l'argumentation de M. de Fourcaud.

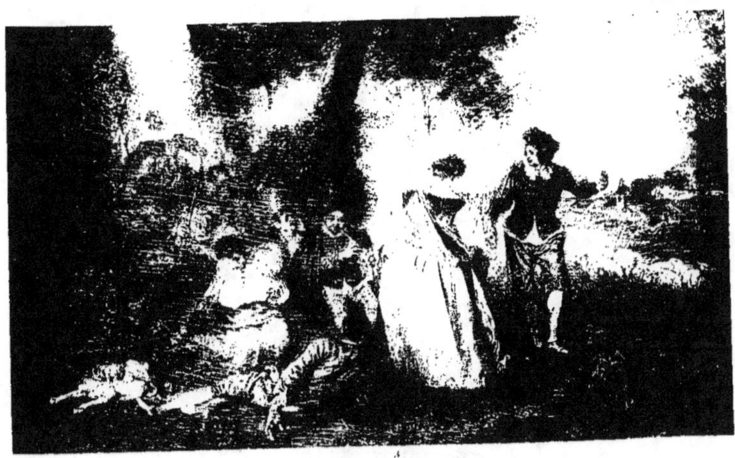

LE PLAISIR PASTORAL
par Antoine WATTEAU
(CHATEAU DE CHANTILLY)

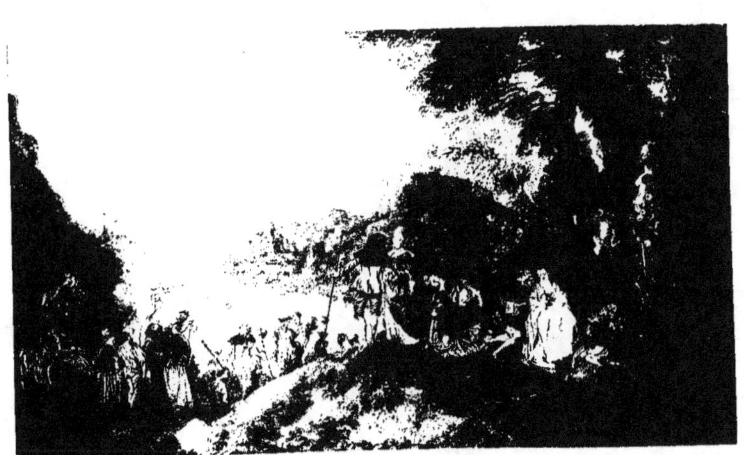

L'EMBARQUEMENT POUR CYTHÈRE
par Antoine WATTEAU
(MUSÉE DU LOUVRE)

Voilà bien les éléments essentiels de l'*Embarquement*[1]. Quant à leur incomparable mise en œuvre, elle appartient sans partage à Watteau. Rien dans l'art flamand, dans l'art vénitien, dans l'art français n'annonce, ne prépare la forme merveilleuse dont le maître revêt ses pensées. La déconcertante variété des groupements, des impressions, la souplesse de l'expression, la finesse de la touche, tout est incompréhensible si l'on ne détermine pas le tempérament de l'homme, car tout exprime sa nature intime. Fort jeune il souffre d'une nervosité morbide; peut-être en est-il atteint chez Gillot déjà : sa querelle avec son maître n'aurait alors pas d'autre cause. En tout cas il est déjà malade en 1711; Sirois écrit le 23 novembre : « Le pauvre Watteau n'est jamais satisfait de ses tableaux... il m'a promis de peindre pour moy une *Feste de la Foire du Landit*, mais s'il est repris de son humeur noire et possession d'esprit, le voilà loin du logis et adieu le chef-d'œuvre... Le médecin l'a remis au régime du quinquina depuis cinq jours après sa venue ». Tous les biographes insistent sur ce dégoût de lui-même et des autres, sur cette inconstance d'esprit qui obligent l'artiste à abandonner sans cesse ses ébauches, et qui le contraignent à vagabonder dans Paris, à travers vingt logements : « J'ai été souvent témoin de son impatience, écrit Gersaint, et du dégoût qu'il avait pour ses propres ouvrages... il était toujours mécontent de lui-même et des autres[2] »; Julienne assure que « le travail assidu l'avoit rendu un peu mélancolique, ce qui le rendoit quelquefois incommode à ses amis et souvent à lui-même[3] »; et Caylus qu'on peut invoquer puisque Sirois, Gersaint et Julienne le confirment, note « l'inconstance et le dégoût que Watteau avait de lui-même et de tous les hommes », et ajoute qu'il était « fait de manière à se dégoûter presque toujours de ce qu'il faisoit » et qu'il n'avait pas d'autre ennemi que lui-même et certain esprit d'instabilité qui le dominait[4]. Il effleure tous les sujets, mais il est blasé dès qu'il a travaillé quelques heures. Heureusement l'œuvre est déjà parfaite quand il pense l'ébaucher à peine; car sa nervosité n'explique pas

---

1. On sait que Watteau n'est pas arrivé du premier coup à la conception définitive de l'œuvre. Il y a trois étapes : d'abord l'*Ile de Cythère* de la collection Sedelmayer, puis l'*Embarquement* du Louvre, enfin celui de l'empereur d'Allemagne.

2. *Abecedario*, t. VI, p. 131. *Notice de Gersaint pour le Catalogue Quentin de Lorangère*.

3. *Ibid.*, t. VI, p. 119. Julienne, *Introduction aux Figures de différents caractères...*

4. Caylus, *Vie d'Ant. Watteau*, dans Goncourt, *L'Art du XVIIIe siècle*, t. I, p. 29 et 33.

tout. Il faut encore invoquer son génie pour bien comprendre son
œuvre, ce génie que les historiens ont presque toujours nié en
voulant trouver des influences extérieures à l'origine de toute la
production du Maître, et dont les critiques, au contraire, ont cru
sentir le souffle même dans les compositions médiocres du début.
Il ne se manifeste que dans les chefs-d'œuvre de la maturité;
mais là il est souverain : il donne aux petits comédiens, aux petits
mondains des Fêtes galantes une valeur éternelle.

Malgré son caractère fantasque, malgré sa vie vagabonde, Watteau forma des élèves. Jean-Baptiste Pater est le plus certain et
généralement le seul admis à ce titre. Dès son enfance, Watteau
avait connu à Valenciennes le sculpteur Antoine Pater, qui en
1714 lui confia l'éducation de son fils[1]. Mais, de caractère également
difficile, le maître et l'élève se brouillèrent vite, et Jean-Baptiste
Pater revint à Valenciennes. Peut-être est-ce Watteau qui provo-
qua la rupture; car, à Nogent, vers la fin de sa vie, il se reprocha
d'avoir abandonné son jeune compatriote et l'appela auprès de lui;
mais il mourut quelques semaines après. Pater n'en disait pas
moins qu'il « devoit tout ce qu'il sçavoit à ce peu de tems qu'il
avoit mis à profit[2] ». C'est son premier séjour même qui contribue
surtout à la formation de son talent; en effet, ses œuvres peintes
de 1715 à 1720 sont déjà inspirées de Watteau : le sujet et l'exécution du *Concert champêtre* et du *Rafraîchissement champêtre*, entre
autres, dont la date est certaine, sont caractéristiques[3]. Quand il
revint à Paris en 1718, après avoir mené une lutte héroï-comique
contre la maîtrise de Valenciennes[4], le jeune artiste fut employé
d'abord par des amateurs à peindre des *Conversations*, des *Fêtes galantes*, peut-être même déjà des copies de Watteau : c'est bien à cette
époque, semble-t-il, que Blondel de Gagny lui acheta les *Plaisirs*

---

1. Toute la jeunesse de Pater a été remarquablement étudiée par Foucart, *La
Jeunesse de Pater* dans *L'Art*, 1894, t. I, p. 117 et suiv. et 155 et suiv.

2. Voy. *Abecedario* de Mariette, t. VI, p. 136 : *Notice de Gersaint sur Pater
pour le Catalogue de Lorangère*. Ce n'est évidemment pas J.-B. Guidé, son maître
de Valenciennes, peintre de la même catégorie à peu près que le premier maître de
Watteau, Gérin, qui a pu lui apprendre grand chose.

3. M. Foucart (*L'Art*, 1894, t. II, p. 124) démontre l'authenticité et fixe la date de
ces deux œuvres qu'il reproduit dans son article, p. 123 et 125. Les toiles appartenaient à cette époque à M. J.-B. Foucart.

4. Les incidents en sont connus; le détail en est conté par Foucart, *op. cit.*, p. 128
et suiv. Entre autres mesures, la maîtrise ordonna le 22 septembre 1717, la saisie
d'un tableau de Pater, dont le sujet, une *Foire de village*, était familier à Watteau.

du Bal d'après le Maître. Le duc de La Force le chargea bientôt de décorations importantes au château de La Boulaye, à Auteuil, près d'Évreux. Nous connaissons les sujets de ces peintures aujourd'hui disparues, par un précieux autographe publié par M. Foucart[1] : c'était une *Escarpolette*, des *Femmes au bain*, des *Jeux de paysans*, une *Assemblée de paysans*, un *Grand Seigneur dans son palais avec une sultane*, deux *Festins de noces de village* et un *Festin des dieux*, — uniquement des sujets de genre. Watteau mort, Pater devint presque officiellement son héritier artistique et continua ses travaux inachevés : il peignit les figures de deux paysages de Philippe Meusnier[2] commandées à Watteau après son retour d'Angleterre et que celui-ci n'avait pas eu le temps d'exécuter[3]; il mit aussi la dernière main à une *Fête champêtre* qui figura à la vente de l'abbé de Gevigney, accompagnée, au catalogue, de

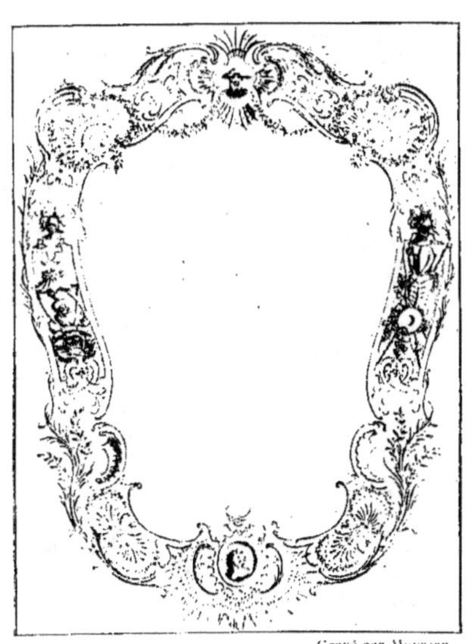

Gravé par Moyreau.

FIG. 79. — ANTOINE WATTEAU. — ENCADREMENT DÉCORATIF. DON QUICHOTTE ET SANCHO PANÇA.

cette indication : « Ce tableau dont la plus grande partie des figures a été peinte par Watteau, et le reste par Pater, est de la plus belle

1. Cet autographe, vendu le 3 décembre 1887 à l'hôtel Drouot, est intitulé : *Mémoire des ouvrages de peinture que j'ai faits pour Monseigneur le Duc de la force pour son chasteau de la Boulaije*. Voy. Foucart, *op. cit.*, 176.

2. Watteau avait été chargé, à plusieurs reprises, d'animer ainsi de figures des paysages d'autres artistes. A une vente du 1er décembre 1779, passa n° 531, un tableau dû à la collaboration de Watteau et de M. Boyer. Le Musée de Lille possède également une œuvre des deux artistes et le Musée de Grenoble conserve un paysage de Francisque orné de figures par Watteau. (Josz, *Watteau*, p. 409, note.)

3. D'Argenville, 1762, t. IV, p. 291.

ordonnance »; il acheva enfin le *Portrait du peintre Rinders et de sa femme* (?) qui passa à la vente Prousteau en 1769[1].

Souvent des compositions de l'élève ont été attribuées au maître : Mme de Graffigny croyait déjà que le *Baiser donné* et le *Baiser rendu* de Pater, au château de Cirey, dans l'appartement de Mme du Châtelet, étaient l'œuvre de Watteau; Bürger proposait encore ce nom pour la *Surprise au bain* et le *Bain rustique* de la collection d'Arenberg, dont la paternité a été rendue à Pater[2]; mais ces erreurs deviennent de plus en plus rares : le tempérament, la vie des deux artistes sont mieux connus, et leur étude critique est plus approfondie. Pater n'imite servilement Watteau que dans les sujets mondains, parce qu'il est incapable de les imaginer. Flamand de naissance et de goût, il ne comprend bien que les scènes de foire et de cabaret; s'il peint des anecdotes galantes, c'est que les amateurs en réclament et que — assez avare — il n'aimait pas à refuser une commande; mais il est vraiment difficile de le confondre avec son maître. Même dans les petites œuvres de ses débuts, Watteau donne du charme à ses compositions, de la grâce à ses personnages, de la légèreté à son coloris; même dans les compositions de sa maturité, Pater peint des types vulgaires, d'un pinceau lourd.

Lancret est le second élève de Watteau. « Ç'a été un grand avantage pour cet artiste, dit d'Argenville, d'avoir été précédé par un génie qui lui a frayé une route dont il a sçu si bien profiter... il se décida pour le genre de peinture de Wateau qui étoit alors extrêmement à la mode. Les sources où avoit puisé ce gracieux maître ne lui étoient pas inconnues, il alla les chercher comme lui chez Gillot. Heureusement, Wateau qui l'aimoit lui fit sentir que les maîtres ne sont bons que jusqu'à un certain point... Lancret le crut... Il composa deux tableaux dont Wateau parut si satisfait qu'il ne put résister au plaisir de l'embrasser[3] ». L'Académie reconnaît implicitement cette filiation en reprenant, pour le tableau de réception de Lancret (24 mars 1719), ce terme de Fête galante[4] qu'elle n'a encore appliqué qu'une fois, et bien timidement, on

---

1. Nº 350 du Catalogue.

2. Voy. Foucart, *Watteau à Valenciennes* (*Réun. des Soc. des Beaux-Arts des dép.*, 1892, p. 548).

3. D'Argenville, t. IV, p. 435. Ceci est confirmé par Gersaint qui dit que Watteau conseilla à Lancret « de se former sur la nature même, ainsi qu'il avait fait ». J'ignore où Ch. Blanc a trouvé que Watteau se brouilla avec Lancret (comme il s'était brouillé avec Pater et Gillot) en voyant que son disciple vendait très bien ses toiles. Lancret fut aussi élève de P. Dulin.

4. *Proc.-verb.*, t. IV, p. 280.

s'en souvient, à l'*Embarquement pour Cythère*. Lancret, d'ailleurs, ne comprend pas mieux Watteau que ne l'a compris Pater. Il croit l'égaler en peignant son temps avec une minutie laborieuse : c'est l'illustrateur le plus exact, le plus précis, — trop exact, trop précis, — des hommes aimables et des mœurs galantes du XVIII° siècle, mais jamais il ne soupçonne le monde de fantaisie et de rêve où le Maître s'est retiré toute sa vie.

Peut-être Boucher, quoiqu'il n'ait jamais connu Watteau, doit-il être compté pourtant parmi ses élèves. C'est chez Le Moyne sans doute qu'il prend les meilleures leçons de sa jeunesse, mais ce n'est pas Le Moyne, c'est Watteau qui lui inspire des sujets comme la *Balançoire*, les *Chinoiseries*, les *Fêtes vénitiennes*. Vers 1725, le jeune artiste travaille chez Cars, le père de Laurent Cars, et M. de Julienne qui prépare à cette époque les *Figures de différents Caractères*, lui confie l'exécution de cent vingt-cinq planches de son recueil[1]. Pendant tout le temps qu'il passe à les graver, Boucher vit dans l'intimité de Watteau, et il en tire un très grand profit.

Avec Jean Raoux[2], avec Vleughels[3], quelques peintres appartiennent vraisemblablement encore à la descendance directe du Maître; mais, faute de preuves matérielles, leur filiation ne peut pas être définitivement admise. Ce sont d'ailleurs des artistes obscurs, Octavien et Bonaventure Debar sont les moins médiocres : l'un est reçu à l'Académie, le 24 novembre 1725, sur la *Foire de Bezons*[4] où il introduit des personnages directement empruntés aux *Fêtes galantes*, Gilles, par exemple, dans la pose même du grand Gilles de la collection La Caze, un joueur de musette, un couple de danseurs que nous connaissons bien; l'autre présente en 1729 à la

---

1. Voy. Baudicour, *Le peintre graveur français continué*, t. II. p. 37 à 102. Mariette dit à propos de ces gravures : « Sa pointe légère et spirituelle (de Boucher) semblait faite pour ce travail. M. de Julienne lui donnait 24⁺ par jour et tous deux étaient contents, car Boucher était fort expéditif et ces gravures pour lui n'étaient qu'un jeu. » (*Abecedario*, t. I, p. 166.)

2. Voy. *supra*, p. 272-273, les leçons que Raoux tira de Watteau.

3. Vleughels habita pendant un temps avec Watteau aux Fossés-de-la-Doctrine-Chrétienne et subit certainement son influence.

4. Il faut remarquer que le procès-verbal de la séance du 24 novembre 1725 (*Proc.-verb.*, t. IV, p. 404) indique que ce sujet a été *ordonné* à Octavien pour sa réception. Voilà un grand changement accompli à l'Académie. Non seulement la Compagnie accepte de semblables sujets, mais elle les ordonne. — Le dictionnaire de Bellier de la Chavignerie et le Catalogue du Louvre de Lafenestre et Richtenberger appellent le tableau d'Octavien la *Foire de Vesoul*. C'est évidemment une erreur. Ce sont les *Procès-verbaux* qui font foi et ils donnent le titre de *Foire de Bezons*.

Compagnie une *Fête champêtre*[1], dont le sujet et presque tous les personnages appartiennent au répertoire de Watteau.

Si Watteau ne s'était imposé qu'à ses élèves et à ses continuateurs directs[2], il n'aurait, en somme, exercé qu'une action assez médiocre sur le développement de la peinture au xviiiᵉ siècle; en réalité, il exprime le goût général jusqu'à la réaction davidienne. Bien qu'il occupe lui-même une place modeste dans la hiérarchie officielle, au-dessous de Coypel et de Le Moyne, son œuvre séduit très vite les artistes et les amateurs. Du vivant de Louis XIV déjà, elle rajeunit l'art officiel, comme le prouve la commande pour les Gobelins, dès l'année 1714, de l'*Histoire de Don Quichotte*, sujet que l'art officiel devait écarter entre tous parce qu'il ne répondait pas aux conditions de noblesse et de majesté exigées par l'Académie, et qu'il tournait la chevalerie en ridicule comme le notera, en 1794, le jury chargé d'examiner les tentures[3].

1. D'Argenville écrit que le morceau de réception de Bonaventure Debar représentait la *Foire de Bezons*. Il confond certainement avec le morceau d'Octavien. Le procès-verbal de la séance académique du 25 septembre 1728 (*Proc.-verb.*, t. V, p. 47) nous indique, en effet, que Bonaventure Debar présenta trois tableaux pour sa réception, parmi lesquels l'Académie choisit « le plus grand… qui est une foire de campagne ». Mme de Verrue possédait deux petites toiles de Bonaventure Debar dans le goût de Watteau qui firent 220ᵗᵗ à sa vente. (Voy. Ch. Blanc. *Le Trésor de la Curiosité*, 2 vol., Paris, 1857-1858, in-8°, t. I, p. 15.)

2. Aux élèves directs de Watteau, peut-être faut-il ajouter encore le médecin Ph. de la Hire dont d'Argenville dit (1762, t. IV, p. 65) qu'il « était né peintre et [que] les moments que sa profession lui laissaient libres étaient employés à peindre à gouache du paysage et des figures dans la manière de Watteau ». De La Hire mourut en 1719 à 42 ans ; cette date rend probable l'influence directe de Watteau sur lui. Je ne parle pas ici des élèves que Watteau fit sans doute en Angleterre, tels que Ph. Mercier, qui vécut à Londres dans son intimité, grava d'après lui et l'imita au point qu'on a attribué à Watteau des œuvres de Mercier, par exemple, l'*Escamoteur* du Louvre que P. Mantz, dans son *Watteau*, p. 121, rend, avec preuves, à son véritable auteur. M. Edgcumbe Staley, dans son livre *Watteau and his School*, rattache encore à Watteau le peintre d'architecture Ph. Meusnier, ce qui est invraisemblable, Meusnier étant surtout un peintre d'architecture et de paysages architecturaux, Jacques de Lajoue, peintre d'architecture aussi, enfin Pierre Angelis et Pierre-Antoine Quillard, nés trop tard pour avoir pu connaître le Maître.

3. Gillot, le premier, représente Don Quichotte, au début du xviiiᵉ siècle. Lors de sa réception à l'Académie, il apporte, entre autres « ouvrages de différentes natures », la *Veillée d'armes de Don Quichotte*, et il dessine *Sancho Pança à table, contrarié par le docteur qui lui défend de manger tout ce qu'on lui présente*. Watteau emprunte à son maître le Chevalier de la Triste Figure pour un écran des arabesques, reproduit ici (fig. 79). Dans l'œuvre gravée de Caylus, parmi quelques fantaisies dessinées par Jouvenet, on trouve une étrange tête coiffée d'une sorte de plat à barbe qui ressemble singulièrement à un Don Quichotte et que nous donnons (fig. n° 78). M. Engerand avait cru pouvoir attribuer l'invention et le premier carton de la série de Don Qui-

En 1714, Don Quichotte est encore une exception dans l'art officiel; mais bientôt la surintendance demandera aux peintres plus de tableaux de genre que de tableaux d'histoire. Le temps n'est pas loin où Lancret touchera 400^liv du roi « pour un tableau représentant *l'Accident arrivé dans le voyage de la Reine, près de Montereau* qu'il a fait...

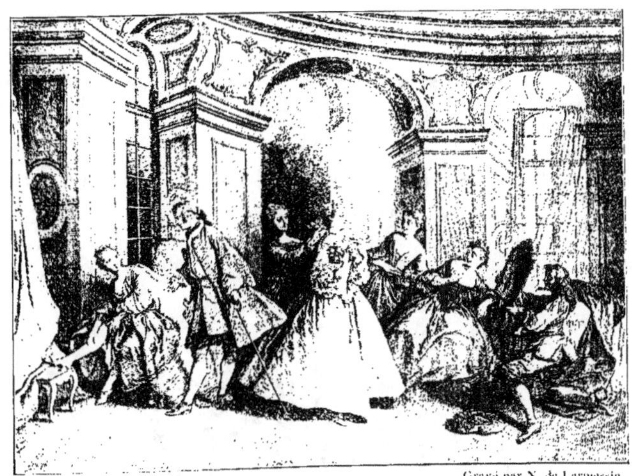

Gravé par N. de Larmessin.

FIG. 80. — NICOLAS LANCRET. — L'ADOLESCENCE.

en 1725[1] ». Lancret et de Troy le fils, deux des artistes favoris de Louis XV pendant la première partie de son règne, sont peintres

chotte composée pour les Gobelins à Belin de Fontenay. Voy. *Inventaire des tableaux commandés et achetés par le roi*, p. 110 et suiv., mais M. Fenaille (*État général des tapisseries de la manufacture des Gobelins, depuis son origine jusqu'à nos jours*) rend définitivement l'exécution, même des premières pièces, à Charles-Antoine, d'après les registres de la série O^1 2216-2217 des Archives nationales. (Charles-Antoine étant très jeune en 1714, l'invention du sujet est peut-être de son père Antoine.) Il est assez probable qu'il faudrait reviser aussi l'attribution d'un tableau du Musée de Cherbourg qui porte le nom d'Ant. Coypel. Cette toile, cataloguée sous le n° 101, représente le moment où *Don Quichotte s'entretient avec la tête enchantée dans la maison d'Antonio Moro.*

1. Engerand, *Inventaire des tableaux achetés et commandés par le roi*, p. 262-263.

de genre l'un et l'autre[1]. Enfin quand, à la mort de François Le Moyne, Charles-Antoine Coypel est nommé Premier Peintre du roi, c'est un peintre de genre et un disciple de Watteau qui arrive au pouvoir. Dès lors on signalerait plus aisément les œuvres et les hommes qui échappent à l'action du Maître que ceux qui la subissent : « Les tableaux de Chardin seuls exceptés, dit Edmond de Goncourt, tous les tableaux du siècle qui ne sont pas consacrés aux Grecs et aux Romains ressuscitent les attitudes, les airs de tête, le goût de coiffure, le coloris, le dessin, la touche du Maître mort. Watteau s'impose, Watteau signe partout[2]. » Jusqu'à la réaction davidienne, presque tous les peintres modulent des variations sur les airs qu'il a imaginés.

1. C'est de leurs œuvres surtout qu'on décorera après 1732 les petits appartements de Versailles.
2. Ed. de Goncourt, *L'Art du XVIIIe siècle*, 1re série, p. 80.

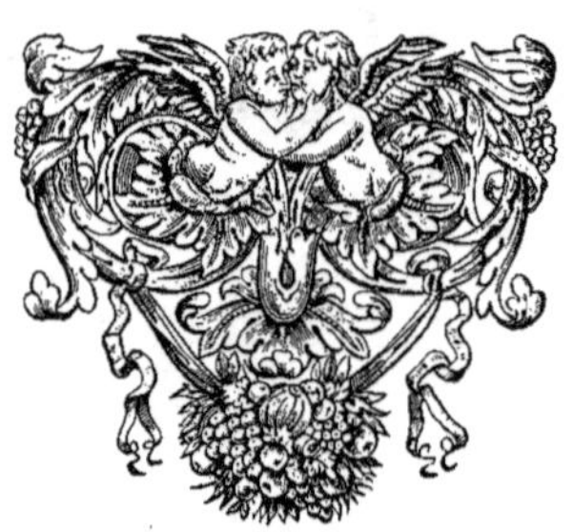

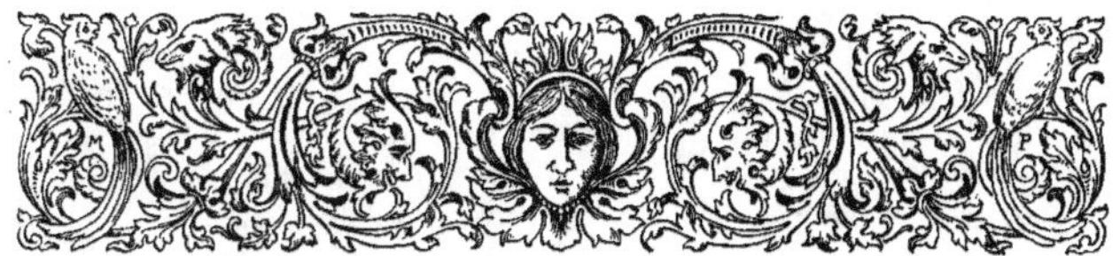

CONCLUSION

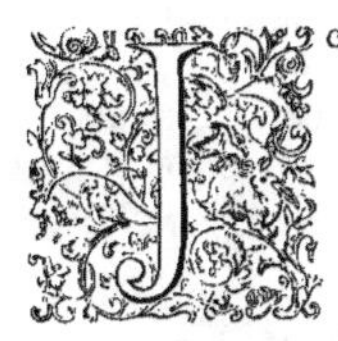e crois, écrit Diderot en 1767, « que l'École a beaucoup déchu et qu'elle déchoiera davantage. Il n'y a presque plus aucune occasion de faire de grands tableaux. Le luxe et les mauvaises mœurs qui distribuent les Palais en petits réduits anéantiront les Beaux-Arts[1] ». La grande peinture, c'est-à-dire la peinture décorative, religieuse ou historique, est presque morte en effet au milieu du XVIIIe siècle, mais sa vie n'est pas indispensable à la prospérité de l'École, comme le croit Diderot. L'art de 1760 est très différent de celui de 1660, sans lui être inférieur. Entre ces dates, la peinture française traverse une crise dont elle sort rajeunie, et dont les années 1690 et 1721 marquent assez exactement le début et la fin.

Les artistes des vingt premières années du XVIIIe siècle relient donc Boucher à Le Brun. Si nous avons démontré que Watteau n'est pas seulement un principe, mais une résultante, et que toute la génération d'Antoine Coypel le prépare, si nous avons expliqué pour quelles raisons et par quels moyens les genres et les formes conventionnels et surannés disparaissent devant la fantaisie, la jeunesse

---

1. Diderot, *État actuel de l'École française*, Salon de 1767, *Œuvres complètes* (édit. Assézat, t. XI, p. 308).

et la vie, après la mort de Le Brun, l'art du xviiiᵉ siècle, au lieu de naître mystérieusement et de se développer comme un paradoxe, devient la suite régulière et normale de l'art du xviiᵉ siècle.

Toutes les questions qui passionneront les hommes de 1760 sont en germe, déjà, dans les œuvres, dans les écrits et dans les discussions des hommes de 1710. Si Boucher, Greuze et Fragonard peuvent visiter Rome sans s'italianiser, c'est que l'effort de Roger de Piles et des rubénistes a été couronné de succès ; si tant d'autres peintres contemporains n'entreprennent jamais le voyage traditionnel, c'est que plusieurs artistes importants de la génération précédente ne l'ont pas accompli. Pierre-Jacques Cazes répondit un jour orgueilleusement à Crozat qui le plaignait de n'avoir jamais vu les chefs-d'œuvre italiens : « J'ai fait, Monsieur, comme Le Sueur, Jouvenet, Rigaud, Largillière et quelques autres grands peintres français ; j'ai fait voir qu'on pouvait s'en passer[1] ».

Mais les hommes des premières années du xviiiᵉ siècle n'ont pas seulement le mérite de préparer la voie à leurs successeurs, ils écartent aussi la pédagogie étroite, ils brisent la discipline rigide qui, sous Le Brun, menaçaient d'étouffer le génie national. La victoire qu'ils remportent sur le despotisme reste définitivement acquise à l'École : si des artistes, dans la suite, sont séduits de nouveau par un idéal d'autorité, ils ne sont plus dangereux, une fois admis le principe de libre examen et de libre critique ; au contraire, ils tempèrent les excès auxquels entraîne souvent l'exercice d'une liberté sans limite et sans contrôle.

L'œuvre de Watteau mis à part, la production artistique des premières années du xviiiᵉ siècle est cependant inférieure à celle qui la précède et à celle qui la suit. La deuxième moitié du xviiᵉ siècle et le milieu du xviiiᵉ siècle sont plus féconds, plus riches en œuvres de premier ordre. Sauf dans un genre, le portrait, les artistes que nous avons étudiés sont incomplets : ils marchent vers un but qu'ils ne savent pas bien eux-mêmes, et leurs œuvres sont souvent indécises et inégales. Ils méritaient pourtant, dans l'histoire, une meilleure place que celle qu'ils ont occupée jusqu'à nos jours. Ils ont été longtemps et vivement attaqués avant d'obtenir justice, avant même d'être défendus, et leurs ennemis les plus acharnés ont été leurs successeurs directs, c'est-à-dire les hommes qui leur devaient le plus.

L'effort des contemporains de Watteau s'est traduit pratique-

---

1. D'Argenville, éd. de 1762, t. IV, p. 399.

ment par la victoire de la peinture de genre sur la peinture d'histoire. Les hommes du XVIIIᵉ siècle — peintres de genre avant tout cependant —déploreront ce résultat. Louis de Boullogne, par exemple, dira un jour à l'Académie que « rien [n'est] plus dangereux pour les étudians que le goût des grotesques et des bambochades qui les éloigne de pouvoir traiter noblement l'histoire sacrée et la profane ». « On y sent, il est vrai, la nature, ajoute-t-il ; mais une nature outrée, comique, théâtrale, habillée chimériquement, qui s'éloigne des grands jeux, des belles proportions et de cette noblesse d'expression qui caractérise les sujets d'histoire et de la fable[1]. » Tous les critiques, d'Argenville, La Font de Saint-Yenne, Dandré Bardon..., se lamenteront à l'unisson. Pour tous, Watteau n'est qu'un accident dans l'École, et un accident dont le retour n'est pas à souhaiter. Ils n'avouent pas, ils ignorent même que l'art du siècle entier est issu de son art. Ils citent rarement son nom, et toujours avec sévérité. « Watteau est un peintre flamand, écrit Voltaire, qui a travaillé à Paris où il est mort, il y a quelques années. Il a réussi dans les petites figures qu'il a dessinées et qu'il a très bien groupées, mais il n'a jamais fait rien de grand, il en était incapable[2]. » Diderot tient le Maître pour un « peintre de dessus de portes[3] ». Ceux mêmes qui l'ont connu personnellement sont injustes. Ses compositions « n'ont aucun objet, dit Caylus ; elles n'expriment le concours d'aucune passion et sont par conséquent dépourvues d'une des plus piquantes parties de la peinture, je veux dire de l'action[4] ». Les plus indulgents lui reprochent de n'avoir pas peint l'histoire : « Le goût qu'il a suivi est proprement celui des bambochades et ne convient pas au sérieux », affirme d'Argenville[5], et, pour Gersaint lui-même plus clairvoyant d'ordinaire, il « auroit été à souhaiter que ses premières études eussent été pour le genre historique et qu'il eût vécu plus longtemps. Il est à présumer qu'il seroit devenu un des plus grands peintres de la France[6] ». Seul Julienne proteste, mais avec quelle timidité ! « Il a même laissé quelques morceaux historiés, dont le goust excellent fait assez connoistre qu'il eut égale-

---

1. D'Argenville, éd. de 1762, t. IV, p. 266.

2. Voltaire, *Le Temple du Goût. Œuvres complètes*, éd. Garnier, t. VIII, p. 559, note 1.

3. Diderot dit encore, dans les *Pensées détachées sur la peinture*, édit. Assézat, t. XII, p. 75 : « ...Je donnerais dix Watteau pour un Téniers. »

4. Caylus, *Vie de Watteau*, dans Goncourt, *op. cit.*, t. I, p. 40.

5. Édit. de 1762, t. IV, p. 407.

6. Gersaint. *Introduction au Catalogue Quentin de Lorangère*, dans Mariette, *Abecedario*, t. VI, p. 134.

ment réussi dans cette partie s'il en eut fait son principal objet[1] ».
Le mépris du public est plus complet encore que celui des critiques;
il est plus grave aussi, car le public devient alors le juge suprême.
Dès 1725, Watteau ne se vend bien qu'à l'étranger. On citerait cent
exemples des prix dérisoires auxquels ses œuvres sont cotées en
France après sa mort : à la vente d'Angran de Fontpertuis, en 1746[2]
vingt-trois dessins sont adjugés 10 ᵗ 2 sols à Joullain, et Verbuck
achète 38 ᵗ 1 s. une *Scène de Tragédie* peinte sur bois[2]. Et ce n'est
pas au profit d'un contemporain plus heureux ou d'un successeur
plus illustre que le Maître subit cette injustice, mais à celui du
grand vaincu de la génération précédente, de Le Brun. Bien qu'en
1720 le feu Premier Peintre appartienne depuis longtemps déjà
au passé, à l'histoire, il est encore considéré comme le modèle,
comme le maître suprême.

Sans doute Watteau paye, dans une certaine mesure, les fautes
de ses successeurs. Ceux-ci poussent souvent son joli libertinage
jusqu'à l'indécence et transforment parfois en obscénité inutile sa
galanterie spirituelle; leur sensualisme excessif ne plaît pas à tout
le monde et les critiques maladroits jugent avec la même sévérité
la grâce légère et la grossièreté. Mais la vraie cause de la défaveur
où tombe le Maître, c'est le crédit que garde pendant tout le
XVIIIᵉ siècle ce sophisme qu'énonce encore Renou dans l'*Esprit des
statuts* en 1790[3] : la peinture d'histoire l'emporte sur toutes les autres,
et elle mérite sa supériorité, puisque, pour y exceller, il faut être à
la fois bon portraitiste, bon paysagiste, bon peintre d'animaux, de
nature morte et d'architecture. Il est naturel, puisque ce préjugé est
encore puissant, que tous les efforts tendent à restaurer un genre qu'on
voit disparaître avec angoisse. D'Antin, le premier, essaye en 1727
de donner une vigueur nouvelle à la « grande peinture » par son
concours entre dix peintres. Les remèdes se suivent, après cette
tentative, toujours inefficaces, parfois ridicules ou naïfs[4], au milieu

---

1. *Introduction aux Figures de différents caractères, Abecedario*, t. VI, p. 119.
Les jugements les plus équitables portés sur lui par les contemporains sont encore
ceux d'Ant. de La Roque dans sa notice nécrologique du *Mercure de France*, août
1721, p. 81-83, et de Mariette dans l'*Abecedario*.

2. Voy. Virgile Josz, *Watteau*, p. 3o3. Le même auteur donne, même page, en note,
une courbe singulièrement instructive des prix atteints par Watteau dans les ventes.
On trouvera encore des détails sur les prix des œuvres essentielles de Watteau au
XVIIIᵉ siècle, dans Goncourt, *L'Art du XVIIIᵉ siècle*, 1ʳᵉ série, p. 48, note.

3. Renou, *Esprit des statuts et règlements de l'Académie royale de peinture et de
sculpture pour servir de réponse aux détracteurs de son régime*. Paris, 1790, in-4, p. 6
et suiv.

4. Un certain Vialet, par exemple, proposa en 1770 un système de loterie pour

des lamentations et des prédictions funestes des critiques. D'Angiviller imagine, entre autres moyens propres à stimuler l'activité des artistes, de payer 3,000^{lt} à 6,000^{lt}, tous les ans, une douzaine de tableaux d'histoire[1]; mais, en 1789, il est contraint d'avouer lui-même l'impuissance de son effort. Le premier commis lui propose à cette date de ne commander que huit tableaux, plusieurs œuvres des années précédentes n'ayant pas encore été livrées, et il refuse parce que *les tableaux d'histoire commandés par le roi sont absolument les seuls que les peintres envoient au Salon*[2]. C'est donc en 1789 seulement que tout le monde reconnaît la victoire complète de la peinture de genre, — au moment même où la peinture d'histoire, rajeunie, renouvelée, va refleurir de nouveau.

permettre d'acheter des peintures d'histoire. On devait émettre 2,000 billets à un louis d'or, soit 48,000 ^{lt}. Sur cette somme on aurait acheté dix tableaux à 3,600 ^{lt} gagnés par les preneurs de billets. Une somme de 2,400 ^{lt} aurait été attribuée au peintre dont l'œuvre était destinée à la gravure, pour qu'il fasse une copie et suive le travail du graveur. On aurait affecté 5,000 ^{lt} au graveur et 4,600 ^{lt} au tirage de la planche à 2,000 exemplaires, chaque souscripteur ayant droit à un exemplaire. Les tableaux devaient tous être commandés à des académiciens, mesurer 6 pieds de long, sur 4 1/2 de haut. (*Nouv. Arch. de l'Art franç.*, 1888, p. 240, *Projets pour encourager la peinture d'histoire et la sculpture*.)

1. Les titres des tableaux commandés par d'Angiviller et cités par M. J.-J. Guiffrey (*Notes sur les expositions de peinture du XVIIIe siècle*, p. 104 et suiv.) sont caractéristiques.

2. Voy. *Décisions de M. d'Angiviller sur plusieurs questions relatives au Salon et aux commandes de 1789*, dans Guiffrey, *op. cit.*, p. 126.

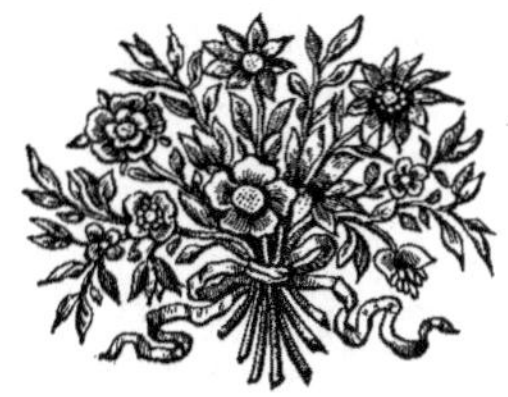

APPENDICE

I

LISTE DE PEINTRES

AYANT TRAVAILLÉ DE 1690 A 1721

La liste que nous donnons ici n'est pas complète : chaque année on découvre de nouveaux noms de peintres. Nous avons recueilli tous ceux que nous avons rencontrés, sans faire un choix arbitraire entre les hommes de talent et les médiocres.

Nous avons classé les artistes d'après leur date de naissance, rejetant en fin de liste les peintres dont on ne connaît que la date de décès, ou dont on sait seulement qu'ils travaillèrent au début du xviii⁰ siècle. Cinquante ans plus tôt les dates étaient encore très souvent incertaines; à la fin du xvii⁰ siècle, au contraire, elles sont presque toujours connues : l'Académie a introduit de l'ordre dans la vie artistique, et les biographies des peintres sont plus nombreuses et plus précises.

Mignard (Pierre), 1612-1695.

Sève (Gilbert de), 1615-1698.

Testelin (Henri), 1616-1695.

Boissière (Samuel), 1620-1703.

Sève (Pierre de), 1623-1695.

Tiger (Jean), 1623 ou 1638-1698.

Pesne (Jean), 1623-1700.

Rivalz (Jean-Pierre), 1625-1706.

Paillet (Antoine), 1626?-1701.

Van Schuppen (Pierre), 1627?-1702.

Coypel (Noël), 1628-1707.

Anguier (Guillaume), 1628-1708.

Lallemant (Philippe), 1629-1716.

Rousseau (Jacques), 1630-1693.

Lambert (Martin), 1630-1699.

Blanchard (Louis-Gabriel), 1630-1704.

Le Blond de La Tour (Antoine), 1630?-1706.

Platte-Montagne (Nicolas de), 1631-1706.

Benoist (Antoine), dit *du Cercle*, 1631 ou 1632-1717.

Parrocel (Jean-Barthélemy), 1631-?.
Huilliot (Claude), 1632-1702.
Garnier (Jean), 1632-1705.
Monnoyer (Jean-Baptiste), 1634-1699.
Vignon (Claude-François), 1634-1703.
Parrocel (Louis), 1634-1703.
Gascard (Henri), 1635-1701.
Delamonce (Jean), 1635-1708.
Le Blond (Jean), 1635?-1709.
Armand (Charles), 1635-1720.
Stella (Claudine Bouzonnet), 1636-1697.
Guillebault (Simon), 1636-1708.
Forest (Jean), 1636 ou 1634-1712.
La Fosse (Charles de), 1636-1716.
Lacour (Jean), 1637-1720?
Lemoyne (Jean), 1638-1709.
La Marre Richard (Florent de), 1638-1718.
Berain (Jean-Baptiste), 1639-1711.
Vernansal (Guy-Louis), père, 1639-1729.
Herregosse (Guillaume), 1640-1711.
Baudesson (Jean-François), 1640-1713.
Agar (Jacques d'), 1640-1716.
Troy (Jean de), 1640-?.
Mosnier (Pierre), 1641-1703.
Faucus (Georges), 1641-1708.
Van Loo (Abraham-Louis), 1641?-1713?.
Corneille (Michel), dit *Michel-Ange*, 1642-1708.
Nattier (Marc), 1642-1705.
Vuez (Arnould de), 1642-1720.
Revel (Gabriel), 1643-1712.
Pesne (Thomas), 1643?-1727.

Houasse (René-Antoine), 1644-1710.
Jouvenet (Jean), 1644-1717.
Colombel (Nicolas), 1644-1717.
Hérault (Charles-Antoine), 1644-1718.
Cotelle (Jean), 1645?-1708.
Boullogne (Geneviève), 1645-1709.
Troy (François de), 1645-1730.
Allegrain (Étienne), 1645-1736.
Dubois (Louis II), 1646-1702.
Boullogne (Madelaine), 1646-1710.
Verselin (Jacques), 1646-1718.
Carrey (Jacques), 1646-1726.
Parrocel (Joseph), 1648-1704.
Patel (Pierre-Antoine), 1648-1708.
Chéron (Elisabeth-Sophie), 1648-1711.
Friquet de Vauroze, 1648-1716.
Elle (Louis), le jeune, dit *Ferdinand*, 1648-1717.
Nocret (Charles), 1648-1719.
Corneille (Jean-Baptiste), 1649-1695.
Chéron (Marie-Anne), 1649-vers 1718.
Romain (Jérôme), 1649-1717.
Boullogne (Bon), 1649-1717.
Régnault (Étienne), 1649-1720.
Sévin (Pierre-Paul), 1650-1710.
Santerre (Jean-Baptiste), 1650-1719.
Chappe (Hubert II), vers 1650-?.
Strésor (Anne-Marie-Renée), 1651-1713.
Ubeleski (Alexandre), 1651?-1718.
Verdier (François), 1651?-1730.

Tortebat (Jean), 1652-1718.
Hallé (Claude-Guy), 1652-1736.
Belin de Fontenay (Jean-Baptiste), 1653-1715.
Poerson (Charles-François), 1653-1725.
Ferrand (Jacques-Philippe), 1653-1732.
Boullogne (Louis de), 1654-1733.
Dorigny (Louis), 1654-1742.
Chéron (Louis), 1655-1713 ou 1715.
Meusnier (Philippe), 1655-1734.
Restout (Eustache), 1655-1743.
Hellart (Marie), demoiselle Bona, 1656-1740.
Largillière (Nicolas de), 1656-1746.
Mathieu (Pierre), 1657-1719.
Vivien (Joseph), 1657-1734.
Bouys (André), 1657-1740.
Autereau (Jacques), 1657-1745.
Parmentier (Jacques), 1658-1730.
Serres (Michel-Gaspard-Jacques de), 1658-1733.
Audran (Claude III), 1658-1734.
Dorigny (Nicolas), 1658-1746.
Berchett (Pierre), 1659-1720.
Tavernier (François), 1659-1725.
Martin (Jean-Baptiste), dit *des Batailles*, 1659?-1735.
Bailly (Nicolas), 1659-1736.
Rigaud (Hyacinthe), 1659-1743.
Hellart (Claude), 1660-1719.
Voláire (Jean), 1660-1721.
Chabry (Marc), 1660-1725.
Sparvier (Pierre de), 1660-1731.
Tisserand (Jean), 1660-1737.
Audran (Gabriel), 1660-1740.
Chappe (Jean II), vers 1660-?.

Rigaud (Gaspard), 1661-1705.

Coypel (Antoine), 1661-1722.

Desportes (Alexandre-François), 1661-1743.

Charles (Claude), 1661-1747.

Gobert (Pierre), 1662-1744.

Christophe (Joseph), 1662-1748.

André (Père Jean), 1662-1753.

Restout (Jean I), 1663?-1702.

Laguerre (Louis), 1663-1721.

Monneuze (Claude I), 1663 ou 1664-1760.

Vignon (Philippe), 1664-1701.

Hellart (Jacques), 1664-1719.

Jouvenet (François), 1664-1749.

Le Bault (Claude), 1665-1726.

Féret (Jean-Baptiste), 1665?-1739.

Aubriet (Claude), 1665?-1742.

La Rose (Pascal de), 1665-1745.

Millet (Jean), dit *Francisque*, 1666?-1723.

Sarrabat (Daniel), 1666-1747?.

Marot (François), 1667-1719.

Parrocel (Jacques-Ignace), 1667-1722.

Verdot (Claude), 1667-1733.

Silvestre (Charles-François de), 1667-1738?.

Cornical (Michel de), 1668-1705.

Boyer (Michel), 1668-1724.

Bertin (Nicolas), 1668-1736.

Vleughels (Nicolas), 1668-1737.

Le Blond de La Tour (Marc-Antoine), 1668-1744.

Le Vrac-Tournières (Robert), 1668-1752.

Favanne (Antoine-Henri de), 1668-1752.

Restout (Charles), 1668-?

Agar (C. d'), 1669?-1723.

Silvestre (Louis de), 1669-1740.

Dulin (Pierre), 1669-1748.

Van Schuppen (Jacques), 1670-1751.

Allou (Gilles), 1670-1751.

Galloche (Louis), 1670 ou 1680-1761.

Legros (Jean), 1671-1745.

Restout (Thomas), 1671-1754.

Chavanne (Pierre-Salomon Domenchin de), 1672-1744.

Courtin (Jacques-François), 1672-1752.

Gillot (Claude), 1673-1722.

Martin (Pierre-Denis), 1673?-1742.

Massé (Samuel), 1673?-1753.

Berain (Jean le fils), 1674-1726.

Belle (Alexis-Simon), 1674-1734.

Ranc (Jean), 1674-1735.

Huilliot (Pierre-Nicolas), 1674-1751.

Silvestre (Louis de), 1675-1760.

Cazes (Pierre-Jacques), 1676-1754.

Raoux (Jean), 1677-1734.

Nattier (Jean-Baptiste), 1678-1726.

Delamonce (Ferdinand-Pierre-Joseph-Ignace), 1678-1754?.

Le Blond (Jean-Baptiste-Alexandre), 1679-1719.

Allegrain (Gabriel), 1679-1748.

Gille (Claude-Joseph), dit *Provençal*, 1679-1749.

Troy (Jean-François de), 1679-1752.

Houasse (Michel-Ange), 1680-1730.

Grimou (Alexis), 1680?-1740?.

Stiémart (François), 1680-1740.

Rigaud (Jacques), 1681-1754.

Parrocel (Jean-Joseph), 1682-1744.

Le Bouteux (Pierre), 1683-1750.

Pesne (Antoine), 1683-1757.

Watteau (Jean-Antoine), 1684-1721.

Van Loo (Jean-Baptiste), 1684-1745.

Lyen (Jean-François de), 1684-1761.

Laforest (Louis de), 1685-1738.

Chappe (Jean III), 1685-1740.

Gueslain (Charles-Étienne), 1685-1765.

Nattier (Jean-Marc), 1685-1766.

Volaire (Jacques), 1685-1768.

Jacquard (Claude), 1686-1736.

Sévin de la Punaye (Charles), 1686-1740.

Ferrand de Monthelon (Antoine), 1686-1752.

Oudry (Jean-Baptiste), 1686-1755.

Launay (Louis-Jacques de), 1686-1756.

Wilbaut (Nicolas), 1686-1763.

Legay (Claude-Henri), 1686-?.

Lajoue (Jacques de), 1687-1761.

Massé (Jean-Baptiste), 1687-1767.

Belin de Fontenay (Jean-Baptiste) fils, 1688-1730.

Le Moyne (François), 1688-1737.

Parrocel (Charles), 1688-1752.

Vernansal (Guy-Louis) fils, 1689?-1741.

Wamps (Bernard-Joseph), 1689-1750.

Coypel (Noël-Nicolas), 1690-1734.

Lancret (Nicolas), 1690-1743.

Autereau (Louis), 1692-1760.
Restout (Jean II), 1692-1768.
Manglard (Adrien), 1693-1760.
Coypel (Charles-Antoine), 1694-1752.
Pater (Jean-Baptiste), 1695-1736.
Collin de Vermont (Hyacinthe), 1695?-1761.
Desportes (Claude-François), 1695-1774.
Tocqué (Louis), 1696-1772.

Parrocel le Romain (Etienne), 1696-?.

————

Puget (François), ?-1707.
Duval (Philippe), ?-1709.
Simpol (Claude), ?-1716.
Monnoyer (Antoine), ?-1747.
Caravaeque (Louis), ?-1752.
Spoëde (J.-J.), ?-1760.
Barrera.

Boissière (Jacqueline).
Boucherot (Nicolas).
Briand de Crèvecœur (J.).
Elyas (Mathieu).
Gourde (Frère François).
Gayot-Dubuisson.
Hurlot (Blaise).
Magny (Nicolas).
Maingaud (Martin).
Olivet (d').
Page (Etienne).
Renault (Etienne).
Restout (Mlle).
Roly.
Stève (Jean).

INDEX BIBLIOGRAPHIQUE[1]

———

Les nótices, articles, recueils de documents tirés des grandes collections (*Archives de l'Art français, Gazette des Beaux-Arts*, etc.) étant nombreux dans cette bibliographie, nous avons adopté les abréviations suivantes :

Gazette des Beaux-Arts. . .	G.B.A.	*Revue de l'Art ancien et moderne.*	R.A.A.M.
Revue universelle des Arts. .	R.U.A.		
Archives de l'Art français. .	A.A.F.	*Réunions des Sociétés des Beaux-Arts des départe-*	
Nouvelles Archives de l'Art français.	N.A.A.F.	*ments.*	S.B.A.D.

Nous ne donnons pas la liste des sources et des ouvrages à consulter pour l'étude des rapports de l'art et de l'histoire de 1690 à 1721 : ce serait une bibliographie à peu près complète des dernières années du règne de Louis XIV et de la Régence. On en trouvera les éléments essentiels dans Lavisse et Rambaud, *Histoire générale du IVe siècle à nos jours.* Paris, grand in-8, t. VI, chap. IV, V, VI, VII, p. 220, 248, 276, 302 et t. VII, chap. I, p. 17.

——— ———

I

THÉORIE, TECHNIQUE, HISTOIRE ET CRITIQUE ARTISTIQUE

A. — Documents et ouvrages d'histoire et de critique

a) Ouvrages généraux anciens.

Argens (Marquis d'). — *Examen critique des différentes écoles de peinture.* Berlin, 1768, in-8.

Blancherie (de la). — *Essai d'un tableau historique des peintres français.* Paris, 1783, in-4.

Catherinot. — *Traité de la peinture.* Bourges, 1687, in-4, et R.U.A., t. X, p. 178, et XI, p. 271.

———

[1]. Sauf indications contraires que l'on trouvera en note, nous avons classé les ouvrages par ordre alphabétique au nom des auteurs et, pour les ouvrages ou documents anonymes, au premier mot du titre.

CAYLUS (Comte DE). — *Discours sur les dessins* (lu à l'Académie royale en juin 1732). R.U.A., t. IX, p. 314 et suiv.

CHÉRON (Élisabeth-Sophie). — *Livre de principes à dessiner.* Paris, 1706, in-folio.

CORNEILLE (J.-B.). — *Les premiers éléments de la peinture pratique*, enrichis de figures de proportions, mesurées sur l'antique. Paris, 1684, in-8.

COYPEL (Antoine). — *Épître en vers d'un père à son fils sur la peinture.* Paris, 1708, in-4.

COYPEL (Ant.). — *Discours prononcés dans les Conférences de l'Académie de peinture et de sculpture.* Paris, 1721, in-4.

CROUZAS (J.-P. DE). — *Traité du beau.* Paris, 1724, 2 vol. in-12.

DANDRÉ BARDON. — *Traité de peinture*, suivi d'un essai sur la sculpture pour servir d'introduction à une histoire universelle relative à ces Beaux-Arts. Paris, 1765, 2 vol. in-12.

DU PUY DU GREZ (Bernard). — *Traité sur la peinture.* Toulouse, 1699, in-4.

FÉLIBIEN DES AVAUX (André). — *Principes de l'architecture, de la sculpture, de la peinture et des arts qui en dépendent* avec un dictionnaire des termes propres. Paris, 1676 et 1690, in-4.

FÉNELON. — *Jugement de différents tableaux.* Œuvres complètes. Édition Lebel, t. XIX, p. 462. Paris, 1823, in-8.

FONTAINE (André). — *Conférences inédites de l'Académie royale de peinture et de sculpture*, d'après les manuscrits de l'École des Beaux-Arts. Paris, s.d. (1904), in-8.

JOUIN (H.). — *Conférences de l'Académie royale de peinture et de sculpture*, recueillies, annotées et précédées d'une étude sur les artistes écrivains. Paris, 1883, gr. in-8.

LA FONT DE SAINT-YENNE. — *L'Ombre du grand Colbert, le Louvre et la Ville de Paris*, dialogue. *Réflexions sur quelques causes de l'état présent de la peinture en France* avec quelques lettres de l'auteur à ce sujet. Paris, édition de 1752, in-12. (Publié sans nom d'auteur.)

LAIRESSE (G. DE). — *Le Grand Livre des Peintres*, ou l'art de la peinture considéré dans toutes ses parties et démontré par principes, traduit du hollandais par H.-J. Jansen. Paris, 1787, 2 vol. in-4.

LE BLOND DE LA TOUR (A.). — *Lettre du sieur Le Blond de La Tour à un de ses amis*, contenant quelques instructions touchant la peinture, dédiée à M. de Boisgarnier. Bordeaux, 1669, in-8. (Réimprimée dans la R.U.A., t. XIX, p. 247.)

LE BRUN (Charles). — *Conférence sur l'expression générale et particulière.* Paris, 1698, in-16.

MENGS (Antoine-Raphaël). — *Œuvres complètes... contenant divers traités sur la théorie de la peinture.* Traduit de l'italien. Paris, 1786, 2 vol. in-4.

MONTAIGLON (A. DE). — *Notice d'un recueil manuscrit du XVIII* siècle sur l'art de la peinture.* (*Bulletin du Comité des travaux historiques et scientifiques.* — Archéologie. Année 1885, p. 499.)

MOSNIER (Pierre). — *Histoire des arts qui ont rapport au dessin*, divisée en trois livres. Paris, 1698, in-12.

PILES (Roger DE). — *L'Art de Peinture de Ch.-Alphonse Dufresnoy*, traduit en françois avec des remarques et le texte latin à côté. Paris, 1668, in-12.

PILES (Roger DE). — *Cours de peinture par principes*, avec une Dissertation sur la *Balance des Peintres*. Paris, 1708, in-8.

PILES (Roger DE). — *Œuvres diverses.* Paris, 1767, 5 vol. in-12.

RESTOUT (Jean). — *Essai sur les principes de la peinture* (1755). S.B.A.D., 1885, p. 353.

TESTELIN (Henri). — *Sentimens des plus habiles peintres sur la pratique de la peinture et sculpture*, mis en tables de préceptes, avec plusieurs discours académiques ou conférences tenues en l'Académie royale desdits arts en présence de Monsieur Colbert. Paris, 1696, in-folio.

b) Ouvrages généraux modernes.

Bastié (Paul). — *Fénelon, critique d'art.* Paris, 1901, in-8.

Bougot (L.). — *Essai sur la critique d'art*, ses principes, sa méthode, son histoire en France. Paris, s. d. in-8.

Bourgeois (Émile). — *Le Grand Siècle.* Louis XIV : Les arts, les idées, d'après Voltaire, Saint-Simon, Spanheim, etc. Paris, 1896, in-folio.

Brunetière (Ferdinand). — *La critique d'art au XVII° siècle.* (*Revue des Deux-Mondes*, 1er juillet 1883.)

Courajod (L.). — *Leçons professées à l'École du Louvre*, publiées sous la direction de MM. Henry Lemonnier et André Michel. T. III : *Les origines de l'art moderne.* Paris, 1903, in-8.

Dilke (Lady). — *French Painters of the XVIIIth Century.* Londres, 1899, in-4.

Feuillet de Conches. — *École française sous Louis XIV et sous Louis XV.* R. U.A., t. V, p. 138.

Genevay (A.). — *Le style Louis XIV.* Charles Le Brun décorateur, ses œuvres, son influence, ses collaborateurs, son temps. Paris, 1886, in-folio.

Goncourt (Ed. de). — *L'art du XVIII° siècle.* Paris, 3 vol. in-16.

Hourticq (Louis). — *L'art académique.* Revue de Paris, 1904, t. III, p. 597 et suiv. (1er juin 1904), et t. IV, p. 165 et suiv. (1er juillet 1904).

Jouin (Henry). — *Charles Le Brun et les arts sous Louis XIV.* Le Premier Peintre, sa vie, son œuvre, ses écrits, ses contemporains, son influence, d'après le manuscrit de Nivelon et de nombreuses pièces inédites. Paris, 1889, in-folio.

Lemonnier (H.). — *L'art français au temps de Richelieu et de Mazarin.* Paris, 1893, in-8.

Lenoir (P.). — *Histoire du réalisme et du naturalisme dans la nature et dans l'art.* Paris, 1889, in-8.

Merson (Olivier). — *La peinture française au XVII° et au XVIII° siècle.* (Bibliothèque de l'Enseignement des Beaux-Arts.) Paris, s. d., in-8.

Michel (André). — *L'art en Europe de 1648 à 1715 et de 1715 à 1788* (Histoire générale du IV° siècle à nos jours, publiée sous la direction de E. Lavisse et A. Rambaud, 1895-1896, t. VI, p. 344, et t. VII, p. 763.)

Ris (Clément de). — *La Balance des Peintres de Roger de Piles.* G.B.A. Deuxième période, t. XVI, p. 569.

Rocheblave (S.). — *L'art français au XVII° siècle dans ses rapports avec la littérature.* (Petit de Julleville, *Histoire de la langue et de la littérature française.* Paris, s. d., in-8, t. V, p. 685 et suiv.).

Vitry (Paul). — *De C.-A. Dufresnoy pictoris poemate quod « De Arte Graphica » inscribitur.* Paris, 1901, in-8.

c) Querelles des dessinateurs et des coloristes, des peintres et des poètes.

Banquet (le) des Curieux. R.U.A., t. IV, p. 47.

Bonnet. — *Histoire de la danse sacrée et profane*, suivie d'un *Parallèle de la peinture et de la poésie.* Paris, 1723, in-12.

Callière (de). — *Histoire poétique de la guerre entre les anciens et les modernes.* Paris, 1688, in-12.

Coypel (Noël). — *Discours sur la peinture et Dialogue sur le coloris*, recueillis et publiés par Carême. Paris, 1741, in-4.

Coypel (Noël). — *Dialogue sur la peinture.* R.U.A., t. XV, p. 396.

Coypel (Noël). — *Dissertation sur les parties essentielles de la peinture utile aux étudiants et amateurs de cet art.* R.U.A., t. XVIII, p. 188 et suiv.

Du Bos (Abbé). — *Réflexions critiques sur la poésie, la peinture et la musique.* Paris, 1719, 2 vol. in-12.

FÉLIBIEN DES AVAUX (André). — *Entretiens sur la vie et les ouvrages des plus excellents peintres anciens et modernes.* Paris, 1666-1672-1679-1685-1688, 5 vol. in-12, et Amsterdam, 1706, 5 vol. in-folio.

FÉNELON. — *Dialogues des Morts :* n° LII; *Parrhasius et Poussin,* n° LIII; *Léonard de Vinci et Poussin.* Édition Lebel, t. XIX, p. 331 et 340. Paris, 1823, in-8.

LACROIX (Paul). — *La querelle des Anciens et des Modernes au point de vue des Beaux-Arts.* R.U.A., t. XVII, p. 255.

MARCEL (Pierre). — *Un débat entre les peintres et les poètes au début du XVIIIe siècle.* (Chronique des Arts, 1905, p. 182 et 206.)

PATRIZI (Francesco). — *De institutione rei publicæ.* Traduction Jacques Tigeon, 1589, in-12.

Peinture (la) n'est pas inférieure à la Poésie. Bibliothèque de l'École des Beaux-Arts, Manuscrit 183 *bis,* XXIV.

PERRAULT (Ch.). — *Parallèle des Anciens et des Modernes.* Paris, 1688-1696, 4 vol. in-12.

PILES (Roger DE). — *Conversations sur la connaissance de la peinture et sur le jugement qu'on doit faire des tableaux* (suivies du *Dialogue sur le coloris).* Paris, 1677, in-12.

PILES (Roger DE). — *Dissertation sur les ouvrages des plus fameux peintres, avec la vie de Rubens.* Paris, 1681, in-12.

PILES (Roger DE). — *Premiers éléments de la peinture pratique.* Paris, 1685, in-12.

PILES (Roger DE). — *Abrégé de la vie des peintres, avec des réflexions sur leurs ouvrages et un traité du Peintre parfait, de la connaissance du dessin et de l'utilité des estampes.* Paris, 1699, in-12.

PILES (Roger DE). — *Dialogue sur le coloris.* Paris, éd. de 1699, in-12.

PILES (Roger DE). — *Parallèle sur la peinture et la poésie* (Procès-verbaux de l'Académie de peinture et de sculpture, t. III, p. 314, et *Cours de peinture par principes,* éd. de 1767, p. 832 et suiv.).

RIGAULT (H.). — *Histoire de la querelle des Anciens et des Modernes.* Paris, 1859, in-8.

Sentiments de Noël Coypel et d'Oudry sur le coloris. R.U.A., t. XV, p. 319-391.

Songe d'Ariste à Philandre sur les différentes opinions concernant la peinture. MDCLXXVIII. R.U.A., t. IV, p. 233.

B. — ANATOMIE ET PERSPECTIVE

CESIO (Carlo). — *Anatomia dei Pittori.* Cognizione dei muscoli del corpo umano per il disegno. Roma, 1697.

DUVAL (Mathias) et CUYER (Edouard). — *Histoire de l'anatomie plastique.* (Bibliothèque de l'Enseignement des Beaux-Arts.) Paris, s.d., in-8.

GENGA (Bernardino). — *Anatomia per uso ed intelligenza del disegno recercata non solo su gl' ossi e muscoli del corpo humano...* Per istudio della regia academia di Francia, pittura e scultura, sotto la direzzione di Carlo Errard già direttore di essa in Roma... Roma, 1691.

LE CLERC (Sébastien). — *Pratique de la géométrie sur le papier et sur le terrain* où par une méthode nouvelle et singulière l'on peut avec facilité se perfectionner dans cette science. Paris, 1682, in-12.

PILES (Roger DE). — *Abrégé d'anatomie accomodé aux arts de peinture et de sculpture* (Publié sous le nom de Tortebat, qui, en réalité, grava seulement les planches). Paris, 1667, in-folio.

C. — Histoire des genres

a) Peinture religieuse.

Dejob (Ch.). — *De l'influence du Concile de Trente sur la littérature et les beaux-arts dans les pays catholiques.* Paris, 1884, in-8.

Jouvenci. — *Magistris scholarum inferiarum societatis Jesu de ratione discendi et docendi, ex decreto Congregationis generalis.* Paris, 1711, in-12.

Lecoy de la Marche. — *Histoire de la peinture religieuse.* Paris, 1892, in-8.

Lettre d'un ecclésiastique à un sien ami, sur le sujet des peintures nues. R.U.A., t. XXI, p. 209.

Reboulet. — *Histoire de Clément XI.* Avignon, 1757, 2 vol. in-4.

Sainte-Beuve. — *Port-Royal* (3ᵉ éd.). Paris, 1867, 7 vol. in-12.

Sarpi (Paolo) — *Histoire du Concile de Trente.* Traduit par Le Courayer. Amsterdam, 1759, 2 vol. in-4.

b) Mythologie.

Champeaux (A. de). — *Histoire de la peinture décorative.* Paris, 1890, in-8.

Delaporte (V.). — *Le merveilleux dans la littérature française sous le règne de Louis XIV.* Paris, 1891, in-18.

Du Choul (G.). — *Discours sur la Religion des anciens Romains.* Wesel, 1672, in-4.

Gaultruche (Le Père). — *Histoire poétique pour l'intelligence des poètes anciens.* Paris, éd. de 1715, in-12.

Ménard (René). — *La mythologie dans l'art ancien et moderne.* Paris, 1878, in-4.

Pomey (Le Père). — *Pantheum mythicum.* Paris, éd. de 1684, in-12.

c) Paysage.

Deperthes (J.-B.). — *Théorie du paysage.* Paris, 1818, in-12.

Deperthes (J.-B.) — *Histoire de l'art du paysage depuis la Renaissance jusqu'au XVIIIᵉ siècle.* Paris, 1822, in-8.

Lanoë (Georges) et Brice (Tristan). — *Histoire de l'école française de paysage de Poussin à Millet.* Paris, 1901, in-8.

Lecarpentier. — *Essai sur le paysage,* suivi de courtes notices sur les plus habiles peintres de ce genre. Paris, 1817, in-8.

d) Portrait.

Boppe (A.). — *La mode des portraits turcs au XVIIIᵉ siècle.* R.A.A.M., 1902, t. II, p. 211.

Calvières (Marquis de). — *Le singe et le renard peintres.* R.U.A., t. XVII, p. 209.

Feuillet de Conches. — *Les apocryphes de la peinture de portraits,* à propos de l'émail de Petitot gravé en tête du livre de M. de Noailles sur Mme de Maintenon. Paris, 1849, in-8.

Marquet de Vasselot. — *Histoire du portrait en France.* Paris, 1880, in-8.

Mirbel (Lizinka). — *De la peinture du portrait.* (*Revue de Paris,* décembre 1829.)

Pinset et d'Auriac. — *Histoire du portrait en France.* Paris, 1884, in-4.

Scheikevitch. — *Rembrandt et l'iconographie française au XVIIᵉ siècle.* G.B.A. Troisième période, t. XXXI, p. 372.

e) Peinture de genre.

Bapst (Germain). — *Essai sur l'histoire du théâtre, la mise en scène, le décor, le costume, l'architecture, etc.* Paris, 1893, in-4.

Bapst (Germain). — *La décoration théâtrale à la Cour de Louis XIV.* G.B.A. Troisième période, t. VII, p. 484.

Fournier (Ed.). — *Masques et bouffons de la Comédie italienne.* G.B.A. Première période, t. I, p. 327.

Guillaumont (fils). — *Costumes de la Comédie française* (xvii° et xviii° siècles). Paris, 1884, in-folio.

Jullien (Adolphe). — *Histoire du Costume au théâtre depuis les origines du théâtre en France jusqu'à nos jours.* Paris, 1880, grand in-8.

Lafenestre (G.). — *Jean de La Fontaine et les artistes de son temps.* (*Artistes et Amateurs.* Paris, s.d., in-8, p. 98 et suiv.).

Sand (Maurice). — *Masques et bouffons* (comédie italienne). Paris, 1859, 2 vol. in-8.

Spire Blondel. — *Histoire des éventails.* Paris, 1875, in-8.

f) Émail et miniature.

Ferrand (Jacques-Philippe). — *L'art du feu ou manière de peindre en émail.* Paris, 1721.

Perrot (Catherine). — *Traité de la mignature...* dédié à Mme la princesse de Guéménée. Paris, 1683, in-12.

Perrot (Catherine). — *Les leçons royales ou la manière de peindre en mignature les fleurs et les oiseaux,* par l'explication des livres de fleurs et d'oiseaux de feu Nicolas Robert, fleuriste... dédiées à Mme la Dauphine. Paris, 1686, in-18.

II

ADMINISTRATION, ACADÉMIES, EXPOSITIONS, AMATEURS

A. — Surintendants et administration

Antin (Duc d'). — *Discours de sa vie et de ses pensées.* Mélanges publiés par la Société des Bibliophiles, 1821-1822, p. 69 et suiv.

Clément (Pierre). — *Histoire de la vie et de l'administration de Colbert.* Paris, 1874, 2 vol. in-8.

Colbert (J.-B.). — *Lettres, instructions, mémoires,* publiés par Pierre Clément. Paris, 1868-1871, 7 vol. gr. in-8.

Documents de détail sur J.-H. Mansart (1676-1703). N.A.A.F., 1885, p. 116.

Duchêne (J.). — *Notice sur la vie et les ouvrages de Jules-Hardouin Mansart.* Paris, 1805, in-8.

Guiffrey (J.-J.). — *Le duc d'Antin et Louis XIV.* Rapports sur l'administration des Bâtiments annotés par le roi. Paris, 1869, in-12.

Joubleau (F.). — *Études sur Colbert.* Paris, 1856, 2 vol. in-8.

La Borde (Marquis de). — *Rapport sur la surintendance des Bâtiments depuis François I°° jusqu'à la mort de Louis XIV* (*Documents relatifs à l'exposition de 1851,* t. VIII, p. 80 à 133).

Mansart (Jules-Hardouin). N.A.A.F., 1882, p. 131.

Mansart (J.-H.) (1701-1710). N.A.A.F., 1891, p. 92.

Neymarck (A.). — *Colbert et son temps.* Paris, 1877, 2 vol. in-8.

Peignot (Gabriel). — *Documents authentiques et détails curieux sur les dépenses de Louis XIV en bastimens et châteaux royaux, en gratifications et pensions accordées aux savants, gens de lettres et artistes depuis 1663...* d'après un manuscrit du temps de Colbert, récemment découvert à Dijon et entièrement conforme aux anciens états et mémoires originaux relatifs à ces dépenses, déposés aux archives du gouvernement... Le tout accompagné de notes historiques, entremêlées de quelques lettres de Louis XIV, de Mlle de Montespan, du duc d'Estrée, de Colbert, de Chapelain, de Mézeray, de Mansart. Paris, 1827, in-8.

Que sont devenus les Mémoires du duc d'Antin? N.A.A.F., 1884, p. 145.

Rousset (Camille). — *Histoire de Louvois.* Paris, 1863, 4, vol. in-8.

B. — Académie de peinture et de sculpture, maîtrise

Coypel (Noël). — *Question de préséance à l'Académie* (1696). N.A.A.F., 1888, p. 196.

Déclaration du Roy rendue en faveur de la communauté des maistres des arts de peinture, sculpture, gravure, dorure et enluminure de la ville et fauxbourgs de Paris, donnée à Versailles le 17 novembre 1705. Paris, 1731, in-4.

De l'École Académique. Manuscrits de l'École des Beaux-Arts, n° 17.

Desportes (A.-F.). — *Discours sur les avantages des conférences académiques* (4 mai 1748). Manuscrits de l'École des Beaux-Arts, n° 166.

Étudiants de l'Académie. Manuscrits de l'École des Beaux-Arts, n° 17.

Fidière (O.). — *Les femmes artistes à l'Académie royale de peinture et de sculpture.* Paris, 1885, in-8.

Guérin (Nicolas). — *Description de l'Académie.* Paris, 1715, in-12.

Idée de l'Académie royale de peinture et de sculpture: Enseignement. Manuscrits de l'École des Beaux-Arts, n° 7.

Inventaire des meubles et ustensiles appartenant à l'Académie... Manuscrits de l'École des Beaux-Arts n° 20.

Inventaire des tableaux et sculptures faits pour les prix. Manuscrits de l'École des Beaux-Arts, n° 21.

Léris (G. de). — *Les femmes artistes à l'Académie* (L'Art, 1er octobre 1888).

Liste des élèves de l'ancienne école académique... qui ont remporté les grands prix de peinture, gravure, etc... depuis 1663 jusqu'en 1857. A.A.F., t. V, p. 273.

Liste chronologique des membres de l'Académie, de 1648 à 1793. A.A.F., t. I, p. 357.

Liste générale des noms et surnoms de tous les maîtres peintres, sculpteurs, graveurs étoffeurs, enlumineurs et marbriers de cette ville et fauxbourgs de Paris, tant anciens que modernes, suivant l'ordre de leur réception pardevant Monsieur le Procureur du Roy au Châtelet. Paris, 1725, in-8.

Müntz (Eug.). — *L'enseignement des Beaux-Arts en France : le siècle de Louis XIV.* G.B.A. Troisième période, t. XIV, p. 367 et 471.

Müntz (Eug.). — *L'art français du XVIIIe siècle et l'enseignement académique.* R. A. A. M., 1897, t. II, p. 31.

40

Procès-verbaux de l'Académie royale de peinture et de sculpture (1648-1792), publiés par M. Anatole de Montaiglon, t. III et IV. Paris, 1875 et suiv., in-8.

RENOU. — *Esprit des statuts et réglemens de l'Académie royale de peinture et de sculpture* pour servir de réponse aux détracteurs de son régime. Paris, 1790, in-4.

REYNÈS. — *Noms des protecteurs, des directeurs, des officiers et des académiciens de l'Académie royale de peinture et de sculpture* qui sont morts depuis l'établissement d'icelle en 1648, jusqu'à l'année courante 1704. S. l. n. d., in-folio.

Sujets de morceaux de réception remis par les membres de l'ancienne Académie de peinture, sculpture et gravure (1648-1799), recueillis par M. Duvivier... A.A.F., t. II, p. 353.

VITET (L.). — *L'Académie royale de peinture et de sculpture.* Paris, 1861, in-8.

C. — EXPOSITIONS

BELLIER DE LA CHAVIGNERIE. — *Notes pour servir à l'histoire de l'exposition de la Jeunesse.* R.U.A., t. XIX, p. 38 et suiv.

Collection des livrets des anciennes expositions depuis 1673 jusqu'en 1800, réédités par J.-J. Guiffrey. Tomes I, II, III (années 1673-1699-1704). Paris, 1869 et suiv., in-12.

DORBEC (Prosper). — *L'exposition de la Jeunesse au XVIIIe siècle.* G.B.A. Troisième période, t. XXXIII, p. 456, et XXXIV, p. 77.

FOURNIER (Éd.). — *Histoire du Pont-Neuf.* Paris, 1861, 2 vol. in-12.

GOSSELIN (Th.). — *Histoire anecdotique des Salons de peinture depuis 1673.* Paris, 1881, in-12.

GUIFFREY (J.-J.). — *Notes et documents inédits sur les expositions du XVIIIe siècle.* Paris, 1873, in-8.

GUIFFREY (J.-J.). — *Table générale des artistes ayant exposé aux Salons du XVIIIe siècle*, suivie d'une table de la bibliographie des Salons, précédée de notes sur les anciennes expositions et d'une liste raisonnée des Salons de 1801 à 1873. Paris, 1873, in-12.

GUIFFREY (J.-J.). — *Table des tableaux exposés aux Salons du XVIIIe siècle jusqu'en 1800.* N.A.A.F., 1889, p. 1.

MANTZ (Paul). — *Les expositions sous Louis XV.* (*L'Artiste*, 1857. Nouvelle série, t. I, p. 142.)

MARCEL (Pierre). — *Notes sur les six expositions du règne de Louis XIV.* (*Chronique des Arts et de la Curiosité*, 1904, p. 10 et 19.)

MONTAIGLON (A. de). — *Le livret de l'Exposition faite en 1673*, réimprimé avec des notes et suivi d'un essai de bibliographie des livrets et des critiques de Salons depuis 1673 jusqu'en 1851. Paris, 1852, in-8.

MONTAIGLON (A. DE). — *Sur les expositions du règne de Louis XIV.* (*Athenæum français*, 2e année, n° 26, 15 juin 1853, p. 613.)

MONTAIGLON (A. DE). — *Des critiques faites sur les Salons depuis 1699...* Paris, 1852, in-8.

Première (la) exposition de peinture au Louvre en 1699. (*Magasin pittoresque*, t. I, p. 232; II, 214; IX, 106, 150, 190; XVIII, 305.)

D. — Académie de France a Rome

Algarotti (Comte). — *Essai sur l'Académie de France établie à Rome*. R.U.A., t. XVI, p. 176.

Brevets de pensionnaires à l'Académie de France à Rome et à l'École des élèves protégés (1712-1792). N.A.A.F., 1879, p. 350.

Lecoy de la Marche. — *L'Académie de France à Rome*. Paris, 1874, in-8.

Lettre du peintre Pierre Bedeau à M. de Villacerf. N.A.A.F., 1890, p. 156.

Montaiglon (A. de). — *Correspondance des directeurs de l'Académie de France à Rome avec les surintendants des Bâtiments*, publiée d'après les manuscrits des Archives nationales. T. I à VI. Paris, 1887 et suiv., in-8.

Montaiglon (A. de). — *Note sur La Teulière*. A.A.F., t. V, p. 84.

E. — Académies et maitrises de province

Bracquehaye (Ch.). — *L'académie de peinture et de sculpture de Bordeaux*. S.B.A.D., 1898, p. 131.

Charioux et Corbière (Éd.). — *Projet de l'établissement d'une académie de dessin à Brest* (27 mars 1718). Brest, 1818, in-4.

Delpit (J.). — *Établissement de l'académie de peinture et sculpture de Bordeaux*. R.U.A., t. X, p. 49 et 89.

Ginoux (Ch.). — *Les écoles d'art à Toulon* (1640-1687). S.B.A.D., 1887, p. 313.

Statuts de la corporation des peintres de Rouen et de leur confrérie de Saint-Luc dans l'église de Saint-Herbland, avec les listes des membres de la corporation vivant en 1713, de ses gardes de 1700 à 1713 et celle des maîtres de la confrérie de 1631 à 1714. A.A.F., t. VI, p. 179.

Troy (Jean), directeur de l'académie de peinture de Montpellier. A.A.F., t. IV, p. 81.

F. — Amateurs

Amateurs angoumois (les grands) du XVe au XVIIIe siècle. R.U.A., 1898, p. 856.

Argenville (A.-J. Dezallier d'). — *Lettre sur le choix et l'arrangement d'un cabinet curieux*, en 1727. R.U.A., t. XVIII, p. 163.

Bégon (Michel), collectionneur (1697). N.A.A.F., 1898, p. 178.

Blanc (Charles). — *Le Trésor de la Curiosité*. Paris, 1857-1858, 2 vol. in-8.

Blegny (Nicolas, dit Abraham du Pradel). — *Le livre commode des adresses de Paris pour 1692*. Paris, édition Fournier, 1878, 2 vol. in-16.

Bonnaffé (Edmond). — *Dictionnaire des amateurs français au XVIIe siècle*. Paris, 1884, in-8.

Bonnaffé. — *Physiologie du curieux*. G.B.A. Deuxième période, t. XXI, p. 489.

Bouchot (Henri). — *Inventaire des dessins exécutés pour Roger de Gaignières et conservés au département des Estampes et des Manuscrits de la Bibliothèque Nationale*. Paris, 1891, 2 vol. in-8.

Bourreau de Paris (le) sous Louis XIV amateur de tableaux. R.U.A., t. XX, p. 142.

Cabinets des Amateurs de Paris en 1777. R.U.A., t. XV, p. 385.

Catalogue des tableaux de Charles Tardif (1728). N.A.A.F., 1898, p. 227.

Catalogue des collections de Michel Begon. A.A.F. t. II, 2e série, p. 45.

Champfleury. — *Les graveurs et les marchands d'imagiers populaires des XVIe et XVIIe siècles*. G.B.A. Deuxième période, t. XVI, p. 460.

Commerce (le) des tableaux aux XVIIe et XVIIIe siècles ; plaintes motivées par des vols ou escroqueries. N.A.A.F., 1879, p. 393 et 406.

Dumesnil (J.). — *Histoire des plus célèbres amateurs français et de leurs relations avec les artistes*. Tome II, J.-B. Colbert, surintendant des Bâtiments du roi (1625-1683). Paris, 1857, in-8.

Duplessis (G.). — *Roger de Gaignières et ses collections iconographiques*. (Extrait de la *Gazette des Beaux-Arts*.) Paris, 1870, in-4°.

Duplessis (G.). — *Un curieux du XVIIe siècle, Michel Bégon, intendant de la Rochelle*. 1874, in-8.

Duplessis (G.). — *Les ventes de tableaux, dessins, estampes et objets d'art au XVIIe et au XVIIIe siècle*. Essai de bibliographie. Paris, 1874, in-8.

Éloge de M. de Julienne, chevalier de l'Ordre de Saint-Michel et amateur honoraire de l'Académie royale de peinture et de sculpture. S. l. n. d., in-18.

Grandmaison (Ch. de). — *Gaignières, ses correspondants, ses collections*. Niort, 1892, in-8.

Hourtieq (Louis). — *Un amateur de curiosités sous Louis XIV. Louis-Henri de Loménie, comte de Brienne*, d'après un manuscrit inédit. G.B.A. Troisième période, t. XXXIII, p. 57, 237, 326.

Inventaire après décès du marquis de Frontenac (1699). N.A.A.F., 1898, p. 215.

Inventaire des collections et testament de R. de Gaignières (1716). N.N.A.F., 1874-75, p. 265.

Lagarde (les barons de), amateurs d'art (1527-1767). N.A.A.F., 1891, p. 241, et suiv.

Le Comte (Florent). — *Cabinet des singularitez d'architecture, peinture, sculpture et gravure* ou introduction à la connoissance des plus beaux arts, figurés sous les tableaux, les statues et les estampes. Paris, 1699-1700, 3 vol. in-12.

Léris (G. de). — *La comtesse de Verrue et la Cour de Victor Amédée II de Savoie*. Paris, 1886, in-16.

Mireur (H.). — *Dictionnaire des ventes d'art faites en France et à l'étranger pendant les XVIIIe et XIXe siècles*. Paris, 1901 et suiv., in-8 (ouvrage non encore terminé).

Montaiglon (A. de). — *La galerie de tableaux du Régent* (Paris-Artiste, 2 mai 1872).

Morinerie (de la). — *Michel Bégon, intendant de la Rochelle*. Paris, 1855, in-8.

Physionomie des ventes de tableaux au XVIIIe siècle. R.U.A., t. XIV, p. 319.

Ris (Clément de). — *Les amateurs d'autrefois*. Paris, 1876, in-8.

Swarte (V. de). — *Les financiers amateurs d'art*. S.B.A.D., 1890, p. 108.

Testament de Crozat. R.U.A., t. VI, p. 433.

Thiollier (Noël). — *Une vente de tableaux de maîtres à Paris en 1710*. S.B.A.D., 1899, p. 233.

III

BIOGRAPHIES

A. — Recueils généraux de biographies, répertoires et dictionnaires d'artistes

Bellier de la Chavignerie (Émile) et Auvray (Louis). — *Dictionnaire général des artistes de l'École française depuis l'origine des arts du dessin jusqu'à nos jours.* Paris, 1882 et suiv., 2 vol. in-8.

Blanc (Ch.). — *Histoire des Peintres de toutes les Écoles.* — École française : — Tome I : *Noël Coypel, F. Verdier, Van der Meulen, J.-B. Monnoyer, Ch. de La Fosse, J. Forest, F. Milet, J. Jouvenet, F. de Troy, J. Parrocel, Bon Boullogne, J.-B. Santerre, L. de Boullogne, N. de Largillière, H. Rigaud.* — Tome II : *A. Coypel, F. Desportes, A. Rivalz, R. Tournières, C. Gillot, J. Raoux, J.-F. de Troy, A. Watteau, J.-M. Nattier, J.-B. Oudry, F. Le Moyne, C. Parrocel, N. Lancret, N.-N. Coypel, J. Restout.* — Tome III : *J. Vivien, J.-B. Martin, L. Galloche, P.-J. Cazes, A. Grimou, J.-B. Van Loo.* Paris, 1862, in-4.

Dezallier d'Argenville (A.-J.). — *Abrégé de la Vie des plus fameux peintres (Vies de N. Coypel, J.-B. Monnoyer, J. Forest, C. de La Fosse, M. Corneille, J. Jouvenet, F. de Troy, N. Colombel, J. Parrocel, E.-S. Chéron, B. Boullogne, C.-G. Hallé, J.-B. Santerre, L. de Boullogne, L. Dorigny, J.-B. Belin de Fontenay, Ph. Meusnier, N. Largillière, J. Vivien, H. Rigaud, L. Chéron, F. Desportes, A. Coypel, N. Bertin, A. Rivalz, R. Tournières, J.-F. de Troy, J. Raoux, J.-B. Van Loo, P.-J. Cazes, A. Watteau, J.-B. Oudry, F. Le Moyne, Ch. Parrocel, N. Lancret).* Paris, éd. de 1762, tome IV, in-8.

Didot (Firmin). — *Nouvelle biographie générale.* Paris, 1862-1866, 46 vol. in-8.

Dumesnil (Robert). — *Le Peintre graveur français.* Paris, 1835-1871, 11 vol. in-8.

Fontenai (Abbé de). — *Dictionnaire des artistes.* Paris, 1776, 2 vol. in-8.

Heinecken (Ch.-H. de). — *Dictionnaire des artistes* dont nous avons des estampes avec une notice très détaillée de leurs ouvrages gravés. Leipzig, 1778-1790, 4 vol. in-8.

Jal (A.). — *Dictionnaire critique de biographie et d'histoire.* Paris, 1872, in-8.

Mariette (P.-J.). — *Abecedario* et autres notes inédites de cet amateur sur les arts et les artistes. Ouvrage publié par MM. Ph. de Chennevières et A. de Montaiglon. Paris, 1851 et suiv., 6 vol. in-8.

Mémoires inédits sur la vie et les ouvrages des membres de l'Académie royale de peinture et de sculpture, publiés d'après les manuscrits conservés à l'École impériale des Beaux-Arts, par MM. L. Dussieux, E. Soulié, Ph. de Chennevières, Paul Mantz, A. de Montaiglon (*Nicolas de Platte-Montagne, Michel Corneille, Charles de La Fosse, Jean Jouvenet, Joseph Parrocel, Pierre Mignard, François Desportes, Hyacinthe Rigaud, Nicolas Bertin, Alexis-Simon Belle, François Tavernier, Henri de Favanne, Michel Serre, Pierre Dulin, J.-F. de Troy, Louis Galloche, Jean-Marc Nattier, Jean-Baptiste Oudry, Charles Parrocel*). Paris, 1854, 2 vol. in-8.

Nagler (C.-K.). — *Neues allgemeines Künstler Lexikon.* Munich, 1835-1852, 22 vol. in-8.

Siret (A.). — *Dictionnaire historique et raisonné des peintres de toutes les époques.* Paris, Bruxelles, Leipzig, Londres, 1883, 2 vol. in-8.

B. — Biographies, répertoires et pièces d'archives relatifs
à des catégories d'artistes

Actes de baptême et de mariage de divers artistes français, extraits des registres de l'Hôtel de Ville de Paris. A.A.F., t. III, p. 108, 145, 173.

Actes d'état civil d'artistes provençaux (1647-1761). N.A.A.F., 1888, p. 257; 1890, p. 152 et 216; 1891, p. 251; 1892, p. 284; 1894, p. 31.

Arnauldet (Th.). — *Estampes satiriques, bouffonnes ou singulières relatives à l'art et aux artistes français pendant les XVIIe et XVIIIe siècles*. G.B.A. Première période, t. III, p. 342, et IV, p. 101.

Artistes provençaux propriétaires à Toulon (Cadastre de 1702 à 1728). N.A.A. F., 1892, p. 156 et suiv.

Artistes nomades (quelques) exploitant les grandes foires de France au XVIIIe siècle. S.B.A.D., 1893, p. 562.

Artistes nantais (les) du moyen âge à la Révolution. N.A.A.F., 1898, p. 1.

Artistes français des XVIIe et XVIIIe siècles (1665-1730). N.A.A.F., 1890, p. 290.

Benet (Armand). — *Peintres des XVIe, XVIIe et XVIIIe siècles*. Notes et documents extraits des fonds paroissiaux des archives du Calvados. S.B.A.D., 1898, p. 256.

Benet (Armand). — *Notes sur les artistes caennais de la fin du XVIIe et du début du XVIIIe siècle*. S.B.A.D., 1897, p. 149.

Biographie toulousaine..., par une Société de gens de lettres. Paris, 1823, 2 vol. in-8.

Bracquehaye (Ch.). — *Les peintres de l'Hôtel de Ville de Bordeaux et des entrées royales depuis 1625*. S.B.A.D., 1898, p. 904.

Bracquehaye (Ch.). — *Les peintres de l'Hôtel de Ville de Bordeaux*. S.B.A.D., 1900, p. 608.

Brevets de logements sous la grande galerie du Louvre accordés à des artistes ou à des artisans, peintres, sculpteurs, graveurs, orfèvres, etc. (1628-1765). A.A.F., t. I, p. 193.

Brevets de logements sous la grande galerie du Louvre. A.A.F., t. III, p. 189.

Brevets de logements aux Tuileries. A.A.F., t. III, p. 221.

Chennevières (Philippe de). — *Recherches sur la vie et les ouvrages de quelques peintres provinciaux de l'ancienne France*. Paris, 1847, 3 vol. in-8.

Chennevières (Ph. de). — *Artistes normands des XVIIe et XVIIIe siècles*. N.A.A.F., 1886, p. 177, 227, 243, 273.

Congés accordés à des artistes français pour aller travailler à l'étranger (1693-1792). N.A.A.F., 1878, p. 1.

Destailleur (H.). — *Notice sur quelques artistes français*. Paris, 1863, in-8.

Dufour et Rabat (Fr.). — *Les peintres et les peintures en Savoie du XIIIe au XIXe siècle*. Chambéry, 1870, in-8.

Dussieux (L.). — *Les artistes français à l'étranger*. Paris et Lyon, 3e édition, 1876, in-8.

État civil de peintres et sculpteurs de l'Académie royale, billets d'enterrement de 1648 à 1713, publiés d'après un registre conservé à l'École des Beaux-Arts. Paris, 1873, in-8.

État et noms des artistes et ouvriers françois qui allèrent à Saint-Pétersbourg (1716). *Cabinet historique*. Paris, 1856, in-8, t. I. Documents, p. 188 et suiv.

Feuillet de Conches. — *Les peintres européens en Chine et les peintres chinois*. Revue contemporaine, t. XXV (1851), p. 217.

Ginoux (Ch.). — *Artistes de Toulon*. N.A.A.F., 1894, p. 193, et 1895, p. 1.

Girardot (baron). — *Les artistes de Bourges depuis le moyen âge jusqu'à la Révolution*. A.A.F., 2ᵉ série, t. 1, p. 209.

Grandmaison (Louis de). — *Essai d'armorial des artistes français. Lettres de noblesse. Preuves pour l'ordre de Saint-Michel*. S.B.A.D., 1903, p. 296.

Grandmaison (Louis de). — *Essai d'armorial des artistes français*. S.B.A.D., 1904, p. 589.

Granges de Surgères (de). — *Artistes français des XVIIᵉ et XVIIIᵉ siècles*. (Extrait des *Comptes des États de Bretagne*. Paris, 1893, in-8.)

Grosley. — *Mémoires historiques et critiques pour l'histoire de Troyes*. Paris, 1812, 2 vol. in-8.

Guiffrey (J.-J.). — *Scellés et inventaires d'artistes*. N.A.A.F., 1883, p. 1 et suiv.

Guiffrey (J.-J.). — *Logements d'artistes au Louvre, Tuileries, Luxembourg, Gobelins, etc.* N.A.A.F., 1873, p. 1 à 220.

Guiffrey (J.-J.). — *Lettres de noblesse accordées aux artistes en France aux XVIIᵉ et XVIIIᵉ siècles*. (*Revue historique, nobiliaire et biographique*, Nouvelle série, t. X, 1873, p. 1 et suiv.).

Guiffrey (J.-J.). — *Lettres de noblesse et décorations de l'ordre de Saint-Michel, conférées aux artistes aux XVIIᵉ et XVIIIᵉ siècles*. N.A.A.F., 1889, p. 225.

Haag (Eug. et Ém.). — *La France protestante ou vie des protestants français qui se sont fait un nom dans l'histoire*. Paris, 1846-1858. 10 vol. in-8.

Herluison (H.). — *Actes d'état civil d'artistes français, peintres, graveurs, architectes, etc.*, extraits des registres de l'Hôtel de Ville de Paris, détruits dans l'incendie du 24 mai 1871. Orléans, 1873, in-8.

Jacquet (C.). — *Essai de répertoire des artistes lorrains*. Paris, 1902, in-8.

Jacquot (Albert). — *Notice sur divers artistes lorrains et sur leurs œuvres*. S.B.A.D., 1886, p. 302.

Jacquot (Albert). — *Anoblissement d'artistes lorrains*. S.B.A.D., 1885, p. 116.

Liste des peintres, sculpteurs, architectes, graveurs et autres artistes de la maison du roi, de la reine ou des princes du sang pendant les XVIᵉ, XVIIᵉ et XVIIIᵉ siècles, relevée et annotée par M. J. Guiffrey. N.A.A.F., 1872, p. 59 à 66.

Mantz (Paul). — *Les portraitistes au XVIIIᵉ siècle*. (*L'Artiste*, 1854, t. XII, p. 129 et suiv.).

Marionneau (Ch.). — *Anciens artistes aquitains et peintres officiels du vieux Bordeaux*. S.B.A.D., 1886, p. 214.

Marmottan (P.). — *Les peintres de la ville d'Arras*. Paris, 1889, in-8.

Marmottan (Paul). — *Les peintres de Saint-Omer*. S.B.A.D., 1888, p. 861.

Meaume (E.). — *Recherches sur quelques artistes lorrains*. Nancy, 1852, in-8.

Montaiglon (A. de). — *Petites pièces extraites de différents recueils de poésies relatives à des artistes du XVIᵉ au XVIIIᵉ siècle*. N.A.A.F., 1872, p. 109.

Nougaret. — *Anecdotes des Beaux-Arts*. Paris, 1776-1780, 3 vol. in-12.

Noms d'artistes détenus à la Bastille (1704-1741). N.A.A.F., 1882, p. 270.

Notes sur quelques artistes aubussonnais. S.B.A.D., 1889, p. 733.

Notes sur les peintres de la mairie de Bordeaux. A.A.F., t. II, p. 125.

Parrocel (Etienne). — *Annales de la peinture*. Ouvrage contenant l'histoire des écoles d'Avignon, d'Aix, de Marseille, précédée de l'historique des peintres de l'antiquité, du moyen âge, etc. Paris, 1862, in-8.

Peintres et sculpteurs nés à Toulon ou y ayant travaillé de 1518 à 1800. N.A.A.F., 1888, p. 145.

Peintres et sculpteurs de la ville de Toulon (1639-1786). N.A.A.F., 1889, p. 303.

Quittances d'artistes tirées de diverses collections. N.A.A.F., 1884, p. 33, 52, 69.

Robert (Ulysse). — *Quittances de peintres, sculpteurs et architectes français de 1535 à 1711*. N.A.A.F., 1876, p. 1 et suiv.

Rondot (Natalis). — *Les artistes et les maitres de métiers étrangers ayant travaillé à Lyon*. G.B.A. Deuxième période, t. XXVIII, p. 157.

Rondot (N.). — *Les peintres de Lyon aux XVIIe et XVIIIe siècles.* S.B.A.D., 1887. p. 425.

Soprani, continué par Ratti (J.-A.). — *Delle vite de pittori, scultori ed architetti genovesi.* Gênes, 1768-69, 2 vol. gr. in-4.

Thoison (Eugène). — *Notes et documents sur quelques artistes intéressant le Gâtinais.* S.B.A.D., 1900, p. 430.

Thoison (Eug.). — *Notes et documents sur quelques artistes intéressant le Gâtinais.* S.B.A.D., 1902, p. 427.

Valabrègue (Anthony). — *Les princesses artistes.* Paris, 1888, in-8.

Veuclin (E.). — *Notes sur quelques artistes de la marine de l'État à la fin du XVIIe siècle.* S.B.A.D., 1894, p. 725.

Veuclin (E.). — *Quelques artistes français en Russie sous Pierre le Grand et Catherine.* S.B.A.D., 1893, p. 485 et suiv.

Veuclin (E.). — *L'art français en Russie sous Pierre le Grand.* 1894, p. 363 et suiv.

Walpole (Horace). — *Anecdotes of Painting.* England with some account of the principal Artistes and incidental notes on other Arts. 1762-1771. 4 vol. in-4.

Weiss (Ch.). — *Histoire des réfugiés protestants de France depuis la révocation de l'édit de Nantes jusqu'à nos jours.* Paris, 1853, 2 vol. in-12.

C. — Biographies de peintres, pièces d'archives concernant la biographie des peintres [1]

Marionneau (Ch.). — *Frère André,* artiste peintre de l'ordre des Frères prêcheurs. Lettres inédites, accompagnées de notes et d'un essai de catalogue des ouvrages de ce peintre. Bordeaux, 1878, in-4.

Stein (Henri). — *Les frères Anguier,* notice sur leur vie et leurs œuvres. S.B.A.D., 1889, p. 527.

Michel (Edmond). — *Les Audran peintres et graveurs.* Orléans, 1884, in-8.

Duplessis (G.). — *Les Audran.* Paris, 1892, gr. in-8.

Les Bailly, peintres et gardes des tableaux du roi. N.A.A.F., 1896, p. 113.

Nicolas Bailly, peintre du roi, garde des tableaux de Sa Majesté (1699). N.A.A.F., 1887, p. 204.

Le frère Baptista, peintre français (1697). N.A.A.F., 1895, p. 35.

Stein (Henri). — *Nouveaux documents sur le peintre sculpteur Antoine Benoist.* S.B.A.D., 1895, p. 797.

Jossier (S.). — *Antoine Benoist,* peintre ordinaire et premier sculpteur en cire du roi. Auxerre, 1862, in-8. (Extrait du *Bulletin de la Société des sciences naturelles de l'Yonne,* 1er trimestre 1862.)

Pièces relatives au sculpteur en cire Ant. Benoist (1706). Lettres de relief de dérogeance à la noblesse et contredit de la duchesse de Richelieu à la prétention du sculpteur sur le prix d'un portrait de Mlle de Noailles. N.A.A.F., 1872, p. 301.

Bellier de la Chavignerie (E.). — *Documents sur Antoine Benoist.* (*Moniteur des Arts,* 11 octobre 1882.)

Tardieu (Alex.). — *Notice sur... les Belle,* peintres. A.A.F., t. IV, p. 49.

1. Les ouvrages et documents de ce paragraphe ont été classés au nom des artistes.

Sur Thomas Blanchet, peintre. (*Journal des Arts, des Sciences et de la Littérature*, 3ᵉ année, 3ᵉ trimestre, an X, nᵒ du 10 nivôse, p. 34 et 35.)

CHARVET (Léon). — *Recherches sur la vie et les œuvres de Thomas Blanchet*. S. B.A.D., 1893, p. 96.

MANTZ (Paul). — *François Boucher, Lemoyne et Natoire*. Paris, 1880, in-folio.

MICHEL (André). — *François Boucher*. Paris, 1889, gr. in-8.

Nicolas Boucherot, peintre du roi (1693). N.A.A.F., 1892, p. 269.

WATELET. — *Vie de Louis de Boullogne* dans la *Vie des Premiers Peintres du roi*, depuis M. Le Brun jusqu'à présent (de Lepicié), t. II, p. 42, et réponse de M. Coypel, p. 75. Paris, 1752, in-12.

PAPILLON. — *Vie de François Chauveau, graveur et de ses deux fils, Évrard et René*. Réimprimée par Arnauldet, Chéron, Montaiglon. Paris, 1845, in-8.

JACQUOT (A.). — *Le peintre lorrain Ch.-L. Chéron et sa famille*. S.B.A.D., 1887, p. 338.

FERMELHUIS. — *Éloge funèbre de Mme Le Hay, connue sous le nom de Mlle Chéron*. A.A.F., IIᵉ série, t. I, p. 405.

Ch.-B. Clérion, peintre privilégié suivant la Cour. N.A.A.F., 1889, p. 48.

LHUILLIER (Th.). — *Notes pour servir à la biographie des deux Cotelle, peintres du roi*. S.B.A.D., 1893, p. 632.

Documents sur les... Coypel, peintres N.A.A.F., 1874-1875, p. 233.

Documents nouveaux sur les Coypel et les Boullogne, peintres et les Dumont, sculpteurs (1712-1788). N.A.A.F., 1877, p. 219.

CARÊME (Claude-François). — *Notice sur Noël Coypel dans le Recueil des amusements du cœur et de l'esprit* de Ph. de Prétot. La Haye, 1735-1745, t. XI, p. 448.

COYPEL (Ch.-Ant.). — *Vie d'Antoine Coypel* dans la *Vie des Premiers Peintres du roi* depuis M. Le Brun jusqu'à présent (de Lepicié), t. II., p. 1. Paris, 1752, in-12.

COYPEL (Ch.-Ant.). — *Élégie sur la mort de M*** (Coypel) par son fils. — A M. le marquis de Calvière en lui envoyant cette élégie. — Éloge funèbre de Mᵐᵉ *** (Coypel). — Épître sur l'amitié à M. le marquis de *** (Calvière)*. Paris, 1725, in-4.

Lettre d'Ant. Coypel (1699). N.A.A.F., 1873, p. 346.

COYPEL (Charles-Antoine). — *Les folies de Cardenio*, pièce en trois actes et en prose. Paris, 1720-1721, in-4.

COYPEL (Charles-Antoine). — *Deuxième ballet dansé par le roi dans son château des Tuileries*, en trois actes et un prologue et en vers libres. Paris, 1720, in-4.

Brevet du régiment de la Calotte relatif au peintre Ch.-Ant. Coypel et à l'architecte Gilles-Marie Oppenord. A.A.F., 2ᵉ série, t. II, p. 81.

CHARVET (Léon). — *Les Delamonce*. S.B. A.D., 1892, p. 176.

SABATIER (L.). — *Les Delavente*, famille de peintres virois. S.B.A.D., 1889, p. 115.

QUARRÉ-REYBOURON. — *Arnould de Vuez, peintre lillois* (1644-1720). S.B.A.D., 1903, p. 497.

STEIN (H.). — *Le peintre G. Doyen et l'origine du musée des monuments français*. S.B.A.D., 1888, p. 328.

FIRMIN DIDOT (Ambroise). — *Les Drevet*. Paris, 1876, in-8.

Le peintre Louis-Ferdinand Elle. R.U.A., t. XV, p. 279.

COUSIN DE LA CONTAMINE. — *Mémoire pour servir à la vie du sieur Favanne*, peintre ordinaire du roy, recteur de l'Académie royale de peinture. Paris, 1753, in-12. (Réimprimé dans R.U.A., t. XIV, p. 245 et suiv.).

Notice sur la vie et les ouvrages de J.-Ph. Ferrand, peintre en émail (1653-1732). A.A.F., t. IV, p. 72.

MARMOTTAN (Paul). — *Jacques-Albert Gérin*, peintre valenciennois du XVIIᵉ siècle. Valenciennes et Paris, 1893, in-8.

GHERARDINI (Giovanni). — *Relation du voyage fait à la Chine sur le vaisseau l' « Amphitrite » en l'année 1698. A Monseigneur le duc de Nevers.* Paris, 1700, in-12.

LA TOUCHE (Chevalier de). — *Notice biographique sur Cl. Gillot...* avec des notes de Aubin, Louis Millin et Ch.-Nic. Amanton. Dôle, 1810, in-8.

BURTY (Ph.). — *Notice sur l'œuvre et la vie de Claude Gillot,* peintre et graveur. (*L'Art du XIXe siècle*, 1857, t. II, p. 234, 247, 257.)

VALABRÈGUE (Anthony). — *Un maitre fantaisiste du XVIIIe siècle : Claude Gillot.* Paris, 1883, in-4. (Extrait de *L'Artiste.*)

VALABRÈGUE (Anthony). — *Claude Gillot.* G.B.A., 1899, t. I, p. 385 et suiv., et t. II, p. 115 et suiv.

ENGERAND (F.). — *Pierre Gobert,* peintre de portraits. *L'Artiste,* mars 1897.

THOISON (Eugène). — *Recherches sur des artistes se rattachant au Gâtinais : Pierre Gobert.* S.B.A.D., 1903, p. 98.

GUERLIN (R.). — *Notes sur le peintre Guillaume Herregosse.* S.B.A.D., 1896, p. 558.

DIMIER (Louis). — *Christophe Huet,* peintre de chinoiseries et d'animaux. G.B.A. Troisième période, t. XIV, p. 353 et 487.

Blaise Hurlot, peintre de l'Académie de Saint-Luc. N.A.A.F., 1880-81, p. 86.

JACQUOT (A.). — *Le peintre lorrain Claude Jacquard.* S.B.A.D., 1896, p. 694.

LECARPENTIER (C.). — *Essai historique sur Jouvenet.* Rouen, an XII, in-18.

HOUEL (H.). — *Jean Jouvenet et sa maison natale.* Rouen, 1836, in-8.

LEROY (F.-N.). — *Histoire de Jouvenet.* Paris, 1860, in-8.

MONTAIGLON (A. DE). — *Commentaires accompagnant la reproduction d'un article sur Jean Jouvenet,* publié dans le *Temps* du 25 décembre 1887. N.A.A.F., 1888, p. 117-120.

LHUILLIER (Th.). — *Note relative à Jean Jouvenet et à ses filles.* S.B.A.D., 1889, p. 447.

BOSSEBŒUF (L.). — *Jouvenet chez le duc de Mazarin.* S.B.A.D., 1902, p. 293.

ANDRÉ (F.). — *Jean Lacour,* peintre mendois, S.B.A.D., 1890, p. 694.

SUTAINE (Max). — *Philippe Lallemant,* peintre de Reims : *Travaux de l'Académie impériale de Reims.* Reims, 1855-1856, in-8, t. XXIV, p. 65-67.

BALLOT DE SOVOT. — *Éloge de Lancret,* peintre du roi, accompagné de diverses notes sur Lancret, de pièces inédites et du catalogue de ses tableaux et de ses estampes réunis et publiés par J.-J. Guiffrey. Paris, 1874, 2 vol. in-12.

MANTZ (Paul). — *Largillière.* G.B.A., 1893, t. II, p. 89 et 295.

Déclaration faite par Nicolas de Largillière en observation de l'édit somptuaire de 1700. N.A.A.F., 1874-75, p. 223.

Claude Le Bault, peintre ordinaire du roi, 1665-1726. S.B.A.D., 1896, p. 502.

BRACQUEHAYE (Ch.). — *Les peintres de l'Hôtel de Ville de Bordeaux : Antoine Le Blond de la Tour.* S.B.A.D., 1898, p. 902.

BRACQUEHAYE (Ch.). — *Les peintres de l'Hôtel de Ville de Bordeaux : Marc-Antoine Le Blond de La Tour.* S.B.A.D., 1899, p. 595.

VALLEMONT (Abbé DE). — *Éloge de M. Le Clerc,* chevalier romain, dessinateur et graveur ordinaire du roi. Paris, 1715, in-18.

MEAUME (Edouard). — *Sébastien Le Clerc et son temps.* Paris, 1877, in-8.

LHUILLIER (Th.). — *Le peintre Claude Lefebvre,* de Fontainebleau. S.B.A.D., 1892, p. 487.

CAYLUS (Le comte DE C***). — *Vie de François Lemoyne,* dans la *Vie des Premiers Peintres du roi* depuis M. Le Brun jusqu'à présent (de Lepicié). t. II, p. 81. Paris, 1752, in-12.

Avis des parents, procès-verbal de suicide et inventaire de François Lemoyne (1693-1737). N.A.A.F., 1877, p. 184.

Jérémie de Lutel, peintre du roi (1691). N.A.A.F., 1876, p. 352; et 1879, p. 256.

MONVILLE (Abbé DE). — *La Vie de Pierre Mignard*, premier peintre du Roy. Paris, 1730, in-8.

COURTALON DELAISTRE. — *Éloge de Pierre Mignard*. Troyes, 1781, in-8.

LE BRUN DALBANNE. — *Étude sur Pierre Mignard, sa vie, sa famille et son œuvre*. Paris, 1878, in-8.

Testament de Pierre Mignard. A.A.F., t. V, p. 41.

HUCHARD (Auguste). — *Notice sur Pierre Mignard et sa famille*. G.B.A. Première période, t. IX, p. 282.

Documents sur Pierre Mignard et sa famille. N.A.A.F., 1874-1875, p. 1.

Nouveaux documents sur le peintre Pierre Mignard et sur sa famille (1687-1699). N.A.A.F., 1892, p. 241.

Un Mignard clown. — (1727). N.A.A.F., 1886, p. 11.

Acte de décès de J.-B. Nattier (27 avril 1726). A.A.F., t. V., p. 92.

Mémoire pour servir à l'éloge de M. Oudry, peintre du roi. — R.U.A., t. VIII, p. 234.

PARROCEL (Étienne). — *Monographie des Parrocel*. Marseille, 1861, in-8.

TAILLANDIER (A.). — *Les derniers des Parrocel*. A.A.F., t. VI, p. 56.

Supplique adressée au grand-duc de Toscane par Marie Parrocel, femme du peintre Jacques Parrocel. (20 mars 1712). N.A.A.F., 1874-75, p. 262.

PARROCEL (P.). — *Les Parrocel*. Notes rectificatives ou complémentaires. S.B.A.D., 1894, p. 203.

PARROCEL (P.). — *Notes sur les Parrocel*. S.B.A.D., 1895, p. 729.

REQUIN (Abbé). — *Les Parrocel à Avignon : Louis Parrocel* (1666-1694). S.B.A.D., 1895, p. 737.

FOUCART (Paul). — *Antoine Pater*. S.B.A.D., 1887, p. 78.

HENAULT (Maurice). — *Antoine Pater*. S.B.A.D., 1899, p. 185.

FOUCART (Paul). — *La jeunesse de J.-B. Pater* (*L'Art*, 1894, t. I, p. 117 et 155).

DUSSIEUX (L.). — *Antoine Pesne*. R.U.A., t. III, p. 30.

SEIDEL (P.). — *Antoine Pesne*, premier peintre de Frédéric-le-Grand. G.B.A., Troisième période, t. V, p. 318 et 426; t. VI, p. 70.

Documents sur... François Puget. — A.A.F., t. VI, p. 88.

RANC (Jean) : *Mercure de France*, septembre 1722, mars 1729.

PONSONAILHE (Ch.). — *Les deux Ranc*, peintres de Montpellier. S.B.A.D., 1887, p. 173.

Contrat de mariage de Jean Ranc. — (1715). N.A.A.F. 1887, p. 140.

Éloge de M. Restout. — Nécrol., 1769, petit in-18.

Notice sur Rigaud (*Mercure de France*, novembre 1741).

Testament d'Hyacinthe Rigaud. A.A.F., t. IV, p. 25.

Contrat de mariage et testament du peintre Hyacinthe Rigaud (1703-1715). N.A.A.F., 1891, p. 50.

Lettre de Rigaud à Gaignières. A.A.F., t. I, p. 159.

GINOUX (Ch.). — *Jacques Rigaud*, dessinateur et graveur marseillais, improprement prénommé Jean ou Jean-Baptiste (1681-1754). S.B.A.D., 1898, p. 726.

VIENNE (Henri). — *Études sur l'école de Toulouse. L'œuvre gravé d'Antoine Rivalz*. (Extrait de la *Revue de Toulouse*, novembre 1866.) Toulouse, s. d., in-8.

ROSALBA CARRIERA. — *Journal de... pendant son séjour à Paris en 1720 et 1721*, publié en italien par Vianelli, traduit, annoté et augmenté d'une biographie et de documents inédits sur les artistes et les amateurs du temps par Alfred Sensier. Paris, 1865, in-12.

GINOUX (Ch.). — *Jean-Baptiste de La Rose*, peintre du roi à l'Arsenal de Toulon. S.B.A.D., 1887, p. 303.

Pascal de La Rose, peintre de Toulon. N.A.A.F., 1886, p. 289.

Notices sur le peintre Santerre. R.U.A., t. XII, p. 237.

Vers du XVIIIᵉ siècle sur le peintre Santerre. R.U.A., t. XV, p. 211.

Potiquet (Alfred). — *Jean-Baptiste Santerre, peintre, sa vie et son œuvre.* Paris, 1876, in-8.

Z. — *Notice sur Daniel Sarrabat,* s. l. n. d., in-8.

Michel Serre : son brevet de peintre des galères du roi-à Marseille. A.A.F., t. I, p. 333.

Notice sur Pierre Sévin. — N.A.A.F., 1885, p. 149.

Les Sévin, peintres, dessinateurs, décorateurs. S.B.A.D., 1894, p. 135.

Acte de donation d'une action de la Compagnie des Indes par Rigaud à Ch. Sévin de la Pennaye. N.A.A.F., 1891, p. 73-74.

Silvestre (E. de). — *Israël Silvestre et ses descendants.* Paris, 1869, in-8.

Israël Silvestre, ses ascendants et son fils, Louis de Silvestre le jeune (1598-1757). N.A.A.F., 1886, p. 154.

Testament et inventaire des biens, tableaux, dessins, etc., de Claudine Bouzonnet Stella, rédigés et écrits par elle-même (1693-1697). N.A.A.F., 1877, p. 1.

Bellier de la Chavignerie (E.). — *Recherches sur Mlle Anne-Renée Strésor.* Paris, 1860, in-8.

Robert Tournières. Extrait mortuaire de ce peintre (Caen 1752). A.A.F., t. I, p. 70.

Robert Tournières (1702). — N.A.A.F., 1896, p. 104.

Documents sur... Jean Troy et... Ant. Ranc..., A.A.F., t. III, p. 124.

Documents sur Van der Meulen. N.A.A. F., 1879, p. 119.

Abraham-Louis Van Loo, Jean Van Loo, Louis-Michel Van Loo. A.A.F., t. VI, p. 162.

Dandré Bardon. — *Vie de Jean-Baptiste Van Loo.* Paris, 1779, in-12.

Thoison (E.). — *Notes sur les artistes se rattachant au Gâtinais : les Vernansal.* S.B.A.D., 1901, p. 108.

Ginoux (Ch.). — *Le chevalier Volaire et les autres peintres toulonnais de ce nom (1660-1831).* S.B.A.D., 1893, p. 263.

Notice sur Watteau (Mercure de France, août 1721, p. 81-83).

Caylus (le comte de). — *Vie d'Antoine Watteau,* dans Éd. de Goncourt. *L'Art du XVIIIᵉ siècle.* Première série, p. 15 et suiv.

Julienne (Jean de). — *Abrégé de la Vie d'Antoine Watteau* (Introduction au recueil des « Figures de différents caractères »). Paris, 1735, in-folio.

Gersaint (E.-F.). — *Catalogue raisonné du cabinet de Quentin de Lorangère.* Paris, 1744, in-12.

Gersaint (E.-F.). — *Antoine Watteau et ses élèves, Lancret et Pater.* R.U.A., t. XIV, p. 308.

Lecarpentier (C.). — *Antoine Watteau.* Rouen, 1815, in-8.

Hécart. — *La biographie valenciennoise.* Recueil de notices extraites de la *Feuille valenciennoise* de 1821 à 1826. Valenciennes, s. d., in-8.

Dinaux (Arthur). — *Nomenclature des personnes qui se sont fait remarquer dans l'arrondissement de Valenciennes.* Valenciennes, 1830, in-8.

Hédouin (P.). — *Watteau :* essai sur la vie et les ouvrages de ce peintre, suivi du catalogue de ses tableaux, avec des renseignements inédits jusqu'à ce jour. Paris, 1854, in-8.

Dumont (Léon). — *Antoine Watteau.* Valenciennes, 1866, in-8.

Cellier (Louis). — *Antoine Watteau, son enfance et ses contemporains* (Gérin, Alardin, Girardin, Mignon, Julien Watteau, Vleughels, Dumont, Pater, Dubois, Saly, Gilis, Eisen, Louis et François Watteau). Valenciennes, 1867, in-8.

Goncourt (E. de). — *Watteau (L'Art du XVIIIᵉ siècle,* t. I, p. 3.)

Mollett (John-W.). — *Watteau.* Londres, 1883, in-8.

Foucart (Paul). — *Antoine Wateau (Revue Occidentale, philosophique, sociale et politique*, 1884, 2ᵉ trimestre, t. XIII, p. 384 et suiv.).

Guillaume (Georges). — *Le bi-centenaire de Watteau.* Lille, 1884, in-4.

Advielle (V.). — *Notes inédites sur Antoine Watteau.* S.B.A.D., 1885, p. 158 et suiv.

Hannover (Émile). — *Antoine Watteau* (traduit du danois en allemand). Berlin, 1889, in-8.

Dargenty (G.). — *Antoine Watteau.* Paris, 1891, gr. in-8.

Mantz (Paul). — *Antoine Watteau.* Paris, 1892, in-4.

Phillips (Claude). — *Antoine Watteau.* Londres, 1897.

Foucaud (L. de). — *Antoine Watteau.* R.A.A.M., 1901, t. I, p. 87 et 313; t. II, p. 105, 163, 241, 337; 1904, t. I, p. 135 et 193; t. II, p. 341. (Étude non terminée).

Foucart (Paul). — *Antoine Watteau à Valenciennes.* S.B.A.D., 1892, p. 529.

Cellier (L.). — *Watteau en Angleterre; ses œuvres dans les collections de la Grande-Bretagne, en Belgique, etc. (Revue de la Société d'agriculture, sciences, et arts de Valenciennes,* t. XXII, 1868, in-8, p. 360).

Lettres de Watteau à Gersaint et à Julienne. A.A.F., t. II, p. 208.

Foucart (Paul). — *Julien Watteau.* S. B.A.D., 1888, p. 299.

Jabart (H.). — *Nicolas et Jacques Wilbaut, peintres français du* xviiiᵉ *siècle.* S.B. A.D., 1886, p. 271.

IV

LES ŒUVRES

A. — Documents et études relatifs a des ensembles d'œuvres

a) Paris et environs de Paris.

Argenville (A.-N. Dezallier d'). — *Voyage pittoresque de Paris.* Paris, éd. de 1765, in-12.

Argenville (A.-N. Dezallier d'). — *Voyage pittoresque des environs de Paris.* Paris, 1749, in-12.

Barthelemy (Ch.). — *Les tableaux de l'église St-Louis de Versailles. (Revue de l'Art chrétien,* IIᵉ série. t. II, p. 392.) Paris, 1875, in-8.

Bellier de la Chavignerie (E.). — *Les Mays de Notre-Dame de Paris.* (G.B.A. Première période, t. XVI, p. 457.)

Bellier de la Chavignerie (E.). — *Les Mays de l'abbaye de St-Germain-des-Prés.* R.U.A., t. XXIII, p. 162.

Bellocq (P. de). — *L'Église des Invalides* (poème). Paris, 1702, in-folio.

Brice (Germain). — *Description de la ville de Paris et de tout ce qu'elle contient de plus remarquable.* Paris, éd. de 1752, 4 vol. in-12.

Champeaux (A. de). — *L'Art décoratif dans le vieux Paris.* Paris, 1898, in-4.

Champier (V.) et Sandoz (R.). — *Le Palais-Royal.* Paris, 1900, 2 vol. in-folio.

Confrérie (la) du May de Notre-Dame de Paris. N.A.A.F., 1890, p. 301.

Curiosités du Château de Saint-Cloud. Paris, 1783, in-8.

Darnéy (G.). — *Saint-Cloud*. Paris, 1904, in-8.

Dubois de Saint-Gelais. — *Histoire journalière de Paris* (1716-1717). Rééditée sous la direction de M. Maurice Tourneux pour la Société des Bibliophiles François. Paris, 1885, in-8.

Dussieux (L.). — *Le Château de Versailles*, histoire et description. Versailles, 1881, 2 vol. in-8.

Explication des Mays de l'église St-Germain-des-Pres (1716-1719). N.A. A.F., 1882, p. 273 à 293.

Explication des deux tableaux exposés à la porte de l'abbaye royale de Saint-Germain-des-Prés, le premier jour de May 1716 et faits pour la même église par MM. Cazes et Verdot, peintres ordinaires du roi. Paris, 1716, in-4.

Félibien des Avaux (Jean-François). — *Description de l'église des Invalides*. Paris, 1702, in-folio.

Félibien des Avaux (Jean-François). — *Description de l'église des Invalides*. Paris, éd. de 1706, in-12.

Fleury (Comte). — *Le Château de Saint-Cloud*, ses origines, ses hôtes, ses fastes, ses ruines. Paris, 1902, gr. in-8.

Granet (J.-J.). — *Histoire de l'hôtel royal des Invalides*, enrichie d'estampes dessinées et gravées par Cochin. Paris, 1736, in-folio.

Grouchy (Vicomte de). — *Étude sur Meudon, Bellevue et Chaville*. (*Mémoires de la Société de l'Histoire de Paris*, t. XX, p. 168 et suiv.)

Gueffier (C.-P.). — *Description historique des curiosité de l'église de Paris* contenant le détail de l'édifice tant intérieur qu'extérieur, le trésor, les chapelles, les tombeaux. Paris, 1763, in-12.

Guiffrey (J.-J.). — *Les Mays de Notre-Dame de Paris*. Nogent-le-Rotrou, 1887, in-8.

Hébert. — *Dictionnaire pittoresque et historique* ou Description des monuments de Paris, Versailles, Marly et autres maisons royales. Paris, 1768, 2 vol. in-8.

Inventaire des tableaux et statues du château de la Muette en 1746. N.A.A.F., 1892, p. 353.

Leroux de Lincy. — *Histoire de l'Hôtel de Ville de Paris*. Paris, 1846, in-4.

Lister. — *Voyage à Paris*. Traduction française. Paris, 1873, in-8.

Marquet de Vasselot (J.-J.). — *La Ménagerie du château de Versailles, la grotte et les pavillons*. (*Revue d'Histoire de Versailles*. Versailles, 1899, in-8, p. 81 et suiv.)

M.L.R. (Georges-Louis-Le-Rouge). — *Les Curiosité de Paris, de Versailles, de Marly, de Vincennes, de St-Cloud et des environs*. Paris, 1716, in-12. Réimprimé à Paris, 1883, in-8.

Neimetz (J.-C.). — *Séjour à Paris*, c'est-à-dire instructions fidèles pour les voyageurs de condition... Leyde, 1727, in-12.

Peintures commandées sous Louis XIV pour Trianon-sous-Bois. N.A.A.F., 1892, p. 77.

Pératé (André). — *Les villes d'art : Versailles*. Paris, 1904, gr. in-8.

Perau (Abbé). — *Description historique de l'hôtel royal des Invalides*. Paris, 1756, in-folio.

Piganiol de la Force. — *Description de Paris, de Versailles, de Marly, de Meudon, de St-Cloud, de Fontainebleau et de toutes les autres belles maisons et châteaux des environs de Paris*. Paris, éd. de 1742, 8 vol. in-8.

Piganiol de la Force. — *Nouvelle description du château et parc de Versailles et Marly*. Paris, 1702, 2 vol. in-12.

Stein (H.). — *État des objets d'art placés dans les monuments religieux et civils de Paris au début de la Révolution*. N.A.A.F., 1890, p. 1.

Stein (H.). — *La collection des velins du Muséum d'histoire naturelle à Paris*. G.B.A. Troisième période, t. III, p. 273.

Thiéry. — *Guide des amateurs et des étrangers voyageurs à Paris* ou Description raisonnée de cette ville et de tout ce qu'elle contient de remarquable. Paris, 1786, 2 vol. in-12.

Trouvain (Isaac). — *Mémoire historique touchant l'origine et l'ancienneté du tableau votif que les marchands orfèvres de Paris présentent le premier jour de May de chaque année à la Sainte Vierge.* Paris, 1684.

Vachon (Marius). — *L'ancien Hôtel de Ville de Paris.* Paris, 1882, in-folio.

Vaillant (M.-J.). — *Les Mays de Notre-Dame de Paris*, la confrérie royale de Sainte-Anne et de Saint-Marcel et la corporation des orfèvres de Paris, avec la liste des Mays offerts à l'église de Paris de 1630 à 1707 et ceux offerts à Saint-Germain-des-Prés de 1716 à 1720. N.A.A.F., 1880-81, p. 390 à 445.

b) Province, étranger, divers.

André (F.). — *Les peintures de l'ancien palais épiscopal de Mende, aujourd'hui hôtel de la Préfecture. Le peintre Antoine Bénard.* S.B.A.D., 1887, p. 371.

Bürger (W.). — *Trésors d'art en Angleterre.* Paris, 1865, in-18.

Bürger (W.). — *Exposition de tableaux de l'école française tirés de collections d'amateurs.* G.B.A. Première période, t. VII, p. 257 et 333, et t. VIII, p. 228.

Chennevières (Ph. de). — *Expositions de l'art du XVIII* siècle.* G.B.A. Deuxième période, t. XXIX, p. 166.

Dépêches de Colbert relatives à la décoration des vaisseaux. N.A.A.F., 1889, p. 168.

Description des œuvres d'art qui décorent les édifices publics de la ville de Bordeaux. Bordeaux, 1861, in-8.

Dessins et peintures passés aux enchères dans des ventes de livres ou d'autographes. N.A.A.F., 1892, p. 219.

Devis des peintures de la grande salle du palais à Trévoux, par P.-P. Sévin (1698). N.A.A.F., 1874-1875, p. 219.

Engerand (F.). — *Les portraits de Louis XV et de Louis XVI au château de Versailles.* (*Nouvelle Revue*, 15 mars 1897.)

Estimation de tableaux au XVIII siècle.* N.A.A.F., 1888, p. 62.

Fourcaud (L. de). — *La collection de peintures françaises de l'empereur d'Allemagne.* (*Magazine of Art*, mars 1903.)

Ginoux (Ch.). — *De la décoration navale du port de Toulon aux XVII* et XVIII* siècles.* S.B.A.D., 1884, p. 337.

Ginoux (Ch.). — *Des adjudications au rabais des ouvrages de peinture et de sculpture pour les vaisseaux de l'État* (1670-1804). S.B.A.D., 1891, p. 217.

Gonse (Louis). — *Les chefs-d'œuvre des musées de France. La Peinture.* Paris, 1900, in-folio.

Lafond (Paul). — *De quelques portraits allégoriques de Louis XIV et des œuvres d'art relatives à la révocation de l'édit de Nantes.* S.B.A.D., 1903, p. 281.

Lafond (Paul). — *Le Musée de Rouen.* Paris, s. d. (1905), in-8.

Landon (C.-P.). — *Annales du Musée...* Paris, 1801 et suiv., 17 vol. in-8.

Lehninger (J.-Aug. de). — *Description de la ville de Dresde.* Dresde, 1782, in-8.

Leroy (P.). — *Notes sur les relations artistiques entre la France et la Chine au XVII* et au XVIII* siècle.* S.B.A.D., 1900, p. 413.

Lévêque (Eugène). — *Iconographie des fables de La Fontaine, Florian, Dorat, La Motte*, avec une étude sur l'iconographie antique. Paris, 1893, in-8.

Mabilleau (Léopold). — *La peinture française au Musée de Madrid.* G.B.A. Troisième période, t. XIII, p. 299 et 411.

Michel (E.). — *Les arts à la Cour de Frédéric II. Revue des Deux-Mondes*, avril 1883.

Nicolaï (Frédéric). — *Description de Berlin.* Berlin, 1769, in-8.

Œsterreich (Mathias). — *Description de la collection du roi de Prusse.* Berlin, 1774, in-8.

Présents offerts à Louis XIV ou envoyés par lui à l'étranger (1668-1699). N.A.A.F., 1892, p. 100.

Raczinski (A.). — *Dictionnaire historico-artistique du Portugal.* Paris, 1847, in-8.

RACZINSKI (A.). — *Les arts en Portugal.* Paris, 1846, in-8.

RACZYNSKI (A.). — *Histoire de l'art moderne en Allemagne.* Paris, 1836-1839-1841, 3 vol. in-4.

RATTI (J.-A.). — *Istruzione di quanto puo vedersi di più bello in Genova, in pittura, scultura et architettura.* Gênes, 1780, in-8.

Recueil des présents faits par le Roy en pierreries, meubles, argenteries et autres depuis l'année 1662, jusque et y compris l'année 1721. R.U.A., t. III, p. 376.

REYMOND (Marcel). — *Étude sur le Musée des tableaux de Grenoble.* Grenoble, 1879, in-8.

REYMOND (Marcel). — *Le Musée de Lyon, tableaux anciens.* Paris, 1887, in-8.

RIGAUD (J.-J.). — *Recueil de renseignements relatifs à la culture des Beaux-Arts à Genève.* (*Mémoires de la Société de Genève*, t. V, 1847, p. 5.)

RIGAUD (J.-J.). — *Des Beaux-Arts à Genève.* Genève, 1849, in-8.

RIS (CLÉMENT DE). — *Les Musées de province.* Paris, 1859, in-18.

SEIDEL (P.). — *Friederich der Grosse und die französische Malerei seiner Zeit.*, Berlin, 1892, in-folio.

SPENGLER. — *Documents pour l'histoire artistique du Danemarck.* Copenhague, 1818, in-8.

VIGNAT (G.). — *L'art au rabais.* Adjudication de deux tableaux pour la Cathédrale d'Orléans (1706). S.B.A.D., 1897, p. 1098.

B. — DOCUMENTS ET ÉTUDES RELATIFS A L'ŒUVRE D'UN ARTISTE OU A UNE ŒUVRE D'UN ARTISTE[1]

CHABOUILLET. — *Note sur vingt miniatures d'Antoine Benoist*, représentant en médaillon Louis XIV et sa famille et conservées au Cabinet des médailles de la Bibliothèque nationale. N.A.A.F., 1872, p. 306.

Jacques Blanchard. Tableaux commandés pour l'hôtel de Soubise. A.A.F., t. II, p. 145.

Sur le tableau de la Samaritaine (par L. de Boullogne). Sonnet. Paris, s.d. (Privilège de 1695), in-folio.

Pièces et documents sur les travaux exécutés par Claude Charles pour les ducs de Lorraine. A.A.F., t. IV, p. 113.

DESHOULIÈRES (Mme). — *Réflexions morales sur l'envie immodérée de faire passer son nom à la Postérité* (Vers sur son portrait par Mlle Chéron) dans *Recueil de vers choisis* par le père Bouhours, nouv. édit. Paris, 1701, p. 51.

Explication du tableau présenté à la Sainte Vierge par MM. les orfèvres de Paris en l'année 1707 (par J. Courtin), avec la liste des autres tableaux votifs qui ont été parallèlement présentés depuis 1630 jusqu'à présent et le nom des peintres qui les ont faits. Paris, 1707, in-4.

Explication du dessin et des figures de la thèse de M. Coypel. Paris, 1678, in-4.

Réflexions sur quelques ouvrages de M. Coypel, premier peintre de S. A. R. Monsieur, frère du roi, peintre ordinaire de Sa Majesté, professeur de l'Académie. Troyes, s. d., in-12.

BOFFRAND. — *Vers sur le tableau de Suzanne peint en 17... par M. Antoine Coypel.* École des Beaux-Arts. Manuscrit 183 bis, n° VIII.

ENGERAND (F.). — *Un portrait prétendu de Mme de Parabère au musée de Caen.* G.B.A. Troisième période, t. XVIII, p. 334.

---

1. Les ouvrages de ce paragraphe ont été classés dans l'ordre alphabétique au nom des artistes.

Marquet de Vasselot (J.-J.). — *Une
œuvre inconnue d'Antoine Coypel*. R.
A.A.M., 1898, 1er semestre, p. 456.

*Traité passé entre Charles Coypel, Claude
Martinot, Philippe Le Reboullet et Jean
Delamotte*. A.A.F., 2e série, t. II, p. 373.

*Charles-Antoine Coypel et l'histoire de
Don Quichotte (1721)*. N.A.A.F., 1887,
p. 249.

Engerand (F.). — *Commandes officielles
de tableaux au XVIIIe siècle. Chronique des Arts et de la curiosité*, 27 juin
1896.

*Mémoire des travaux faits par Gobert
pour le duc de Lorraine (1707 à 1709)*.
A.A.F., t. V, p. 87.

*Explication du tableau (de S. Guillebault)
présenté à la Sainte Vierge par Messieurs les marchands orfèvres de Paris
ce premier jour de may 1691*. Paris,
s. d. (1691), in-4.

Penant (Dr). — *Jean Jouvenet et ses tableaux dans l'église de Vervins (La Thiérache, t. VII, 1881, p. 184)*. Vervins, in-4.

Michaux (A.). — *Jean Jouvenet et ses tableaux religieux dans le département
de l'Aisne (Bulletin de la Société archéologique, historique et scientifique de
Soissons, t. IX, p. 19), 1880*, in-8.

*Lettre écrite à M...sur un grand ouvrage
que M. Jouvenet a peint depuis peu*.
S. l. n. d., in-8.

*Ouvrages du peintre Jean Jouvenet pour
le prince de Conti (1689-97)*. N.A.A.F.,
1877, p. 172.

*Mémoire des ouvrages de peinture faits
par Jouvenet pour la princesse de Conti
(1689)*. N.A.A.F., 1874-1875, p. 216.

Gallet (A.). — *Une toile ignorée de Jean
Jouvenet*. S.B.A.D., 1886, p. 448.

*Convention et quittances de Jean Jouvenet
relatives au plafond peint du cabinet
de l'hôtel de François-Louis de Bour-
bon, prince de Conti, à Paris (1687-
1689)*. N.A.A.F., 1872, p. 286.

*Le portrait de Louis XV par Justinat et
ses copies*. N.A.A.F., 1885, p. 23.

*Travaux à Meudon en 1700 commandés à
de La Fosse, Jouvenet, Coypel*. A.A.F.,
t. III, p. 46.

*Charles de La Fosse et Louis de Boul-
logne : Marchés pour les tableaux exécutés par eux au chœur de Notre-Dame
de Paris*. A.A.F., t. IV, p. 213.

*Commandes de tableaux pour l'Hôtel de
Ville de Paris, aux peintres Largillière,
Dieu, Dumesnil et Louis de Boullogne
(1702-1716)*. N.A.A.F., 1886, p. 91.

*Chanson satirique sur le tableau votif
peint par Nicolas de Largillière*, offert
à l'abbaye Sainte-Geneviève par la Ville
de Paris en 1694. R.U.A., t. XXI,
p. 225.

*Marché passé par Largillière pour le
portrait de l'infante d'Espagne*, 15 août
1722. N.A.A.F., 1882, p. 135-137.

Giron (Léon). — *Une Assomption de
François Lemoyne (1718)*. S.B.A.D.,
1898, p. 639.

*Quittance d'un tableau de Pierre Parrocel
pour l'église de Cavaillon (1709)*. N.A.
A.F., 1880-1881, p. 156 et 507.

*Une lettre du peintre Ant. Pesne relative
à son morceau de réception à l'Académie, 1720*. A.A.F., t. IV, p. 42.

*Antoine Pesne. Renseignements sur ce
peintre français et sur son tableau dont
le sujet est Samson et Dalila*. A.A.F.,
2e série, t. II, p. 234.

*Explication du tableau présenté à la
Sainte Vierge par messieurs les orfèvres le premier jour de may de
l'année 1701 (Tableau de Et. Re-
gnault)*. Paris, s. d. (1701), in-4.

*Lettres de Rigaud au grand-duc de Tos-
cane (1706-1717)*. N.A.A.F., 1874-1875,
p. 227.

Gibert (H.). — *Dix portraits et dix-neuf
lettres de Rigaud et de Largillière.
(Bulletin archéologique du Comité des
travaux historiques et scientifiques*.
Paris, 1890, p. 276.)

*Pièce relative au morceau de réception
de la Rosalba à l'Académie royale de
peinture*. A.A.F., t. II, p. 242.

Engerand (Fernand). — *Sur un portrait
de Guillaume le Conquérant, exécuté
en 1708 par le peintre caennais Saint-
Martin*. S.B.A.D., 1897, p. 229.

Larroumet (Gustave). — *Le Racine de Jean-Baptiste Santerre et d'Achille Jacquet.* R.A.A.M., 1902, t. II, p. 285.

Parrocel (Pierre). — *Le peintre Michel Serre et ses tableaux relatifs à la Peste de Marseille.* S.B.A.D., 1901, p. 586.

Marcel (Pierre). — *Une « Vie de Saint Benoît » par Louis de Silvestre et Louis Galloche. Chronique des Arts et de la Curiosité,* 1904, p. 95.

Montaiglon (A. de). — *L'auteur de la Passion gravée par Claudine Stella n'est pas Poussin, mais Jacques Stella.* R.U.A., t. IX, p. 97.

Explication du tableau (de Fr. Tavernier), présenté à la Sainte Vierge par messieurs les orfèvres le premier May 1699. Paris, s. d. (1699), in-4.

Lafond (Paul). — *Portrait de Madame de Miramon par Fr. de Troy au Musée de Pau.* S.B.A.D., 1896, p. 202.

Engerand (Fernand). — *Les commandes officielles faites au peintre normand Jean Restout.* S.B.A.D., 1896, p. 242.

Une lettre de Rigaud à Gaignières. N.A. A.F., 1887, p. 359.

Portrait du duc de Bourgogne par Van Schuppen (1695). N.A.A.F., 1890, p. 161.

Note sur quelques tableaux de Watteau en Angleterre. R.U.A., t. XXI, p. 265.

Schefer (Gaston). — *Les portraits dans l'œuvre de Watteau.* G.B.A. Troisième période, t. XVI, p. 177.

Marcel (Pierre). — *Une œuvre de Watteau au musée de Dijon.* G.B.A. Troisième période, t. XXXI, p. 372.

Quittance d'Antoine Watteau. A.A.F., t. IV, p. 112.

Labaa (Frédéric). — *Remarques sur l'Enseigne de Gersaint.* (Jahrbuch der Königlich. Preussicher Kunstsammlungen. Berlin, 1900.)

Alexandre (Arsène). — *Sur « l'Enseigne » de Watteau.* (*Les Arts,* mai 1902, p. 11.)

C. — Catalogues, inventaires, répertoires d'œuvres

a) Catalogues de musées[1].

Massin (H.). — *Catalogue du Musée communal d'Abbeville.* Abbeville, 1891, in-16.

Marraud (G.) et Tholin (G.). — *Catalogue du Musée de la ville d'Agen.* Agen, 1880, in-12.

Pontier (H.). — *Le Musée d'Aix.* Deuxième partie, comprenant les peintures, les dessins, les pastels..., suivi d'une notice sur les principales œuvres d'art existant dans cette ville en dehors des Galeries du Musée. Aix, 1900, in-16.

Ville d'Amiens. Catalogue descriptif des tableaux et sculptures du Musée de Picardie. Amiens, 1899, in-16.

Brédius (A.). — *Catalogue des peintures du Musée de l'État à Amsterdam.* Amsterdam, 1898, in-8.

Jouin (H.). — *Histoire et description du Musée d'Angers.* Paris, 1885, gr. in-8.

Le Roux (Marc). — *Catalogue du Musée d'Annecy.* Annecy, 1900, in-8.

Catalogue des peintures et des sculptures du Musée royal d'Anvers. Anvers (6ᵉ éd.), 1894, in-8.

Ville d'Auch. Musée. Catalogue. Auch, 1895, in-16.

Quantin et Ricque. — *Catalogue du Musée d'Auxerre.* Auxerre, 1872, in-8.

Supplément au catalogue du Musée d'Auxerre. Auxerre, 1877, in-8.

---

1. Les ouvrages de ce paragraphe ont été classés par ordre alphabétique au nom des musées.

DELOYE (Aug.). — *Notice des tableaux et des portraits exposés dans les galeries du Museum Calvet à Avignon.* Avignon, 1880, in-8.

Œffentliche Kunstsammlung in Basel. — *Catalog der Gemälde, Handzeichnungen und plastischen Werke.* Basel, 1901, in-8.

GRUYER (G.) et JOLYET (Ph.). — *Ville de Bayonne.* — *Musée Bonnat. Catalogues sommaires de la collection Bonnat et de la collection municipale.* Bayonne, 1903, in-18.

CASTAN (A.). — *Musée de Besançon. Catalogue des peintures, dessins, sculptures, etc.,* 7ᵉ édition. Besançon, 1886, in-16.

PONSONAILHE (C.). — *Musée de Béziers.* Paris, 1891, gr. in-8.

Musée de la ville de Béziers. — *Catalogue des peintures, aquarelles, dessins, sculptures, objets d'art, etc.* Béziers, 7ᵉ édition, s. d., in-8.

Explication des tableaux, dessins, gravures, sculptures... du Musée de Blois. Blois, 1861, in-8.

GUADAGNINI (Anacleto). — *R. Pinacoteca di Bologna. Catalogo dei quadri.* Bologne, 1899, in-8.

VALLET (E.). — *Catalogue des tableaux, sculptures, gravures, dessins exposés dans les galeries du Musée de Bordeaux.* Bordeaux, 1894, in-18.

SAUVAGE (H.-E.). — *Musées municipaux de Boulogne-sur-Mer* (Guide). Boulogne-sur-Mer, 1898, in-16.

Notice des tableaux exposés dans le Musée Lorin à Bourg. Bourg, 1875, in-12.

HOMBRON (H.). — *Catalogue des tableaux, dessins et gravures du Musée de Brest.* Brest, 1882, in-16.

WAUTERS (J.-A.). — *Le Musée de Bruxelles.* Tableaux anciens. Notice, guide et catalogue. Bruxelles, 1900, in-8.

MANCEL (G.). — *Catalogue des tableaux, dessins... exposés dans les galeries du Musée de Caen,* précédé d'une notice historique. Ouvrage continué par chaque conservateur du Musée. Caen, édit. de 1899, in-12.

Catalogue du Musée de Cahors, rédigé par la Commission d'organisation du Musée. Cahors, 1883, in-8.

Catalogue des objets d'art, peintures, sculptures... composant le Musée de Cambrai. Cambrai, 1869, in-12.

Musée de Carcassonne. Catalogue des tableaux et dessins exposés dans les galeries. Carcassonne, 1894, in-12.

J. L. — *Catalogue du Musée de la ville de Carpentras,* avec notice historique. Carpentras, 1900, in-16.

BONNET. — *Catalogue des tableaux, statues, gravures, portraits du Musée de Castres.* Castres, 1887, in-16.

G... (Ch.). — *Ville de Châlons-sur-Marne.* Catalogue du Musée. Châlons, 1888, in-8.

GRUYER (E.). — *La peinture au château de Chantilly.* École française. Paris, 1898, in-4.

Musée de Chartres. Notice des peintures, dessins et sculptures, 2ᵉ édit. Chartres, 1875, in-8.

Musée de la ville de Cognac. Catalogue. Cognac, 1892, in-16.

Verzeichnis der Gemälde des städtischen Museums Wallraf Richartz zu Cöln. Cologne, 1902, in-8.

Notice des tableaux appartenant à la collection du Louvre, exposés dans les salles du palais de Compiègne. Paris, 1874, in-12.

MILET (A.). — *Musée de Dieppe.* Paris, 1886, gr. in-8.

Catalogue historique et descriptif du Musée de Dijon et de la collection Trimolet. Dijon, 1883, in-8.

Catalogue des ouvrages de peinture, sculpture, dessin... exposés dans les galeries du Musée de Douai. Douai, 1869, in-12.

TEISSIER (Octave). — *Catalogue du Musée de Draguignan.* Draguignan, 1893, in-16.

Catalog der Gemälde-Gallerie des städelschen Kunstinstituts in Frankfurt am Main (Erste Abtheilung). Francfort, 1900, in-8.

Catalogue du Musée Rath à Genève. Genève, éd. de 1897, in-12.

Lacordaire (A.). — *Notice sur les manufactures impériales de tapisseries des Gobelins et de tapis de la Savonnerie*, précédée du Catalogue des tapisseries qui y sont exposées. Paris, 1859, in-8.

Ville de Grenoble. Catalogue des tableaux, statues, bas-reliefs et objets d'art exposés dans les galeries du Musée. Grenoble, 1891, in-16.

Monnet (G.). — *Musée de Guéret.* Catalogue descriptif des tableaux. 1889, in-16.

Catalogue de la galerie des antiquités du Château de Heidelberg. S. l. n. d.

Musée de La Haye. Catalogue raisonné des tableaux et des sculptures. La Haye, 1895, in-8.

Brocard (R.-H.). — *Catalogue du Musée de Langres.* Langres, 1861, in-8.

Catalogue du Musée d'art de Laon. Laon, 1861, in-12.

Catalogue des tableaux, dessins... du Musée de la Rochelle. La Rochelle, 1877, in-12.

Ville du Hâvre. Musée. Peinture, sculpture, gravures et aquarelles. Le Hâvre, 1876, in-8.

Reynart. — *Catalogue des tableaux, bas-reliefs et statues exposés dans les galeries du Musée de Lille.* Lille, 1872, in-8.

Pluchart (Henry). — *Musée Wicar.* Notice des dessins, cartons, miniatures et grisailles exposés, précédée d'une introduction et du résumé de l'inventaire général. Lille, 1889, in-8.

Mely (F. de) et Montaiglon (A. de). — *Musée de Lisieux.* Paris, 1890, gr. in-8.

Villot (Frédéric). — *Notice des tableaux exposés dans les galeries du Musée impérial du Louvre. 3ᵉ partie. École française.* Paris, 3ᵉ édition, 1863, in-8.

Lafenestre (Georges) et Richtenberger (Eugène). — *Le Musée national du Louvre.* Paris, s.d., in-8.

Lafenestre (Georges). — *Notice des portraits d'artistes exposés dans la salle Denon,* au Musée du Louvre. Paris, s. d., in-8.

Reiset (Frédéric). — *Notice des dessins, pastels, miniatures et émaux exposés dans les salles du premier étage du Louvre.* Paris, 1866, in-8.

Catalogue sommaire des Musées de la Ville de Lyon. Lyon, s.d., in-8.

Madrazo. — *Catalogo de los cuadros del Museo nacional de pintura y escultura ...ampliado* por D. Salvador Viniegra. Madrid, éd. de 1904, in-8.

Dassy (Joseph). — *Notice des tableaux et monuments antiques du Musée de Marseille.* Marseille, 1851, in-8.

Dassy (Abbé). — *Inventaire descriptif des objets d'art ...qui décorent les salles de l'Académie des sciences, lettres et arts de Marseille.* Marseille, 1882, in-8.

Verzeichnis der Gemälde-Sammlung der Stadt Mainz. Mayence, 1902, in-8.

Migette (A.). — *Musées de la ville de Metz.* Catalogue des tableaux et des sculptures. Metz, 1876, in-16.

Carotti (Dr Giulio). — *Catalogo della R. Pinacoteca di Brera in Milano.* Milan, 1901, in-8.

Levain (A.). — *Catalogue des tableaux, des gravures, des sculptures et objets d'art appartenant au Musée de Montargis.* Montargis, 1864, in-12.

Catalogue du Musée de Montauban. Peintures. Montauban, 1877, in-16.

Lafenestre (G.) et Michel (E.). — *Histoire et description du Musée de Montpellier.* Paris, 1884, grand in-8.

Pujo (Ed.). — *Catalogue des tableaux, dessins, gravures et statues exposés au Musée de Morlaix.* Rennes, 1896, in-18.

Katalog der Gemälde-Sammlung der Kgl. älteren Pinakothek. in München (Achte Auflage). Munich, 1900, in-8.

Musée de Nancy. Tableaux, dessins, statues et bas-reliefs. Nancy, 1897, in-12.

Merson (Olivier). — *Histoire et description du Musée de Nantes.* Paris, 1883, gr. in-8.

Pommier (F.). — *Ville de Nantes.* Musée municipal des Beaux-Arts. Catalogue des peintures, sculptures, pastels. Paris, 1903, in-8.

Tournol. — *Catalogue du Musée de Narbonne* et notes historiques sur cette ville. Narbonne, 1864, in-8.

Catalogue de peinture, sculpture et dessins du Musée de Nimes. Nîmes, 1880, in-12.

MARCILLE (Eudoxe). — *Histoire et description du Musée d'Orléans*. Paris, 1884, gr. in-8.

LECŒUR (C.) et PICOT (E.). — *Musée de la Ville de Pau*. Notice et catalogue. Paris, 1891, in-12.

CROUCHANDEU. — *Catalogue raisonné des objets d'art et d'archéologie du Musée de Perpignan*, avec une notice sur Rigaud. Perpignan, 1885, in-8.

BROUILLET (P.-Amédée). — *Notice des tableaux, dessins, gravures, statues, objets d'art anciens et modernes, curiosités, etc., composant les collections de la ville de Poitiers*. Poitiers, 1884, in-8.

GAUGUET et HOMBRON (H.). — *Catalogue des tableaux exposés dans les galeries du Musée de la ville de Quimper*. Brest, 1873, in-8.

PARIS (Louis). — *Catalogue du Musée de Reims*, suivi de notices historiques sur l'école de Reims, le musée, la bibliothèque et les archives. 1845, in-12.

Musée de Reims. Bulletin des dons et achats de 1818 à 1895. Reims, 1895, in-8.

LORIQUET (Ch.). — *Catalogue historique et descriptif du Musée de Reims... précédé d'une introduction historique*. Reims, 1881, in-16.

JAN (J.). — *Catalogue des tableaux, dessins, bas-reliefs et statues exposés dans les galeries du Musée de la ville de Rennes*. Rennes, 1884, in-16.

DECHELETTE (J.). — *Ville de Roanne*. Catalogue descriptif des objets composant le Musée municipal. Roanne, 1894, in-8.

Musée de Rochefort. Notice des tableaux, dessins et objets d'art. Rochefort, 1876, in-18.

Musée de Rouen. Catalogue des ouvrages de peinture, sculpture, architecture, précédé d'une notice sur la formation du Musée. Rouen, 1890, in-16.

OLLIVIER (Louis). — *Catalogue du Musée de Saint-Brieuc*. 1872, in-16.

GONNARD (H.). — *Catalogue des collections du Musée de Saint-Étienne*. 1re section : Peinture, sculpture, gravure, dessins et aquarelles. Vienne, 1876, in-8.

RÉVILLON (Ch.). — *Catalogue des tableaux du Musée de Saint-Omer*. Saint-Omer, 1898, in-8.

SOMOV (A.). — *Ermitage impérial. Catalogue de la galerie des tableaux* (Saint-Pétersbourg). Troisième partie : École anglaise et française. Saint-Pétersbourg, 1903, in-8.

LACROIX (Paul). — *Musée de l'Ermitage sous le règne de Catherine II*. (Rev. Univ. des Arts, t. XIII, 164-244, t. XIV, 212, t. XV, 47-107.)

LUZE (E.). et CREUZÉ. — *Catalogue de la collection de tableaux, dessins, gravures et sculptures du Musée de Semur*. Semur, 1899, in-16.

PROU (M.). — *Catalogue du Musée de Sens*. Versailles, 1890, in-8.

COLLET (E.). — *Musée de Soissons*. Catalogue des peintures. Soissons, 1894, in-16.

Verzeichnis der Städtischen Gemälde Sammlung in Strassburg. Strasbourg, 1899, in-8.

GINOUX (Ch.). — *Musée-Bibliothèque de Toulon*. Notice des tableaux, sculptures et autres objets d'art exposés dans les galeries. Toulon, 1900, in-8.

GEORGE. — *Catalogue raisonné des tableaux du Musée de Toulouse*. Toulouse, 1864, in-16.

Musée de peinture et Musée archéologique de Tournai. Tournai, 1891, in-16.

LAURENT (F.) et MONTAIGLON (A. DE). — *Musée de Tours*. Paris, 1890, gr. in-8.

PRON (H.). — *Catalogue des tableaux exposés au Musée de Troyes*. Troyes, 1897, in-8.

SOULIÉ (E.). — *Notice des peintures et sculptures placées dans les appartements et dans les jardins du palais de Trianon*. Paris, 1852 et 1878, in-12.

JOUIN (Henry). — *Notice historique et analytique des peintures, miniatures, émaux, dessins exposés dans les galeries de portraits nationaux au Trocadéro*. Paris, 1879, in-8.

Musée de Valenciennes. Catalogue des peintures, sculptures et dessins exposés dans les salles de l'Hôtel de ville. Valenciennes, 1898, in-8.

Soulié (E.). — *Notice du Musée national de Versailles.* Paris, s. d., in-8, 3 vol.

Conti (Ange). — *Catalogue des galeries royales de Venise.* Venise, 1900, in-8.

Méchel (Chrétien de). — *Catalogue des tableaux de la galerie impériale de Vienne.* Bâle, 1784, in-8.

Gasté (A.). — *Le Musée de Vire, sa création, ses collections.* Caen, 1896, gr. in-8.

b) Catalogues et répertoires divers.

Bailly (Nicolas). — *Inventaire des tableaux du Roy,* rédigé en 1709 et 1710..., publié pour la première fois avec des additions et des notes par Fernand Engerand. Paris, 1899, in-8.

Catalogue des tableaux de Charles Antoine Coypel. 11 juin 1777, in-8.

Catalogue chronologique de l'œuvre peint et gravé de Rigaud. (Au Cabinet des Estampes de la Bibliothèque Nationale. Recueil factice de différents catalogues.)

Chauvat (François). — *Table analytique et raisonnée des comptes rendus des sessions des Sociétés des Beaux-Arts des départements* (1877 à 1896), rédigée sous la direction de M. H. Jouin. Paris, 1899, in-8.

Chéron (Paul). — *Gazette des Beaux-Arts.* Table alphabétique et analytique (noms, matières, gravures) du Tome I au Tome XV (1859-1863), Tome XVI au Tome XXV (1864-1868). Paris, 1866 et 1870, gr. in-8.

Curzon (Henri de). — *Répertoire numérique des Archives de la Maison du Roi* (Série O¹). Paris, 1904, in-4.

Dubois de Saint-Gelais. — *Description des tableaux du Palais-Royal* avec la vie des Peintres à la tête de leurs ouvrages. Paris, 1727, in-12.

Engerand (Fernand). — *Inventaire des tableaux commandés et achetés par la direction des Bâtiments du roi* (1709-1792). Paris, 1901, in-8.

Félibien des Avaux (André). — *Tableaux du Cabinet du roi avec descriptions.* Paris, 1677, in-folio.

Fenaille (Maurice). — *État général des tapisseries de la manufacture des Gobelins depuis son origine jusqu'à nos jours* (1600-1900). xvii° siècle, 1 vol. Paris, 1903, in-4. xviii° siècle, 1 vol. Paris, 1904, in-4.

Gerspach (Édouard). — *Répertoire détaillé des tapisseries exécutées aux Gobelins* de 1662 à 1892. Paris, 1893, gr. in-8.

Goncourt (E. de). — *Catalogue raisonné de l'œuvre de Watteau.* Paris, 1875, in-8.

Guiffrey (J.-J.). — *Comptes des Bâtiments du Roi sous le règne de Louis XIV.* Paris, 1881 à 1901, 5 vol. in-4.

Guiffrey (J.-J.). — *Inventaire général du mobilier de la Couronne sous Louis XIV.* Paris, 1888, 2 vol., in-4.

Jouin (Henry). — *Gazette des Beaux-Arts.* Table alphabétique et raisonnée (noms, matières, gravures). Troisième série du Tome I au Tome XXII. Paris, 1885, gr. in-8.

Lenoir (Alexandre). — *Catalogue des 1089 peintures existantes à l'époque de la Révolution dans les églises de Paris, et recueillies au musée des Petits-Augustins. Bulletin archéologique* publié par le comité des Arts et Monuments, t. IV, 1845, p. 279-329.

Montaiglon (A. de). — *La galerie de tableaux du Régent.* (*Paris-Artiste,* 2 mai 1872.)

Teste (Paulin). — *Gazette des Beaux-Arts.* Table alphabétique et raisonnée (noms, matières, gravures); deuxième période, t. XXIII à XXXVIII; troisième période, t. I à VIII. Paris, 1895, gr. in-8.

Teste (Paulin). — *Répertoire général et méthodique des matières publiées par la Gazette des Beaux-Arts depuis l'origine jusqu'à l'année 1892.* Paris, 1892, in-8.

Tourneux (Maurice). — *Table générale des documents contenus dans les Archives de l'Art français et leurs annexes* (1851-1896). Paris, 1897, in-8.

TABLE ALPHABÉTIQUE

DES

NOMS PROPRES DE PERSONNES ET DES TITRES D'ŒUVRES

Les astérisques, placés à côté du numéro des pages, renvoient aux notes.

TABLE DES PLANCHES HORS TEXTE

TABLE DES GRAVURES DANS LE TEXTE

TABLE DES MATIÈRES

6550. — Lib.-Impr. réunies, rue Saint-Benoît, 7. — Motteroz, dir.